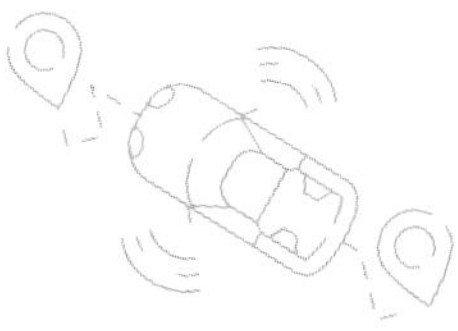

封闭场景
无人驾驶技术与应用

胡亚南　著

FENGBI CHANGJING
WUREN JIASHI JISHU YU YINGYONG

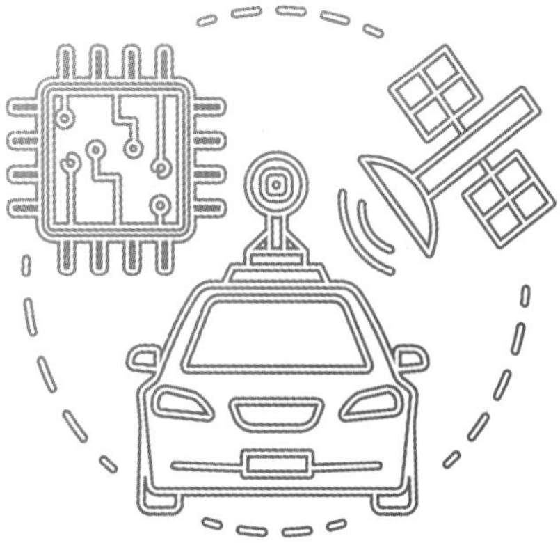

化学工业出版社
· 北京 ·

内容简介

本书深入浅出地讲解了面向封闭、低速场景的自动驾驶主流关键技术，主要包括无人驾驶系统架构、ROS中间件的原理、刚体运动的三维表示、定位与建图、环境感知、路线搜索、运动规划和底盘控制，在介绍数学概念和算法原理时还提供了直观的交互式程序。

本书适合对无人驾驶或移动机器人感兴趣的师生阅读，也可以供从事该领域研究工作的技术人员参考。

图书在版编目（CIP）数据

封闭场景无人驾驶技术与应用 / 胡亚南著. -- 北京 : 化学工业出版社, 2025. 2. -- ISBN 978-7-122-46831-4

Ⅰ. U471.1

中国国家版本馆CIP数据核字第2024RU9284号

责任编辑：金林茹　　文字编辑：王　硕
责任校对：刘曦阳　　装帧设计：王晓宇

出版发行：化学工业出版社
（北京市东城区青年湖南街13号　邮政编码100011）
印　　装：北京云浩印刷有限责任公司
787mm×1092mm　1/16　印张17　字数421千字
2025年4月北京第1版第1次印刷

购书咨询：010-64518888　　售后服务：010-64518899
网　　址：http://www.cip.com.cn
凡购买本书，如有缺损质量问题，本社销售中心负责调换。

定　　价：79.00元

前言

曾经，无人驾驶是只有在科幻作品里才会出现的未来技术，人们通过对话就能指挥车辆到达想去的地方。今天，我们能看到越来越多的私家车开始具备某些自动驾驶的功能。尽管现在的自动驾驶还存在诸多的问题，但是其作为一项能改善驾驶安全性和体验的技术，必将是未来的发展趋势。虽然实现全场景下的无人驾驶还需要克服许多困难，但是在限定场景下，无人驾驶已经具备落地的条件。

无人驾驶是一个新兴的行业和技术领域，吸引了市场的关注，也汇集了具有不同学科背景的人才。在各领域人才配合协作下，车辆像是有了眼睛和大脑，能够自主决策并完成任务。但是，即便有多年工作经验的人，对于相关领域的基本概念和原理可能也是一知半解。研究定位的人员可能对车辆自己停到车位中的原理非常好奇，负责轨迹规划的人员对于车辆能够读懂红绿灯上的倒计时或者发现半掩的行人特别吃惊。他们虽然实现了共同的目标，但是彼此之间却了解很少。这些看似实现不同功能的模块，可能在底层使用了相同的数学原理。例如，李代数不仅在车辆运动的描述中发挥了重要作用，而且在车辆可控性分析中也必不可少。规划使用的路径平滑算法本质是一个优化问题，而建图中数据匹配同样是一个优化问题。不仅如此，训练感知模型和基于模型的预测控制同样归结为一个优化问题。了解这些事实，有助于我们从更高的视角去看待问题，从而提出更通用、完善的解决方法。

无人驾驶是一个融合众多学科前沿技术的交叉领域，并且处在快速发展的过程中。了解无人驾驶中使用的技术及其原理并不容易。一种方法是阅读经典论文。但是这些论文大多不够系统，而且对读者的理论水平和专业背景有很高的要求。笔者从事移动机器人和无人驾驶技术研发多年，深感掌握技术原理之难，编写本书的目的是从底层原理和常识出发，详细介绍无人驾驶中使用的相关概念和算法。例如，为了让读者理解李代数这个抽象的概念，笔者给出了三种物理解释。本书在介绍算法原理时给出了大量的插图和交互式程序，能够让枯燥的数学公式和原理变得生动形象、直观易懂。

鉴于笔者水平有限，难以深入每个技术分支。如果有理解不到位和表述不足之处，敬请广大读者批评指正。

著者

目录

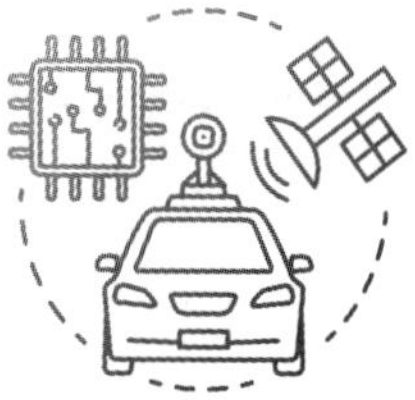

第 1 章　无人驾驶技术概述 ………… 001

1.1　无人驾驶行业发展现状 ………… 002

1.2　无人驾驶车辆的组成 ………… 003

1.3　无人驾驶技术开发对从业者专业技能的要求 ………… 005

第 2 章　无人驾驶软件平台 ………… 007

2.1　软件平台架构 ………… 008

2.2　程序开发 ………… 009

2.2.1　shell 命令 ………… 009

2.2.2　性能调试工具 ………… 013

2.3　ROS 系统简介 ………… 015

2.3.1　节点的诞生 ………… 016

2.3.2　节点间的通信 ………… 018

2.3.3　序列化 ………… 024

2.3.4　ROS 中的时间 ………… 026

2.3.5　ROS 常用工具 ………… 028

第 3 章　三维空间中运动的表示 ………… 031

3.1　概述 ………… 032

3.2　旋转矩阵 ………… 033

3.3　欧拉角 ………… 040

3.4　四元数 ………… 045

3.4.1　四元数的定义 ………… 045

3.4.2　四元数的运算 ………… 046

3.4.3　四元数与旋转 ………… 050

3.4.4　四元数的插值 ………… 053

3.5 李群与旋转 …… 058
3.5.1 什么是李群 …… 058
3.5.2 三维旋转群 …… 064
3.5.3 李群基本运算 …… 075
3.6 车辆运动表示 …… 087

第 4 章 定位技术 …… 089
4.1 概述 …… 090
4.2 GNSS 定位 …… 092
4.2.1 GNSS 常用坐标系 …… 092
4.2.2 RTK 技术 …… 094
4.3 激光定位 …… 094
4.3.1 激光雷达原理 …… 094
4.3.2 LOAM 系列 …… 095
4.3.3 特征点提取 …… 095
4.3.4 特征点匹配 …… 098
4.3.5 环境建图 …… 103
4.4 多传感器融合 …… 105
4.4.1 概率论基础 …… 106
4.4.2 Kalman 滤波原理 …… 110

第 5 章 环境感知技术 …… 118
5.1 感知系统概述 …… 119
5.1.1 感知系统的功能 …… 119
5.1.2 传统感知技术 …… 120
5.1.3 基于深度学习的感知技术 …… 123
5.2 视觉检测技术 …… 134
5.2.1 Yolo 设计思想 …… 134
5.2.2 Yolo 网络结构 …… 136
5.2.3 损失函数 …… 138
5.2.4 训练技巧 …… 139
5.2.5 Yolo 的扩展 …… 140
5.3 激光点云检测技术 …… 141
5.3.1 点云数据的特点 …… 141
5.3.2 PointPillars 设计思想 …… 142
5.3.3 PointPillars 网络结构 …… 142
5.4 通用障碍物检测技术 …… 146

5.4.1 占用栅格的基本概念 …… 146
5.4.2 Transformer 主干网络 …… 148
5.4.3 占用栅格网络的结构 …… 149

第 6 章 路线搜索技术 …… 153
6.1 功能概述 …… 154
6.2 路线搜索算法 …… 154
6.2.1 图搜索问题 …… 154
6.2.2 从边松弛到 A* 算法 …… 155
6.3 路线搜索的具体实现 …… 167
6.3.1 高精地图 …… 167
6.3.2 消息格式 …… 169
6.3.3 整体架构 …… 171
6.3.4 基本概念 …… 173
6.3.5 黑名单路段 …… 174
6.3.6 A* 搜索算法 …… 176
6.3.7 后处理 …… 180

第 7 章 规划决策技术 …… 185
7.1 规划决策系统概述 …… 186
7.2 车道行车规划 …… 186
7.2.1 Frenet 坐标系 …… 186
7.2.2 参考线平滑 …… 187
7.2.3 横向规划 …… 195
7.2.4 纵向规划 …… 201
7.2.5 仿真结果 …… 205
7.3 开放场地规划 …… 206
7.3.1 混合 A* 算法 …… 206
7.3.2 Dubins 曲线与 Reeds-Shepp 曲线 …… 209
7.3.3 速度规划 …… 217
7.3.4 曲线平滑 …… 226
7.3.5 仿真结果 …… 234

第 8 章 运动控制技术 …… 238
8.1 控制理论 …… 239
8.1.1 车辆运动学模型 …… 239

8.1.2 可控性分析 …… 241
8.1.3 小时间可控性 …… 244
8.2 控制方法 …… 247
8.2.1 纯跟踪方法 …… 247
8.2.2 模型预测控制 …… 248
8.3 仿真试验 …… 250
8.3.1 纯跟踪控制仿真 …… 251
8.3.2 模型预测控制仿真 …… 254

附录一 随书代码使用方法 …… 256

附录二 无人驾驶领域常用术语 …… 258

参考文献 …… 262

第1章

无人驾驶技术概述

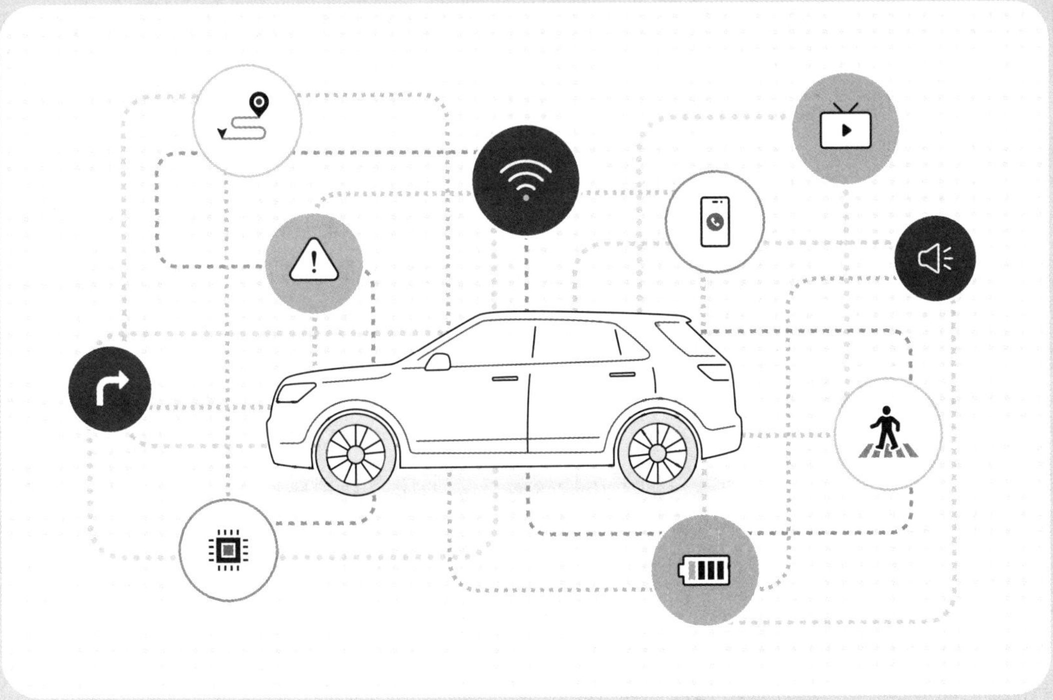

1.1 无人驾驶行业发展现状

自从汽车诞生以来，人们就在幻想车辆变得“聪明”，能够根据命令自动把我们送到想去的地方。近年来，随着技术的进步，尤其是人工智能技术的突破和芯片计算能力的提升，这个梦想正在变成现实。虽然实现车辆完全自主行驶（即无人驾驶）仍然面临诸多挑战，但是自动驾驶正在走进我们的生活，例如辅助驾驶在很多新车型上逐渐成为标配。自动驾驶解放了人们的双手，给人类带来轻松的乘车体验。

自动驾驶作为一个新兴事物，人们对它的认识容易存在误区。例如，一些企业在宣传自己的自动驾驶技术时会称其为全自动驾驶。这让有些用户产生一定程度的误解，认为无须人工干预，车辆即可自主决策。但是实际上，这些车辆的自动驾驶系统没有绝对的安全保障，由此带来了一系列的事故。例如，某台特斯拉汽车在高速行驶时撞上了一辆侧翻的白色货车。经过调查，事故原因是货车的颜色与天空中云彩的颜色相似，因此自动驾驶系统将货车忽略，没有采取制动措施而产生碰撞。尽管厂家的自动驾驶系统可以保证车辆在绝大多数情况下安全行驶，但是实际中会存在上面的极端案例（corner case）。这些极端案例出现的频率虽然很低，但是一旦遇到就有可能造成严重事故。这给完全无人的自动驾驶应用带来了挑战。

为了让行业对自动驾驶有更清晰的认知，美国汽车工程师学会（SAE）制定的相关标准根据自动化程度将自动驾驶划分为六个等级（0～5）。其中，0 级为无任何自动化，即完全由人类驾驶，这其实不属于自动驾驶的范围；1 级为驾驶员辅助；2 级为部分自动化；3 级为特定条件和路段下的高度自动驾驶；4 级为特定环境下的完全自动驾驶；5 级则是终极目标，即在所有环境下无须人工干预的无人驾驶。

受到实际环境的复杂性、技术缺陷以及责任归属划分等因素制约，5 级（无人驾驶）的实现面临一系列难点。但是，如果将应用场景限定在某些可控的封闭区域，完全无人驾驶便能在这些场景下率先落地。封闭场景主要包括工厂、机场、矿山、港口、办公园区、主题乐园等，如图 1-1 所示，这些场景的共同特点在于具有封闭的交通环境和固定的道路结构。此外，封闭场景对车辆的速度通常有限制，例如有些区域要求车速不得超过 30km/h。而开放道路下的无人驾驶（例如 Robotaxi）车速通常在 60km/h。在低速运行时，即便发生事故，所产生的影响也更可控。

很多封闭场景都有物流配送等需求，例如工业园区中的物料流转、机场中的行李运输、矿山中的土石运输、港口中的集装箱转运、主题乐园中的观光接驳。具有这些场景的行业存在诸多问题，例如一些矿山和港口的工作环境恶劣、工作内容枯燥以及随之而来的人力成本居高不下。此外，还存在人工效率低、驾驶员操作失误风险高、物流数据不透明等问题。无人驾驶的应用可以解决这些行业的痛点。无人驾驶还可以用于环卫清洁、安保巡检、无人售卖等方向。

无人驾驶车辆集环境感知、智能规划、运动控制等众多功能于一体，与传统有人驾驶方式相比，能够减轻人员的劳动强度、降低危险性、提高物流效率，因此是高端装备的发展趋势。包括制造业、建筑业、物流业和采矿业在内的很多行业对室外无人运输设备都有强烈的

图 1-1　有代表性的封闭场景

需求，潜在市场巨大。全场景下的完全自主行驶具有极高的技术难度，但是封闭环境下自动驾驶的各项技术已经逐步突破，少数行业已经开展应用试点工作。

1.2 无人驾驶车辆的组成

产业界和学术界很早就开始了对无人驾驶技术的研究和应用。无人驾驶车辆（self-driving car）、自动导引车（AGV，automated guided vehicle）、自主移动机器人（AMR，autonomous mobile robot）都属于移动机器人范畴。下面是几个有代表性的案例。

Google 是最早从事无人驾驶技术研发和商业化的企业之一，早期从大学招募了一批机器人学专家开展无人车的算法和车辆设计。Google 的无人驾驶车辆搭载了激光雷达、相机和超声波雷达等传感器，如图 1-2 所示。为了最大限度地增大视野、减少感知的盲区，旋转式激光雷达被安装在车体最高处，使其能够感知 180m、360°范围内的环境。GPS 为无人车提供米级精度的定位，通过与 Google 定制的地图进行匹配，使无人车能够掌握自己在环境中的准确位置。安装在车体前方的相机能够识别地面上的交通标志以及交通灯等信息。为了安全，Google 将无人车的速度限制在 40km/h 以内。

Tesla 公司早期的辅助驾驶车辆使用 Mobileye 公司提供的感知算法模块。但是，在出现了一些由感知引起的事故之后，Tesla 终止了与 Mobileye 的合作，并招募了一些人工智能和机器人领域的工程师，开始自研全栈算法。Tesla 的车辆不使用激光雷达，几乎全部通过视

图 1-2 Google 的无人驾驶车辆

觉传感器感知环境。如图 1-3 所示，Tesla 的车辆一共使用了 8 个相机，包括 3 个前视相机、1 个后视相机以及左右两侧对称布置的 2 个侧方前视相机和 2 个侧方后视相机。前视相机包括 1 个广角相机、1 个长焦相机、1 个主相机。通过拼接所有相机的图像，车辆能够实现对车身周围 360°范围内道路和障碍物的感知。Tesla 车辆完全依靠相机提供的视觉信息和神经网络模型实现环境感知和辅助驾驶。

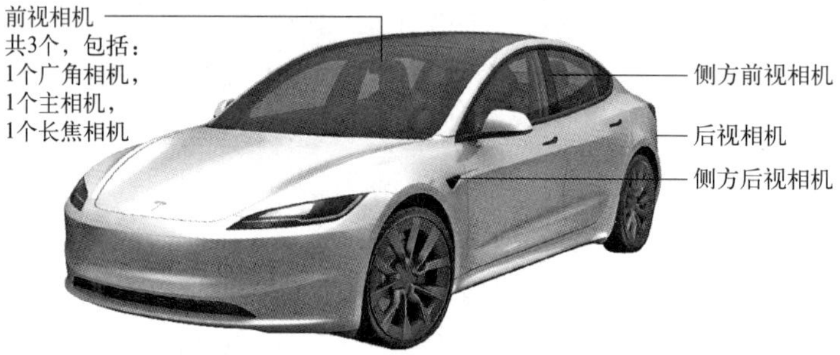

图 1-3 Tesla 辅助驾驶车辆的传感器配置

无人驾驶的概念涵盖的范围很广，从简单的巡线机器人到能够自主决策的无人车，都可以视为“无人驾驶”的实现形式。最早的无人驾驶设备，是按照固定线路运行的移动机器人，它们通常不需要执行复杂的避障规划，只需要简单地跟随参考路线，遇到障碍物则停车等待。这类机器人的代表是 AGV。国家标准 GB/T 30030—2013《自动导引车（AGV） 术语》中将 AGV 定义为：装备有电磁或光学等自动导引装置，由计算机控制，以轮式移动为特征，自带动力或动力转换装置，并且能够沿规定的导引路径自动行驶的运输工具，一般具有安全防护、移载等多种功能。而国家标准 GB/T 30030—2023《自动导引车 术语》中将 AGV 定义为：具备物料搬运能力或操作能力，以轮式（含履带）移动为特征，基于环境标记物或外部引导信号，沿预设线路自主移动的设备。由于 AGV 搭载的感知和规划算法较简单，因此对算力的需求不高，通常采用传统的 PLC（可编程逻辑控制器）或低性能的工控机，如图 1-4 所示。

PLC 的硬件内核通常是单片机，但是与基于传统单片机进行程序开发不同的是，PLC 厂家为了降低开发难度，会提供一套高级语言编程框架。用户可以在这套框架中使用高级语言（例如梯形图）进行功能开发。这样做的好处是，开发人员只需要关注要实现的逻辑功能，而无须考虑软硬件底层的实现细节。传统 PLC 通常用于工业自动化中的逻辑控制或者简单的运动控制，其算力较低，用于 AGV 时则只能实现简单的巡线、遇障停车等功能。

AGV 一般沿固定的路线行驶，路线上的运行环境相对简单。而对于工作在室外的无人

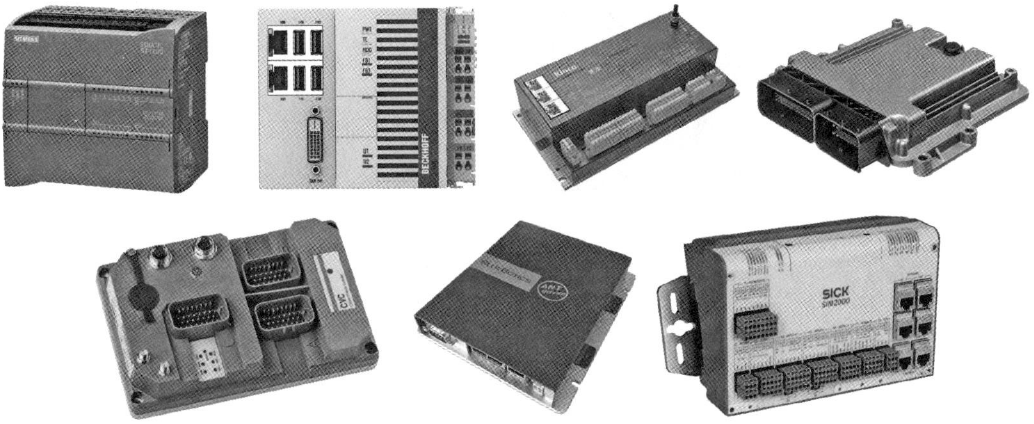

图 1-4　AGV 使用的控制器

车，由于需要与多变的环境进行交互，其功能更复杂，智能化程度也更高。无人车搭载的复杂感知和规划算法对算力的要求远高于 AGV，通常采用高性能的工控机或者车载嵌入式域控制器作为计算平台，如图 1-5 所示。

图 1-5　无人驾驶车辆使用的高性能计算平台

1.3 无人驾驶技术开发对从业者专业技能的要求

无人驾驶车辆集多种技术于一体，包括环境感知、规划决策、运动控制等众多模块。为了让读者对无人驾驶的技术组成有所了解，笔者以自动驾驶软件框架为例进行说明。目前，比较流行的开源无人驾驶项目有 Apollo、Autoware、OpenPilot 等。笔者对其中不同模块代码行数和字符数进行了统计，如图 1-6 所示。为了方便横向对比，笔者将代码按照功能模块进行了分类，并且只统计了定位、感知、规划、控制四个模块中的程序代码，不包含配置文件和模型参数。在这些模块中，感知和规划模块合起来占据了全部代码量的 85%以上。由此可见，在自动驾驶系统的“大脑”中，大多数“神经细胞”用于理解环境并根据环境信息作出决策。

无人驾驶技术所涉及的专业领域跨度大，从自动控制到模式识别，从计算机到车辆工程。对从业人员最基本的需求在计算机方面，要求从业人员熟悉常见平台的编程和使用方式，掌握一到两种高级语言，例如 C++和 Python。无人驾驶技术开发涉及较多的数学概念和理论，需要从业者具备微积分、线性代数、概率论等学科的理论基础，如图 1-7 所示。

从事定位导航技术开发时，从业者需要熟悉导航与制导原理、数学最优化、概率论、群

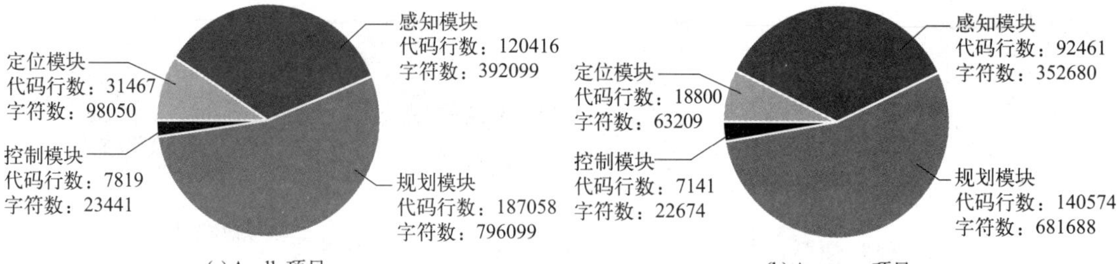

图 1-6 开源自动驾驶项目各模块代码量统计

论等专业领域的知识。

从事感知技术开发时，从业者需要熟悉计算机视觉、机器学习等专业领域的知识。深度学习成为环境感知的主流方法，不断有新的模型和理论被提出。因此，该领域的从业者需要密切关注行业最新的理论成果。

从事规划决策技术开发时，从业者需要熟悉理论力学、最优化理论等学科。目前，车辆的行驶轨迹通常采用优化的方法得到，其中涉及的约束条件复杂、优化变量众多。为了快速响应环境的变换，需要实时进行规划。因此，如何对优化问题进行表述并且高效地求解，是这一领域的研究重点。

从事车辆运动控制技术开发时，从业者需要具备理论力学、自动控制理论、最优控制等专业基础。

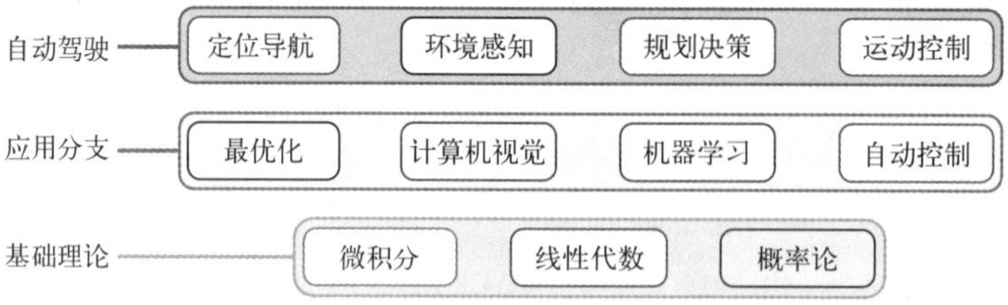

图 1-7 自动驾驶技术的专业领域分支

第2章

无人驾驶软件平台

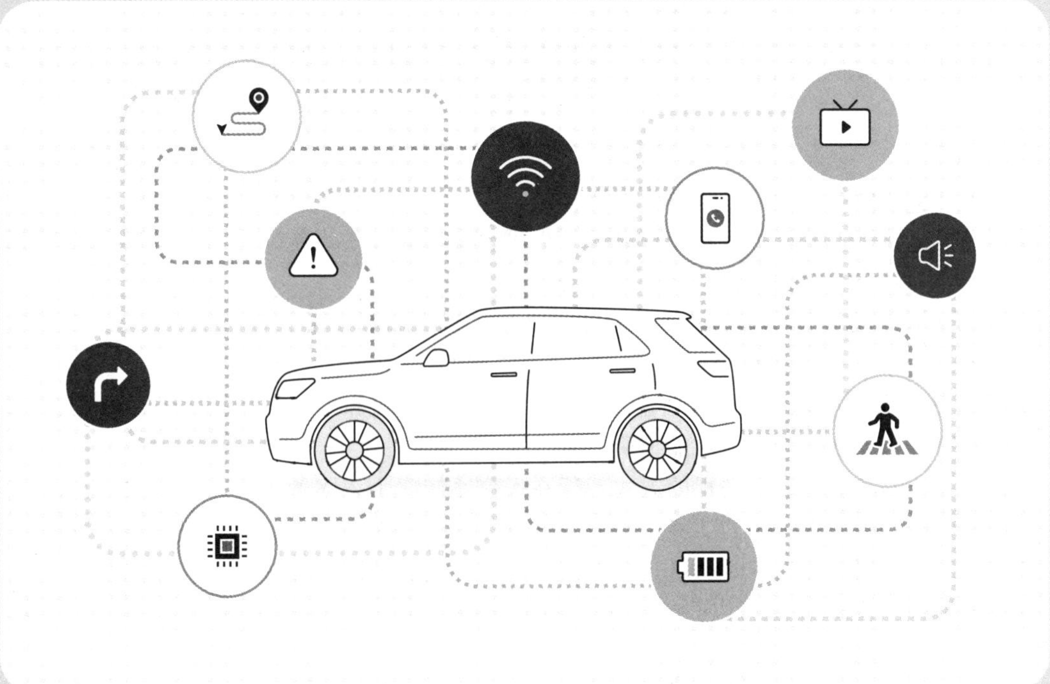

2.1 软件平台架构

自动驾驶系统由软件系统和硬件系统组成，如图 2-1 所示。自动驾驶软件系统可分为软件平台和功能模块：软件平台为功能模块提供计算资源调用的接口和对硬件的管理，包括中间件和实时操作系统；功能模块是自动驾驶算法的具体实现。

软件系统采用分层的设计思想，根据功能划分为不同的层级，从上到下分别为功能模块、中间件和实时操作系统。其中，最底层是实时操作系统，操作系统内核为通过安装实时补丁实现线程的实时切换，保证程序模块具有确定性的执行时间和逻辑顺序。实时操作系统之上运行中间件，采用机器人操作系统（ROS）实现，为顶层的功能模块提供基本算法和数据结构支持。最上层为功能模块层，通过定位、感知等功能模块的组合完成具体的自动驾驶任务。

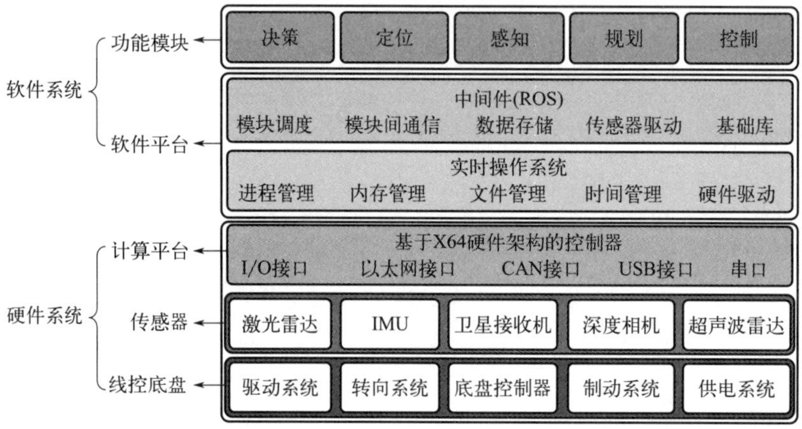

图 2-1 自动驾驶系统框图

由于自动驾驶系统涵盖多个软件功能模块，同时整合了各硬件模块，因此软硬件资源的有效调配十分关键，需要一个稳定可靠的软件平台来构建软件系统。

自动驾驶系统对软件平台的功能要求有：

① 多模块调度：按照确定的逻辑时序或者事件触发调度模块；

② 模块间通信：实现多个模块间不同格式数据的传递；

③ 硬件资源管理，对中央处理器（CPU）、时钟、内存和外部通信接口等硬件资源进行管理，并提供驱动软件接口给功能模块。

自动驾驶的功能模块以进程的方式运行在操作系统之上，多数进程的工作方式是以固定的周期循环执行。操作系统的功能是周期性唤醒并执行功能模块对应的进程。功能模块使用系统定时器实现周期性的定时执行。个别模块，例如高精地图的加载或更新等需要以事件触发的方式执行。操作系统可以根据触发条件信号启动进程，待进程执行完毕后自动转入后台。

自动驾驶系统属于自动控制系统，需要及时响应环境和任务的变化，因此其对实时性有一定要求。自动驾驶软件系统运行于操作系统之上，因此操作系统的实时性决定了自动驾驶软件系统的实时性。

通过在 Linux Kernel 内核上安装 RT Preemptive 实时补丁，实现实时性能。自动驾驶系统的功能模块的工作频率一般在 10～100Hz，对应的进程运行周期一般在 10～100ms，系统切换导致的延迟应控制在运行周期的 10%以内。在 Intel i5-8500 CPU，8GB 内存配置的工控机上，通过 cyclictest 测试程序进行实时性试验，证实线程切换最大延迟在 100μs 以内，满足自动驾驶 1ms 的延迟要求。

硬件计算平台的各类接口均提供 Linux 操作系统上的驱动程序。自动驾驶项目使用的通信接口有 CAN 总线接口、以太网接口、串口、USB 接口等。在 Linux 操作系统中，使用硬件接口之前，首先需设置权限，然后引用驱动程序对应的头文件和库文件，进而通过使用驱动提供的 API 接口函数实现对硬件接口的访问。

2.2 程序开发

ROS 原生支持的操作系统是 Ubuntu Linux，因此开发者应该熟悉 Linux 操作系统上的基本操作。Linux 与图形化的 Windows 操作系统不同，用户在使用 Linux 时首先面对的就是各种 shell 命令，因此下面我们先介绍一些常用的命令。

2.2.1 shell 命令

什么是 shell？在操作系统中，应用程序一般不会直接操作计算机硬件，而是借助操作系统提供的软件接口。Linux 操作系统是一种类 Unix 系统，与 Unix 系统具有相似的接口和功能。在 Unix 操作系统中，负责控制计算机硬件的程序被称为内核，它为应用程序提供运行环境，如图 2-2 所示。应用程序使用内核提供的系统调用或者一些公共的函数库才能运行。shell 也是一个特殊的应用程序。当运行 shell 时，就是在运行一个小程序，这个程序需要在 shell 的环境中被解释、执行，并输出执行的结果。所以 shell 可以被看成一个执行其他更简单程序的运行环境。在英语中，shell 的意思是“壳”，这个名字非常形象，因为“壳”与“核”对应，壳包裹在核之外，将核的接口提供给其他的程序使用。

图 2-2 Unix 操作系统的体系结构

(1) cd（切换路径）命令

cd 命令用来切换路径，其名称来自 change directory（改变目录）的首字母。cd 命令可能是我们平时使用最多的命令了。在 Linux 中，为了更方便，会用某些符号表示特定的文件夹，可以跟命令一起用，例如：

① cd ～表示切换到“home/你的用户名”路径。

② cd /表示切换到根目录下。注意：/前面除了空格什么都不加。Linux 的根目录就相当于 Windows 中的“我的电脑”。

③ cd . 表示当前目录。当前目录就是这个终端窗口所处的路径。当然，输入这个命令，

路径不会有任何变化。但是这不代表这个符号是没用的：我们在使用 CMake 编译程序代码时，有时会用 CMake . 命令，其中的点就表示使用当前路径下的 CMakeLists. txt 文件进行编译构建。

④ cd .. ，即 cd 后面跟着一个空格再加两个点，表示退回到上一层路径。而且它还可以连续使用，例如退回两层就是 cd ../.. 。我们在使用 CMake 编译程序代码时经常会用 CMake .. 命令，其中“..”就表示使用上一层路径下的 CMakeLists. txt 文件进行编译构建。

⑤ cd -表示退回到上一次进入的那个路径，相当于 Windows 中的后退按键。注意它与 cd .. 的区别。

（2）mkdir（新建文件夹）命令

mkdir 命令的作用是新建文件夹。如果想直接建立子文件夹（也就是文件夹中的文件夹），后面加上-p 即可，例如 mkdir a/b -p 会新建 a 文件夹中的 b 文件夹。

（3）cp（复制文件）命令

cp 命令用来复制文件，格式是“cp 文件名 路径”，其中文件名就对应所要复制的文件（如果想同时复制多个文件，文件名中间就用空格隔开），路径就是要复制到的目标文件夹的地址。

（4）rm（删除文件）命令

rm 命令用来删除一个文件。如果想删除文件夹，可以用 rm -r。如果提示无法删除，可以使用 rm -rf。

（5）mv（移动文件）命令

mv 命令用来移动一个文件。如果这个文件的目的地路径相同，但是名字不同，就相当于重命名一个文件。所以，mv 命令也用于重命名。

（6）ln（链接）命令

ln 命令用来创建一个快捷方式。如果一个文件在很多地方都要使用，没有必要拷贝多份，使用以下命令可以把 a 文件夹中的 file 文件链接到 b 文件夹，这样 b 文件夹也能像正常情况一样使用 file 文件。

```
ln -s a/file b/file
```

（7）source（执行脚本）命令

source 命令用来执行一个脚本文件，在使用 ROS 时会经常用到它。由于经常使用，它有一个简写：.。source 可用这个点代替，效果与输入 source 相同。

（8）history（查看历史）命令

history 命令用来显示以前输入过的命令。如果忘了某个命令怎么写，而以前输入过，就可以使用 history 命令查找。

（9）clear（清屏）命令

clear 命令与 Matlab 中的 clear 命令一样，用来清理终端窗口。如果不想打字，也可以使用快捷键 Ctrl＋L。

（10）export（设置环境变量）命令

export 命令用来设置环境变量，例如 export a=123。然后可以在这个终端中打印 a 的值：echo $a。

（11）find（查找）命令

find 命令用来查找文件。下面的例子，其功能是查找当前路径下所有的 txt 类型的文件：

```
find. -name "*.txt"
```

（12）alias（重命名）命令

如果经常使用一个命令，但是它又比较长，为了避免每次都打很多字，就可以把它重命名成另一个短命令。打开 home 路径下的 .bashrc 文件，这个文件是一个隐藏文件，所以如果你看不到，按一下快捷键 Ctrl+H，就会看到了。

以在 ROS 中经常使用的 rostopic list 打印话题命令为例：在 .bashrc 文件的最后输入 alias rl='rostopic list'，然后保存、关闭；新打开一个终端（注意：修改 .bashrc 后要新打开一个终端才开始有效），输入 rl 就相当于 rostopic list 命令。同样，我们可以给 rostopic echo、rosbag play、catkin_make 等常用的命令都起一个短名字，只要不与已有的命令重名即可。查看 .bashrc 文件，会发现系统已经自动给我们定义了一些短的别名。

（13）touch（新建文件）命令

例如，我们想新建一个名称为 a.txt 的文件，使用的命令如下：

```
touch a.txt
```

（14）cat（查看文件）命令

cat 命令可以用于查看文本形式的文件，文件内容会显示在终端中，例如：

```
cat a.txt
```

（15）top（系统监视）命令

top 命令用来查看 CPU 的使用情况，其显示结果如图 2-3 所示。注意最左面的一列，PID 表示进程号。

（16）df（硬盘空间查看）命令

如果想知道硬盘的已用空间和剩余空间，可以用 df -h 命令。结果如图 2-4 所示，列表中可见系统的剩余可用空间。在图 2-4 所示的例子中，硬盘总大小是 196GB，剩余的空闲空间为 171GB。

（17）grep（筛选）命令

grep 命令用来筛选或提取字符。例如，从文件 a.txt 中找出包含 error 字符的那些行，可以输入以下命令：

```
cat a.txt | grep 'error'
```

```
q@ubuntu: /
File Edit View Search Terminal Help
top - 09:56:48 up 2 days, 23:36,  1 user,  load average: 0.14, 0.51, 0.77
Tasks: 470 total,   1 running, 315 sleeping,   0 stopped,   1 zombie
%Cpu(s):  3.0 us,  0.8 sy,  0.0 ni, 96.2 id,  0.0 wa,  0.0 hi,  0.0 si,  0.0 st
KiB Mem : 32853088 total,  5559992 free,  3211932 used, 24081164 buff/cache
KiB Swap:  2097148 total,  2095344 free,     1804 used. 29074608 avail Mem

  PID USER      PR  NI    VIRT    RES    SHR S  %CPU %MEM     TIME+ COMMAND
 1293 q         20   0  982196 315296 143444 S  34.6  1.0  12:59.85 Xorg
 1797 q         20   0 4476652 232660  88104 S   9.0  0.7  23:24.71 gnome-shell
 2141 q         20   0 1041672 128808  90804 S   3.7  0.4   0:10.98 nautilus-deskto
45501 q         20   0 1486764 143732  82028 S   3.0  0.4   0:03.23 gnome-control-c
26778 q         20   0  442180  61376  11216 S   2.7  0.2  70:27.01 rosmaster
    1 root      20   0  225836   9776   6796 S   0.3  0.0   0:37.81 systemd
  498 root     -51   0       0      0      0 S   0.3  0.0   0:34.30 irq/16-vmwgfx
 1180 root      20   0  301076   7832   6744 S   0.3  0.0   0:00.04 gdm3
 1532 q         20   0  570780  15776  12972 S   0.3  0.0   0:00.65 gnome-session-b
 2042 q         20   0  497772  24376  18564 S   0.3  0.1   0:01.15 gsd-xsettings
 2064 q         20   0  662548  26268  19808 S   0.3  0.1   0:49.57 gsd-color
 2068 q         20   0  349584  22896  18008 S   0.3  0.1   0:01.03 gsd-clipboard
 2147 q         20   0  487440  40044  29176 S   0.3  0.1   2:46.49 vmtoolsd
26650 q         20   0  851324  59052  33656 S   0.3  0.2   1:22.37 gnome-terminal-
26918 q         20   0  936076  63144  11568 S   0.3  0.2   3:58.57 rosmaster
29741 root      19  -1   94696  13956  13352 S   0.3  0.0   0:00.06 systemd-journal
45499 q         20   0   44472   4480   3452 R   0.3  0.0   0:00.33 top
79479 q         20   0 3730460 453720 205088 S   0.3  1.4   0:54.64 firefox
    2 root      20   0       0      0      0 S   0.0  0.0   0:00.27 kthreadd
    3 root       0 -20       0      0      0 I   0.0  0.0   0:00.00 rcu_gp
```

图 2-3　top 命令的输出

```
File Edit View Search Terminal Help
q@ubuntu:~$ df -h
Filesystem      Size  Used Avail Use% Mounted on
udev             16G     0   16G   0% /dev
tmpfs           3.2G  1.9M  3.2G   1% /run
/dev/sda1       196G   16G  171G   9% /
tmpfs            16G     0   16G   0% /dev/shm
tmpfs           5.0M  4.0K  5.0M   1% /run/lock
tmpfs            16G     0   16G   0% /sys/fs/cgroup
```

图 2-4　df 命令的输出

如果想把查找的结果保存到另一个文件中，可以使用以下命令：

```
cat a.txt | grep 'error' > b.txt
```

（18）kill（终结进程）命令

kill 命令用来终止一个运行中的进程。

假如你启动了一个进程，这个进程可能包含若干线程。有时候使用 Ctrl+C 无法终止一个多线程进程，这时就可以用这个命令来强行终止了。例如，计算机中运行着一个叫 talker 的进程（假设它是一个 ROS 节点，而一个 ROS 节点就是一个进程，不管它包含几个线程），可以用 kill 命令让它停止运行。但是，kill 后面输入的是进程的编号（就是前面提到的 PID 编号），所以先用 top 命令找到 talker 进程对应的 PID，假设是 123，然后在终端中输入 kill 123，就能结束 talker 这个进程了。如果程序没有立即退出，可以用 kill -9 123，加上选项-9 的意思是让进程立即终止运行，不做任何收尾和等待。

2.2.2 性能调试工具

自动驾驶任务对程序代码的运行效率和稳定性有较高的要求。对此，Python 等解释型语言不适用，C 语言虽然执行效率高，但是缺少面向对象的功能，开发难度大，因此业内通常采用 C++编程语言进行自动驾驶算法的开发和部署。为了保证自动驾驶程序模块在车载计算平台上高效、稳定运行，我们需要对其资源使用情况进行评估。程序对计算平台资源的占用主要是内存和 CPU，下面我们分别介绍相应的测试工具。

(1) 内存检测工具

使用 C/C++开发大型项目时，最令开发人员头疼的一个问题就是内存管理。内存泄漏、数组访问越界等问题，轻则引起程序占用资源过多，重则导致程序崩溃。跟内存有关的问题有时难以发现，可能需要很长时间才能找到问题的根源。valgrind 就是为了解决这类问题而设计的工具。valgrind 是一款用于内存调试、内存泄漏检测以及性能分析的开发工具。常用它来测试程序有没有内存泄漏。下面用一个例子介绍 valgrind 的使用方法。

valgrind 并非 Ubuntu Linux 自带的工具，所以第一次使用时需要在终端运行以下命令进行安装：

```
sudo apt-get install valgrind
```

然后创建以下示例程序。该程序使用 new 申请了一个 int 型的内存，但是并没有使用 delete 对其释放，所以存在内存泄漏。

```
1 int main()
2 {
3   int * a =  new int;//申请内存后忘记释放
4   return 0;
5 }
```

将该程序存储为 test. cpp 文件，并使用 g++将其编译成可执行程序，命令如下（在编译时，为了使 valgrind 能精确定位到内存泄漏的位置，可以使用-g 选项）：

```
g++ test.cpp -o test -g
```

编译成功后会生成名为 test 的可执行文件，然后使用以下命令同时运行 valgrind 和我们编译好的程序：

```
valgrind --tool= memcheck --leak-check= yes ./test
```

其中，memcheck 是内存泄漏检测器，这是 valgrind 的默认选项，也可以不写。程序文件名放在最后，可以看到 valgrind 只使用编译后的执行文件，并不需要源文件。

valgrind 的输出结果如图 2-5 所示，它发现了内存泄漏的大小：4 bytes in 1 blocks (definitely lost)，即丢失了 4 个字节（int 类型数据占 4 个字节），并且 valgrind 定位到了发生内存泄漏的位置：main (test. cpp: 3)，即程序中的第 3 行代码。

如果在程序中把申请的内存释放掉，即在申请内存后加入 delete a，则再次运行 valgrind 时会打印出：All heap blocks were freed -- no leaks are possible。这说明程序正常，

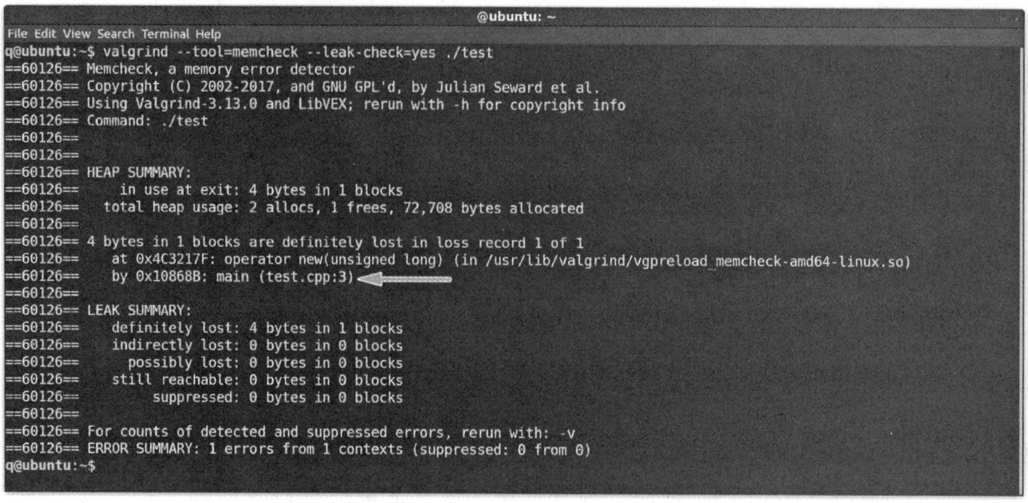

```
@ubuntu: ~
File Edit View Search Terminal Help
q@ubuntu:~$ valgrind --tool=memcheck --leak-check=yes ./test
==60126== Memcheck, a memory error detector
==60126== Copyright (C) 2002-2017, and GNU GPL'd, by Julian Seward et al.
==60126== Using Valgrind-3.13.0 and LibVEX; rerun with -h for copyright info
==60126== Command: ./test
==60126==
==60126==
==60126== HEAP SUMMARY:
==60126==     in use at exit: 4 bytes in 1 blocks
==60126==   total heap usage: 2 allocs, 1 frees, 72,708 bytes allocated
==60126==
==60126== 4 bytes in 1 blocks are definitely lost in loss record 1 of 1
==60126==    at 0x4C3217F: operator new(unsigned long) (in /usr/lib/valgrind/vgpreload_memcheck-amd64-linux.so)
==60126==    by 0x10868B: main (test.cpp:3)
==60126==
==60126== LEAK SUMMARY:
==60126==    definitely lost: 4 bytes in 1 blocks
==60126==    indirectly lost: 0 bytes in 0 blocks
==60126==      possibly lost: 0 bytes in 0 blocks
==60126==    still reachable: 0 bytes in 0 blocks
==60126==         suppressed: 0 bytes in 0 blocks
==60126==
==60126== For counts of detected and suppressed errors, rerun with: -v
==60126== ERROR SUMMARY: 1 errors from 1 contexts (suppressed: 0 from 0)
q@ubuntu:~$
```

图 2-5　使用 valgrind 工具分析内存泄漏

即没有内存泄漏。

valgrind 的功能非常强大，除了内存泄漏，它还可以检测出数组访问越界、使用未初始化的内存、不正确的 malloc/free 或 new/delete 匹配、内存地址重叠等容易犯的错误，帮助我们发现难以察觉的漏洞。

（2）CPU 占用率检测工具

如何知道所开发的程序是否按照我们的期望高效地运行呢？我们可以使用 perf 工具。perf 是一款性能剖析（performance profiling）工具，它能够监控函数的 CPU 占用率。在它的帮助下，我们能够寻找程序的性能瓶颈，以改善代码。下面同样通过一个例子介绍 perf 的使用方式。

首先创建一个示例程序 test. cpp，代码如下，然后将其编译为 test 可执行程序。

```
void fun()
{
  while (true){
    //此处陷入死循环
  }
}

int main()
{
  fun();
  return 0;
}
```

perf 不是 Ubuntu 自带的工具，因此第一次使用时需要安装，安装命令如下（具体命令取决于操作系统版本）：

```
sudo apt-get install linux-tools-5.4.0-150-generic
```

首先在一个终端中输入 ./test，以启动示例程序。然后使用以下命令查看程序的 CPU

占用情况：

```
sudo perf top -p 进程号
```

其中，进程号是要监测的程序（即 test）的进程号，可以通过前面介绍的 top 命令查看。

输出内容如图 2-6 所示，perf 给出了 test 进程的 CPU 占用率（接近 100%），而且指出了是被哪个函数占用的（fun 函数）。根据 perf 输出的 CPU 占用情况，我们能够锁定需要优化的函数。

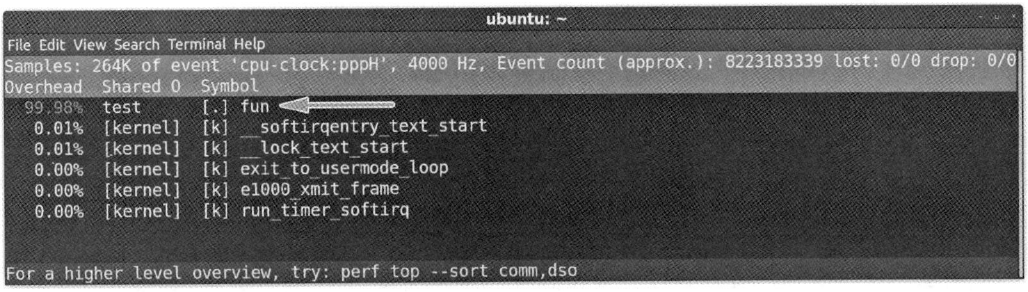

图 2-6　使用 perf 命令分析程序的 CPU 占用率

2.3 ROS 系统简介

ROS（Robot Operating System）是一个开源的机器人软件开发平台。虽然其名字中带操作系统（OS），但严格来说，ROS 并不是一个操作系统。ROS 工作在操作系统之上，其地位像手机操作系统领域的 Android 和工业控制器领域的 Codesys。

2006 年前后，ROS 的雏形诞生于斯坦福大学的机器人实验室。时年 26 岁的博士生 Eric Berger 和 Keenan Wyrobek 在为人形机器人设计软件时发现，由于缺少一个公共的平台，实验室里每位同学只能在自己熟悉的方向做开发，相互之间很难合作。而机器人学又是一个包括软硬件、需要各领域专业技术交会融合的学科。为了解决这个问题，他们着手设计一个统一的软件平台，使不同方向的人员能够更顺利地合作。成功的创业者 Scott Hassan 在斯坦福大学交流时，遇到了 Eric Berger 和 Keenan Wyrobek，他们对机器人软件系统的未来看法不谋而合。于是 Scott Hassan 邀请二人加入他创办的新公司柳树车库（Willow Garage）。2007 年 11 月，ROS 代码第一次出现在网络上。

ROS 推出后，受欢迎的程度大大超出了设计者的预料，并已经成为机器人领域事实上的标准。今天，ROS 被部署到各种科研和商业项目中，例如空间站机器人、自动驾驶汽车等。国内的自动驾驶项目 Baidu Apollo 早期在 ROS 的框架上开发。国外的 Autoware 自动驾驶项目也选择 ROS 作为运行平台。各大学里的机器人实验室或者研究所在验证算法时也普遍采用 ROS。

读者可以把 ROS 称作一个软件平台、一个通信框架、一套工具链，等等。但是，这无法完整描述 ROS 的功能。经过开源社区多年的开发，ROS 除了支持机器人不同功能模块之间的通信外，还提供了仿真软件、可视化软件、调试工具、开发工具链、标准消息格式定义、点云库等多种功能。

下面简要介绍 ROS 的原理所涉及的关键知识。虽然大多数时候我们只是在使用 ROS，但是了解其原理有助于我们更好地利用其优势。

2.3.1 节点的诞生

ROS 最核心的功能就是提供了一个程序之间相互传递信息的框架。下面，我们来看看 ROS 是如何实现程序之间的信息传递的。

通信的实现代码在 ros_comm 包中，其中 clients（客户端）下包含了实现通信的大部分功能。一个机器人的软件项目里为什么需要客户端？这是因为节点与节点管理器（master）之间的关系是 client/server，即每个节点都是一个客户端（client），而主节点自然就是服务器端（server）。

节点之间最主要的通信方式基于消息。为了达到这个目的，需要以下三个步骤。弄明白这三个步骤，就明白 ROS 的工作方式了。

① 消息的发布者和订阅者（也就是接收者）建立连接；

② 发布者向话题发布消息，订阅者在话题上接收消息，将消息保存在回调函数队列中；

③ 调用回调函数队列中的回调函数处理消息。

在建立连接之前，首先要有节点。在 ROS 中，为什么把一个程序称为“节点”呢？这是因为 ROS 沿用了计算机网络中“节点”的概念。在一个网络中，例如互联网中，每一个上网的计算机就是一个节点。前面使用的客户端、服务器这样的称呼，也是从计算机网络中借用的。

下面介绍 ROS 节点是如何被创建出来的。当我们第一次使用 ROS 时，通常会根据官方教程给出的例子编写一个 talker 和一个 listener 节点，以此熟悉 ROS 的使用方法。以 talker 为例，它的代码如下。

```
#include "ros/ros.h"
#include "std_msgs/String.h"
int main(int argc,char ** argv)
{
  ros::init(argc,argv,"talker");
  ros::NodeHandle n;
  auto pub =  n.advertise<std_msgs::String> ("message",1000);
  ros::Rate loop_rate(10);
  while (ros::ok()) {
    std_msgs::String msg;
    msg.data =  "hello!";
    pub.publish(msg);
    ros::spinOnce();
    loop_rate.sleep();
  }
  return 0;
}
```

这个简单的程序有几个值得注意的关键点，下面按顺序依次讲解。

在 main 函数中，首先调用 ros∷init 函数来初始化一个节点。当程序执行完 ros∷init 函数时，一个新的节点就“呱呱坠地”了，并且在节点“出生”之前，给它起好了名字，也就是 ros∷init 函数中的“talker”。在计算机中，一个节点是以进程的形式存在的。编译并运行以上代码，然后使用查看进程的命令 ps，可以检查这个节点进程是否存在。图 2-7 中的箭头指向的就是创建的节点进程。

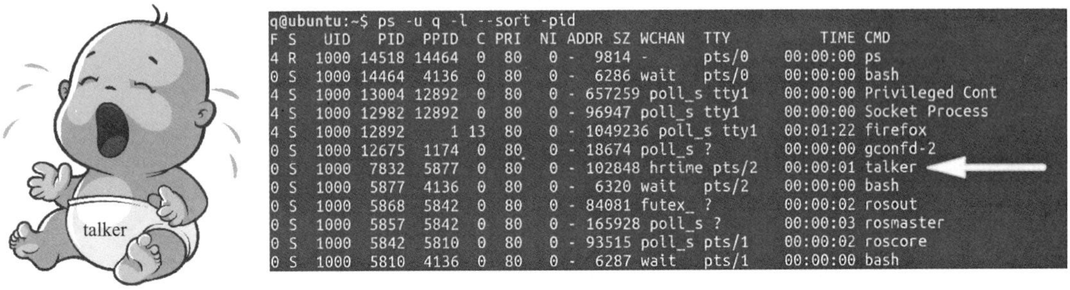
talker
q@ubuntu:~$ ps -u q -l --sort -pid
F S UID PID PPID C PRI NI ADDR SZ WCHAN TTY TIME CMD
4 R 1000 14518 14464 0 80 0 - 9814 - pts/0 00:00:00 ps
0 S 1000 14464 4136 0 80 0 - 6286 wait pts/0 00:00:00 bash
4 S 1000 13004 12892 0 80 0 - 657259 poll_s tty1 00:00:00 Privileged Cont
4 S 1000 12982 12892 0 80 0 - 96947 poll_s tty1 00:00:00 Socket Process
4 S 1000 12892 1 13 80 0 - 1049236 poll_s tty1 00:01:22 firefox
0 S 1000 12675 1174 0 80 0 - 18674 poll_s ? 00:00:00 gconfd-2
0 S 1000 7832 5877 0 80 0 - 102848 hrtime pts/2 00:00:01 talker
0 S 1000 5877 4136 0 80 0 - 6320 wait pts/2 00:00:00 bash
0 S 1000 5868 5842 0 80 0 - 84081 futex_ ? 00:00:02 rosout
0 S 1000 5857 5842 0 80 0 - 165928 poll_s ? 00:00:03 rosmaster
0 S 1000 5842 5810 0 80 0 - 93515 poll_s pts/1 00:00:02 roscore
0 S 1000 5810 4136 0 80 0 - 6287 wait pts/1 00:00:00 bash

图 2-7　ROS 中创建一个节点

ros∷init 函数做了哪些事情呢？首先进入 ros∷init 函数内部，看看它是如何实现的。这个函数的定义在 ros_comm 包中的 init.cpp 文件中。它首先初始化了一个叫作 g_global_queue 的数据，其类型是 CallbackQueuePtr。这是一个重要的类，叫“回调队列”，后面还会见到它。随后，init 函数调用了 network、master、this_node、file_log、param 这几个命名空间里的 init 初始化函数，后者各自对自己的变量初始化（这些变量都以 g 开头，例如 g_host、g_uri，表明它们是全局变量）。其中，network∷init 完成节点主机名、IP 地址等的初始化；master∷init 获取 master 的 URI、主机号和端口号；this_node∷init 则定义了节点的命名空间和节点的名字，我们给节点起的名字“talker”就存储在这里；file_log∷init 初始化日志文件的路径。

当程序执行完 ros∷init（argc,argv,"talker"）以后，一个进程就被创建出来了。但是，这时它也只是一个孤零零、普普通通的进程，没有办法与其他节点交流，因为其他节点并不知道它的存在。ROS 提供了 rosnode list 工具，可以显示计算机中所有运行的节点。此时使用该命令就会发现，我们看不到 talker 这个节点。所以严格来说，它还不是一个真正的节点。那么一个进程什么时候才变成一个 ROS 中的节点呢？这就需要下一个关键步骤——创建 ros∷NodeHandle 句柄。

NodeHandle 的实现通过 node_handle.cpp 文件。进入该文件，发现构造函数 NodeHandle∷NodeHandle 调用了自己的 construct 函数，然后找到 construct 函数，它又调用了 ros∷start()函数。这个函数实例化了几个重要的类，如下。

```
TopicManager::instance()->start();
ServiceManager::instance()->start();
ConnectionManager::instance()->start();
PollManager::instance()->start();
XMLRPCManager::instance()->start();
```

完成实例化后马上又调用了各自的 start()函数，启动相应的动作。

到此为止，一个节点才真正“觉醒”了，成为可以与别的节点“畅所欲言”的 ROS 节点。此时再使用 rosnode list 命令，就会发现 talker 出现了，如图 2-8 所示。

```
q@ubuntu:~$ rosnode list
/rosout
/talker
```

图 2-8　使用 rosnode list 命令列出所有运行节点

通过 ros：：NodeHandle 句柄，可以访问到 ROS 提供的一些基本功能。例如，使用 advertise 函数发布消息，或者使用 subscribe 函数接收消息。这就像打开了一扇门，而 ros：：NodeHandle 就像这扇门的门把手，所以被形象地称为句柄（handle）。

最后一个关键点是 ros：：spinOnce()。不管节点是接收还是发送消息，都是由 ROS 完成的。而 spinOnce 函数的作用就是让 ROS 在发送消息或者接收到新的消息后帮我们做一些工作。一般来说，节点间的通信是周期性的，所以整个消息发送过程放在一个循环里。循环的周期使用 ros：：Rate 控制。示例代码中的 loop_rate(10) 表示 1s 循环 10 次。

2.3.2　节点间的通信

在 ROS 中，节点与节点之间的通信依靠节点管理器牵线搭桥。节点管理器被称为 master，它就像一个中介一样介绍节点们互相“认识”。一旦节点们认识了彼此，master 就完成自己的任务，不再参与了。这也是启动节点后再终止 master，节点之间的通信依然保持正常的原因。使用过 B2B 下载工具的读者对 master 的工作方式应该很熟悉：master 就相当于 Tracker 服务器，它存储着其他节点的信息；每次下载之前都会查询 Tracker 服务器，找到有资源的节点，然后就可以与它们建立连接并开始下载了。节点之间的通信如图 2-9 所示。

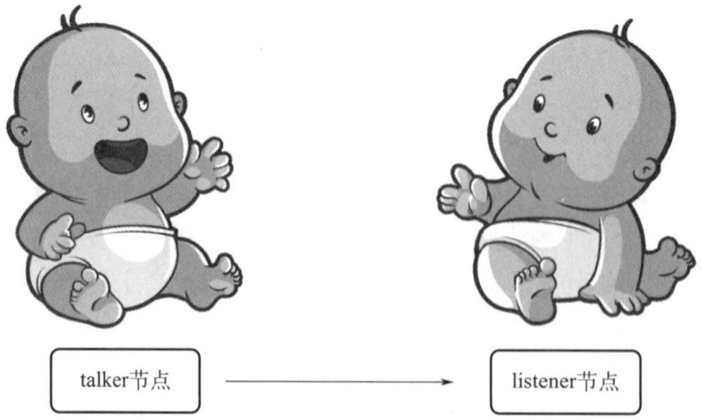

图 2-9　节点之间的通信

那么 master 是怎么给节点们牵线搭桥的呢？ROS 使用一种叫作 XMLRPC 的方式实现这个功能。XMLRPC 中，RPC 的意思是远程过程调用（remote procedure call）。简单来说，远程过程调用的意思就是一个计算机中的程序（在这里就是节点）可以调用另一个计算机中的函数，只要这两个计算机在一个网络中。这是一种听上去很高级的功能，它能让节点去访问网络中另一台计算机上的程序资源。XMLRPC 中的 XML 就是一种数据的表示方式。所以合起来后，XMLRPC 的意思就是把由 XML 格式表示的数据发送给其他计算机上的程序运行，运行后的结果仍然以 XML 格式返回，然后通过解析它（还原回纯粹的数据）就能干别的事了。

举个例子，一个 XMLRPC 请求如下。因为 XMLRPC 是基于 HTTP 协议的，所以下面的请求就是一个标准的 HTTP 报文。

```
POST/ HTTP/1.1
User-Agent: XMLRPC++0.7
Host: localhost:11311
Content-Type: text/xml
Content-length: 78

<?xml version= "1.0"?>
<methodCall>
   <methodName> circleArea</methodName>
      <params>
        <param>
            <value><double>1.0</double></value>
        </param>
      </params>
</methodCall>
```

如果读者不了解 HTTP 协议，那么阅读上面的语句时可能会感到陌生。其实，HTTP 报文比较简单，分两部分：前半部分是头部，后半部分是主体。头部和主体之间用空行分开。这都是 HTTP 协议规定的标准。上面主体部分的格式就是 XML，所以，XMLRPC 传递的消息其实就是主体部分格式是 XML 的 HTTP 报文。

对应客户端一个 XMLRPC 请求，服务器端会执行它并返回一个响应，这个响应也是一个 HTTP 报文，如下。

```
POST/ HTTP/1.1
HTTP/1.1 200 OK
Date: Sat,06 Oct 2001 23:20:04 GMT
Server: Apache.1.3.12 (Unix)
Connection: close
Content-Type: text/xml
Content-Length: 124

<?xml version= "1.0"?>
<methodResponse>
   <params>
      <param>
         <value><double> 3.14159</double></value>
      </param>
   </params>
</methodResponse>
```

它的结构和上文的请求一样。所以，XMLRPC 跟上网浏览网页的过程其实差不多。

上面的例子解释了 XMLRPC 是什么，下面介绍 ROS 是如何实现 XMLRPC 的。

ROS 的作者在一个已有的 XMLRPC 库的基础上进行了改造。XMLRPC 的 C++代码在 ros_comm-noetic-devel\utilities\xmlrpcpp 路径下。XMLRPC 分成客户端和服务器端两部分。先介绍客户端，其主要代码在 XmlRpcClient.cpp 文件里。XmlRpcClient.cpp 文件中最核心的函数就是 execute，用于执行远程调用，代码如下。

```
//Execute the named procedure on the remote server.
//Params should be an array of the arguments for the method.
//Returns true if the request was sent and a result received (although the result might
be a fault).
bool XmlRpcClient : : execute ( const char *  method, XmlRpcValue const& params,
XmlRpcValue& result)
{
  XmlRpcUtil::log(1,"XmlRpcClient::execute: method %s (_connectionState %s).",method,
connectionStateStr(_connectionState));

  //This is not a thread-safe operation,if you want to do multithreading,use separate
clients for each thread. If you want to protect yourself from multiple threads access-
ing the same client,replace this code with a real mutex.
  if (_executing)
    return false;

  _executing = true;
  ClearFlagOnExit cf(_executing);
  _sendAttempts = 0;
  _isFault = false;

if (! setupConnection())  //尝试与服务器端建立连接
  return false;

if (! generateRequest(method,params))  //生成发送请求报文
  return false;

  result.clear();
double msTime = -1.0;  //Process until exit is called
  _disp.work(msTime);

if (_connectionState != IDLE || ! parseResponse(result)) {
  _header = "";
  return false;
}
```

```
//close() if server does not supports HTTP1.1
//otherwise,reusing the socket to write leads to a SIGPIPE because
//the remote server could shut down the corresponding socket.
if (_header.find("HTTP/1.1 200 OK",0,15) != 0) {
  close();
}

  XmlRpcUtil::log(1,"XmlRpcClient::execute: method %s completed.",method);
  _header = "";
  _response = "";
return true;
}
```

它首先调用 setupConnection 函数与服务器端建立连接。连接成功后，调用 generateRequest 函数生成发送请求报文。XMLRPC 请求报文的头部又通过 generateHeader 函数进行，代码如下。

```
//Prepend http headers
std::string XmlRpcClient::generateHeader(size_t length) const
{
  std::string header =
    "POST " + _uri + " HTTP/1.1\r\n"      //报文头的格式是固定的
    "User-Agent: ";
  header += XMLRPC_VERSION;
  header += "\r\nHost: ";
  heade r += _host;

  char buff[40];
  std::snprintf(buff,40,":%d\r\n",_port);

  header += buff;
  header += "Content-Type: text/xml\r\nContent-length: ";

  std::snprintf(buff,40,"%zu\r\n\r\n",length);
  return header + buff;
}
```

主体部分则先将远程调用的方法和参数变成 XML 格式，generateRequest 函数再将头部和主体组合成完整的报文，如下：

```
std::string header = generateHeader(body.length());
_request = header + body;
```

XMLRPC 把报文发给服务器后，就开始静静地等待；一旦接收到服务器返回的报文，就调用 parseResponse 函数解析报文数据，也就是把 XML 格式变成纯净的数据格式。我们发现，XMLRPC 使用了 socket 功能来实现客户端和服务器通信。

虽然 XMLRPC 是 ROS 重要的一部分，但它毕竟只是一个基础功能，会用即可，暂时不去探究其实现细节，所以对它的分析到此为止。下面来看节点是如何调用 XMLRPC 的。

在一个节点刚启动的时候，它并不知道其他节点的存在，更不知道它们在“交谈”什么，当然也就谈不上通信。所以，它要先与 master 对话，查询其他节点的状态，然后试图与其他节点建立连接。而节点与 master 对话使用的就是 XMLRPC。从这一点来看，master 叫节点管理器确实名副其实：它是一个大管家，给刚“出生”的节点提供服务。下面以两个节点，即 talker 和 listener 为例，介绍其通过 XMLRPC 建立通信连接的过程，如图 2-10 所示。

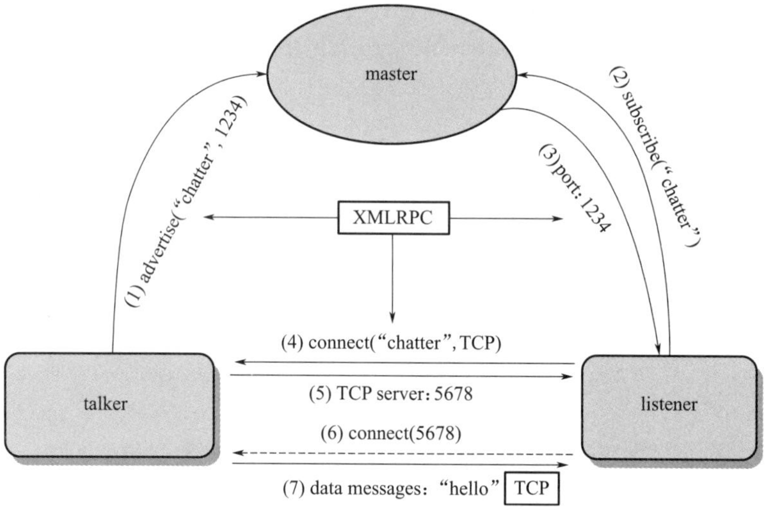

图 2-10　两个节点建立通信连接的步骤

（1）talker 注册

假设先启动 talker 节点。启动后，它会通过 1234 端口使用 XMLRPC 向 master 注册自己的信息，包含所发布消息的话题名。master 会将 talker 的注册信息加入一个注册列表中。

（2）listener 注册

listener 节点启动后，同样通过 XMLRPC 向 master 注册自己的信息，包含需要订阅的话题名。

（3）master 进行匹配

master 根据 listener 的订阅信息从注册列表中查找。如果没有找到匹配的发布者，则等待发布者的加入；如果找到匹配的发布者信息，则通过 XMLRPC 向 listener 发送 talker 的地址信息。

（4）listener 发送连接请求

listener 接收到 master 发回的 talker 地址信息后，尝试通过 XMLRPC 向 talker 发送连接请求，传输订阅的话题名、消息类型以及通信协议（TCP 或者 UDP）。

（5）talker 确认连接请求

talker 接收到 listener 发送的连接请求后，继续通过 XMLRPC 向 listener 确认连接信息，其中包含自身的 TCP 地址信息。

（6）listener 尝试与 talker 建立连接

listener 接收到确认信息后，使用 TCP 尝试与 talker 建立网络连接。

（7）talker 向 listener 发布消息

成功建立连接后，talker 开始向 listener 发送话题消息数据，master 不再参与。

从上面的分析中可以发现，前五个步骤使用的通信协议都是 XMLRPC，最后发布数据的过程才用到 TCP。master 只在节点建立连接的过程中起作用，但是并不参与节点之间最终的数据传输。

节点在请求建立连接时会通过 master. cpp 文件中的 execute()函数调用 XMLRPC 库中的函数。例如，若 talker 节点要发布消息，它会调用 topic_manager. cpp 中的 TopicManager ::advertise()函数，在此函数中会调用 execute 函数，该部分代码如下：

```
XmlRpcValue args,result,payload;
args[0] = this_node::getName();
args[1] = ops.topic;
args[2] = ops.datatype;
args[3] = xmlrpc_manager_->getServerURI();
master::execute("registerPublisher",args,result,payload,true);
```

其中，registerPublisher 就是一个远程过程调用的方法（或者叫函数）。节点通过这个远程过程调用方法向 master 注册，表示自己要发布消息了。

读者可能会问：registerPublisher 方法在哪里被执行了呢？在 ros_comm-noetic-devel\tools\rosmaster\src\rosmaster 路径下，打开 master_api. py 文件，然后搜索 registerPublisher 这个方法，就会找到对应的代码，如下：

```
def registerPublisher(self,caller_id,topic,topic_type,caller_api):
  try:
      self.ps_lock.acquire()
      self.reg_manager.register_publisher(topic,caller_id,caller_api)
      if topic_type != rosgraph.names.ANYTYPE or not topic in
      self.topics_types:
          self.topics_types[topic] = topic_type
          pub_uris = self.publishers.get_apis(topic)
          sub_uris = self.subscribers.get_apis(topic)
          //通知消息订阅者
          self._notify_topic_subscribers(topic,pub_uris,sub_uris)
          mloginfo("+ PUB [%s] %s %s",topic,caller_id,caller_api)
          sub_uris = self.subscribers.get_apis(topic)
      finally:
          self.ps_lock.release()
    return 1,"Registered [%s] as publisher of [%s]"%(caller_id,topic),sub_uris
```

通过阅读代码，知道 master 通知所有订阅这个消息的节点，让它们做好接收消息的准备。读者可能注意到了，这个被调用的 XMLRPC 是用 Python 语言实现的。也就是说，

XMLRPC 通信时只要报文的格式是一致的，不管 C＋＋还是 Python 语言，都可以实现远程调用的功能。

2.3.3 序列化

把通信的内容［也就是消息（message）］序列化是通信的基础，所以这一节来探讨序列化。很多读者可能是第一次听到“序列化”这个词，但其实序列化是一个比较常见的概念，多数人即便不知道它，但也一定接触过它。下面先介绍序列化的一些常识，再解释 ROS 里的序列化是怎么做的。

“序列化”（serialization）的意思是将一个对象转化为字节流，如图 2-11 所示。这里说的对象可以理解为“面向对象”里的那个对象，具体而言就是存储在内存中的对象数据。与之相反的过程是“反序列化”（deserialization）。

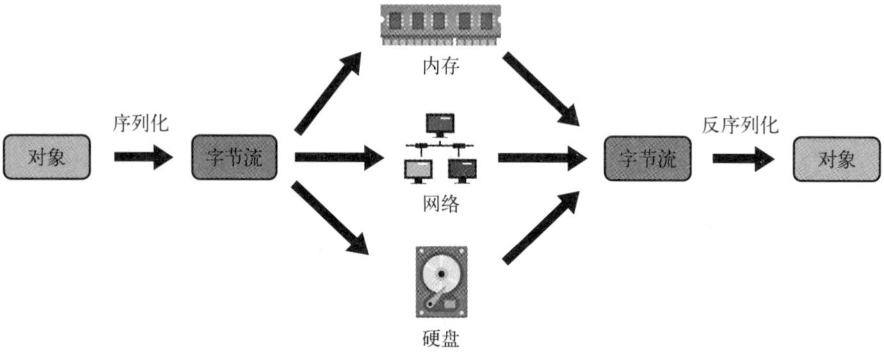

图 2-11　序列化与反序列化

序列化与机器人原本没有关系，就是一个计算机概念。序列化的英文动词形式 serialize 就有把一个东西变成一串连续的东西之意，可以形象地描述为：数据对象是一团面，序列化就是将面团拉成一根面条，反序列化就将面条捏回面团。另一个形象的类比是在对话或者打电话时，一个人的思想转换成语音，然后在另一个人的头脑里重新变成结构化的思想，这也是一种序列化。

面对序列化，读者可能会有很多疑问。首先，为什么要序列化？或者更具体地说，既然对象的信息本来就以字节的形式储存在内存中，那为什么要多此一举，把一些字节数据转换成另一种形式的、一维的、连续的字节数据呢？如果程序在内存中存储了一个数字，比如 25，那要怎么传递 25 这个数字给别的程序节点，或者怎么把这个数字永久存储起来呢？很简单，直接传递 25 这个数字（即 25 的字节表示：0X19。当然，它最终会变成二进制表示 11001，以高低电平传输、存储），或者直接把这个数字（即它的字节表示）写进硬盘里即可。所以，对于本来就是连续的、一维的、一连串的数据（例如字符串），序列化并不需要做太多东西，其本质就是由内存向其他地方拷贝数据而已。所以，如果在一个序列化库里看到 memcpy 函数，不用觉得奇怪，因为序列化最底层就是在操作内存数据而已。可是实际程序操作的对象很少具有这么简单的形式，大多数时候我们面对的是包含不同数据类型（int、double、string）的复杂数据结构（比如 vector、list），它们很可能在内存中不是连续存储的，而是分散在各处。比如，ROS 的很多消息都包含向量。数据中还有各种指针和引用。而且，如果数据要在运行于不同架构的计算机之上的、由不同编程语言所编写的节点程序之间传递，那问题就更复杂了：它们的字节顺序 endianness 规定有可能不一样，基本数据类型（比如 int）的长度也不一样（有的 int 数据占 4 个字节，有的占 8 个字节）。这些都不是通过简单、原封不动地复制粘贴原始数据就能解决的。这时就需要序列化和反序列化了。所以，在程序之间需要通信时（ROS 恰好就是这种情况），或者希望保存程序的中间运算结果时，就需要用序列化。另外，在某种程度上，序列化还起到统一标准的作用。

我们把被序列化的东西叫 object（对象），它可以是任意的数据结构或者对象：结构体、数组、类的实例，等等。把序列化后得到的东西叫 archive，它的形式既可以是人类可读的文本形式，也可以是二进制形式。前者如 JSON 和 XML，这两者是网络应用里最常用的序列化格式，通过记事本就能打开阅读；后者就是原始的二进制文件，如后缀名是 bin 的文件，我们是没办法直接阅读这类文件的。

序列化是一个比较常用的功能，所以大多数编程语言（比如 C＋＋、Python、Java 等）都会附带用于序列化的库，不需要用户重复“造轮子”。以 C＋＋为例，虽然标准 STL 库没有提供序列化功能，但是第三方库 Boost 提供了，谷歌的 protobuf 也是一个序列化库。为什么 ROS 不使用现有的序列化库呢？原因之一是在 ROS 诞生的时候，有些序列化库还不存在（protobuf 诞生于 2008 年），也可能是 ROS 的设计者认为当时没有合适的工具。ROS 实现序列化的代码在 roscpp_core 项目下的 roscpp_serialization 中。

这个功能涉及的代码量不是很多。核心的函数都在 serialization. h 里，简而言之，里面使用了 C 语言标准库的 memcpy 函数把消息拷贝到流中。下面来看一下具体的实现方式。

序列化功能的特点是要处理很多种数据类型，针对每种具体的类型都要实现相应的序列化函数。为了尽量减少代码量，ROS 使用了 C＋＋模板的概念，所以代码里有大量的 template〈typename T〉。

从后往前梳理，先研究 Stream 这个结构体。在 C＋＋里，结构体和类基本没有区别，结构体里也可以定义函数。Stream 翻译为流，流是计算机中的抽象概念。前文提到过字节流，它是什么意思呢？在需要传输数据的时候，可以把数据想象成传送带上连续排列的一个个被传送的物体，它们就是一个流。更形象地，可以将其想象成磁带或者图灵机里连续的纸带。在文件读写、使用串口、网络 Socket 通信等领域，流经常被使用。例如常用的输入输出流：cout≪"helllo world"。由于使用得很多，流的概念也在演变。

注释表明 Stream 是一个基类，输入流和输出流（IStream 和 OStream）都继承自它。Stream 的成员变量 data_是个指针，指向序列化的字节流开始的位置，它的类型是 uint8_t。在 Ubuntu 系统中，uint8_t 的定义是 typedef unsigned char uint8_t，所以 uint8_t 就是一个字节，可以用 size_of 函数检验。data_指向的空间就是保存字节流的。

输出流类 OStream 用来序列化一个对象，它引用了 serialize 函数。输入流类 IStream 用来反序列化一个字节流，它引用了 deserialize 函数。serialize 和 deserialize 就是改变数据形式的函数。它们都接收两个模板，都是内联函数，只是又调用了 Serializer 类的成员函数 write 和 read。所以，serialize 和 deserialize 函数是一层封装。

下面来分析 Serializer 类。我们发现，write 和 read 函数又调用了类型里的 serialize 函数和 deserialize 函数。这里的 serialize 和 deserialize 函数跟上面的同名函数不是一回事。注释中说：Specializing the Serializer class is the only thing you need to do to get the ROS serialization system to work with a type（要想让 ROS 的序列化功能适用于其他的某个类型，唯一需要做的就是特

化这个 Serializer 类）。这就涉及另一个知识点——模板特化（template specialization）。

序列化的核心是一个带参数的宏函数，如下：

```
#define ROS_CREATE_SIMPLE_SERIALIZER(Type) \
  template< > struct Serializer< Type>  \
  { \
    template<typename Stream>  inline static void write(Stream& stream,const Type v) \
    { \
      memcpy(stream.advance(sizeof(v)),&v,sizeof(v) ); \
    } \
    \
    template<typename Stream>  inline static void read(Stream& stream,Type& v) \
    { \
      memcpy(&v,stream.advance(sizeof(v)),sizeof(v) ); \
    } \
    \
    inline static uint32_t serializedLength(const Type&) \
      { \
      return sizeof(Type); \
    } \
};
```

这个宏被作用到 ROS 中的 10 种基本数据类型，分别是：uint8_t，int8_t，uint16_t，int16_t，uint32_t，int32_t，uint64_t，int64_t，float，double。这说明以上 10 种数据类型的处理方式都是类似的。看到这里，读者应该明白 write 和 read 函数都使用了 memcpy 函数进行数据的移动。注意宏定义中的 template〈〉语句，这正是模板特化的标志，即关键词 template 后面跟一对尖括号。

对于其他的数据类型，例如 bool、std∷string、std∷vector、ros∷Time、ros∷Duration、boost∷array 等，它们各自的处理方式有细微的不同，所以不再用上面的宏函数，而是用模板特化的方式对每种类型单独定义，这也解释了为什么 serialization. h 文件这么冗长。

对于 int、double 这种单个元素的数据类型，直接用上面特化的 Serializer 类中的 memcpy 函数实现序列化。对于 vector、array 这种多个元素的数据类型怎么办呢？方法是分成几种情况处理：对于固定长度、简单类型的（fixed-size simple types），还是用各自特化的 Serializer 类中的 memcpy 函数实现；对于固定但是类型不简单的（fixed-size，non-simple types）或者既不固定也不简单的（non-fixed-size，non-simple types），用 for 循环遍历，一个元素一个元素地单独处理。那怎么判断一个数据是不是固定的、是不是简单的呢？这是在 roscpp_traits 文件夹中的 message_traits. h 完成的。其中采用了萃取 Type Traits，这是相对高级一点的编程技巧了。

2.3.4 ROS 中的时间

ROS 中定义时间的程序都在 roscpp_core 下的 rostime 功能包中。ROS 中其实有两个时间概念：一种叫“时刻”，也就是某个时间点；一种叫“时段”或者“时间间隔”，也就是两个时刻之间的部分。两者的代码是分开实现的，实现时刻的是 time，实现时间间隔的是 duration。如果在 Ubuntu 中把 rostime 文件夹中的文件打印出来，会发现确实有 time 和 duration 两类文件，但是还多了个“rate”。

下面先梳理一下代码间的依赖关系。跟时刻有关的文件是两个 time.h 文件和一个 time.cpp 文件。time.h 给出了时刻类的声明，而 impl \ time.h 给出了类运算符重载的实现，time.cpp 给出了其他函数的实现。

进入 time.h 文件，其中定义了一个类：TimeBase。根据注释，TimeBase 是个基类，其中定义了两个成员变量，即“uint32_t sec，nsec”，并且重载了+、−、<、>、=等运算符。

成员变量“uint32_t sec，nsec”就是时间的秒和纳秒两部分，它们合起来构成一个完整的时刻。读者可能好奇：为什么要分成两部分表示，而不是用一个？这是因为需要考虑整数表示范围的问题：32 位无符号整型能表示的最大数字是 4294967295（也就是 $2^{32}-1$），如果要用到纳秒的精度，这个范围不够。机器人系统会用到纳秒这么高精度的时间分辨率吗？在自动驾驶领域，GPS（全球定位系统）采用原子钟计时，其时钟精度可以达到纳秒级。由于 GPS 时间的高精度，其被用于激光雷达等传感器的数据帧同步。

定义 TimeBase 这个基类的原因，读者应该容易猜到。在程序中，时间本质上就是一个数字而已，数字系统的序关系（能比较大小）和运算（加减乘除）也同样适用于时间这个数字。当然，这里只有加减，没有乘除，因为时间的乘除没有意义。

接着 TimeBase 类的是 Time 类，它是 TimeBase 的子类。做机器人应用程序开发时用不到 TimeBase 基类，但是 Time 类会经常使用。

Time 类比 TimeBase 类多了 now（）函数，这个函数经常被使用，通常用来计时。例如，用下面的代码就能得到当前的时间戳：

```
ros::Time begin = ros::Time::now(); //获取当前时间
```

now（）函数的定义在 rostime \ src \ time.cpp 里，由于它很常用，笔者将实现的代码展示在这里：

```
Time Time::now()
{
  if(! g_initialized)
      throw TimeNotInitializedException();
  if(g_use_sim_time)
    {
      boost::mutex::scoped_lock lock(g_sim_time_mutex);
      Time t= g_sim_time;
      return t;
    }
  Time t;
  ros_walltime(t.sec,t.nsec);
  return t;
}
```

该函数比较简单。如果定义了使用仿真时间（g_use_sim_time 为 true），那么就使用仿真时间，否则就使用墙上时间。

在 ROS 中，时间分成两种，一种叫仿真时间，一种叫墙上时间。顾名思义，墙上时间就是实际的客观世界的时间，它一秒一秒地流逝，谁都不能改变它。仿真时间则是可以由用户控制的。之所以多了一个仿真时间，是因为我们在仿真机器人时希望可以自己控制时间，例如为了提高验证算法的效率，而让它按我们期望的速度推进。

在使用墙上时间的情况下，now()函数调用了 ros_walltime 函数，这个函数也在 rostime\src\time. cpp 里。剥开层层“洋葱皮”，最后会发现这个 ros_walltime 函数才可以真正调用操作系统时间函数，而且它是跨平台实现的（有 Windows 和 Linux 两个版本）。如果操作系统是 Linux，它便使用 clock_gettime 函数。如果缺少这个函数，那么 ROS 会使用 gettimeofday 函数，但是 gettimeofday 没有 clock_gettime 精确（clock_gettime 能提供纳秒级的精确度）。如果操作系统是 Windows，now()函数便会使用标准库 chrono 获取当前的时刻，使用这个库需要引用它的头文件，所以在 time. cpp 中引用了 #include 〈chrono〉。具体使用的函数就是 std::chrono::system_clock::now(). time_since_epoch()。当然，时间应是秒和纳秒的形式，所以用了 count 方法：

```
uint64_t now_ns = std::chrono::duration_cast< std::chrono::nanoseconds>
  (std::chrono::system_clock::now().time_since_epoch()).count();
```

接着声明了 WallTime 类和 SteadyTime 类。

duration 的定义与实现跟 time 差不多，但是 Duration 类里的 sleep()延时函数是在 time. cpp 里定义的，使用了 Linux 操作系统的 nanosleep 系统调用。这个系统调用虽然叫纳秒，但实际能实现的精度也就是几十毫秒，即便这样也比 C 语言提供的 sleep 函数的精度高多了。如果是 Windows 系统，则调用 STL chrono 函数。

关于 Rate 类，声明注释中是这样解释的：Class to help run loops at a desired frequency。也就是帮助（程序）按照期望的频率循环执行。下面介绍 ROS 节点是如何使用 Rate 类的。

首先，用 Rate 的构造函数实例化一个对象 loop_rate。调用的构造函数如下：

```
Rate::Rate(double frequency)
: start_(Time::now())
,expected_cycle_time_(1.0 / frequency)
,actual_cycle_time_(0.0) { }
```

可见，构造函数使用输入完成了对三个参数的初始化。

然后，在 While 循环里调用 sleep()函数实现一段时间的延迟。既然用到延迟，就使用前面的 time 类。

对于 rostime，我们解释清楚了。可以看到，这部分的实现主要依靠 C++的 STL 标准库函数（比如 chrono）、BOOST 库（date_time）、Linux 操作系统的系统调用以及标准的 C 函数。这就是 ROS 的底层了。一些自动驾驶项目，例如百度 Apollo，也受到了 rostime 的影响，其 cyber\time 中的 Time、Duration、Rate 类的定义方式与 rostime 中的类似，但是没有定义基类，其实现更加简单。

2.3.5 ROS 常用工具

ROS 不只是一个软件平台或者通信库，它还提供了很多开发和调试工具。在自动驾驶以及机器人项目的开发过程中，使用这些工具可以提高开发和调试效率。下面介绍几个常用的工具。

Rviz 是 ROS 开发的可视化软件，能够将消息例如点云、图像等可视化，如图 2-12 所示。在 Rviz 中，用户可以选择显示的消息话题名、坐标系等。

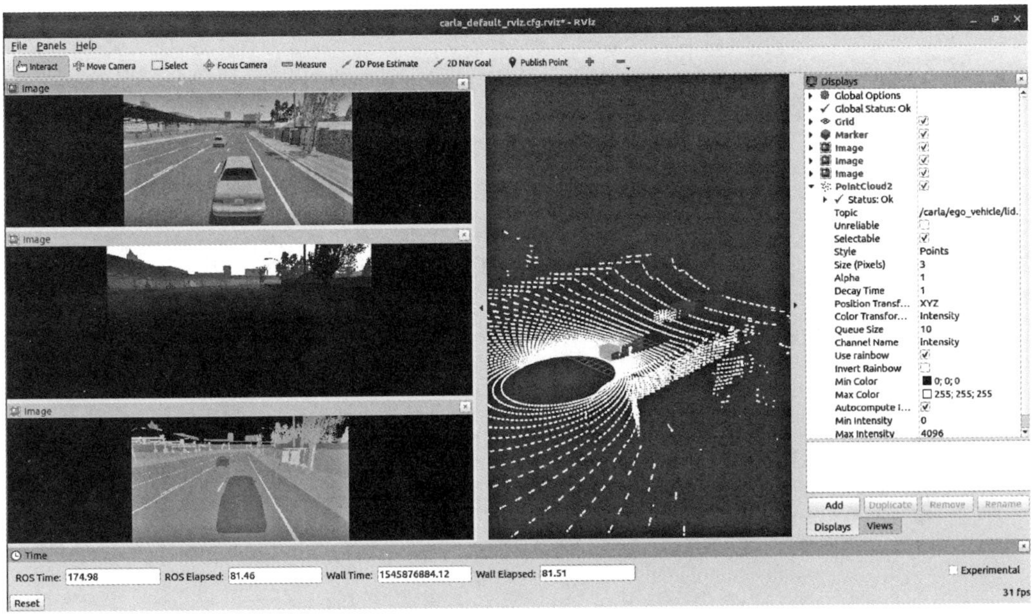

图 2-12　Rviz 可视化软件

PlotJuggler 是一个数据可视化软件，能够以图形形式显示消息中的数据，方便用户调试，如图 2-13 所示。

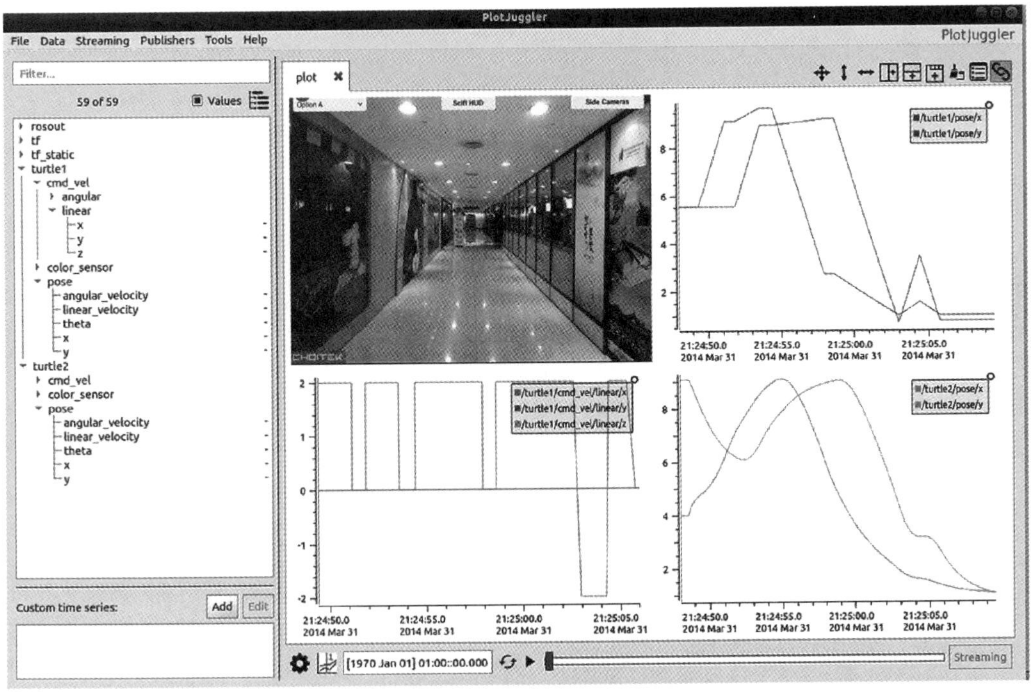

图 2-13　PlotJuggler 数据可视化软件

可视化工具 rosbag_editor 可以用来编辑 rosbag，如图 2-14 所示。用户可以选择保留 rosbag 中的某些话题，重命名话题或者时间间隔等。

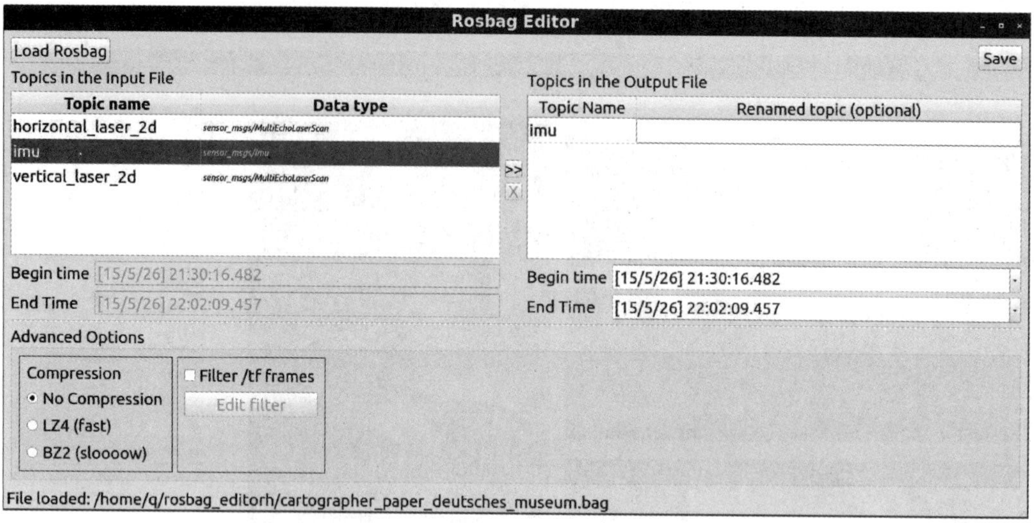

图 2-14　rosbag 编辑工具 rosbag_editor

第3章

三维空间中运动的表示

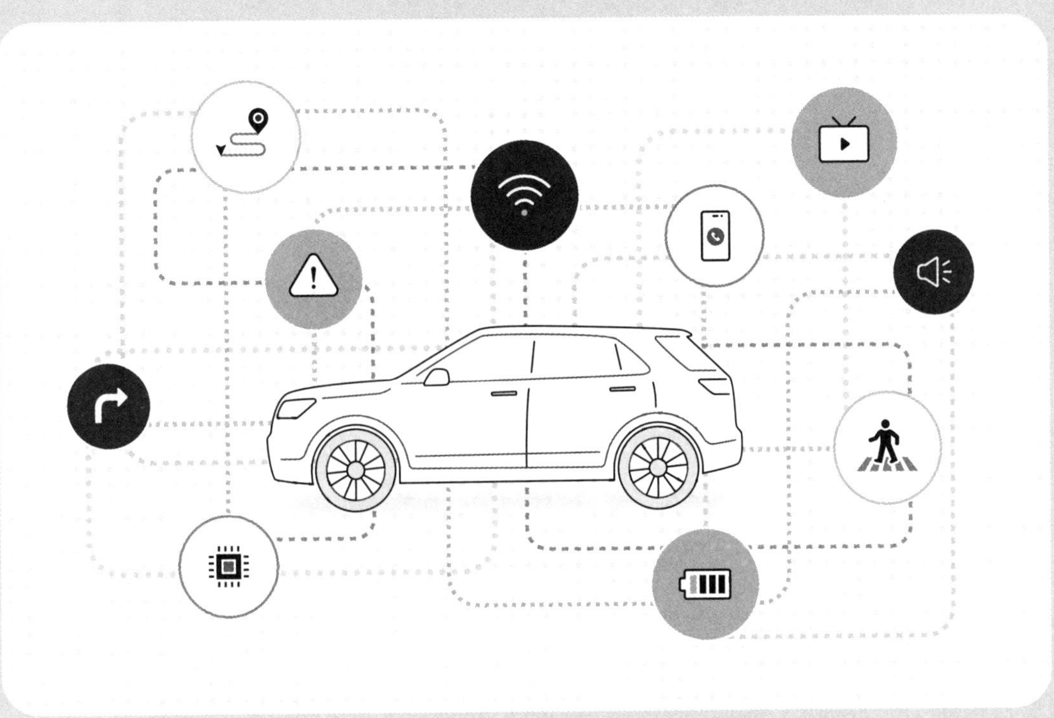

3.1 概述

如果不能移动，无人车和机器人就失去了存在的意义。当车辆移动起来，就需要面对一系列的问题，其中最基础的问题是如何描述物体的状态或运动。处理好这一问题是解决定位、规划和控制问题的前提。例如，要想知道车辆距离终点还有多远或者需要多少时间，需要对车辆的位置和速度进行描述；或者传感器检测到了障碍物，要想知道障碍物相对于车辆的位置和速度，需要对障碍物的位姿和速度进行变换。其中牵扯到坐标系的变换、旋转的表示以及速度的定义，本章介绍这个问题。

以简单的二维平面为例，物体（即不变形的刚体）在平面中的任何运动都能分为两种：平移和转动（如图 3-1 所示）。物体做平移运动时，其上每个点的位移都相同，可以用一个有向线段描述。物体做转动运动时，可以等效为绕外部一个固定点的圆周运动。平移运动容易描述和理解，可以用一个向量对其进行表示。向量的方向表示移动的方向，向量的长度表示位移的大小。对向量求导可以得到线速度，再次求导可以得到加速度。

对于转动，读者可能认为也是类似的。但是实际上，想对转动进行描述绝非易事，尤其是在三维空间中。

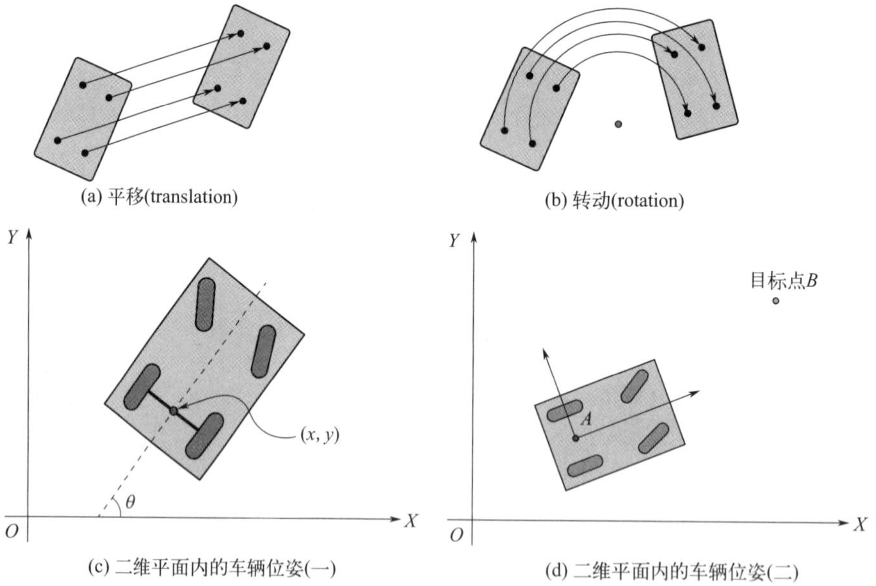

图 3-1　平面中的运动分解与车辆位姿

将无人车视为一个刚体，如果其工作环境为室内，使用三个自由度就能完全描述它。在无人车上选择一点作为参考，对于采用后轴驱动、前轮转向的车辆，通常选择其后轴中心点，即两个后轮的中心作为参考点，如图 3-1(c) 所示。中心点在全局坐标系 O-XY 中的位置表示为(x, y)。车辆纵向的中轴线与全局坐标系 X 轴的夹角记为θ。于是，车辆在平面内的位置和朝向角可以用三元组(x, y, θ)完全描述，这称为位姿向量。

位置向量(x, y)可以轻松地进行变换和求导，但是角度的处理要复杂得多。

如果无人车的工作环境为室外，而且环境中存在起伏不平的坡道，或者无人车需要在不同的楼层工作，只考虑平面内的运动是不够的。同样选择后轴中心点作为参考点。但是此时，该点的位置增加了一个描述高度的维度 z。在三维空间中，使用一个角度无法完全描述刚体的姿态，所以角度也增加了两个维度。于是，无人车的位姿向量变成了六维。因此，需要使用六自由度，即$(x,y,z,\alpha,\beta,\gamma)$描述。

描述三维空间的转动有很多方法，在机器人或者无人驾驶领域常用的有旋转矩阵、欧拉角、轴角度、四元数，等等。

3.2 旋转矩阵

在介绍转动时，通常会从旋转矩阵开始。实际上，用旋转矩阵来描述旋转并不是很直观，因为它由 9 个量组成（3×3 矩阵）。观察一个旋转矩阵，很难想象出旋转角度或者物体的姿态是什么。但是，旋转矩阵的优点是它可以作为其他转动表示方法的“中介”。也就是说，其他的表示方法在相互转换时通常会先转换成旋转矩阵，再转换成目标表示。

车辆运动时，其速度可以由线速度 $\boldsymbol{v}=(\dot{x},\dot{y})$和角速度 $\omega=\dot{\theta}$ 完全描述。

有时，需要对不同坐标系中的坐标进行转换。例如，假设无人车当前的位姿是(x_A,y_A,θ_A)，想要到达的目标位姿是(x_B,y_B,θ_B)，如图 3-1(d) 所示。要想知道目标位姿在当前时刻机器人自身坐标系中的位姿是多少，可以使用一种被称作齐次坐标的表达方式：

$$(x,y,\theta)\rightarrow\begin{pmatrix}\cos\theta & -\sin\theta & x\\ \sin\theta & \cos\theta & y\\ 0 & 0 & 1\end{pmatrix}$$

箭头右侧这个矩阵由两部分组成：一部分表示移动，称为平移向量，记为 $\boldsymbol{t}$（代表 translation），它就是右边的列向量$\boldsymbol{t}=(x,y)^{\mathrm{T}}$。另一部分表示转动，称为旋转矩阵，记为 $\boldsymbol{R}$（代表 rotation），它在左上角，是一个由三角函数组成的 2×2 矩阵：

$$\boldsymbol{R}=\begin{pmatrix}\cos\theta & -\sin\theta\\ \sin\theta & \cos\theta\end{pmatrix}$$

旋转矩阵 $\boldsymbol{R}$ 有一些重要的性质：

① $\boldsymbol{R}$ 的行列式等于 1，这很容易验证：

$$\begin{aligned}|\boldsymbol{R}|&=\cos\theta\cos\theta-(-\sin\theta\sin\theta)\\&=\cos^2\theta+\sin^2\theta\\&=1\end{aligned}$$

② $\boldsymbol{R}$ 的逆等于$\boldsymbol{R}$ 的转置。这点也容易验证，我们计算 $\boldsymbol{R}\boldsymbol{R}^{\mathrm{T}}$：

$$\begin{aligned}\boldsymbol{R}\boldsymbol{R}^{\mathrm{T}}&=\begin{pmatrix}\cos\theta & -\sin\theta\\ \sin\theta & \cos\theta\end{pmatrix}\begin{pmatrix}\cos\theta & \sin\theta\\ -\sin\theta & \cos\theta\end{pmatrix}\\&=\begin{pmatrix}\cos^2\theta+\sin^2\theta & \cos\theta\sin\theta-\sin\theta\cos\theta\\ \sin\theta\cos\theta-\cos\theta\sin\theta & \sin^2\theta+\cos^2\theta\end{pmatrix}\\&=\begin{pmatrix}1 & 0\\ 0 & 1\end{pmatrix}\end{aligned}$$

读者可能会好奇，在诸多数学工具中为什么选择矩阵而不是其他的工具表示旋转？在线性代数中我们学到，矩阵是一种线性变换。如果把矩阵视为一种“空间变换”的工具，它能实现很多的变换。下面举几个例子，让读者体会到矩阵的“魔力”。

① 单位矩阵的变换结果与变换前完全相同，如图 3-2 所示。

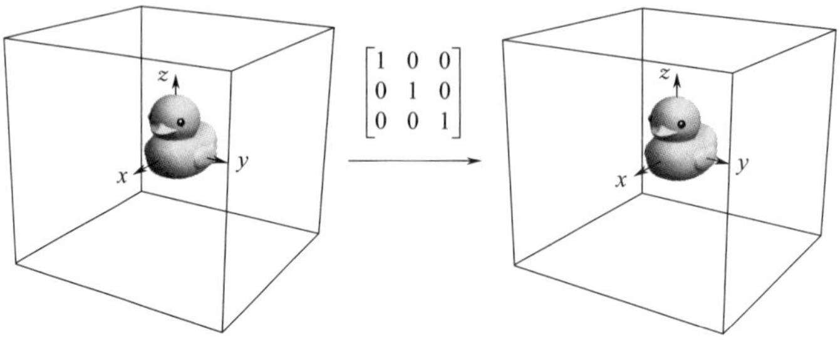

图 3-2　单位矩阵产生的空间变换

② 如果对单位矩阵的某一列进行缩放，实现的变换是对某一列对应的空间维度进行缩放。图 3-3 所示的例子是对第二个维度（y 轴）放大了两倍。

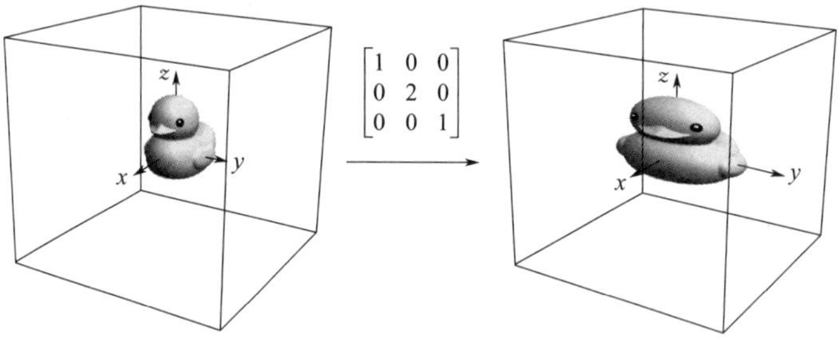

图 3-3　对单位矩阵的某一列进行缩放产生的空间变换

③ 如果对单位矩阵乘以一个系数，实现的变换是对整个空间进行缩放，如图 3-4 所示。

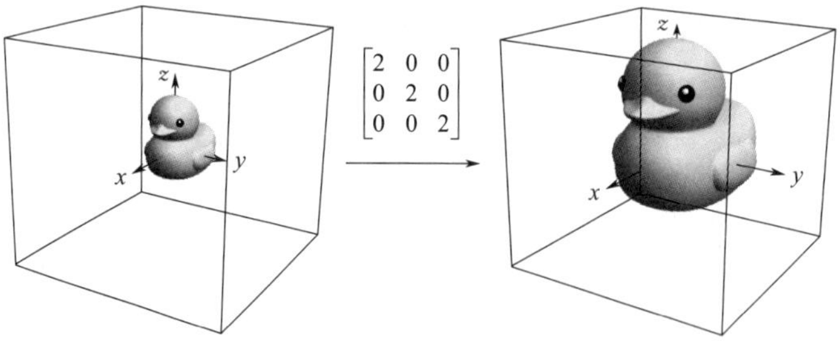

图 3-4　单位矩阵整体缩放产生的空间变换

④ 如果矩阵的行列式是负数，会对空间进行翻转，如图 3-5 所示。

⑤ 如果矩阵与自己相乘后不变，即 $\boldsymbol{AA}=\boldsymbol{A}$，它会对空间进行投影，如图 3-6 所示。

⑥ 如果矩阵 $\boldsymbol{A}$ 满足 $\boldsymbol{AA}^{\mathrm{T}}=\boldsymbol{I}$，并且其行列式 $|\boldsymbol{A}|=1$，那么矩阵 $\boldsymbol{A}$ 能够对空间进行旋转，如图 3-7 所示。

矩阵可以有任意数量（正整数）的行和列。读者可能注意到了，上面的“变换”矩阵都是 3×3 方阵（square matrix），这是因为矩阵的行数和列数与空间维数有关。正是因为变换前和变换后空间的维数都是 3，所以变换矩阵的行数和列数也都是 3。如果变换矩阵是 3×2

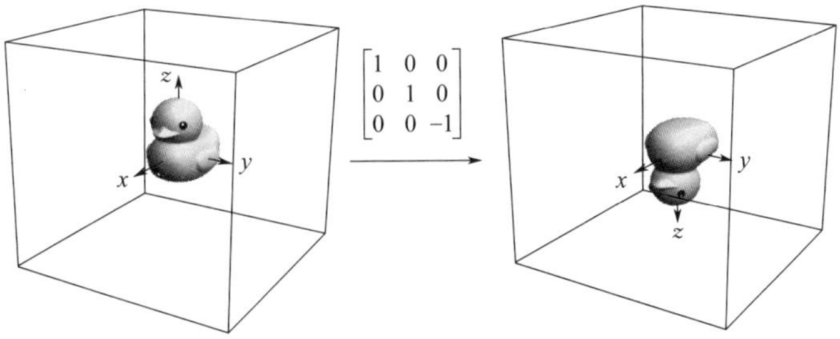

图 3-5　行列式为负的矩阵产生的空间变换

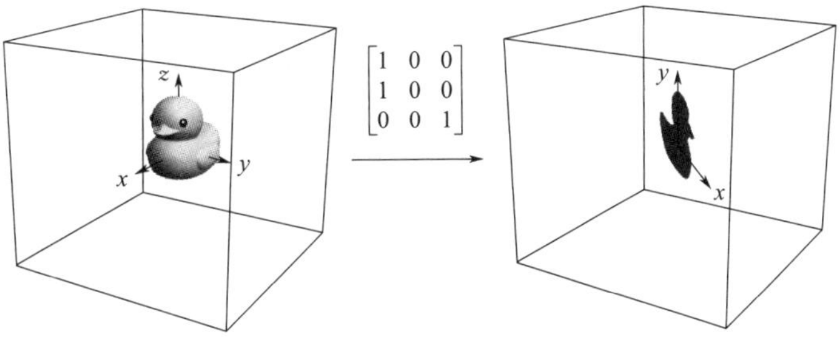

图 3-6　投影矩阵产生的空间变换

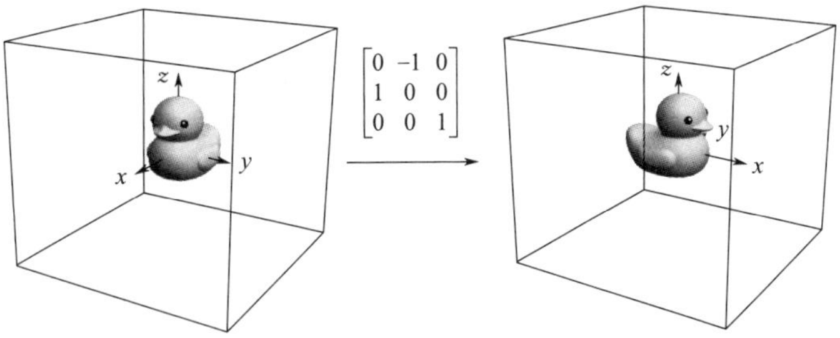

图 3-7　旋转矩阵产生的空间变换

矩阵，说明空间被“降维”。而如果变换矩阵是 3×4 矩阵，说明空间出现了“升维”。

以上例子只列出了部分矩阵变换类型，还有一些变换未展示，例如切变变换。3×3 矩阵提供了 9 个自由度，我们可以在这个“9 维空间”里自由地探索。在随书代码（见附录一）中，读者可以尝试使用不同的矩阵对图形进行空间变换。

当然，并不是所有的 3×3 矩阵都有实际意义。在众多的变换矩阵中，我们着重介绍旋转变换矩阵。

为简单起见，下面先介绍二维平面内的转动。假设平面上有一个点 p，如图 3-8 所示。我们该如何描述点 p 呢？如果没有参照物，我们没有什么办法描述点 p 在哪里。如果在平面中设定一个坐标系，那么可以通过点 p 的坐标完全描述它，例如图 3-8(b) 中点 p 的坐标是 (3,2)。注意，这里所说的“点”与“点的坐标”是两个完全不同的概念。点的存在是客观的，它的位置不依赖什么坐标系或者坐标。坐标则是人为指定的，所以可以任意选择坐标系。一个点的坐标取决于坐标系，所以点 p 的坐标 (3,2) 仅是对于图 3-8(b) 中的坐标系来说的。如果选择不同的坐标系，点 p 的坐标就会随之改变，例如变成 (−5,4)。但是不管哪一个坐标，它们描述的都是同一个点 p。在用坐标描述一个点时，可以说点的坐标是什么。但是这样有些烦琐，所以会简化成坐标点，或者干脆用点表示点的坐标，大多数时候这样不会引起歧义。

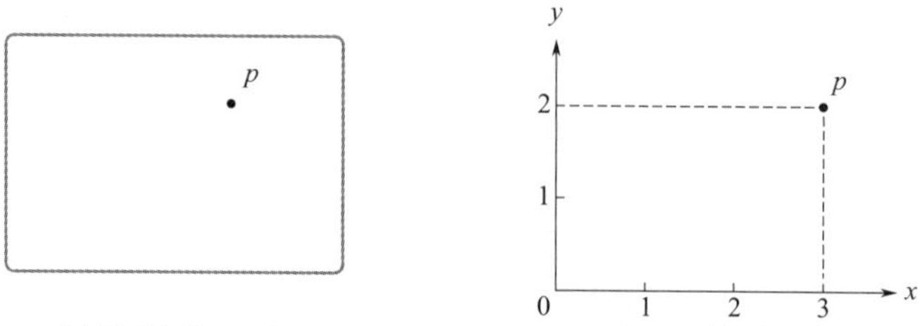

(a) 平面中的一个点　　(b) 在平面中规定一个坐标

图 3-8　在二维平面中描述一个点的方法

为了对点进行描述，我们需要一个坐标系。首先定义坐标系，我们把一个坐标系看成由一组相互垂直的非零向量组成的“框架”。最简单的非零向量就是单位向量，即长度等于 1 的向量。所以把由相互垂直的单位向量组成的框架定义成坐标系。由于只规定了向量的相对关系和长度，没有规定它们的方向，所以它们可以朝任意方向，并以任意位置作为起点。这给我们选择坐标系留下了足够的“余地”。这些相互垂直的单位向量构成了坐标系的基础，所以被称为“正交基向量”，或者简称“基”（basis）。“正交”就是二维平面中垂直的概念向高维空间的推广。我们能想到的最简单的正交基就是 $[1,0]^T$ 和 $[0,1]^T$（为了方便与矩阵相乘，向量通常被表示为列向量，而向量右上角的 T 用于将行向量转置成列向量）。它们被称为自然基（natural basis），也叫标准基（standard basis）。不同坐标系间的旋转变换如图 3-9 所示。

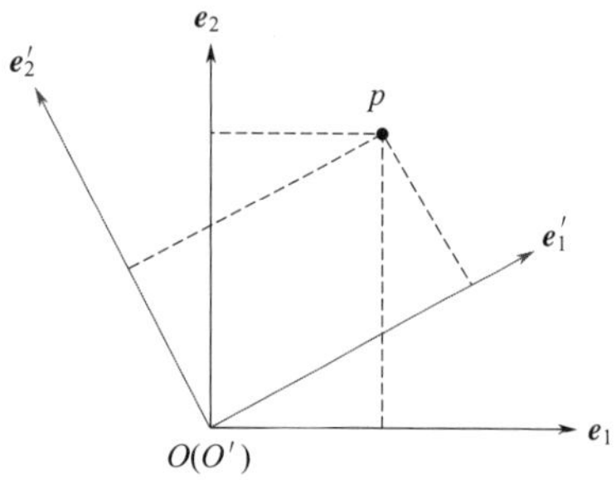

图 3-9　不同坐标系间的旋转变换

基向量就像脚手架，有了它，我们就能构建其他的概念和运算。如果一个平面坐标系的基为 $\boldsymbol{e}_1$ 和 $\boldsymbol{e}_2$，我们就可以将平面中的一个点 p 表示为向量形式 $\boldsymbol{p}$：

$$\boldsymbol{p}=x\boldsymbol{e}_1+y\boldsymbol{e}_2$$

上式还可以写成矩阵与向量相乘的形式，如下：

$$\boldsymbol{p}=\underbrace{[\boldsymbol{e}_1 \quad \boldsymbol{e}_2]}_{2\times 2\text{矩阵}}\begin{bmatrix}x\\y\end{bmatrix}$$

其中，实数 x 和 y 就是 p 点的“坐标”。如果我们选择了自然基，那么点 p 又可以写成

$$\boldsymbol{p}=x\begin{bmatrix}1\\0\end{bmatrix}+y\begin{bmatrix}0\\1\end{bmatrix}=\begin{bmatrix}x\\0\end{bmatrix}+\begin{bmatrix}0\\y\end{bmatrix}=\begin{bmatrix}x\\y\end{bmatrix}$$

我们用一个实数组成的列向量表示一个点，并直接记 $\boldsymbol{p}=[x,y]^T$。

假设平面内有另一个坐标系，它的基是 $\boldsymbol{e}_1'$ 和 $\boldsymbol{e}_2'$，p 点在这个坐标系下的坐标为 (x',y')。由于在两个坐标系中表示同一个点，所以可以建立以下等式：

$$\boldsymbol{p}=[\boldsymbol{e}_1 \quad \boldsymbol{e}_2]\begin{bmatrix}x\\y\end{bmatrix}=[\boldsymbol{e}_1' \quad \boldsymbol{e}_2']\begin{bmatrix}x'\\y'\end{bmatrix} \tag{3.1}$$

我们选择的基向量相互正交而且长度为 1，所以每个基向量与自身做内积的结果就是实数 1，基向量与组里的其他基向量做内积总是会得到实数 0。即，$\boldsymbol{e}_1^T\boldsymbol{e}_1=1$，$\boldsymbol{e}_1^T\boldsymbol{e}_2=0$。利用

这个性质，在式(3.1) 等号两边同时乘以矩阵 $\begin{bmatrix} \boldsymbol{e}_1^{\mathrm{T}} \\ \boldsymbol{e}_2^{\mathrm{T}} \end{bmatrix}$，即

$$\begin{bmatrix} \boldsymbol{e}_1^{\mathrm{T}} \\ \boldsymbol{e}_2^{\mathrm{T}} \end{bmatrix} \begin{bmatrix} \boldsymbol{e}_1 & \boldsymbol{e}_2 \end{bmatrix} \begin{bmatrix} x \\ y \end{bmatrix} = \begin{bmatrix} \boldsymbol{e}_1^{\mathrm{T}} \\ \boldsymbol{e}_2^{\mathrm{T}} \end{bmatrix} \begin{bmatrix} \boldsymbol{e}_1' & \boldsymbol{e}_2' \end{bmatrix} \begin{bmatrix} x' \\ y' \end{bmatrix}$$

将上式展开后得到

$$\begin{bmatrix} \boldsymbol{e}_1^{\mathrm{T}}\boldsymbol{e}_1 & \boldsymbol{e}_1^{\mathrm{T}}\boldsymbol{e}_2 \\ \boldsymbol{e}_2^{\mathrm{T}}\boldsymbol{e}_1 & \boldsymbol{e}_2^{\mathrm{T}}\boldsymbol{e}_2 \end{bmatrix} \begin{bmatrix} x \\ y \end{bmatrix} = \begin{bmatrix} \boldsymbol{e}_1^{\mathrm{T}}\boldsymbol{e}_1' & \boldsymbol{e}_1^{\mathrm{T}}\boldsymbol{e}_2' \\ \boldsymbol{e}_2^{\mathrm{T}}\boldsymbol{e}_1' & \boldsymbol{e}_2^{\mathrm{T}}\boldsymbol{e}_2' \end{bmatrix} \begin{bmatrix} x' \\ y' \end{bmatrix}$$

利用前面提到的基的正交性质，上式可以化简为

$$\underbrace{\begin{bmatrix} 1 & 0 \\ 0 & 1 \end{bmatrix}}_{\boldsymbol{I}} \begin{bmatrix} x \\ y \end{bmatrix} = \underbrace{\begin{bmatrix} \boldsymbol{e}_1^{\mathrm{T}}\boldsymbol{e}_1' & \boldsymbol{e}_1^{\mathrm{T}}\boldsymbol{e}_2' \\ \boldsymbol{e}_2^{\mathrm{T}}\boldsymbol{e}_1' & \boldsymbol{e}_2^{\mathrm{T}}\boldsymbol{e}_2' \end{bmatrix}}_{\boldsymbol{R}} \begin{bmatrix} x' \\ y' \end{bmatrix} \tag{3.2}$$

可以看到，左侧的方阵变成了单位矩阵 $\boldsymbol{I}$，而右侧的方阵记为 $\boldsymbol{R}$。单位矩阵乘以任何向量都得到原来向量，所以上式给出了同一个点的坐标在不同（旋转）坐标系中的变换关系。矩阵 $\boldsymbol{R}$ 就是本节的“主角”——旋转矩阵（rotation matrix）。可以看到，我们从两个坐标系的基向量构造出了旋转矩阵，它将一个坐标系中的坐标点变换到另一个坐标系。

旋转矩阵有一个非常实用的性质，如下：

$$\boldsymbol{R}^{\mathrm{T}}\boldsymbol{R} = \boldsymbol{R}\boldsymbol{R}^{\mathrm{T}} = \boldsymbol{I} \tag{3.3}$$

这意味着 $\boldsymbol{R}^{\mathrm{T}} = \boldsymbol{R}^{-1}$。$\boldsymbol{R}^{-1}$ 是 $\boldsymbol{R}$ 的逆操作，如果 $\boldsymbol{R}$ 代表正向转角度 α，那么 $\boldsymbol{R}^{-1}$ 就是反向旋转 α，两个转动结合后相互抵消，相当于不变（即单位矩阵 $\boldsymbol{I}$）。这个性质容易从 $\boldsymbol{R}$ 的定义公式[式(3.2)]推出。

$$\begin{aligned}
\boldsymbol{R}^{\mathrm{T}}\boldsymbol{R} &= \begin{bmatrix} \boldsymbol{e}_1'^{\mathrm{T}}\boldsymbol{e}_1 & \boldsymbol{e}_1'^{\mathrm{T}}\boldsymbol{e}_2 \\ \boldsymbol{e}_2'^{\mathrm{T}}\boldsymbol{e}_1 & \boldsymbol{e}_2'^{\mathrm{T}}\boldsymbol{e}_2 \end{bmatrix} \begin{bmatrix} \boldsymbol{e}_1^{\mathrm{T}}\boldsymbol{e}_1' & \boldsymbol{e}_1^{\mathrm{T}}\boldsymbol{e}_2' \\ \boldsymbol{e}_2^{\mathrm{T}}\boldsymbol{e}_1' & \boldsymbol{e}_2^{\mathrm{T}}\boldsymbol{e}_2' \end{bmatrix} \\
&= \begin{bmatrix} \boldsymbol{e}_1'^{\mathrm{T}}\boldsymbol{e}_1\boldsymbol{e}_1^{\mathrm{T}}\boldsymbol{e}_1' + \boldsymbol{e}_1'^{\mathrm{T}}\boldsymbol{e}_2\boldsymbol{e}_2^{\mathrm{T}}\boldsymbol{e}_1' & \boldsymbol{e}_1'^{\mathrm{T}}\boldsymbol{e}_1\boldsymbol{e}_1^{\mathrm{T}}\boldsymbol{e}_2' + \boldsymbol{e}_1'^{\mathrm{T}}\boldsymbol{e}_2\boldsymbol{e}_2^{\mathrm{T}}\boldsymbol{e}_2' \\ \boldsymbol{e}_2'^{\mathrm{T}}\boldsymbol{e}_1\boldsymbol{e}_1^{\mathrm{T}}\boldsymbol{e}_1' + \boldsymbol{e}_2'^{\mathrm{T}}\boldsymbol{e}_2\boldsymbol{e}_2^{\mathrm{T}}\boldsymbol{e}_1' & \boldsymbol{e}_2'^{\mathrm{T}}\boldsymbol{e}_1\boldsymbol{e}_1^{\mathrm{T}}\boldsymbol{e}_2' + \boldsymbol{e}_2'^{\mathrm{T}}\boldsymbol{e}_2\boldsymbol{e}_2^{\mathrm{T}}\boldsymbol{e}_2' \end{bmatrix} \\
&= \begin{bmatrix} \boldsymbol{e}_1'^{\mathrm{T}}(\boldsymbol{e}_1\boldsymbol{e}_1^{\mathrm{T}} + \boldsymbol{e}_2\boldsymbol{e}_2^{\mathrm{T}})\boldsymbol{e}_1' & \boldsymbol{e}_1'^{\mathrm{T}}(\boldsymbol{e}_1\boldsymbol{e}_1^{\mathrm{T}} + \boldsymbol{e}_2\boldsymbol{e}_2^{\mathrm{T}})\boldsymbol{e}_2' \\ \boldsymbol{e}_2'^{\mathrm{T}}(\boldsymbol{e}_1\boldsymbol{e}_1^{\mathrm{T}} + \boldsymbol{e}_2\boldsymbol{e}_2^{\mathrm{T}})\boldsymbol{e}_1' & \boldsymbol{e}_2'^{\mathrm{T}}(\boldsymbol{e}_1\boldsymbol{e}_1^{\mathrm{T}} + \boldsymbol{e}_2\boldsymbol{e}_2^{\mathrm{T}})\boldsymbol{e}_2' \end{bmatrix} \\
&= \begin{bmatrix} \boldsymbol{e}_1'^{\mathrm{T}}\boldsymbol{e}_1' & \boldsymbol{e}_1'^{\mathrm{T}}\boldsymbol{e}_2' \\ \boldsymbol{e}_2'^{\mathrm{T}}\boldsymbol{e}_1' & \boldsymbol{e}_2'^{\mathrm{T}}\boldsymbol{e}_2' \end{bmatrix} \\
&= \begin{bmatrix} 1 & 0 \\ 0 & 1 \end{bmatrix}
\end{aligned}$$

推导过程中用到了基的另一个等式：$\boldsymbol{e}_1\boldsymbol{e}_1^{\mathrm{T}} + \boldsymbol{e}_2\boldsymbol{e}_2^{\mathrm{T}} = \boldsymbol{I}$。它可以从下面的等式得到，读者可以通过以下程序对其进行验证。

$$\begin{bmatrix} \boldsymbol{e}_1 & \boldsymbol{e}_2 \end{bmatrix} \begin{bmatrix} \boldsymbol{e}_1^{\mathrm{T}} \\ \boldsymbol{e}_2^{\mathrm{T}} \end{bmatrix} = \begin{bmatrix} \boldsymbol{e}_1^{\mathrm{T}} \\ \boldsymbol{e}_2^{\mathrm{T}} \end{bmatrix} \begin{bmatrix} \boldsymbol{e}_1 & \boldsymbol{e}_2 \end{bmatrix} = \boldsymbol{I}$$

```
In[1]:= e1={Cos[θ],Sin[θ]};         (* 构造两个正交基向量 e1、e2 *)
        e2={-Sin[θ],Cos[θ]};
        sum=(KroneckerProduct[e1,e1]+KroneckerProduct[e2,e2]);
        TraditionalForm[Simplify[sum]]
Out[1]=(1 0
        0 1)
```

请读者注意区分 $\boldsymbol{e}_1^{\mathrm{T}}\boldsymbol{e}_1$ 与 $\boldsymbol{e}_1\boldsymbol{e}_1^{\mathrm{T}}$，这里 $\boldsymbol{e}_1 \in \mathbf{R}^2$ 是列向量。$\boldsymbol{e}_1^{\mathrm{T}}\boldsymbol{e}_1$ 被称为**内积**（inner product）或**点积**（dot product），其结果是一个实数。而 $\boldsymbol{e}_1\boldsymbol{e}_1^{\mathrm{T}}$ 被称为**外积**（outer product）或**克罗内克积**（Kronecker product），其结果是一个矩阵。内积和外积的展开形式如下（假设 $\boldsymbol{e}_1=[a,b]^{\mathrm{T}}$）。

内积：$\boldsymbol{e}_1^{\mathrm{T}}\boldsymbol{e}_1=[a \quad b]\begin{bmatrix} a \\ b \end{bmatrix}=aa+bb=a^2+b^2 \in \mathbf{R}$

外积：$\boldsymbol{e}_1\boldsymbol{e}_1^{\mathrm{T}}=\begin{bmatrix} a \\ b \end{bmatrix}[a \quad b]=\begin{bmatrix} aa & ab \\ ba & bb \end{bmatrix}=\begin{bmatrix} a^2 & ab \\ ba & b^2 \end{bmatrix} \in \mathbf{R}^{2\times 2}$

对于内积，读者可能比较熟悉，内积的几何含义就是两个向量的投影。对于外积，读者可能会好奇：外积矩阵 $\boldsymbol{e}_1\boldsymbol{e}_1^{\mathrm{T}}$ 的含义是什么呢？将矩阵 $\boldsymbol{e}_1\boldsymbol{e}_1^{\mathrm{T}}$ 作用在一个坐标点 p 上，即 $\boldsymbol{e}_1\boldsymbol{e}_1^{\mathrm{T}}\boldsymbol{p}$。由结合律可知，$\boldsymbol{e}_1^{\mathrm{T}}\boldsymbol{p}$ 也就是向量 $\boldsymbol{e}_1$ 与向量 $\boldsymbol{p}$ 的内积。已经知道内积的几何含义是投影，因此 $\boldsymbol{e}_1^{\mathrm{T}}\boldsymbol{p}$ 是 $\boldsymbol{p}$ 在基向量 $\boldsymbol{e}_1$ 上投影的长度。$\boldsymbol{e}_1(\boldsymbol{e}_1^{\mathrm{T}}\boldsymbol{p})$将向量 $\boldsymbol{e}_1$ 按照投影的长度进行缩放，得到一个方向与 $\boldsymbol{e}_1$ 相同，但是长度与 $\boldsymbol{p}$ 的投影长度相同的向量。因此，矩阵 $\boldsymbol{e}_1\boldsymbol{e}_1^{\mathrm{T}}$ 的几何作用是将一个点投影到基向量 $\boldsymbol{e}_1$ 上。

读者可以在图 3-10 所示的例子中理解投影的含义。可以用鼠标移动黑色的点（代表点 p），它在坐标轴（即基向量 $\boldsymbol{e}_1$）上的投影点（灰色点）也会随之改变，如图 3-10(a) 所示。还可以拖动滑块从而改变基向量的角度 θ，这也会改变投影点的位置。也可以修改代码，构造向 $\boldsymbol{e}_2$ 轴的投影矩阵，并观察投影点的位置。$\boldsymbol{e}_1\boldsymbol{e}_1^{\mathrm{T}}$ 所表示的投影在任意维度中都成立，例如图 3-10(b) 所示的三维空间投影。

旋转矩阵只对坐标点进行旋转，不进行拉伸，所以变换前后的点之间的距离不会改变。我们可以利用式(3.3) 证明这一点。例如，对于两个不同的坐标点 p_1、p_2，用旋转矩阵 $\boldsymbol{R}$ 将它们都旋转到另一个坐标系后得到 p_1'、p_2'。所以，$\boldsymbol{p}_1'=\boldsymbol{R}\boldsymbol{p}_1$、$\boldsymbol{p}_2'=\boldsymbol{R}\boldsymbol{p}_2$。把原始坐标点

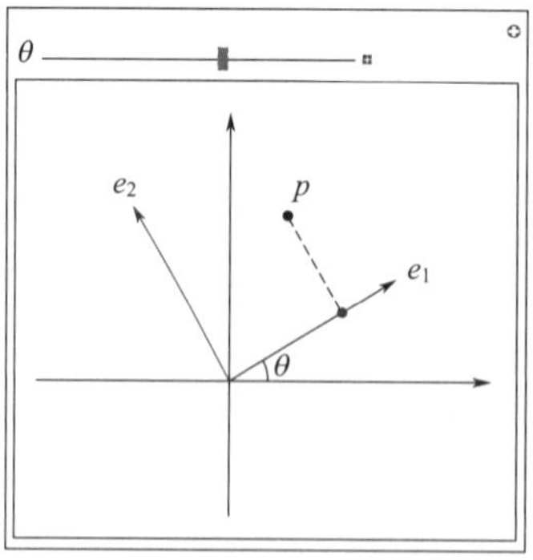

(a) 二维投影

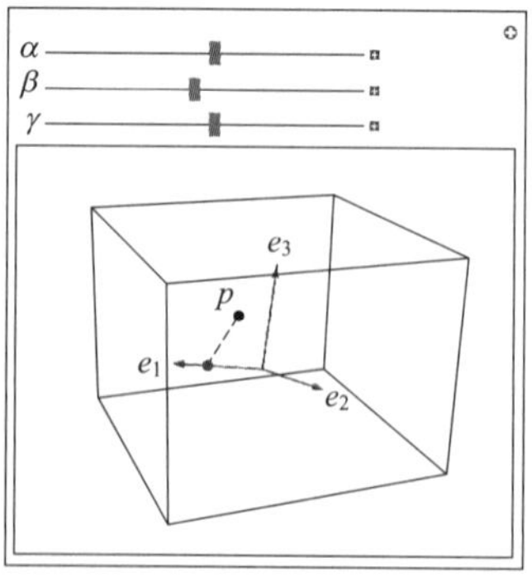

(b) 三维投影

图 3-10　外积 $\boldsymbol{e}_1\boldsymbol{e}_1^{\mathrm{T}}$ 的几何意义是投影矩阵

p_1、p_2 之间的距离记为 $d(\boldsymbol{p}_1,\boldsymbol{p}_2)$。我们知道一个向量与自己的内积是距离（或者模长）的平方，即

$$[d(\boldsymbol{p}_1,\boldsymbol{p}_2)]^2=(\boldsymbol{p}_1-\boldsymbol{p}_2)^{\mathrm{T}}(\boldsymbol{p}_1-\boldsymbol{p}_2)$$

下面计算旋转之后的点 p_1'、p_2'之间的距离 $d(\boldsymbol{p}_1',\boldsymbol{p}_2')$：

$$\begin{aligned}&[d(\boldsymbol{p}_1',\boldsymbol{p}_2')]^2\\&=(\boldsymbol{p}_1'-\boldsymbol{p}_2')^{\mathrm{T}}(\boldsymbol{p}_1'-\boldsymbol{p}_2')\\&=(\boldsymbol{R}\boldsymbol{p}_1-\boldsymbol{R}\boldsymbol{p}_2)^{\mathrm{T}}(\boldsymbol{R}\boldsymbol{p}_1-\boldsymbol{R}\boldsymbol{p}_2)\\&=[\boldsymbol{R}(\boldsymbol{p}_1-\boldsymbol{p}_2)]^{\mathrm{T}}[\boldsymbol{R}(\boldsymbol{p}_1-\boldsymbol{p}_2)]\\&=(\boldsymbol{p}_1-\boldsymbol{p}_2)^{\mathrm{T}}\boldsymbol{R}^{\mathrm{T}}\boldsymbol{R}(\boldsymbol{p}_1-\boldsymbol{p}_2)\\&=(\boldsymbol{p}_1-\boldsymbol{p}_2)^{\mathrm{T}}\underbrace{(\boldsymbol{R}^{\mathrm{T}}\boldsymbol{R})}_{\boldsymbol{I}}(\boldsymbol{p}_1-\boldsymbol{p}_2)\\&=(\boldsymbol{p}_1-\boldsymbol{p}_2)^{\mathrm{T}}(\boldsymbol{p}_1-\boldsymbol{p}_2)\end{aligned}$$

可以看到，旋转前后坐标点的距离表达式完全相同。不仅是距离，向量之间的夹角也可以用内积来表示，读者可以用同样的方式验证角度的表达式也不变。于是，我们得到了旋转矩阵的另一个性质：保持点与点之间的距离和角度不变，即等距（isometric）保角（conformal），在变化中蕴含着不变。旋转矩阵只改变点的绝对位置，但是不改变点与点之间的相对位置。

针对二维平面中的坐标系变换推导出了旋转矩阵，三维空间中的推导方式与之相似，三维旋转矩阵的性质也与二维旋转矩阵完全相同。在线性代数中，满足 $\boldsymbol{R}^{\mathrm{T}}\boldsymbol{R}=\boldsymbol{R}\boldsymbol{R}^{\mathrm{T}}=\boldsymbol{I}$ 性质的矩阵被称为正交矩阵（orthogonal matrix）。“正交”让我们联想到“垂直”，进而联想到坐标系的坐标轴。

矩阵的乘积不满足交换律，旋转矩阵也是这样。对于两个旋转矩阵 $\boldsymbol{R}_1$ 和 $\boldsymbol{R}_2$，一般有

$$\boldsymbol{R}_1\boldsymbol{R}_2\neq\boldsymbol{R}_2\boldsymbol{R}_1$$

通过图 3-11 所示的例子来形象地展示旋转矩阵的这个特性：先绕 x 轴（视角面向坐标正方向）转动 90°，再绕 z 轴逆时针转动 90°得到的结果，与先绕 z 轴逆时针转动 90°，再绕 x 轴逆时针转动 90°的结果完全不同。

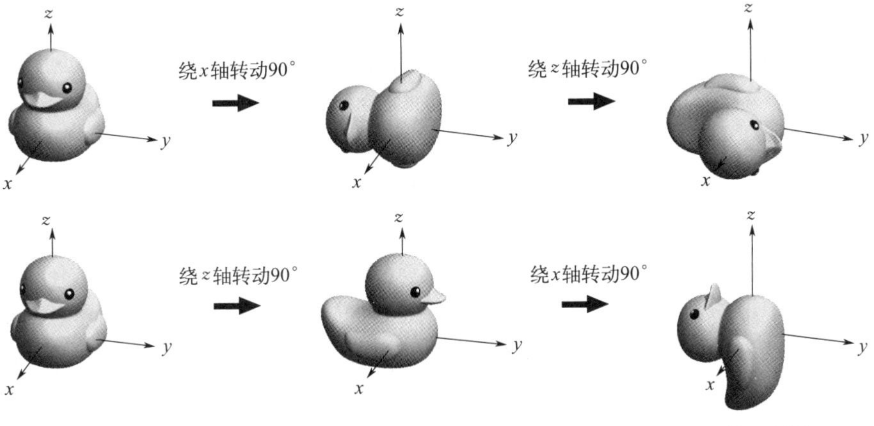

图 3-11　旋转矩阵的乘积不可交换

3.3 欧拉角

欧拉角是另一种常用的姿态和转动表示方法，在无人驾驶和机器人领域被广泛使用。与平移相同，三维空间中的转动自由度也是 3，因此描述三维旋转的变量不能少于 3 个。欧拉角采用绕某个坐标系三个轴的旋转角度来表示三维空间中的旋转。

根据所选择的旋转轴和顺序，欧拉角的表示方式可以分为以下两种。

① 绕固定坐标系的坐标轴旋转的被称为“外部表示”(extrinsic)，这种表示方式相对容易理解。假设绕 x 轴转动角度 α，然后绕 y 轴转动角度 β，最后绕 z 轴转动角度 γ。其中提到的三个轴指的都是全局坐标系的轴。随书代码中给出了欧拉角外部表示的交互演示程序，读者可以依次改变 α、β、γ 三个角度，同时观察小黄鸭姿态的变化，如图 3-12(a) 所示。如果用旋转矩阵表示绕各轴的转动，外部表示的乘法顺序是从右向左。用 $\boldsymbol{R}$ 表示旋转矩阵，其下角标表示旋转轴，旋转角度放在小括号中，例如 $\boldsymbol{R}_x(\alpha)$ 表示绕 x 轴转动角度 α 的旋转矩阵。外部表示的最终旋转矩阵由下面的公式给出：

$$\boldsymbol{R}=\boldsymbol{R}_z(\gamma)\boldsymbol{R}_y(\beta)\boldsymbol{R}_x(\alpha)$$

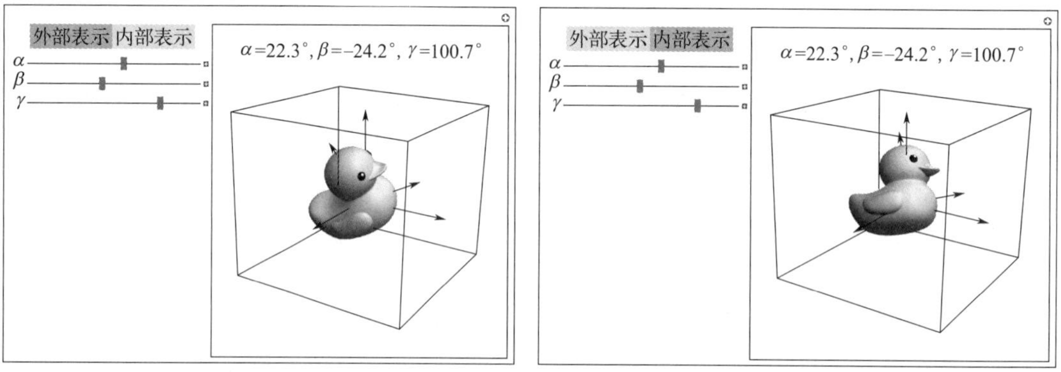

(a) 外部表示　　(b) 内部表示

图 3-12　欧拉角的外部表示与内部表示

② 绕上一次旋转后的坐标系的坐标轴的转动描述被称为“内部表示”(intrinsic)。假设绕全局坐标系的 x 轴转动角度 α，然后绕旋转后的坐标系的 y 轴转动角度 β，最后绕再一次旋转后的坐标系的 z 轴转动角度 γ。如此得到的姿态如图 3-12(b) 所示。其中提到的每个轴指的都是经过旋转的坐标系中的轴。内部旋转的乘法顺序是从左向右（注意：角度出现的顺序与外部表示刚好相反）：

$$\boldsymbol{R}=\boldsymbol{R}_x(\alpha)\boldsymbol{R}_y(\beta)\boldsymbol{R}_z(\gamma)$$

从上面的例子中，我们容易发现绕不同顺序的轴转动所得到的结果是完全不同的，这一原理在任何姿态描述方式中都成立。欧拉角并没有规定旋转轴的顺序，所以就产生了多种描述方式，它们都叫作欧拉角。所以，为了避免歧义，在提到欧拉角时，需要说明是哪一种描述。下面我们来看一下都有哪些描述方式。

我们知道欧拉角由三个转动组成，所以描述方式不会超过 $3\times3\times3=27$ 种。相邻的转动不能对应同一个轴，例如 z-x-x，因为两个相同轴的转动可以合并成一个。排除掉这些有共同轴的相邻转动，最后还剩下 12 个。根据使用轴的种类，又可以将这 12 种描述分为两类，分别被称为经典欧拉角和 Tait-Bryan 角。

经典欧拉角只用到两个不同的坐标轴，它们有 6 种，分别如下：

x-y-x、x-z-x、y-x-y、y-z-y、z-x-z、z-y-z

可以发现，经典欧拉角的第一个和第三个轴相同。

Tait-Bryan 角使用全部三个轴，它们也有 6 种，分别是：

x-y-z、x-z-y、y-x-z、y-z-x、z-x-y、z-y-x

Tait-Bryan 角还有一个常见的名字——yaw、pitch、roll 角。因为它可以很直观地描述飞机等飞行器相对于大地上固定坐标系的姿态角，所以在航空航天领域被广泛使用。

这 12 种欧拉角描述方式，我们都可以采用，具体使用哪一种往往取决于设计者的偏好。例如，Apollo 自动驾驶项目中使用了 z-x-y 顺序的“内部表示”Tait-Bryan 角来表示无人车的姿态。

通过单个旋转矩阵的连续相乘，很容易得到复合的旋转矩阵。例如 x-y-z 顺序的“内部表示”Tait-Bryan 角对应的旋转矩阵为

$$
\begin{aligned}
&\boldsymbol{R}(\alpha,\beta,\gamma)\\
=&\boldsymbol{R}_x(\alpha)\boldsymbol{R}_y(\beta)\boldsymbol{R}_z(\gamma)\\
=&\begin{bmatrix}1&0&0\\0&\cos\alpha&-\sin\alpha\\0&\sin\alpha&\cos\alpha\end{bmatrix}\begin{bmatrix}\cos\beta&0&\sin\beta\\0&1&0\\-\sin\beta&0&\cos\beta\end{bmatrix}\begin{bmatrix}\cos\gamma&-\sin\gamma&0\\\sin\gamma&\cos\gamma&0\\0&0&1\end{bmatrix}\\
=&\begin{bmatrix}\cos\beta\cos\gamma&-\cos\beta\sin\gamma&\sin\beta\\\cos\gamma\sin\alpha\sin\beta+\cos\alpha\sin\gamma&\cos\alpha\cos\gamma-\sin\alpha\sin\beta\sin\gamma&-\cos\beta\sin\alpha\\-\cos\alpha\cos\gamma\sin\beta+\sin\alpha\sin\gamma&\cos\gamma\sin\alpha+\cos\alpha\sin\beta\sin\gamma&\cos\alpha\cos\beta\end{bmatrix}
\end{aligned}
\tag{3.4}
$$

由于最终的表达式较长，可以采用简洁记法：将第一个转动的正弦和余弦分别记为 c_1、s_1，即 $c_1=\cos\alpha$ 和 $s_1=\sin\alpha$，余下的同理。因此，上式可以简记为

$$
\boldsymbol{R}(\alpha,\beta,\gamma)=\begin{bmatrix}c_2c_3&-c_2s_3&s_2\\c_3s_1s_2+c_1s_3&c_1c_3-s_1s_2s_3&-c_2s_1\\-c_1c_3s_2+s_1s_3&c_3s_1+c_1s_2s_3&c_1c_2\end{bmatrix}
$$

读者可以在随书代码中对其他几种欧拉角表示方式对应的旋转矩阵进行计算，并与其他项目中使用的表达式进行对比，代码如下：

```
In[1]:= R =  RotationMatrix[α,UnitVector[3,1]].
             RotationMatrix[β,UnitVector[3,2]].
             RotationMatrix[γ,UnitVector[3,3]];
         TraditionalForm[NotationSimplify[R]]
```

$$
\text{Out[1]=}\begin{pmatrix}c_2c_3&-c_2c_3&s_2\\c_3s_1s_2+c_1s_3&c_1c_3-s_1s_2s_3&-c_2s_1\\c_1c_3s_2+s_1s_3&c_3s_1+c_1s_2s_3&c_1c_2\end{pmatrix}
$$

检验所得到的旋转矩阵 $\boldsymbol{R}$ 确实是正交矩阵，即检验 $\boldsymbol{R}^{\mathrm{T}}=\boldsymbol{R}^{-1}$，并且 $\boldsymbol{R}$ 的行列式是+1，

代码如下。

```
In[1]:=Rt=Transpose[R];                        (* Transpose 用于计算矩阵的转置 *)
       Rinv=FullSimplify[Inverse[R]];           (* Inverse 用于计算矩阵的逆 *)
       TraditionalForm[NotationSimplify[Rinv]]
       TraditionalForm[NotationSimplify[Rt]]
       FullSimplify[Det[Transpose[R2]]]        (* Det 用于计算矩阵的行列式 *)
```

Out[1]=

$$\frac{\begin{pmatrix} c_2c_3 & c_3s_1s_2+c_1s_3 & -c_1c_3s_2+s_1s_3 \\ -c_2s_3 & c_1c_3-s_1s_2s_3 & c_3s_1+c_1s_2s_3 \\ s_2 & -c_2s_1 & c_1c_2 \end{pmatrix}}{\begin{pmatrix} c_2c_3 & c_3s_1s_2+c_1s_3 & -c_1c_3s_2+s_1s_3 \\ -c_2s_3 & c_1c_3-s_1s_2s_3 & c_3s_1+c_1s_2s_3 \\ s_2 & -c_2s_1 & c_1c_2 \end{pmatrix}}$$

1

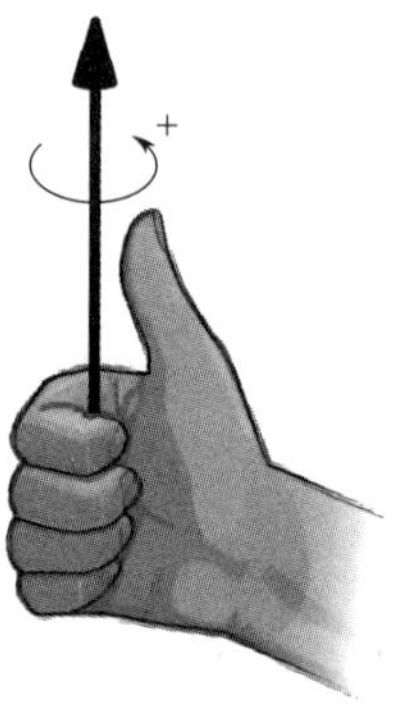

图 3-13 使用右手法则确定旋转的正方向

前面提到的旋转角度有正负之分，角度的正方向可以使用右手法则确定：用右手握住一个坐标轴，使拇指沿着握住的坐标轴的箭头方向，此时四指弯曲的方向就是角度转动的正方向，如图 3-13 所示，反之则是负方向。

用欧拉角表示三维旋转使用的参数量是最少的（只需要三个），但是这会产生一个问题。例如，在演示程序中，如果把第二个角度 β 转到了 90°（如图 3-14 所示），会出现一个奇怪的现象：转动第一个角度 α 和第三个角度 γ 时似乎都在绕同一个轴旋转。换句话说，我们以为还剩余两个自由度，即两个转动方向，但实际上只有一个自由度，还有一个自由度“消失”了。这个现象被称为万向锁（gimbal lock）。可以从旋转矩阵中找到万向锁现象发生的原因。如果令式(3.4) 中 $\beta=90°$，利用三角函数的角度和公式可以得到以下结果：

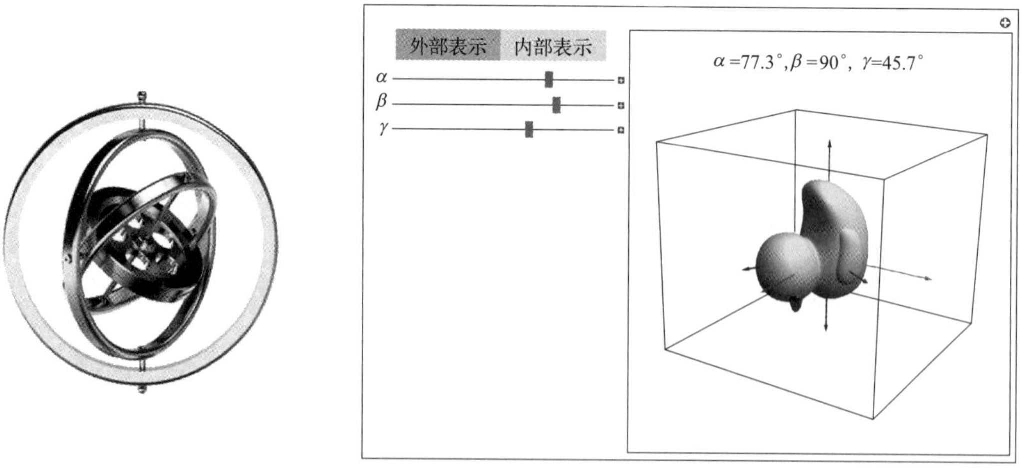

图 3-14 万向节（陀螺仪）和万向锁现象的仿真

$$R(\alpha,\beta,\gamma)=\begin{bmatrix}0 & 0 & 1\\ \sin(\alpha+\gamma) & \cos(\alpha+\gamma) & 0\\ -\cos(\alpha+\gamma) & \sin(\alpha+\gamma) & 0\end{bmatrix}$$

乍一看，这个旋转矩阵由两个角度 α 和 γ 构成，好像可以表示两个转动自由度。但是，实际上只有一个角度起作用：$\phi=\alpha+\gamma$。不管如何改变 α 和 γ，最终的效果都相当于在改变它们的和 ϕ。

“万向锁”听上去像万向节的某一个旋转轴被锁住而不能转动了，但其实这是一个误解，事实上没有任何轴被锁住，只是欧拉角不能表示某些方向的转动罢了。不管是经典欧拉角还是 Tait-Bryan 角，不管是外部表示还是内部表示，只要采用三个参数的转动表示方法，都存在这个问题。读者可以尝试其他的欧拉角组合，并找出出现万向锁现象的角度。

出现万向锁问题的原因并非欧拉角自身的“缺陷”，而是三维旋转不能用三个坐标全局无歧义地描述。在某些转动位置处，欧拉角不再适用了。就像地球表面不能用经纬度完全无歧义地描述任何一个点一样。例如，北极点的纬度是 90°N，但是经度不能确定。解决万向锁问题的一种方法是在出现问题的地方换一种欧拉角表示方法，也就是说在不同的角度处使用不同的欧拉角表示方法。另一种解决方法是使用其他更“冗余”的表示方法，比如旋转矩阵（9 个量）或者后面介绍的四元数（4 个量）。作为对比，平移运动不存在某些方向的运动不能被表示的问题，故可以使用三个坐标（x,y,z）描述三维空间中的任何一个点或者方向。这是因为平移发生在线性空间，这个空间与三维旋转空间具有不同的“拓扑”。

转动也是一种“运动”，使用欧拉角表示的转动具有解析的表达式，所以如果旋转角是时间的函数，那么就能对其求导。欧拉角的旋转矩阵是各个单独转动的复合，所以可以得到以下导数展开：

$$\begin{aligned}&\frac{\mathrm{d}R(\alpha,\beta,\gamma)}{\mathrm{d}t}\\ &=\frac{\mathrm{d}[R_x(\alpha)R_y(\beta)R_z(\gamma)]}{\mathrm{d}t}\\ &=\frac{\mathrm{d}R_x(\alpha)}{\mathrm{d}t}R_y(\beta)R_z(\gamma)+R_x(\alpha)\frac{\mathrm{d}R_y(\beta)}{\mathrm{d}t}R_z(\gamma)+R_x(\alpha)R_y(\beta)\frac{\mathrm{d}R_z(\gamma)}{\mathrm{d}t}\end{aligned}$$

因此，只需要对各个轴的转动单独求导，再代入上式，即可得到最终的导数。$R_x(\alpha)$ 关于时间的导数可以用链式法则展开，即

$$\frac{\mathrm{d}R_x(\alpha)}{\mathrm{d}t}=\frac{\mathrm{d}R_x(\alpha)}{\mathrm{d}\alpha}\times\frac{\mathrm{d}\alpha}{\mathrm{d}t}=\frac{\mathrm{d}\begin{bmatrix}1 & 0 & 0\\ 0 & \cos\alpha & -\sin\alpha\\ 0 & \sin\alpha & \cos\alpha\end{bmatrix}}{\mathrm{d}\alpha}\times\frac{\mathrm{d}\alpha}{\mathrm{d}t}=\begin{bmatrix}0 & 0 & 0\\ 0 & -\sin\alpha & -\cos\alpha\\ 0 & \cos\alpha & -\sin\alpha\end{bmatrix}\dot{\alpha}$$

按照同样的方法可以计算出 $R_y(\beta)$、$R_z(\gamma)$关于时间的导数，这里不再赘述。读者可以使用以下代码计算其他矩阵的导数，其中符号 D 表示求导。

```
In[1]:=TraditionalForm[D[RotationMatrix[α,UnitVector[3,1]], α]]
       TraditionalForm[D[RotationMatrix[β,UnitVector[3,2]], β]]
       TraditionalForm[D[RotationMatrix[γ,UnitVector[3,3]],γ]]
```

```
Out[1]=(0    0         0
        0  -sin(α)   -cos(α)
        0   cos(α)   -sin(α))
       (-sin(β)  0   cos(β)
          0      0     0
        -cos(β)  0  -sin(β))
       (-sin(γ)  -cos(γ)  0
         cos(γ)  -sin(γ)  0
           0        0     0)
```

代入各个轴的旋转矩阵的导数后，会得到以下形式（由于公式过长，这里采用了简写的形式）：

$$\frac{\mathrm{d}\boldsymbol{R}(\alpha,\beta,\gamma)}{\mathrm{d}t}$$

$$=\begin{bmatrix} -\dot{\beta}c_3s_2-\dot{\gamma}c_2s_3 & -\dot{\gamma}c_2c_3+\dot{\beta}s_2s_3 & \dot{\beta}c_2 \\ \dot{\beta}c_2c_3s_1+\dot{\alpha}(c_1c_3s_2-s_1s_3)+\dot{\gamma}(c_1c_3-s_1s_2s_3) & -\dot{\beta}c_2s_1s_3-\dot{\gamma}(c_3s_1s_2+c_1s_3)-\dot{\alpha}(c_3s_1+c_1s_2s_3) & -\dot{\alpha}c_1c_2+\dot{\beta}s_1s_2 \\ -\dot{\beta}c_1c_2c_3+\dot{\alpha}(c_3s_1s_2+c_1s_3)+\dot{\gamma}(c_3s_1+c_1s_2s_3) & \dot{\beta}c_1c_2s_3+\dot{\gamma}(c_1c_3s_2-s_1s_3)+\dot{\alpha}(c_1c_3-s_1s_2s_3) & -\dot{\alpha}c_2s_1-\dot{\beta}c_1s_2 \end{bmatrix}$$

这个复杂的矩阵就是直接对欧拉角求导得到的角速度。$\dot{\alpha}$、$\dot{\beta}$、$\dot{\gamma}$ 都是相对于固定坐标系。在实际应用中，我们习惯使用的是相对于自身坐标系的角速度。例如，惯性传感器IMU测量的是载体相对于惯性坐标系的角速度，表示在载体坐标系中的数值。在计算物体的动能等物理量时，使用表示在载体坐标系中的角速度也更加方便。因此，我们将其转换到载体坐标系。转换方式就是在左边乘 $\boldsymbol{R}(\alpha,\beta,\gamma)$ 的逆矩阵。于是，得到以下结果。

$$\boldsymbol{R}^{-1}(\alpha,\beta,\gamma)\frac{\mathrm{d}\boldsymbol{R}(\alpha,\beta,\gamma)}{\mathrm{d}t}=\begin{bmatrix} 0 & -s_2\dot{\alpha}-\dot{\gamma} & -c_2s_3\dot{\alpha}+c_3\dot{\beta} \\ s_2\dot{\alpha}+\dot{\gamma} & 0 & -c_2c_3\dot{\alpha}-s_3\dot{\beta} \\ c_2s_3\dot{\alpha}-c_3\dot{\beta} & c_2c_3\dot{\alpha}+s_3\dot{\beta} & 0 \end{bmatrix} \tag{3.5}$$

式(3.5) 可以使用以下代码计算。

```
In[1]:=R=RotationMatrix[α[t],UnitVector[3,1]].RotationMatrix[β[t],
          UnitVector[3,2]].RotationMatrix[γ[t],UnitVector[3,3]];
       Ω=Simplify[Inverse[R].D[R,t]];
       TraditionalForm[NotationSimplify[Ω]]
Out[1]=(0                                   -sin(β)α'(t)-γ'(t)                 cos(γ)β'(t)-cos(β)sin(γ)α'(t)
        sin(β)α'(t)+γ'(t)                   0                                  -cos(β)cos(γ)α'(t)-sin(γ)β'(t)
        cos(β)sin(γ)α'(t)-cos(γ)β'(t)       cos(β)cos(γ)α'(t)+sin(γ)β'(t)      0)
```

我们注意到，式(3.5) 这个矩阵看上去有些特殊：对角线上的元素都是0，而不在对角线上的元素关于对角线成反对称的关系，即只相差一个负号。这样的矩阵被称为反对称矩阵（antisymmetric matrix）或斜对称矩阵（skew-symmetric matrix）。

由于反对称性的约束，一个3×3的反对称矩阵 $\boldsymbol{A}$ 实际上只有 a_1、a_2、a_3 三个独立元素，即

$$\boldsymbol{A}(a_1,a_2,a_3)=\begin{bmatrix} 0 & -a_3 & a_2 \\ a_3 & 0 & -a_1 \\ -a_2 & a_1 & 0 \end{bmatrix}$$

将式(3.5)记为

$$\boldsymbol{\Omega}=\boldsymbol{R}^{-1}(\alpha,\beta,\gamma)\frac{\mathrm{d}\boldsymbol{R}(\alpha,\beta,\gamma)}{\mathrm{d}t}$$

反对称矩阵 $\boldsymbol{\Omega}$ 的三个独立元素就是载体坐标系下的角速度，将其记为 $\boldsymbol{\omega}=[\omega_x,\omega_y,\omega_z]$。所以式(3.5)又可以表示成矩阵与向量乘积的形式，即

$$\begin{bmatrix} \omega_x \\ \omega_y \\ \omega_z \end{bmatrix}=\begin{bmatrix} \cos\beta\cos\gamma\dot{\alpha}+\sin\gamma\dot{\beta} \\ -\cos\beta\sin\gamma\dot{\alpha}+\cos\gamma\dot{\beta} \\ \sin\beta\dot{\alpha}+\dot{\gamma} \end{bmatrix}=\begin{bmatrix} \cos\beta\cos\gamma & \sin\gamma & 0 \\ -\cos\beta\sin\gamma & \cos\gamma & 0 \\ \sin\beta & 0 & 1 \end{bmatrix}\begin{bmatrix} \dot{\alpha} \\ \dot{\beta} \\ \dot{\gamma} \end{bmatrix} \tag{3.6}$$

式(3.6)给出了载体坐标系下的角速度与(x-y-z)欧拉角导数的关系。对于其他的欧拉角表示方法，读者可以利用代码自行推导。可以看到，载体坐标系下的角速度要比导数 $\frac{\mathrm{d}\boldsymbol{R}(\alpha,\beta,\gamma)}{\mathrm{d}t}$ 简单很多。

3.4 四元数

在数学家发现复数可以表示平面旋转以后，将其推广到三维空间是很自然的想法。第一个做出重要贡献的是 Hamilton，他发现了可以表示三维空间中旋转的代数系统，即四元数(quaternion)。顾名思义，四元数由四个元素组成。一个四元数 q 通常表示为 $q=w+x\mathrm{i}+y\mathrm{j}+z\mathrm{k}$，其中 w、x、y、z 是实数，i、j、k 是虚数单位。也可以将四元数看成由两部分组成，分别是实部分量 w 和虚部分量 $x\mathrm{i}+y\mathrm{j}+z\mathrm{k}$。我们知道复数只包含 i 一个虚数轴，而四元数包含三个独立的虚数单位 i、j、k，因此四元数是对复数的扩展。四元数的形式如图 3-15 所示。

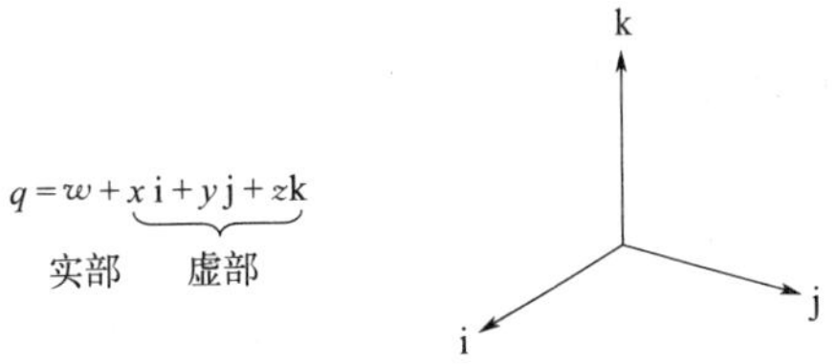

图 3-15　四元数的形式

可以看到，四元数中有四个变量：w、x、y、z。因此，四元数构成的空间维数是四，这也让它很难被理解。从实数到复数，再到四元数、八元数，随着维数的升高，前一项都包含在后一项的空间中。

下面在解释四元数是如何实现三维空间的旋转之前，首先给出四元数的基本运算。这部分可能会有些抽象，所以在定义之后给出了计算机的实现程序，读者可以亲自验证运算结果。

3.4.1 四元数的定义

在复平面，复数轴与实数轴形成一个二维直角坐标系。类似地，四元数的三个虚数轴与实数轴形成一个四维坐标系。

虚数单位i、j、k之间的乘法满足以下关系：

$$\begin{cases} i^2=j^2=k^2=ijk=-1 \\ ij=k=-ji \\ jk=i=-kj \\ ki=j=-ik \end{cases} \tag{3.7}$$

后面关于四元数的运算会反复使用以上定义。

（1）四元数的单位元

如果说四元数关于乘法构成一个群，那么单位元就是实数1。实数1可以看成实部$w=1$、虚部中$x=y=z=0$的四元数，它被称为四元数的单位元（identity quaternion）。从这一点可以发现，实数和复数都是四元数的特例。

（2）纯虚四元数

如果四元数的实部为零（$w=0$），即只有虚部（如下式），则称其为纯虚四元数（pure imaginary quaternion），或者简称为纯四元数（pure quaternion）。

$$q=x\mathrm{i}+y\mathrm{j}+z\mathrm{k}$$

（3）四元数的模长

与复数类似，四元数也可以定义模长，不过四元数的模长一般称为范数（norm）。四元数$q=w+x\mathrm{i}+y\mathrm{j}+z\mathrm{k}$的范数就是各分项系数平方之和的平方根，记为$\|q\|$。

$$\|q\|=\sqrt{w^2+x^2+y^2+z^2}$$

（4）单位四元数

范数$\|q\|=1$的四元数被称为单位四元数（unit quaternion）。注意：单位四元数不是单位元。单位四元数可以用来表示三维空间的旋移。

3.4.2 四元数的运算

（1）加减

四元数的加减很容易理解，就是各项系数相加（相减），例如：

$$\begin{aligned} q_1 \pm q_2 &= (w_1+x_1\mathrm{i}+y_1\mathrm{j}+z_1\mathrm{k}) \pm (w_2+x_2\mathrm{i}+y_2\mathrm{j}+z_2\mathrm{k}) \\ &= (w_1 \pm w_2)+(x_1 \pm x_2)\mathrm{i}+(y_1 \pm y_2)\mathrm{j}+(z_1 \pm z_2)\mathrm{k} \end{aligned}$$

四元数的加法满足交换律，即$q_1+q_2=q_2+q_1$。之所以强调这个看起来很明显的事实，是因为在计算相乘时交换律就不再适用了。

（2）乘

与加法相比，四元数的乘法就没那么简单了。四元数是对复数的推广，二者有很多相似的地方，但是也有一些不同之处。

先来看复数的乘法。复数乘法满足交换律，即对于任意两个复数z_1、z_2，它们的乘积总有$z_1z_2=z_2z_1$。读者可以通过计算机程序验证，代码如下。

```
In[1]:=z1 =(a+b * I);      (* 在 Mathematica 中,大写字母 I 表示虚数 i *)
       z2=(c+d * I);
       ComplexExpand[z1 * z2]
       ComplexExpand[z2 * z1]
Out[1]=ac-bd+I(bc+ad)
       ac-bd+I(bc+ad)
```

程序的运行结果显示二者的值相同，即：

$$z_1 z_2 = z_2 z_1 = ac - bd + (bc + ad)\mathrm{i}$$

但是，四元数之间的乘法却不满足交换律，即对于任意两个四元数 q_1、q_2，一般有 $q_1 q_2 \neq q_2 q_1$。由于四元数乘法的特殊性，有些文献中将四元数乘法用特殊的符号表示，例如⊗，但是本书中直接将乘法符号省略。

两个四元数 q_1、q_2 相乘的结果为式(3.8)。虽然式(3.8) 看起来复杂，但是计算起来并不难，就像展开$(a+b)\times(a+b)$一样将$(w_1+x_1\mathrm{i}+y_1\mathrm{j}+z_1\mathrm{k})(w_2+x_2\mathrm{i}+y_2\mathrm{j}+z_2\mathrm{k})$逐项相乘，然后代入式(3.7) 中规定的规则即可。注意：四元数乘法虽然不满足交换律，但是对于结合律和分配率仍然满足。

$$\begin{aligned} q_1 q_2 = &(w_1 w_2 - x_1 x_2 - y_1 y_2 - z_1 z_2) \\ &+ (w_1 x_2 + w_2 x_1 + y_1 z_2 - y_2 z_1)\mathrm{i} \\ &+ (w_1 y_2 + w_2 y_1 + x_2 z_1 - x_1 z_2)\mathrm{j} \\ &+ (w_1 z_2 + w_2 z_1 + x_1 y_2 - x_2 y_1)\mathrm{k} \end{aligned} \tag{3.8}$$

q_2、q_1 相乘的结果如下，它的实部与 $q_1 q_2$ 相同，但是虚部不同。

$$\begin{aligned} q_2 q_1 = &(w_1 w_2 - x_1 x_2 - y_1 y_2 - z_1 z_2) \\ &+ (w_1 x_2 + w_2 x_1 - y_1 z_2 + y_2 z_1)\mathrm{i} \\ &+ (w_1 y_2 + w_2 y_1 - x_2 z_1 + x_1 z_2)\mathrm{j} \\ &+ (w_1 z_2 + w_2 z_1 - x_1 y_2 + x_2 y_1)\mathrm{k} \end{aligned} \tag{3.9}$$

式(3.8)、式(3.9) 同样可以通过计算机程序验证，代码如下（其中用到了 NCAlgebra 程序包提供的非交换乘法功能，程序中用 * * 表示非交换乘法，用 * 表示普通的可交换乘法）。

```
In[1]:=q1=w1+x1 * i+y1 * j+z1 * k;
       q2=w2+x2 * i+y2 * j+z2 * k;
       NCExpand[q1 * * q2]
       NCExpand[q2 * * q1]
Out[1]=w1w2-x1x2-y1y2-z1z2+k(-x2y1+x1y2+w2z1+w1z2)+j(w2y1+w1y2+x2z1-x1z2)+i (w2x1+
       w1x2-y2z1+y1z2)
       w1w2-x1x2-y1y2-z1z2+k(x2y1-x1y2+w2z1+w1z2)+j(w2y1+w1y2-x2z1+x1z2)+i(w2x1+w1x2+
       y2z1-y1z2)
```

在计算机中实现四元数的乘法一般使用式(3.8)。例如在线性代数库 Eigen 中，四元数乘法的代码如下：

```
//Generic Quaternion * Quaternion product
Quaternion<Scalar>  run(const QuaternionBase<Derived1> & a,
                        const QuaternionBase<Derived2> & b) {
return Quaternion<Scalar>
(
  a.w() * b.w() - a.x() * b.x() - a.y() * b.y() - a.z() * b.z(),
  a.w() * b.x() + a.x() * b.w() + a.y() * b.z() - a.z() * b.y(),
  a.w() * b.y() + a.y() * b.w() + a.z() * b.x() - a.x() * b.z(),
  a.w() * b.z() + a.z() * b.w() + a.x() * b.y() - a.y() * b.x()
) };
```

四元数是人们在寻找三元数的过程中意外发现的。定义三元数本身并不难，但是在计算三元数的乘法时却出现了问题。下面我们尝试计算一下两个三元数相乘，看看会得到什么样的结果。仿照四元数的定义方式，定义两个三元数：

$$t_1=w_1+x_1\mathrm{i}+y_1\mathrm{j}$$

$$t_2=w_2+x_2\mathrm{i}+y_2\mathrm{j}$$

式中，w、x_1、x_2、y_1、y_2 都是实数；i、j 是虚数单位。然后，像四元数相乘一样计算两个三元数的乘积 t_1t_2，这里还是使用计算机帮助计算，代码如下。

```
In[1]:= t1 =  w1 +  x1 * i +  y1 * j;  (* 三元数 t1 *)
        t2 =  w2 +  x2 * i +  y2 * j;  (* 三元数 t2 *)
        NCExpand[t1 * * t2]         (* 两个连写的乘号"* *"表示非交换乘法 *)
Out[1]= w1 w2 -  x1 x2 -  y1 y2 +  i (w2 x1 +  w1 x2) +  j (w2 y1 +  w1 y2) +  k (- x2 y1 +  x1 y2)
```

计算结果如下：

$$\begin{aligned}t_1t_2=&(w_1w_2-x_1x_2-y_1y_2)\\&+(w_1x_2+w_2x_1)\mathrm{i}\\&+(w_1y_2+w_2y_1)\mathrm{j}\\&+(x_1y_2-x_2y_1)(\mathrm{ij})\end{aligned}$$

在上式中，前三项符合我们的预期，但是对于最后一项$(x_1y_2-x_2y_1)(\mathrm{ij})$，我们就不知道如何处理了。如果令 ij=k，就得到了一个四元数。但是三元数乘法应该封闭，这样做会破坏封闭性。既然此路不通，那是否应该将 ij 表示为另一个三元数呢？如果尝试这样做，也就是令 $\mathrm{ij}=w+x\mathrm{i}+y\mathrm{j}$，那么在 ij 这个等式两边同时乘以 i 就得到了

$$\mathrm{i}^2\mathrm{j}=\mathrm{i}w+\mathrm{i}x\mathrm{i}+\mathrm{i}y\mathrm{j}$$

$$-\mathrm{j}=w\mathrm{i}-x+y\mathrm{ij}$$

$$-\mathrm{j}=w\mathrm{i}-x+y(w+x\mathrm{i}+y\mathrm{j})$$

$$-\mathrm{j}=w\mathrm{i}-x+wy+xy\mathrm{i}+y^2\mathrm{j}$$

比较最后一个等式两边 j 的系数，应该有 $y^2=-1$，这说明 y 是个纯虚数。但是在定义三元数时假设 y 是一个实数，这就产生了矛盾。这条路也走不下去，只能限制一些代数性质了。如果强行定义三元数乘法，使其满足封闭性，只能“牺牲”一些其他的性质，例如放弃结合律。因此，三元数的乘法没有“良好”的定义，这就限制了它的应用范围，这也是三元数很少被使用的原因。

复数 $z=a+bi$ 的共轭定义为 $z^*=a-bi$，并且有

$$\begin{aligned}zz^*&=(a+bi)(a-bi)\\&=aa-abi+abi-bibi\\&=a^2+b^2\end{aligned}$$

这说明，复数与自己的共轭相乘的结果是一个实数，并且它的值为复数模长的平方。

类似地，四元数也可以定义共轭，即 $q=w+xi+yj+zk$ 的共轭为 $q^*=w-xi-yj-zk$。不难猜到，四元数与自己的共轭相乘也是一个实数：$qq^*=w^2+x^2+y^2+z^2$。可以执行以下代码对这个结果进行验证。

```
In[1]:= q  = w+x * i+y * j+z * k;
        qc= w-x * i-y * j-z * k;
        NCExpand[q* * qc]
Out[1]=w^2+x^2+y^2+z^2
```

两个四元数乘积的范数$\|q_1q_2\|$与各自范数的关系如下：

$$\|q_1q_2\|=\|q_1\|\|q_2\|=\|q_2q_1\|$$

同样可以使用计算机验证这一性质，代码如下：

```
In[1]:=q1=w1+x1 * i+y1 * j+z1 * k;
       q2=w2+x2 * i+y2 * j+z2 * k;
       q1q2=Collect[NCExpand[q1 * * q2],{i,j,k}]
       {w,x,y,z}=QuaternionCoefficient[q1q2]
       dot=Expand[{w,x,y,z}.{w,x,y,z}]
       Simplify[dot]
Out[1]=(w1^2+x1^2+y1^2+z1^2)(w2^2+x2^2+y2^2+z2^2)
```

计算结果如下：

$$\begin{aligned}\|q_1q_2\|^2&=(w_1^2+x_1^2+y_1^2+z_1^2)(w_2^2+x_2^2+y_2^2+z_2^2)\\&=\|q_1\|^2\|q_2\|^2\end{aligned}$$

观察上式，很容易得出结论：**单位四元数的乘积依然是单位四元数**。

(3) 除

四元数相除可以通过逆实现，即

$$q_1/q_2=q_1q_2^{-1}$$

四元数的逆应该如何定义呢？这就需要单位元和共轭四元数了。前面提到，单位元就是实数 1，不过应该看成四元数空间中的 1。

四元数与自己的逆相乘应该等于单位元，即

$$qq^{-1}=1$$

而四元数与自己的共轭相乘，结果是一个实数：

$$qq^*=w^2+x^2+y^2+z^2$$

所以，如果把四元数的逆定义为 $q^{-1}=q^*$，那么会有

$$qq^{-1}=qq^*=\|q\|^2$$

式中，$\|q\|^2$ 是四元数模长的平方，所以是个实数。这个结果与单位元 1 只相差$\|q\|^2$

倍，所以只需要相除，重新定义逆为

$$q^{-1}=\frac{q^*}{\|q\|^2}$$

即可得到 $qq^{-1}=1$ 的结果。对于单位四元数，有 $\|q\|=1$，它的逆就是自己的共轭，即$q^{-1}=q^*$。

知道了四元数逆的定义，当遇到对多个四元数的乘积求逆的时候又应该怎么做呢？以 q_1q_2 为例，它的逆可以这样计算：

$$(q_1q_2)^{-1}=q_2^{-1}q_1^{-1}$$

由于四元数乘法满足结合律，所以$(q_2^{-1}q_1^{-1})(q_1q_2)=q_2^{-1}(q_1^{-1}q_1)q_2=q_2^{-1}q_2=1$。这样就验证了 $q_2^{-1}q_1^{-1}$ 的确是 q_1q_2 的逆。这一特点与矩阵求逆非常相似。

3.4.3 四元数与旋转

对于一个三维空间中的向量或者点(x,y,z)，为了用四元数对它进行旋转，将其表示为四元数的形式 v，如下：

$$v=x\mathrm{i}+y\mathrm{j}+z\mathrm{k}$$

所以，向量的四元数表示形式是一个纯虚四元数。

如果单位四元数 q 表示一个空间旋转，那么旋转后的向量用四元数表示如下。

$$q_v=qvq^{-1}$$

这个像三明治或者夹心饼干一样的变换被称为共轭变换，有时也被称为三明治乘积。读者第一次看到这个定义时可能会觉得奇怪：为什么旋转一个向量需要做两次四元数乘法，而且后面的乘法还使用了逆运算呢？

为了解释这个问题，首先需要理解单位四元数产生的变换。四元数有四个变量，因此存在于四维空间。但是，单位四元数由于约束 $w^2+x^2+y^2+z^2=1$ 的存在，其自由度降为三维。实际上，单位四元数是四维空间中的单位球面。作为生活在三维空间中的人类，很难理解单位四元数所处的四维空间。可以借助三维球面 S^2 来理解，三维球面存在于三维空间，但是它自身的维度是二维，也就是只有两个自由度，因为确定球面上一个点最少需要两个变量。假设我们想对生活在二维平面中的生物描述三维球面，可以借助球极投影（stereographic projection）这个工具。

对于三维球面上的一个点(x,y,z)，它与南极点$(0,0,-1)$可以确定一条直线，这条直线与过球面赤道的二维平面有唯一的交点，如图 3-16 所示。读者可以用鼠标在左上角的面

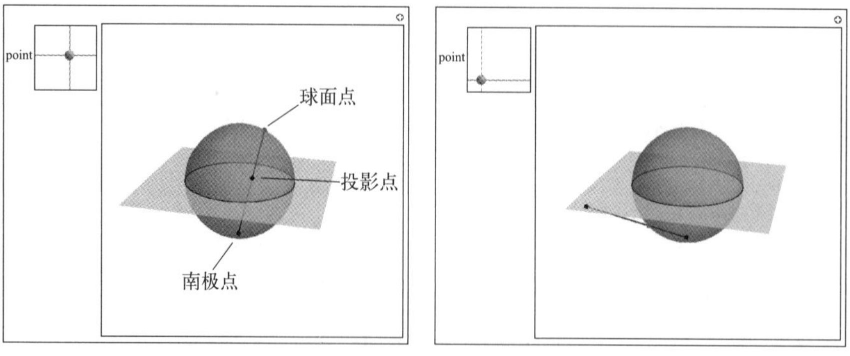

图 3-16 球极投影

板上移动二维交点，并观察球面上三维点的位置。球极投影是该操作的逆，即将球面上的点投影到赤道二维平面。因此，可以把球面上所有（除南极点以外）的点都投影到二维平面上。这样就在二维平面中理解三维球面。

三维球面上的三维点(x,y,z)向二维平面的球极投影函数为

$$f(x,y,z)=\left(\frac{x}{1+z},\frac{y}{1+z}\right)$$

球极投影的反函数也容易求得。如果已知投影点的坐标（x,y），连接南极点与投影点的直线与三维球面有一个交点，其坐标为

$$f^{-1}(x,y)=\left(\frac{2x}{1+x^2+y^2},\frac{2y}{1+x^2+y^2},\frac{1-(x^2+y^2)}{1+x^2+y^2}\right)$$

在投影过程中，我们特别关注一个点，即北极点(0,0,1)。因为球极投影将北极点投影到了二维平面上的原点(0,0)。

类似地，将四元数空间中的单位球面 $w^2+x^2+y^2+z^2=1$ 向三维空间做球极投影，就能得到一个三维坐标。假设三维空间的三个轴是 i、j、k。那么，四维单位球面的北极点(0,0,0,1)同样被投影到了三维空间的原点(0,0,0)。

接下来解释四元数产生的变换。由于任何三维空间旋转都可以分解为绕三个轴的转动，只需要弄清楚绕一个轴的转动，那么通过组合就能理解任何三维旋转。

假设我们对四元数左乘 i，那么各轴的变化如图 3-17(a) 所示。这里把四维空间拆分成了两个二维平面空间，左侧图为实数轴与 i 轴形成的平面，右侧图为 j 轴与 k 轴形成的平面。根据四元数的运算规则，左乘 i 就是各轴沿逆时针旋转 90°。

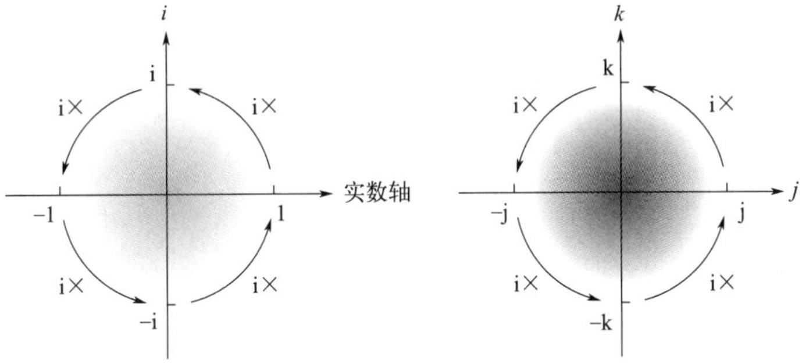

(a) 四维空间中左乘i产生的旋转变换

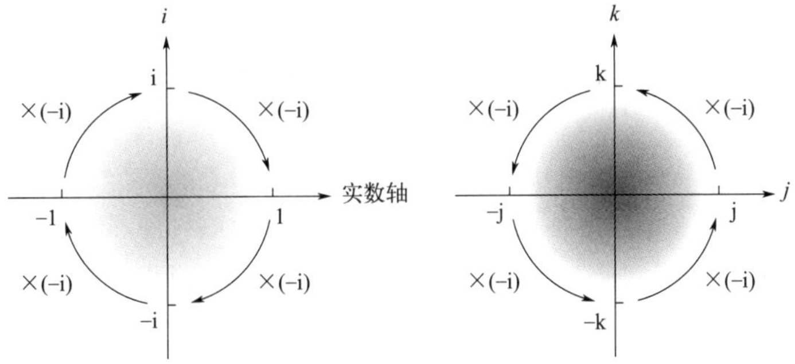

(b) 四维空间中右乘-i产生的旋转变换

图 3-17　四维空间中的旋转变换

可以看到，左乘 i 使得所有轴都发生了转动，这不是我们想要的。因为我们只想使点绕 i 轴转动。这一点通过球极投影能更容易看出。

如果我们右乘－i 会发生什么呢？右乘－i 的结果如图 3-17(b) 所示，可以发现实数轴与 i 轴沿顺时针旋转了 90°，而 j 轴与 k 轴仍然沿逆时针旋转 90°。

仔细对比图 3-17(a) 与 (b)，容易发现“左乘 i”与“右乘－i”的效果不同，区别就在实数与 i 轴上，两种情况刚好相反。这给了我们启发：如果将两个变换结合到一起，有什么效果呢？我们先左乘 i，然后右乘－i，结果是实数轴与 i 轴由于逆时针和顺时针转动相互抵消而不动，而 j 轴与 k 轴沿逆时针旋转了 180°。这几乎是我们想要的效果了，只不过旋转角度是期望值的两倍。所以，如果想对一个向量旋转角度 θ，那么采用的四元数只需要表示旋转 $\theta/2$ 即可。上面的结论也适用于 j 轴和 k 轴。由于任何一个三维旋转都可以表示为绕 i 轴、j 轴与 k 轴旋转的组合，因此上面的结论仍然适用。

图 3-18 所示的可视化程序分别展示了左乘 i、右乘－i，与左乘 i 并右乘－i 的结果。图中的黑色点表示各轴上的单位向量，即(i,－i,j,－j,k,－k)。读者可以改变旋转角度，并观察各单位向量的变化趋势。由于球极投影将北极点投影到三维空间的原点，所以在原点处的不是 0 而是四元数空间中实数轴的 1。读者也可以自定义旋转轴，例如绕 j 轴旋转，也可以观察左乘－i 或右乘 i 的效果。

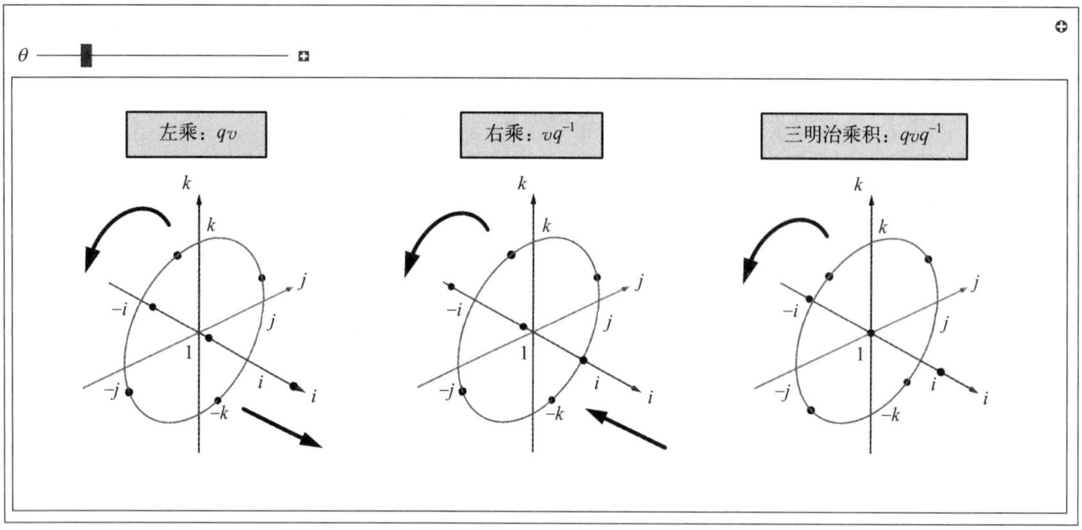

图 3-18　四元数左乘、右乘与三明治乘积

三维点(x,y,z)绕 z 轴旋转就是用单位四元数 $q=\cos\theta+\sin\theta\mathrm{k}$ 对其变换。

$$\begin{aligned} q_v &= qvq^{-1} \\ &= [\cos\theta+\sin\theta\mathrm{k}](x\mathrm{i}+y\mathrm{j}+z\mathrm{k})[\cos\theta+\sin\theta\mathrm{k}]^{-1} \\ &= [x\cos(2\theta)-y\sin(2\theta)]\mathrm{i}+[x\sin(2\theta)+y\cos(2\theta)]\mathrm{j}+z\mathrm{k} \end{aligned}$$

观察 i、j 的系数，发现它们与使用（绕 z 轴的）旋转矩阵得到的结果一样：

$$\begin{bmatrix} \cos(2\theta) & -\sin(2\theta) & 0 \\ \sin(2\theta) & \cos(2\theta) & 0 \\ 0 & 0 & 1 \end{bmatrix}\begin{bmatrix} x \\ y \\ z \end{bmatrix}=\begin{bmatrix} x\cos(2\theta)-y\sin(2\theta) \\ x\sin(2\theta)+y\cos(2\theta) \\ z \end{bmatrix}$$

同时，我们注意到旋转角变成了 2θ，这是期望值的两倍。

同理，三维点(x,y,z)绕 x 轴旋转就是用单位四元数 $q=\cos\theta+\sin\theta\mathrm{i}$ 对其变换，绕 y 轴旋转就是用单位四元数 $q=\cos\theta+\sin\theta\mathrm{j}$ 对其变换。读者可以借助计算机程序对其进行验证。

三维点分别绕 x、y、z 轴旋转，如图 3-19 所示。

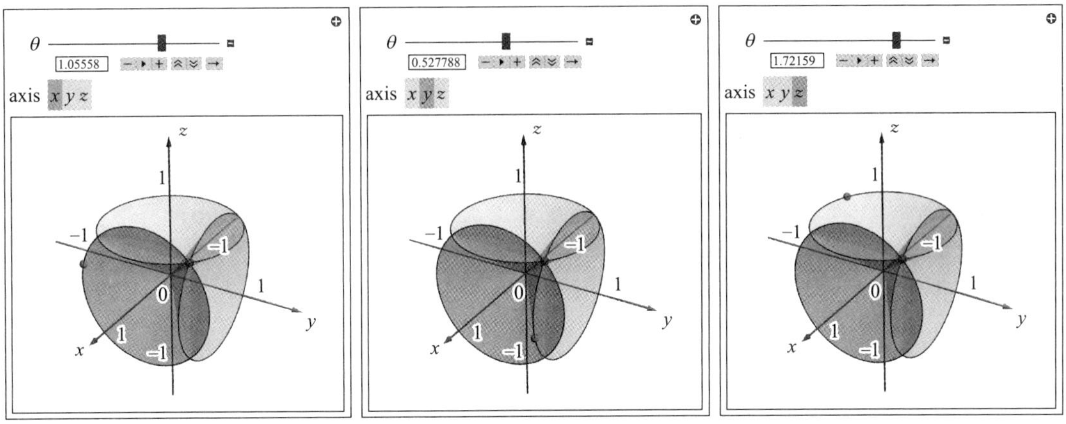

(a) 绕x轴旋转　(b) 绕y轴旋转　(c) 绕z轴旋转

图 3-19　三维点分别绕 x、y、z 轴旋转

3.4.4　四元数的插值

(1) 线性插值

四元数等价于一个四维空间中的向量，从这一点来看它非常适合插值。假设有两个单位四元数 q_0 和 q_1，它们表示两个旋转变换或两个姿态。如何得到它们两个中间的某个用单位四元数表示的旋转或者姿态呢？这就需要使用四元数插值。

如果暂时不去理会四元数的特殊性质，而是单纯将其视为一个向量，两个向量之间的插值应该如何实现呢？假设两个点 v_0、v_1 的坐标用向量表示分别是 $\boldsymbol{v}_0$ 和 $\boldsymbol{v}_1$，如图 3-20 所示。如果以 v_0 作为起点，以 v_1 作为终点，可以确定一个新的向量 $\boldsymbol{v}=\boldsymbol{v}_1-\boldsymbol{v}_0$，这个向量 $\boldsymbol{v}$ 由点 v_0 指向 v_1。

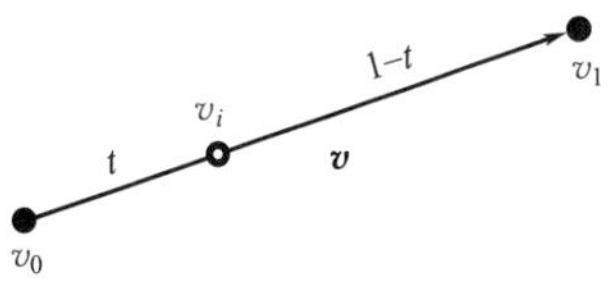

图 3-20　两点间线性插值

利用向量 $\boldsymbol{v}$，很容易就能得到 v_0、v_1 两点之间连线上的任意点。假设 v_0v_1 的长度是单位长度 1，可以通过一个比例系数唯一确定一个点在这条线段上的位置。将该插值点记为 v_i，比例系数用 t 表示，插值点的坐标（向量形式）可以由式(3.10) 得到，其中，$t\in[0,1]$。

$$\begin{aligned}\boldsymbol{v}_i&=\boldsymbol{v}_0+t\boldsymbol{v}\\&=\boldsymbol{v}_0+t(\boldsymbol{v}_1-\boldsymbol{v}_0)\\&=(1-t)\boldsymbol{v}_0+t\boldsymbol{v}_1\end{aligned}\tag{3.10}$$

如果 $t=0$，代入上式中可知此时插值点 v_i 就是起点 v_0。如果 $t=1$，v_i 就是终点 v_1。如果 t 在 $0\sim1$ 之间连续变化，插值点 v_i 也会在 v_0v_1 之间的连线上连续变化。所以，式(3.10) 就是两个点的线性插值（lerp，即 linear interpolation 的缩写）。读者可以在随书的线性插值演示程序中用鼠标拖动滑块以改变变量 t 的值，同时观察插值点的变化，如图 3-21(a) 所示。如果 t 按照固定的间隔变化，就能得到一系列等间距的点，如图 3-21(b) 所示。

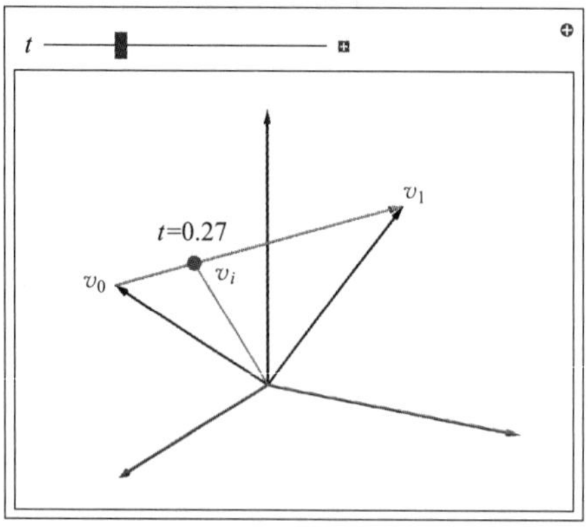

(a) 拖动滑块改变t

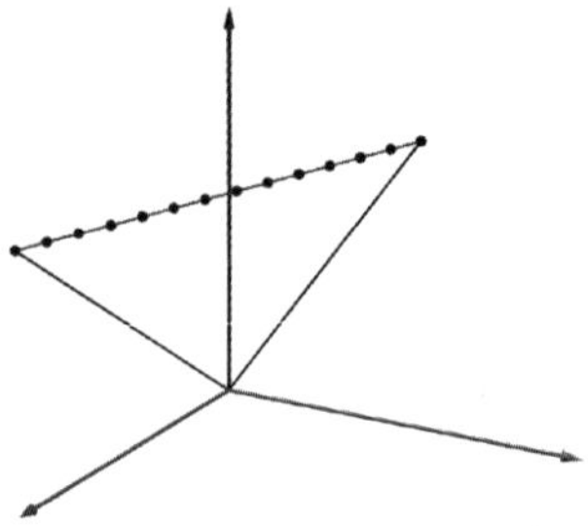

(b) 等间距的插值点

图 3-21　线性插值演示

(2) 归一化线性插值

当把线性插值用在对旋转进行插值上时会出现一个问题，即插值点对应的向量不能保证是单位向量。单位四元数的长度是 1，可以把所有单位四元数形成的空间想象成四维空间中的球面。我们对三维空间中的球面很熟悉，如果直接对球面上的两个点进行直线插值，得到的点很可能"跑"到了球面的里面，也就是说两个单位向量插值得到的向量不再是单位向量，如图 3-22 所示。同样地，对于四维空间中的单位四元数也是这样。但是为了表示旋转，我们又不得不使用单位四元数，所以需要新的插值方法。

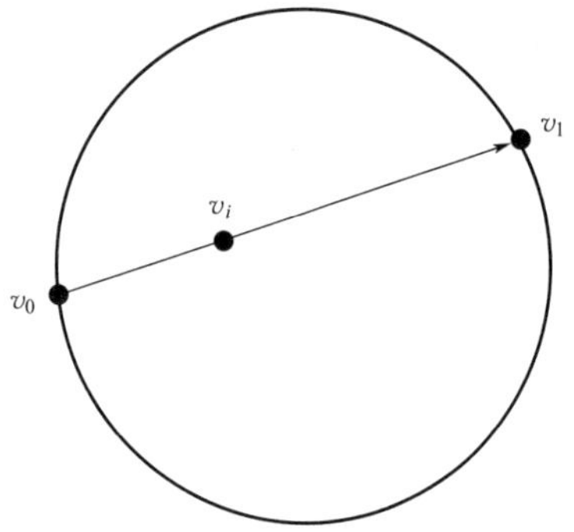

图 3-22　对单位圆上的点插值会跑到圆里面

一种妥协的方法是对插值得到的（非单位）向量进行归一化（normalize），也就是除以自身的模长，即将式(3.10) 得到的结果重新变成单位向量：

$$\boldsymbol{v}_i=\frac{(1-t)\boldsymbol{v}_0+t\boldsymbol{v}_1}{\|(1-t)\boldsymbol{v}_0+t\boldsymbol{v}_1\|}$$

因此这种方法被称为归一化线性插值（nlerp，即 normalized linear interpolation 的缩写）。这种方法虽然简单，但是有一个严重的问题，尤其是在插值大角度时：如图 3-23 所示，可以看到，插值得到的角度间隔并不均匀，也意味着角速度不能保持恒定。因此，归一化线性插值通常用在插值点之间的夹角比较小时。

(3) 球面线性插值

球面线性插值（slerp，即 spherical linear interpolation 的缩写）能够解决角度间隔不均匀的问题，得到均匀分布的角度，如图 3-24 所示。

球面线性插值是如何做到的呢？下面尝试推导它的实现公式。一种简单的推导方式是通过向量几何。在一个直角坐标系里（如图 3-25 所示），可以用与 x 轴的夹角表示一个单位向量，即

$$\boldsymbol{v}=\cos\theta\boldsymbol{x}+\sin\theta\boldsymbol{y}$$

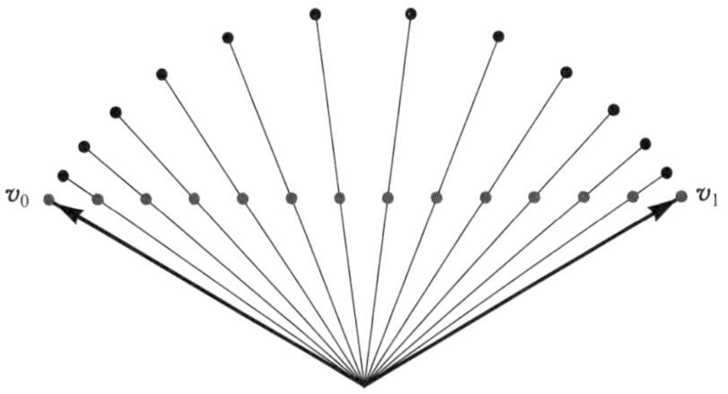

图 3-23　归一化线性插值

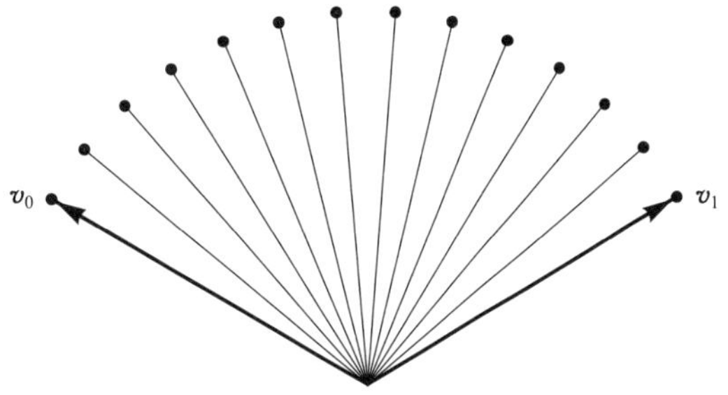

图 3-24　球面线性插值

这意味着表示一个单位向量需要三个量，分别是单位向量 $\boldsymbol{x}$、与 $\boldsymbol{x}$ 正交的单位向量 $\boldsymbol{y}$ 和角度 θ。对于两个给定的单位向量，可以将其中一个用于定义 x 轴，不妨将 $\boldsymbol{v}_0$ 设为 x 轴单位向量。假设两个向量的夹角是 θ，则插值向量的角度可以取为 $t\theta$，其中 $t \in [0,1]$。还缺少一个与 x 轴正交的 y 轴，下面就把它找出来。

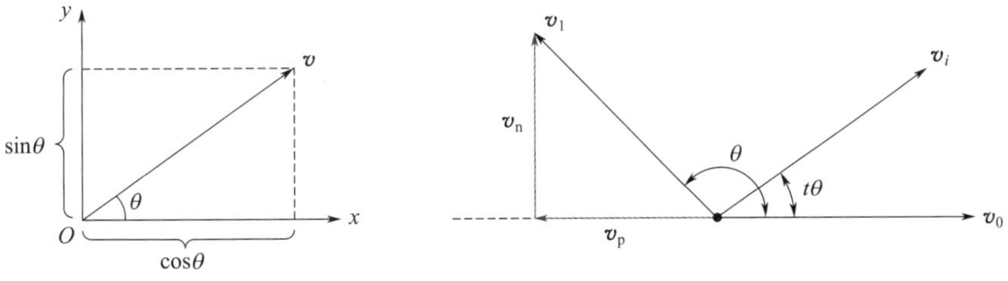

(a) 用角度表示向量　　(b) 构建正交向量

图 3-25　利用角度构造插值向量

从两个不正交的向量提取出两个正交的向量是比较普遍的操作，我们可以这样做：

将 $\boldsymbol{v}_1$ 向 $\boldsymbol{v}_0$ 投影，得到投影向量 $\boldsymbol{v}_p$。向量 $\boldsymbol{v}_1$ 可以由投影向量 $\boldsymbol{v}_p$ 和垂直向量 $\boldsymbol{v}_n$ 相加得到：$\boldsymbol{v}_1 = \boldsymbol{v}_p + \boldsymbol{v}_n$。由于 $\boldsymbol{v}_1$ 是单位向量，所以 $\boldsymbol{v}_p$ 长度是 $\cos\theta$。并且投影向量 $\boldsymbol{v}_p$ 与 $\boldsymbol{v}_0$ 平行。因此 $\boldsymbol{v}_p$ 可以表示为 $\boldsymbol{v}_p = \cos\theta \boldsymbol{v}_0$。正交向量 $\boldsymbol{v}_n = \boldsymbol{v}_1 - \boldsymbol{v}_p$。从图中容易看出来，正交向量 $\boldsymbol{v}_n$ 的长度是 $\sin\theta$。因此，将垂直向量 $\boldsymbol{v}_n$ 归一化后可以作为 y 轴单位向量：

$$\boldsymbol{y} = \frac{\boldsymbol{v}_n}{\|\boldsymbol{v}_n\|} = \frac{\boldsymbol{v}_1 - \cos\theta \boldsymbol{v}_0}{\sin\theta}$$

于是，代入向量的角度表示可得：

$$\begin{aligned}
\boldsymbol{v}_i &= \cos(t\theta)\boldsymbol{x} + \sin(t\theta)\boldsymbol{y} \\
&= \cos(t\theta)\boldsymbol{v}_0 + \sin(t\theta)\frac{\boldsymbol{v}_1 - \cos\theta \boldsymbol{v}_0}{\sin\theta} \\
&= \left[\cos(t\theta) - \frac{\sin(t\theta)\cos\theta}{\sin\theta}\right]\boldsymbol{v}_0 + \frac{\sin(t\theta)}{\sin\theta}\boldsymbol{v}_1 \\
&= \frac{\cos(t\theta)\sin\theta - \sin(t\theta)\cos\theta}{\sin\theta}\boldsymbol{v}_0 + \frac{\sin(t\theta)}{\sin\theta}\boldsymbol{v}_1 \\
&= \frac{\sin(\theta - t\theta)}{\sin\theta}\boldsymbol{v}_0 + \frac{\sin(t\theta)}{\sin\theta}\boldsymbol{v}_1 \\
&= \frac{\sin[(1-t)\theta]}{\sin\theta}\boldsymbol{v}_0 + \frac{\sin(t\theta)}{\sin\theta}\boldsymbol{v}_1
\end{aligned} \tag{3.11}$$

式(3.11)就是球面线性插值(slerp)的计算公式。其中，两个向量的夹角 θ 可以由两个向量的内积求出：

$$\theta=\arccos(\boldsymbol{v}_0 \cdot \boldsymbol{v}_1)$$

虽然式(3.11)看起来有点复杂，但是读者可能对它的一些特殊情况更熟悉。例如，如果 $\theta=90°$，有 $\sin\theta=1$。这时式(3.11)就变成了以下形式，这让我们联想到在直角坐标系中把一个点逆时针旋转 $t\theta$ 角度。

$$\begin{aligned}\boldsymbol{v}_i &=\frac{\sin[(1-t)\theta]}{\sin\theta}\boldsymbol{v}_0+\frac{\sin(t\theta)}{\sin\theta}\boldsymbol{v}_1\\ &=\frac{\sin[(1-t)\theta]}{1}\boldsymbol{v}_0+\frac{\sin(t\theta)}{1}\boldsymbol{v}_1\\ &=\sin(90°-t\theta)\boldsymbol{v}_0+\sin(t\theta)\boldsymbol{v}_1\\ &=\cos(t\theta)\boldsymbol{v}_0+\sin(t\theta)\boldsymbol{v}_1\end{aligned}$$

读者可以在随书的球面线性插值演示程序中用鼠标拖动滑块以改变变量 t 的值，可以观察到插值点始终在球面上运动，如图 3-26 所示。图中同时显示出线性插值和归一化线性插值的点，读者可以对比三种插值方法的差别。由于我们无法看到四维空间，所以在三维空间中进行展示，只需要知道在四维空间中的原理是一样的。

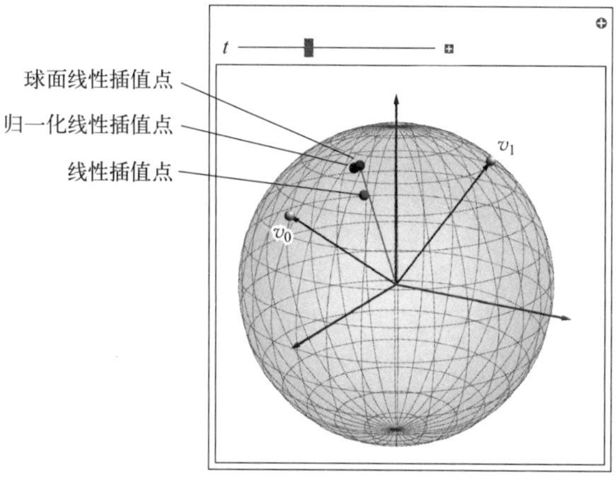

图 3-26 球面线性插值的动态演示

在得到点的坐标后，还要对它的速度进行求解，所以下面尝试对式(3.11)求导。公式中唯一的变量是 t，因此式(3.11)关于 t 的导数如下：

$$\begin{aligned}\frac{\mathrm{d}\boldsymbol{v}_i}{\mathrm{d}t}&=\frac{\mathrm{d}}{\mathrm{d}t}\left\{\frac{\sin[(1-t)\theta]}{\sin\theta}\boldsymbol{v}_0+\frac{\sin(t\theta)}{\sin\theta}\boldsymbol{v}_1\right\}\\ &=\frac{-\theta\cos[(1-t)\theta]}{\sin\theta}\boldsymbol{v}_0+\frac{\theta\cos(t\theta)}{\sin\theta}\boldsymbol{v}_1\end{aligned}$$

通过球面线性插值得到了沿球面均匀分布的点，这意味着角速度应该是常数。我们知道角度按照 $t\theta$ 均匀变化，因此角速度应该是 $\frac{\mathrm{d}(t\theta)}{\mathrm{d}t}=\theta$。由于插值点在单位球上，因此角速度的值与线速度的值相等。我们来计算线速度 $\frac{\mathrm{d}\boldsymbol{v}_i}{\mathrm{d}t}$ 的大小，可以通过线速度与它自己的内积得到：

$$
\begin{aligned}
&\left\|\frac{\mathrm{d}\boldsymbol{v}_i}{\mathrm{d}t}\right\|^2\\
&=\frac{\mathrm{d}\boldsymbol{v}_i}{\mathrm{d}t}\cdot\frac{\mathrm{d}\boldsymbol{v}_i}{\mathrm{d}t}\\
&=\left\{\frac{-\theta\cos[(1-t)\theta]}{\sin\theta}\boldsymbol{v}_0+\frac{\theta\cos(t\theta)}{\sin\theta}\boldsymbol{v}_1\right\}\left\{\frac{-\theta\cos[(1-t)\theta]}{\sin\theta}\boldsymbol{v}_0+\frac{\theta\cos(t\theta)}{\sin\theta}\boldsymbol{v}_1\right\}\\
&=\frac{\theta^2}{\sin^2\theta}[\|\boldsymbol{v}_0\|^2\cos^2(t\theta)+\|\boldsymbol{v}_1\|^2\cos^2(\theta-t\theta)-2\boldsymbol{v}_0\cdot\boldsymbol{v}_1\cos(t\theta)\cos(\theta-t\theta)]\\
&=\frac{\theta^2}{\sin^2\theta}[\cos^2(t\theta)+\cos^2(\theta-t\theta)-2\cos\theta\cos(t\theta)\cos(\theta-t\theta)]\\
&=\frac{\theta^2}{\sin^2\theta}\sin^2\theta\\
&=\theta^2
\end{aligned}
$$

在上面的计算过程中，由于插值的点都是单位向量，所以它们的长度 $\|\boldsymbol{v}_0\|=\|\boldsymbol{v}_1\|=1$，于是向量的内积 $\boldsymbol{v}_0\cdot\boldsymbol{v}_1=\cos\theta$，$\theta$ 是两个向量间的夹角。利用一些三角函数公式可以得到最终的结果，读者也可以利用计算机对上式进行化简。使用 Mathematica 的 Simplify 函数对其化简，如下。

```
In[1]:=Simplify[Cos[t*θ]^2+Cos[(1-t)*θ]^2-2*Cos[(1-t)*θ]*Cos[θ]*Cos[t*θ]]
Out[1]=Sin[θ]^2
```

所以，球面线性插值[式(3.11)]的角速度是 θ，这与我们之前的猜测相符。在插值多个点时，相邻两点之间的夹角 θ 如果不相等，那么相邻点之间的角速度也不相同。因此，角速度在中间过渡点处会存在突变，在使用插值公式(3.11) 对多个单位四元数进行插值时需要注意。

将三种插值方法放到一起以便于比较，见表 3-1。

表 3-1　不同插值方法

名称	插值公式
线性插值(lerp)	$\boldsymbol{v}_i=(1-t)\boldsymbol{v}_0+t\boldsymbol{v}_1$
归一化线性插值(nlerp)	$\boldsymbol{v}_i=\dfrac{(1-t)\boldsymbol{v}_0+t\boldsymbol{v}_1}{\|(1-t)\boldsymbol{v}_0+t\boldsymbol{v}_1\|}$
球面线性插值(slerp)	$\boldsymbol{v}_i=\dfrac{\sin[(1-t)\theta]}{\sin(\theta)}\boldsymbol{v}_0+\dfrac{\sin(t\theta)}{\sin(\theta)}\boldsymbol{v}_1$

在线性代数库 Eigen 中，实现四元数插值的代码如下。

```
QuaternionBase<Derived> ::slerp(const Scalar& t,
  const QuaternionBase<OtherDerived>& other) const {
  const Scalar one= Scalar(1)-NumTraits<Scalar> ::epsilon();
  Scalar d=this-> dot(other);
  Scalar absD=numext::abs(d);
  Scalar scale0;
  Scalar scale1;
```

```
if (absD >= one) {
  scale0=Scalar(1) -t;
  scale1=t;
} else {
  //theta is the angle between the 2 quaternions
  Scalar theta=acos(absD);
  Scalar sinTheta=sin(theta);

  scale0=sin( ( Scalar(1)-t ) * theta ) / sinTheta;
  scale1=sin( ( t * theta) ) / sinTheta;
}

if (d <Scalar(0))
  scale1=-scale1;
return Quaternion<Scalar> (scale0 * coeffs()
          +scale1 * other.coeffs());
}
```

注：插值函数 slerp 首先计算两个四元数（视为向量）的点积，如果点积接近 1，说明两个四元数接近平行，其夹角 θ 很小。由于式(3.11) 中角度也出现在分母中，直接使用式(3.11) 会产生较大的数值误差，此时直接使用更简单的线性插值［式(3.10)］。这是因为当角度 θ 很小时，可以认为其正弦值 $\sin\theta\approx\theta$，此时式(3.11) 可以近似为线性插值，即

$$\begin{aligned}\boldsymbol{v}_i&=\frac{\sin[(1-t)\theta]}{\sin\theta}\boldsymbol{v}_0+\frac{\sin(t\theta)}{\sin\theta}\boldsymbol{v}_1\\&\approx\frac{(1-t)\theta}{\theta}\boldsymbol{v}_0+\frac{t\theta}{\theta}\boldsymbol{v}_1\\&=(1-t)\boldsymbol{v}_0+t\boldsymbol{v}_1\end{aligned}$$

如果点积不接近 1，则使用球面线性插值公式(3.11)。利用点积公式计算两个四元数向量的夹角，再根据夹角计算比例系数。此外，代码中还对四元数的方向进行了判断：如果点积小于 0，意味着两个四元数的夹角超过了 180°，即插值了优弧（较长的一边）。但是应该选择较短的劣弧进行插值，解决方法是对其中一个四元数（$\boldsymbol{v}_1$）取反。

3.5 李群与旋转

3.5.1 什么是李群

经过前面几节的介绍，读者已经熟悉了各种旋转及姿态的表示方法。它们具有一些共同的性质。在数学上，具有这些性质的对象被称为“李群”（Lie group）。经过前面具体案例的铺垫，现在深入抽象的数学领域，分析这些对象的共性。由于李群和李代数中的概念比较概括和抽象，本节会从一些简单直观的例子出发逐步引出其中涉及的数学概念。

Sophus Lie（索菲斯·李）身体强壮，高中时有志于从军报国，但因视力不达标而放弃。大学时期的 Lie 对未来有些迷茫，他想从事学术，但是对专业方向不太确定。他学了一些力学和物理，也考虑过从事植物学或动物学研究。26 岁时他的兴趣转向了数学。当时的群论主要研究离散群，Lie 想将伽罗瓦解代数方程的思想推广到连续群，用来解微分方程。Lie 自费发表了自己的第一篇数学论文，在得到了专业数学家的认可后，Lie 的信心逐渐建立起来。Lie 在连续变换群方面做出了贡献，李群、李代数、李括号都以他的名字命名。

首先介绍“群”。这里所说的“群”是个数学概念，在历史上，群概念的提出源自代数方程的求解。所以，我们就以方程作为出发点。以方程 $x^6=1$ 为例，容易看出在实数范围内该方程有 2 个根，即 ± 1。如果把范围扩大到复数，该方程就有 6 个根，分别是

$$+1,-1,\frac{1}{2}+\mathrm{i}\,\frac{\sqrt{3}}{2},\frac{1}{2}-\mathrm{i}\,\frac{\sqrt{3}}{2},-\frac{1}{2}+\mathrm{i}\,\frac{\sqrt{3}}{2},-\frac{1}{2}-\mathrm{i}\,\frac{\sqrt{3}}{2} \tag{3.12}$$

读者可以通过以下代码求出方程 $x^6=1$ 的所有复数根。

```
In[1]:= ComplexExpand[Solve[x^6==1,x]]
Out[1]={{x ->-1},{x ->1},{x ->-(1/2)-(I Sqrt[3])/2},{x ->1/2+(I Sqrt[3])/2},{x ->1/2-(I
      Sqrt[3])/2},{x ->-(1/2)+(I Sqrt[3])/2}}
```

这 6 个根看起来似乎没什么规律，但是如果把它们在复平面上画出来，很容易发现规律。它们按照 $\frac{360^\circ}{6}=60^\circ$ 的角度间隔均匀地分布在单位圆（即半径等于 1 的圆）上，如图 3-27 所示。如果将这 6 个根组成一个集合，它们就形成了一个“群”。

群（group）首先是一个集合，一般用群的英文首字母 G 表示这个集合。对于普通的集

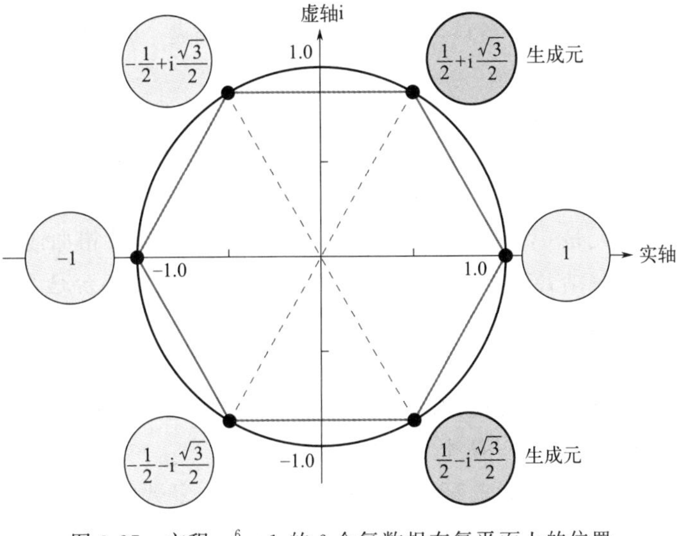

图 3-27　方程 $x^6=1$ 的 6 个复数根在复平面上的位置

合，其中的元素之间没有任何关系。但是群与普通的集合不同的地方在于，群为集合中的任意两个元素之间规定了一个运算，通常记为“•”。这个运算可以表示普通实数之间的加法或者乘法，也可以表示矩阵之间的乘法，或者是更抽象的映射或变换，具体形式取决于集合中的元素是什么和定义者的选择。如果集合 G 中的元素满足下面的四个性质（如图 3-28 所示），就称集合 G 关于运算“•”构成一个群，记为$(G, \cdot)$。很多时候，给定集合以后，其上定义的运算是不言自明的，所以也经常把$(G, \cdot)$直接简写为 G。这四个性质分别是：

① 存在单位元：群中存在一个元素 e（不是自然对数的底），任何元素 a 与 e 运算都得到自身，即 $a \cdot e = e \cdot a = a$。元素 e 被称为单位元，有时也记为 1。

② 存在逆元：群中的任何元素 a 都有自己的逆元 a^{-1}，即 $a \cdot a^{-1} = a^{-1} \cdot a = e$。

③ 运算封闭：群中任何两个元素运算得到的元素仍然在群中，即 $a \cdot b \in G$。

④ 满足结合律：即 $(a \cdot b) \cdot c = a \cdot (b \cdot c)$。

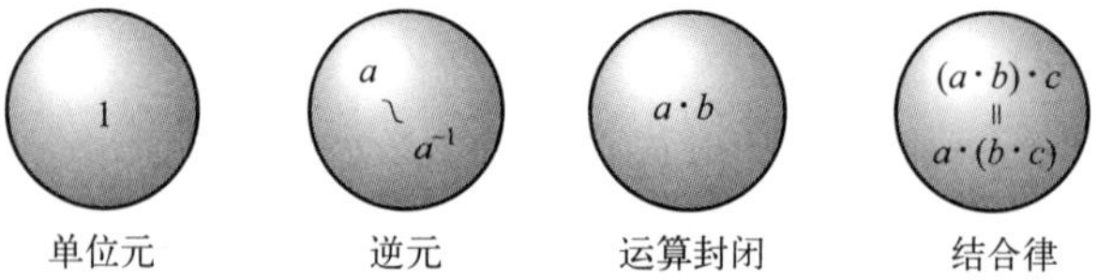

图 3-28　群的定义

群的四个性质是数学家对方程求解中使用的基本性质和操作的提炼和抽象，我们在解方程时会无意识地用到这些性质。为了加深读者对群的认识，下面举两个例子。

读者可能好奇最简单的群是什么？根据定义，任何群都必须包含单位元，所以最简单的群当然也包含单位元。实际上，只包含单位元这一个元素的群就是最简单的群（注意空集不能构成群，因为它不包含单位元，不符合群的定义）。我们可以按照群的定义来检验它。由于性质①已经满足，直接检查性质②。显然 $1 \cdot 1 = 1$ 成立，因此单位元是它自己的逆元（$1^{-1} = 1$），所以性质②满足。根据刚才的计算，性质③也满足。性质④自然也满足，因为 $1 \cdot (1 \cdot 1) = 1 = (1 \cdot 1) \cdot 1$。群的集合至少要包含一个元素，而没有群比 $\{1\}$ 包含更少的元素了，所以$(\{1\}, \cdot)$就是最简单的群。如果把群中的元素看成某种变换，单位元就对应着不变（它与任何元素作用都得到元素自身），这实在没什么意思。所以$(\{1\}, \cdot)$又被称为**平凡群**（trivial group）。

群不一定只包含有限个元素，下面我们举一个具有无穷多个元素的群的例子。考虑所有整数构成的集合$\{\cdots, -3, -2, -1, 0, 1, 2, 3\cdots\}$。如果将元素之间的运算定义为加法“+”，这个集合就构成了一个群，叫作“**整数加群**”，通常记为（$\mathbf{Z}$，+）。很容易验证它满足群的定义：整数加群的单位元是 0，逆元通过符号取反可以得到，整数相加或者相减得到的也是一个整数，加法显然满足结合律。从这个例子我们认识到，判断集合是否构成一个群不能只看集合的元素，元素之间的运算同样重要。如果我们换一种运算——乘法，整数关于乘法就不再构成一个群。例如，元素 2 的逆 1/2 不在这个集合中，即不满足封闭性。可以认为“运算”赋予了集合某种“结构”，在同样的集合上定义不同的运算会得到不同的结构。在某种程度上，“群”关心结构而不关心具体元素是什么。

再回到方程 $x^6 = 1$，读者可以验证该方程的 6 个根关于复数的乘法构成一个群。实际上，方程 $x^6 = 1$ 可以推广到任意 n 次方，即 $x^n = 1$。它们的根形成的群被称为“n 次单位根群”。

深入研究，发现这 6 个“兄弟”中有 2 个元素有些特殊，它们是$\frac{1}{2}+\mathrm{i}\,\frac{\sqrt{3}}{2}$和$\frac{1}{2}-\mathrm{i}\,\frac{\sqrt{3}}{2}$。这 2 个元素的与众不同之处在于它们可以通过与自身的乘法或者求逆得到其他“兄弟”。以$\frac{1}{2}+\mathrm{i}\,\frac{\sqrt{3}}{2}$为例，我们依次计算它的 1 到 6 次幂，分别如下。

$$\left(\frac{1}{2}+\mathrm{i}\,\frac{\sqrt{3}}{2}\right)^1=\frac{1}{2}+\mathrm{i}\,\frac{\sqrt{3}}{2}$$

$$\left(\frac{1}{2}+\mathrm{i}\,\frac{\sqrt{3}}{2}\right)^2=-\frac{1}{2}+\mathrm{i}\,\frac{\sqrt{3}}{2}$$

$$\left(\frac{1}{2}+\mathrm{i}\,\frac{\sqrt{3}}{2}\right)^3=-1$$

$$\left(\frac{1}{2}+\mathrm{i}\,\frac{\sqrt{3}}{2}\right)^4=-\frac{1}{2}-\mathrm{i}\,\frac{\sqrt{3}}{2}$$

$$\left(\frac{1}{2}+\mathrm{i}\,\frac{\sqrt{3}}{2}\right)^5=\frac{1}{2}-\mathrm{i}\,\frac{\sqrt{3}}{2}$$

$$\left(\frac{1}{2}+\mathrm{i}\,\frac{\sqrt{3}}{2}\right)^6=+1$$

如果把$\frac{1}{2}+\mathrm{i}\,\frac{\sqrt{3}}{2}$想象成逆时针旋转 60°，计算 n 次方就相当于转过了 $n\times60°$。

其他的元素则没有这样特殊的性质，读者可以亲自验证。由于$\frac{1}{2}+\mathrm{i}\,\frac{\sqrt{3}}{2}$和$\frac{1}{2}-\mathrm{i}\,\frac{\sqrt{3}}{2}$可以通过群运算（即复数乘法）得到其他元素，因此它们被称为“生成子”（generator）或“生成元”，意思是能够生成整个群的元素。n 次单位根群与普通的群不同，它可以由生成子生成，这样的群被称为循环群（cyclic group）。

定义群的四个性质很重要，这些性质后面都会使用。需要补充的是，有一点虽然在定义中没有提及，但同样重要：不要求运算满足交换律，即不要求 $a\cdot b=b\cdot a$，$\forall a,b\in G$。上面给出的例子都满足交换律，这可能给读者造成一个“错觉”，即群天然就满足交换律。实际上，只有少数群满足交换律，我们马上就会遇到不满足交换律的群。

前面举例的群都是离散群，即群的每个元素都有一个不包含其他元素的“邻域”。描述物体在二维或三维空间中的转动也形成一个群，这样的群显然有无穷多个元素，并且元素之间可以连续变化，所以它们是连续群。

下面举一个简单但有启发性的例子。用复数表示平面上的任意点，例如点（x,y）可以表示为 $x+\mathrm{i}y$。复数领域存在一个著名的欧拉公式：

$$\mathrm{e}^{\mathrm{i}\theta}=\cos\theta+\mathrm{i}\sin\theta \tag{3.13}$$

用 $\mathrm{e}^{\mathrm{i}\theta}$ 乘以复数 $x+\mathrm{i}y$ 能得到

$$\begin{aligned}\mathrm{e}^{\mathrm{i}\theta}(x+\mathrm{i}y)&=(\cos\theta+\mathrm{i}\sin\theta)(x+\mathrm{i}y)\\&=x\cos\theta+\mathrm{i}x\sin\theta+\mathrm{i}y\cos\theta+\mathrm{i}^2y\sin\theta\\&=(x\cos\theta-y\sin\theta)+\mathrm{i}(x\sin\theta+y\cos\theta)\end{aligned}$$

也就是说，点(x,y)经过 $\mathrm{e}^{\mathrm{i}\theta}$ 的作用变成了（$x\cos\theta-y\sin\theta$，$x\sin\theta+y\cos\theta$），$\mathrm{e}^{\mathrm{i}\theta}$ 与旋转

矩阵的作用相同。所以，$e^{i\theta}$ 也被称为 θ 的指数映射（exponential map），即 $i\theta \rightarrow e^{i\theta}$ 的映射。既然有指数映射，那反过来也有对数映射，即 $e^{i\theta} \rightarrow i\theta$。单位圆上的点可以组成一个李群，这个群被称为圆群（circle group）。(1,0) 处的切空间是一个一维空间，可以与虚轴等价。单位元处的切空间中的元素称为李代数（Lie algebra）。李代数经过指数映射可以对应到李群中的元素，也就是一个单位圆周上的点。在随书代码提供的演示程序中，读者可以用鼠标拖动顶部的滑块，并观察指数映射的效果，如图 3-29 所示。

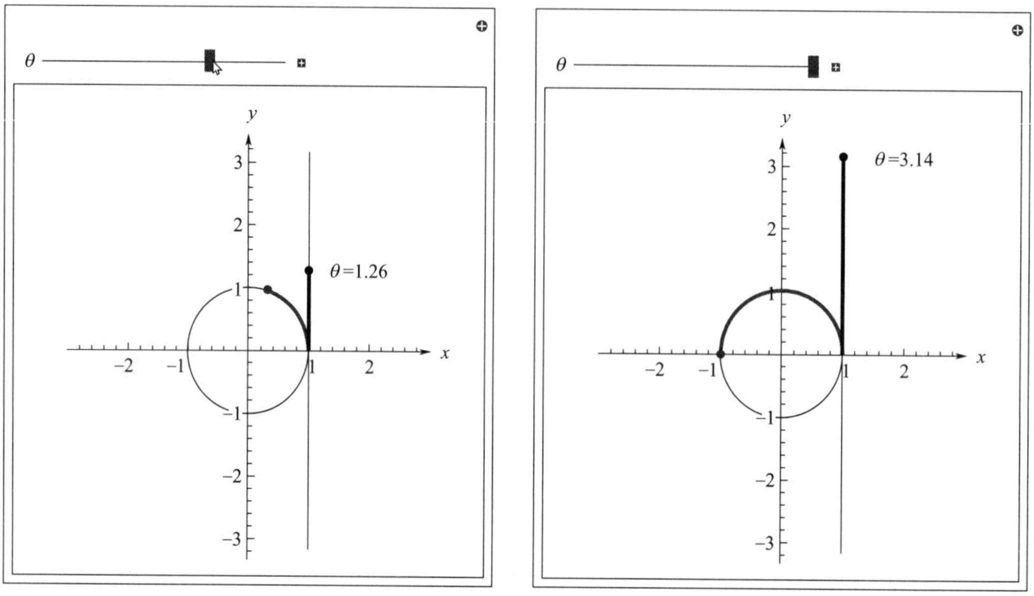

图 3-29　单位圆上的指数映射

指数函数 e^x 的幂级数形式如下：

$$e^x = \sum_{n=0}^{\infty} \frac{x^n}{n!} \tag{3.14}$$

如果展开，就是

$$e^x = 1 + \frac{x}{1} + \frac{x^2}{2!} + \frac{x^3}{3!} + \frac{x^4}{4!} + \frac{x^5}{5!} + \cdots$$

式(3.14) 中，n 越大，对 e^x 的近似越好，即得到的点越接近 e^x。在演示程序中，读者可以改变 n，观察逼近点对真实 e^x 的逼近程度，线段表示逼近的“轨迹”，如图 3-30(a) 所示。

指数函数 e^x 还有一种极限形式，如下：

$$e^x = \lim_{n \to \infty} \left(1 + \frac{x}{n}\right)^n \tag{3.15}$$

同样，n 越大，$\left(1+\frac{x}{n}\right)^n$ 对 e^x 的近似越好，即得到的点越接近 e^x。在演示程序中，读者可以改变 n，观察逼近点对真实 e^x 的逼近程度，线段表示逼近的“轨迹”，如图 3-30(b) 所示。通过图像，我们容易看出：与幂级数形式相比，极限形式的逼近速度要慢。实际上，极限形式比幂级数形式慢得多，幂级数形式只需要 $n=9$ 就能达到 10^{-6} 精度，而极限形式

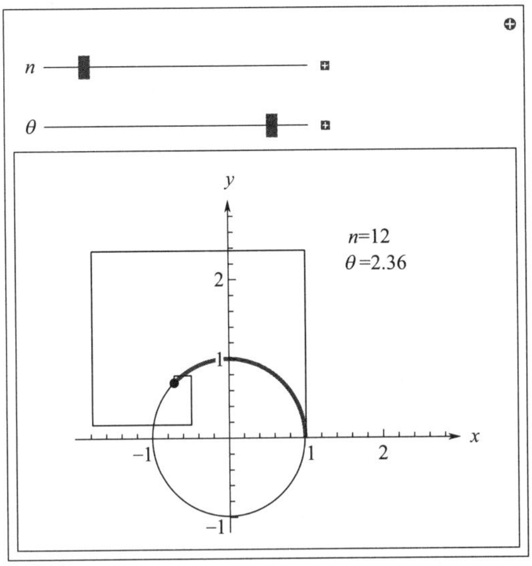

(a) 幂级数形式近似

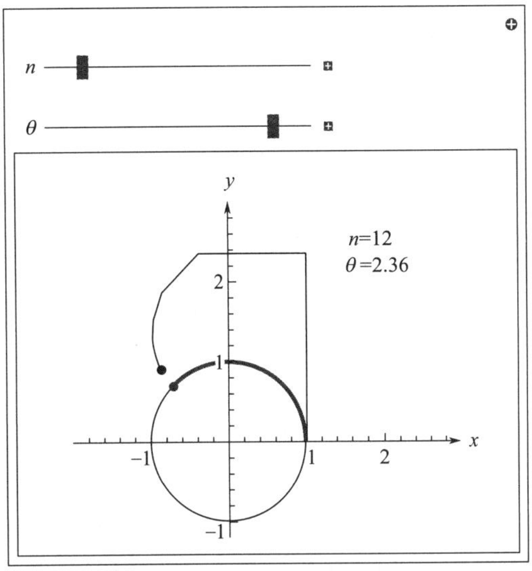

(b) 极限形式近似

图 3-30　指数映射近似

要达到同样的精度至少需要 $n=300000$。所以，一般选择使用幂级数形式[式(3.14)]来计算或者表示 e^x。

对于不熟悉李群的人，需要从不同的角度理解李群。如果从代数角度下手，李群具有群一样的代数结构，比如运算封闭；如果从拓扑和分析的角度入手，李群具有光滑的性质，可以求导，并且局部类似于一个欧氏空间。

李群也是一个集合，这个集合具有群的结构，也被赋予了光滑的性质，如图 3-31 所示。

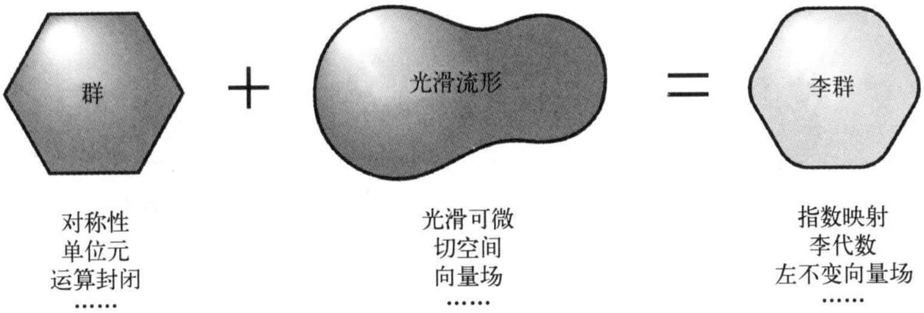

图 3-31　李群

从圆群这个例子可以发现李群具有以下性质：

① 李群一般不是线性空间。例如，如果 $a=\cos\theta_1+\mathrm{i}\sin\theta_1$，$b=\cos\theta_2+\mathrm{i}\sin\theta_2$，它们的和 $a+b$ 不在单位圆上。所以一般我们不能随心所欲地对李群中的元素相加或者相减。这给求导和插值等操作带来困难，因为求导需要计算两元素的差，插值需要计算两个元素的和。

② 李代数总是线性的。例如，对于李代数空间中的两个元素 $\mathrm{i}\theta_1$ 和 $\mathrm{i}\theta_2$，它们的和经过指数映射 $e^{(\mathrm{i}\theta_1+\mathrm{i}\theta_2)}$ 还在单位圆上。李代数构成一个线性空间。在线性空间里可以任意地做加减还有数乘，而不用担心结果不在里面。线性空间一般比非线性空间更容易研究。指数映射就像一个桥梁，把简单的李代数空间和复杂的李群空间联系起来。

③ 指数映射是个满射，但不是单射。单位圆上的每个点都可以找到它对应的旋转角度 θ，所以指数映射 $e^{i\theta}$ 映满单位圆。但是，单位圆在（$-1,0$）处的点对应两个角度：$\theta=\pm\pi$（假设 $\theta\in[-\pi,\pi]$），即 $\cos\pi+i\sin\pi=-1$，$\cos(-\pi)+i\sin(-\pi)=-1$。如果把 θ 限制在原点附近的一个邻域中，比如 $\theta\in\left(-\frac{\pi}{2},\frac{\pi}{2}\right)$，此时指数映射 $e^{i\theta}$ 就是一个双射（bijection）。

3.5.2 三维旋转群

有了一维旋转的铺垫，可以分析三维旋转了。三维旋转构成一个群。每个旋转都可以表示为一个正交矩阵，所以三维旋转形成一个正交群。正交群（orthogonal group）由所有的正交矩阵组成，通常记为 O(n)。其中，O 是“正交”的英文单词 orthogonal 的首字母，而正整数 n 表示空间的维数。因为只对三维空间中的旋转进行分析，所以后面讨论的正交群是 O(3)。

虽然三维旋转属于正交群，但是正交群中并非所有的元素都表示旋转。有些正交矩阵虽然也保持距离和角度不变，但是它们的行列式是-1。这样的矩阵不仅能让空间旋转，还对空间进行了翻转，如图 3-32 所示。翻转后的空间甚至改变了坐标系的性质，将右手坐标系变成了左手坐标系。我们不希望空间发生翻转，所以，我们只关心正交群 O(3)中行列式是$+1$ 的矩阵，这样的矩阵仍然构成一个群，这个群被称为三维特殊正交群（special orthogonal group in 3D），记为 SO(3)。其中，S 是“特殊”的英文单词 special 的首字母，表示组成群的元素是那些行列式为$+1$ 的“特殊”矩阵（只旋转空间、不翻转空间的变换）。因为特殊正交群 SO(3)只表示三维空间的旋转，所以也被称为三维旋转群（3D rotation group）。

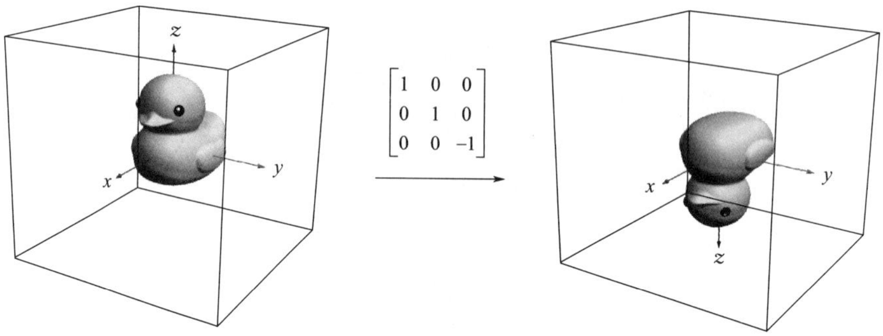

图 3-32　行列式为-1 的正交矩阵能够翻转空间

直接研究 SO(3)并不容易，所以模仿一维旋转，尝试在三维旋转的切空间对其进行研究。

例如下面的例子，$\boldsymbol{R}_x(t)$表示绕 x 轴旋转 t 弧度。

$$\boldsymbol{R}_x(t)=\begin{bmatrix}1 & 0 & 0\\ 0 & \cos t & -\sin t\\ 0 & \sin t & \cos t\end{bmatrix}$$

假设 $\boldsymbol{R}_x(t)$在 $t=0$ 时经过单位元，即 $\boldsymbol{R}_x(0)=\boldsymbol{I}$。下面计算 $\boldsymbol{R}_x(t)$在 $t=0$ 时刻（也就是在单位元 $\boldsymbol{I}$ 处）的导数，计算过程如下：

$$
\left.\frac{\mathrm{d}\boldsymbol{R}_x(t)}{\mathrm{d}t}\right|_{t=0}
=\left.\begin{bmatrix}\frac{\mathrm{d}1}{\mathrm{d}t} & 0 & 0\\ 0 & \frac{\mathrm{d}\cos t}{\mathrm{d}t} & \frac{\mathrm{d}(-\sin t)}{\mathrm{d}t}\\ 0 & \frac{\mathrm{d}\sin t}{\mathrm{d}t} & \frac{\mathrm{d}\cos t}{\mathrm{d}t}\end{bmatrix}\right|_{t=0}
=\left.\begin{bmatrix}0 & 0 & 0\\ 0 & -\sin t & -\cos t\\ 0 & \cos t & -\sin t\end{bmatrix}\right|_{t=0}
=\begin{bmatrix}0 & 0 & 0\\ 0 & 0 & -1\\ 0 & 1 & 0\end{bmatrix}
$$

读者可以使用以下代码对上述求导结果进行验证：

```
In[1]:=R=RotationMatrix[t,UnitVector[3,1]];
       TraditionalForm[D[R,t]]
       TraditionalForm[D[R,t] /. {t->0}]
        (0      0         0     )
Out[1]= (0  -sin(t)   -cos(t))
        (0   cos(t)   -sin(t))
       (0  0   0 )
       (0  0  - 1)
       (0  1   0 )
```

对绕 y 轴和 z 轴的旋转矩阵也按照同样的方式求导，会得到

$$
\left.\frac{\mathrm{d}\boldsymbol{R}_y(t)}{\mathrm{d}t}\right|_{t=0}=\begin{bmatrix}0 & 0 & 1\\ 0 & 0 & 0\\ -1 & 0 & 0\end{bmatrix}
$$

$$
\left.\frac{\mathrm{d}\boldsymbol{R}_z(t)}{\mathrm{d}t}\right|_{t=0}=\begin{bmatrix}0 & -1 & 0\\ 1 & 0 & 0\\ 0 & 0 & 0\end{bmatrix}
$$

为方便起见，将 $\boldsymbol{R}(t)$在 $t=0$ 时的导数记为 $\dot{\boldsymbol{R}}(0)$。仔细观察，可以发现$\dot{\boldsymbol{R}}_x(0)$、$\dot{\boldsymbol{R}}_y(0)$和$\dot{\boldsymbol{R}}_z(0)$都是斜对称矩阵（如果一个矩阵的相反数等于自己的转置，这样的矩阵就是斜对称矩阵）。$\dot{\boldsymbol{R}}_x(0)$、$\dot{\boldsymbol{R}}_y(0)$和$\dot{\boldsymbol{R}}_z(0)$三个向量相互独立，可以作为三维切空间上的基向量。由于 $t=0$ 时，$\boldsymbol{R}(0)=\boldsymbol{I}$，因此它们都属于单位元 $\boldsymbol{I}$ 处的切空间。$\dot{\boldsymbol{R}}_x(0)$、$\dot{\boldsymbol{R}}_y(0)$和$\dot{\boldsymbol{R}}_z(0)$都是 SO(3)的生成子。通过指数映射，它们能够生成整个 SO(3)群。

李代数中的元素都是斜对称矩阵，斜对称矩阵只有三个独立元素，等价于一个三维向量。因此，定义记号^，用来将一个三维向量表示为一个斜对称矩阵的形式。例如，向量 $\boldsymbol{a}=[x,y,z]^{\mathrm{T}}$ 的斜对称矩阵形式为

$$\hat{a} = \begin{bmatrix} 0 & -z & y \\ z & 0 & -x \\ -y & x & 0 \end{bmatrix}$$

记号 $\wedge$ 像在向量的头上戴了一顶帽子，所以被形象地称为"戴帽"。有戴帽就有脱帽，脱帽一般表示为 $\vee$。脱帽是戴帽的逆过程，即由斜对称矩阵得到向量，如图 3-33 所示。

$$\begin{bmatrix} x \\ y \\ z \end{bmatrix} \begin{array}{c} \xrightarrow{\wedge} \\ \xleftarrow{\vee} \end{array} \begin{bmatrix} 0 & -z & y \\ z & 0 & -x \\ -y & x & 0 \end{bmatrix}$$

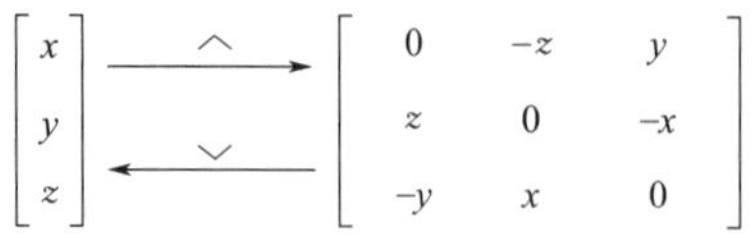

图 3-33　向量与斜对称矩阵的转换

$$\dot{\boldsymbol{R}}_x(0) = \widehat{\begin{bmatrix} 1 \\ 0 \\ 0 \end{bmatrix}}, \dot{\boldsymbol{R}}_y(0) = \widehat{\begin{bmatrix} 0 \\ 1 \\ 0 \end{bmatrix}}, \dot{\boldsymbol{R}}_z(0) = \widehat{\begin{bmatrix} 0 \\ 0 \\ 1 \end{bmatrix}}$$

可以对任意一条经过单位元的曲线 $\boldsymbol{R}$ 计算导数，例如：

$$\boldsymbol{R} = \boldsymbol{R}_x(\alpha(t))\boldsymbol{R}_y(\beta(t))\boldsymbol{R}_z(\gamma(t))$$

$$\dot{\boldsymbol{R}}(0)$$

$$= \begin{bmatrix} 0 & -\dot{\gamma}(t) & \dot{\beta}(t) \\ \dot{\gamma}(t) & 0 & -\dot{\alpha}(t) \\ -\dot{\beta}(t) & \dot{\alpha}(t) & 0 \end{bmatrix}$$

$$= \dot{\alpha}(t)\begin{bmatrix} 0 & 0 & 0 \\ 0 & 0 & -1 \\ 0 & 1 & 0 \end{bmatrix} + \dot{\beta}(t)\begin{bmatrix} 0 & 0 & 1 \\ 0 & 0 & 0 \\ -1 & 0 & 0 \end{bmatrix} + \dot{\gamma}(t)\begin{bmatrix} 0 & -1 & 0 \\ 1 & 0 & 0 \\ 0 & 0 & 0 \end{bmatrix}$$

前面假设曲线 $\boldsymbol{R}(t)$ 在 $t=0$ 时经过单位元。读者可能会问：如果曲线 $\boldsymbol{R}(t)$ 在 $t=0$ 时不经过单位元，应该如何处理？对于不经过单位元的曲线，可以计算 $\boldsymbol{R}(t)\boldsymbol{R}(t)^{\mathrm{T}}$。由于 $\boldsymbol{R}(t)$ 是正交矩阵，所以不管 $\boldsymbol{R}(t)$ 取何值，总有 $\boldsymbol{R}(t)\boldsymbol{R}(t)^{\mathrm{T}} = \boldsymbol{I}$。对这个式子求导，将会得到

$$\frac{\mathrm{d}[\boldsymbol{R}(t)\boldsymbol{R}(t)^{\mathrm{T}}]}{\mathrm{d}t} = \boldsymbol{O}_{3\times3} \tag{3.16}$$

这是因为 $\boldsymbol{R}(t)\boldsymbol{R}(t)^{\mathrm{T}} = \boldsymbol{I}$ 等式右侧的单位矩阵 $\boldsymbol{I}$ 是个常量矩阵，对其求导后就变成了零矩阵。等式左侧可以按照乘积求导法则计算，暂时省略参数 t。

$$\frac{\mathrm{d}(\boldsymbol{R}\boldsymbol{R}^{\mathrm{T}})}{\mathrm{d}t}$$

$$= \frac{\mathrm{d}\boldsymbol{R}}{\mathrm{d}t}\boldsymbol{R}^{\mathrm{T}} + \boldsymbol{R}\frac{\mathrm{d}(\boldsymbol{R}^{\mathrm{T}})}{\mathrm{d}t}$$

$$= \frac{\mathrm{d}\boldsymbol{R}}{\mathrm{d}t}\boldsymbol{R}^{\mathrm{T}} + \left(\frac{\mathrm{d}\boldsymbol{R}}{\mathrm{d}t}\boldsymbol{R}^{\mathrm{T}}\right)^{\mathrm{T}}$$

$$= \boldsymbol{O}_{3\times3}$$

其中，矩阵的求导与转置可以交换，并且用到了 $(\boldsymbol{AB})^{\mathrm{T}} = \boldsymbol{B}^{\mathrm{T}}\boldsymbol{A}^{\mathrm{T}}$。观察上式最后的两行，得到

$$-\frac{\mathrm{d}\boldsymbol{R}}{\mathrm{d}t}\boldsymbol{R}^{\mathrm{T}} = \left(\frac{\mathrm{d}\boldsymbol{R}}{\mathrm{d}t}\boldsymbol{R}^{\mathrm{T}}\right)^{\mathrm{T}}$$

这说明 $\frac{\mathrm{d}\boldsymbol{R}}{\mathrm{d}t}\boldsymbol{R}^{\mathrm{T}}$ 也是一个斜对称矩阵，通常将其记为

$$\hat{\boldsymbol{\varphi}} = \frac{\mathrm{d}\boldsymbol{R}}{\mathrm{d}t}\boldsymbol{R}^{\mathrm{T}}$$

于是，对任意的 $\boldsymbol{R}(t)$ 都能得到其在单位元 $\boldsymbol{I}$ 处的切向量。三维旋转群在单位元处的切空间被称为李代数（Lie algebra），记为 so(3)［为了与李群 SO(3) 区分，同时也为了容易看出联系，这里使用小写字母 so］。李代数是一个切空间，因此它是一个线性空间（向量空间）。但是如果只是一个线性空间，它应该被称为李空间。既然被称为李代数，就意味着它上面定义了某种代数运算。这种代数运算后面再介绍。

如果说李群有些抽象，那么李代数则更加难以理解。为了让读者理解李代数，下面笔者会从不同的角度对其进行解释。

(1)“无穷小旋转”解释

李代数最初被称为无穷小旋转矩阵（infinitesimal rotation matrix）。这个称呼可能会让人感到困惑，因为李代数空间中的元素是斜对称矩阵，它甚至不是正交矩阵，更谈不上旋转矩阵。这一点很容易验证：令 $\boldsymbol{a}=[x,y,z]^{\mathrm{T}}$，计算 $\hat{\boldsymbol{a}}\hat{\boldsymbol{a}}^{\mathrm{T}}$，会发现结果并不是单位矩阵，即

$$\hat{\boldsymbol{a}}\hat{\boldsymbol{a}}^{\mathrm{T}}=\begin{bmatrix}0 & -z & y\\ z & 0 & -x\\ -y & x & 0\end{bmatrix}\begin{bmatrix}0 & z & -y\\ -z & 0 & x\\ y & -x & 0\end{bmatrix}=\begin{bmatrix}y^2+z^2 & -xy & -xz\\ -xy & x^2+z^2 & -yz\\ -xz & -yz & x^2+y^2\end{bmatrix}$$

计算斜对称矩阵的行列式，发现其结果是 0，这说明斜对称矩阵不可逆。计算斜对称矩阵行列式的代码如下。

```
In[1]:=a={x,y,z};
       Det[Skew[a]]
Out[1]=0
```

李代数之所以被称为无穷小旋转矩阵，是因为它被视为单位元附近的无穷小“增量”。如果想表示单位元 $\boldsymbol{I}$ 附近的一个很小的转动（$\boldsymbol{R}$），可以将其写为以下形式（虽然旋转矩阵之间不能直接相加，但是对于无穷小量却可以）。

$$\boldsymbol{R}=\boldsymbol{I}+\hat{\boldsymbol{a}}=\begin{bmatrix}1 & -z & y\\ z & 1 & -x\\ -y & x & 1\end{bmatrix}$$

为了证明 $\boldsymbol{R}$ 确实是一个旋转矩阵，可以计算 $\boldsymbol{R}\boldsymbol{R}^{\mathrm{T}}$：

$$\begin{aligned}\boldsymbol{R}\boldsymbol{R}^{\mathrm{T}}&=(\boldsymbol{I}+\hat{\boldsymbol{a}})(\boldsymbol{I}+\hat{\boldsymbol{a}})^{\mathrm{T}}\\&=\begin{bmatrix}1 & -z & y\\ z & 1 & -x\\ -y & x & 1\end{bmatrix}\begin{bmatrix}1 & z & -y\\ -z & 1 & x\\ y & -x & 1\end{bmatrix}\\&=\begin{bmatrix}y^2+z^2+1 & -xy & -xz\\ -xy & x^2+z^2+1 & -yz\\ -xz & -yz & x^2+y^2+1\end{bmatrix}\\&\approx\begin{bmatrix}1 & 0 & 0\\ 0 & 1 & 0\\ 0 & 0 & 1\end{bmatrix}\end{aligned}$$

其实这里做了一个近似，当向量 $\boldsymbol{a}$ 的长度 $\|\boldsymbol{a}\|$ 很小时，其二次项（例如上式中的 y^2、xy 等）会更小，可以将其忽略。于是，最终结果很接近单位元 $\boldsymbol{I}$，所以 $\boldsymbol{R}$ 可以近似看成一个旋转矩阵。

读者可以使用以下代码对上述计算进行验证。此外，也可以尝试将李代数向量定义为长度很小的向量（例如$[0.01,0.02,0.03]^{\mathrm{T}}$），并观察计算结果与单位元的近似程度。

```
In[1]:=a={x,y,z};
        I3=IdentityMatrix[3];                          (* 3×3 单位矩阵 *)
        R=I3+Skew[a];
        TraditionalForm[R.Transpose[R]]
Out[1]= ( y^2+z^2+1   -xy         -xz
          -xy         x^2+z^2+1   -yz
          -xz         -yz         x^2 z^2+1 )
```

类比于复平面中的指数映射 $\mathrm{e}^{\mathrm{i}\theta}$，也可以定义 SO(3)上的指数映射，只不过这时的李代数是斜对称矩阵。为此，需要把指数函数的定义推广到矩阵的情况，即将复数 x 替换为矩阵 $\boldsymbol{X}$，如下：

$$\underset{(x\ \text{是复数})}{\mathrm{e}^{x}=\sum_{n=0}^{\infty}\frac{x^{n}}{n!}} \rightarrow \underset{(\boldsymbol{X}\ \text{是矩阵})}{\mathrm{e}^{\boldsymbol{X}}=\sum_{n=0}^{\infty}\frac{\boldsymbol{X}^{n}}{n!}} \tag{3.17}$$

可以证明，指数函数 $\mathrm{e}^{\boldsymbol{X}}$ 对于任意矩阵 $\boldsymbol{X}$ 都是收敛的。这样，就能借助指数映射将李代数映射到 SO(3)空间。

下面计算李代数 $\hat{\boldsymbol{a}}$ 的指数映射。根据矩阵指数函数的定义，有

$$\mathrm{e}^{\hat{\boldsymbol{a}}}=\sum_{n=0}^{\infty}\frac{\hat{\boldsymbol{a}}^{n}}{n!} \tag{3.18}$$

Mathematica 软件内置的 MatrixExp 函数可以计算矩阵的指数。首先计算李代数中基向量的指数映射。如果令 $\boldsymbol{a}=\alpha[1,0,0]^{\mathrm{T}}$，则戴帽后得到斜对称矩阵：

$$\hat{\boldsymbol{a}}=\begin{bmatrix}0 & 0 & 0\\ 0 & 0 & -\alpha\\ 0 & \alpha & 0\end{bmatrix}$$

读者可以使用以下代码计算 $\mathrm{e}^{\hat{\boldsymbol{a}}}$。

```
In[1]:=a={α,0,0};
        TraditionalForm[MatrixExp[Skew[a]]]
Out[1]= ( 1   0        0
          0   cos(α)   -sin(α)
          0   sin(α)   cos(α) )
```

可以看到，向量 $\boldsymbol{a}=\alpha[1,0,0]^{\mathrm{T}}$ 经过指数映射，变成了绕 x 轴的旋转矩阵：

$$\mathrm{e}^{\hat{\boldsymbol{a}}}=\begin{bmatrix}1 & 0 & 0\\ 0 & \cos\alpha & -\sin\alpha\\ 0 & \sin\alpha & \cos\alpha\end{bmatrix}$$

类似地，$\boldsymbol{b}=\beta[0,1,0]^{\mathrm{T}}$ 和 $\boldsymbol{c}=\gamma[0,0,1]^{\mathrm{T}}$ 的指数映射分别是

$$\mathrm{e}^{\hat{\boldsymbol{b}}}=\begin{bmatrix}\cos\beta & 0 & \sin\beta\\ 0 & 1 & 0\\ -\sin\beta & 0 & \cos\beta\end{bmatrix}$$

$$\mathrm{e}^{\hat{\boldsymbol{c}}}=\begin{bmatrix}\cos\gamma & -\sin\gamma & 0\\ \sin\gamma & \cos\gamma & 0\\ 0 & 0 & 1\end{bmatrix}$$

所以，指数映射将旋转向量和旋转角度（α、β、γ）对应的李代数变换为绕三个正交坐标轴的旋转矩阵。

如果李代数的模较小，可以对指数映射进行近似表示。根据式(3.18)，忽略高阶项，只保留一次项，就得到

$$\begin{aligned}\mathrm{e}^{\hat{\boldsymbol{a}}}&=\hat{\boldsymbol{a}}^{0}+\frac{\hat{\boldsymbol{a}}}{1!}+\frac{\hat{\boldsymbol{a}}^{2}}{2!}+\frac{\hat{\boldsymbol{a}}^{3}}{3!}+\cdots\\ &\approx\hat{\boldsymbol{a}}^{0}+\frac{\hat{\boldsymbol{a}}}{1!}\\ &=\boldsymbol{I}+\hat{\boldsymbol{a}}\end{aligned}$$

式中，$\hat{\boldsymbol{a}}^{0}=\boldsymbol{I}$。也就是说，对于比较小的李代数，其指数映射 $\mathrm{e}^{\hat{\boldsymbol{a}}}$ 可以用 $\boldsymbol{I}+\hat{\boldsymbol{a}}$ 近似计算。很多时候，使用这一线性近似能让计算变得简单。读者可以通过下面的例子了解近似的误差。

```
In[1]:=a={0.01,0.02,0.03};
       I3=IdentityMatrix[3];
       TraditionalForm[MatrixExp[Skew[a]]]
       TraditionalForm[I3+Skew[a]]                (* I3是 3×3 单位矩阵 *)
```

$$\text{Out[1]=}\begin{pmatrix}0.99935 & -0.029893 & 0.0201453\\ 0.030093 & 0.9995 & -0.0096977\\ -0.0198454 & 0.0102976 & 0.99975\end{pmatrix}$$

$$\begin{pmatrix}1 & -0.03 & 0.02\\ 0.03 & 1 & -0.01\\ -0.02 & 0.01 & 1\end{pmatrix}$$

(2)“角速度”解释

当然，将李代数称为无穷小旋转矩阵，并不意味着李代数空间中的斜对称矩阵都是无穷小量。前面说过，李代数是一个线性空间，其中的矩阵可以是任意长度（范数）矩阵。

可以通过类比的方式理解李代数。考虑直线运动，假设知道物体当前时刻的位置 $\boldsymbol{p}$ 和速度 $\boldsymbol{v}$，如果想推测经过一个很小的时间间隔 $\mathrm{d}t$ 之后物体的位置，可以这样计算：$\boldsymbol{p}+\boldsymbol{v}\mathrm{d}t$，如图 3-34(a) 所示。这里的速度 $\boldsymbol{v}=\frac{\mathrm{d}\boldsymbol{p}}{\mathrm{d}t}$ 是位置曲线在位置 $\boldsymbol{p}$ 处的切线斜率，即处于曲线在 $\boldsymbol{p}$ 处的切空间中。类似地，如果将李代数视为旋转角速度，已知物体在当前时刻的姿态 $\boldsymbol{I}$ 和角速度 $\hat{\boldsymbol{a}}$，$\mathrm{d}t$ 时间后的姿态可以近似表示为 $\boldsymbol{I}+\hat{\boldsymbol{a}}\mathrm{d}t$，如图 3-34(b) 所示。这里的角速度 $\hat{\boldsymbol{a}}=\frac{\mathrm{d}\boldsymbol{R}}{\mathrm{d}t}$ 在姿态 $\boldsymbol{I}$ 处的切空间中。所以，真正的无穷小量是 $\hat{\boldsymbol{a}}\mathrm{d}t$，而非 $\hat{\boldsymbol{a}}$。由于 SO(3)是一个四维空间中的三维弯曲空间，无法在三维空间中展示出来，因此使用三维空间中的二维弯曲球面

进行示意。

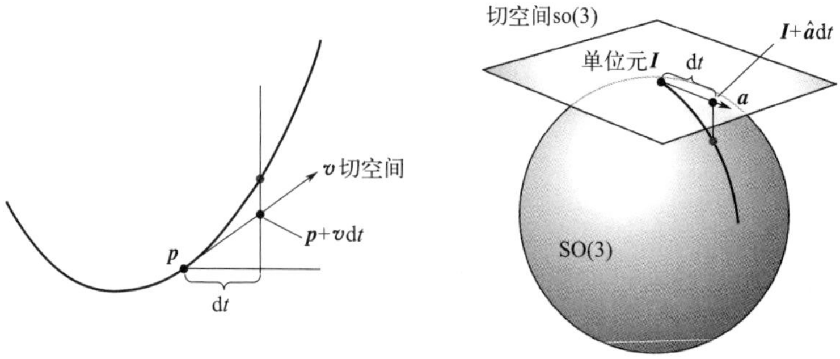

(a) 位移的一阶近似　　(b) 旋转的一阶近似

图 3-34　李代数对微小旋转的近似

因为李代数是李群的一阶导数（只在单位元附近有效）。而导数是对原函数的线性近似表示，所以可以使用李代数对任意一个旋转进行近似线性表示，例如：

$$
\begin{aligned}
\boldsymbol{R}(t+\mathrm{d}t) &= \boldsymbol{R}(t)\boldsymbol{R}(\mathrm{d}t) \\
&\approx \boldsymbol{R}(t)(\boldsymbol{I}+\hat{\boldsymbol{a}}\,\mathrm{d}t) \\
&= \boldsymbol{R}(t)+\boldsymbol{R}(t)\hat{\boldsymbol{a}}\,\mathrm{d}t
\end{aligned}
$$

线性表示将乘法 $\boldsymbol{R}(t)\boldsymbol{R}(\mathrm{d}t)$ 变成了加法 $\boldsymbol{R}(t)+\boldsymbol{R}(t)\hat{\boldsymbol{a}}\,\mathrm{d}t$。不过，暂时只能表示单位元附近的角速度。下面会看到，通过平移，李代数可以表示任意姿态处的角速度。

对于任意的旋转运动 $\boldsymbol{R}(t)$，可以对 $\boldsymbol{R}(t)\boldsymbol{R}(t)^{\mathrm{T}}=\boldsymbol{I}$ 求导得到旋转角速度。读者可能会好奇：为什么不对 $\boldsymbol{R}(t)^{\mathrm{T}}\boldsymbol{R}(t)=\boldsymbol{I}$ 求导呢？它们的结果一样吗？下面通过一个例子来展示它们的关系。

假设有以下旋转矩阵，其中的旋转角度 $\theta(t)$ 是时间 t 的函数。

$$
\boldsymbol{R}(t)=\begin{bmatrix} 0 & 0 & 1 \\ \sin\theta(t) & \cos\theta(t) & 0 \\ -\cos\theta(t) & \sin\theta(t) & 0 \end{bmatrix}
$$

旋转矩阵 $\boldsymbol{R}(t)$ 只有一个自由度。在 $\boldsymbol{R}(t)$ 的作用下，小黄鸭会绕着自身的 z_b 轴旋转，如图 3-35 所示。为了方便区分不同方向，用 $O\text{-}x_s y_s z_s$ 表示全局坐标系，用 $O\text{-}x_b y_b z_b$ 表示小黄鸭自身的局部坐标系。全局坐标系在空间中固定不变，而局部坐标系与小黄鸭保持相对固定，随着小黄鸭一同运动。注意：不管旋转矩阵 $\boldsymbol{R}(t)$ 如何变化，z_b 轴与 x_s 始终保持平行。读者可以在随书代码中找到这个例子。

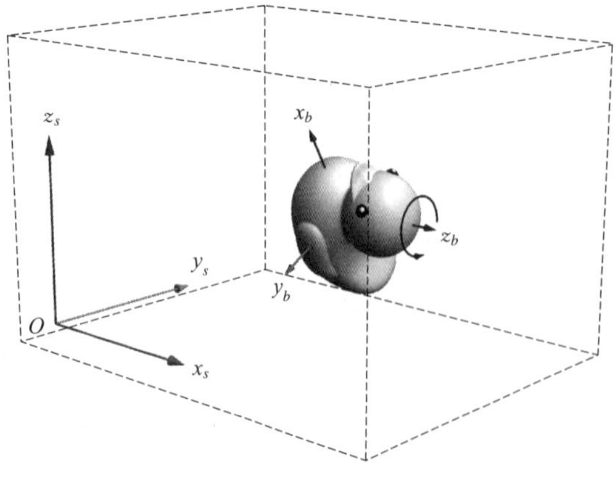

图 3-35　旋转矩阵作用下的小黄鸭及其角速度

如果对等式 $\boldsymbol{R}(t)^{\mathrm{T}}\boldsymbol{R}(t)=\boldsymbol{I}$ 两边求导，会得到角速度 $\hat{\boldsymbol{\omega}}_b=\boldsymbol{R}^{\mathrm{T}}\dot{\boldsymbol{R}}$，它是一个斜对称矩阵，见下式。$\hat{\boldsymbol{\omega}}_b$ 的向量形式为 $\boldsymbol{\omega}_b=[0,0,\dot{\theta}(t)]^{\mathrm{T}}$。也就是说，角速度向量 $\boldsymbol{\omega}_b$ 指向（小黄鸭自身坐标系的）z_b 轴方向。

$$
\begin{aligned}
&\boldsymbol{R}(t)^{\mathrm{T}}\dot{\boldsymbol{R}}(t)\\
&=\begin{bmatrix}0 & \sin\theta(t) & -\cos\theta(t)\\ 0 & \cos\theta(t) & \sin\theta(t)\\ 1 & 0 & 0\end{bmatrix}\begin{bmatrix}0 & 0 & 0\\ \dot{\theta}(t)\cos\theta(t) & -\dot{\theta}(t)\sin\theta(t) & 0\\ \dot{\theta}(t)\sin\theta(t) & \dot{\theta}(t)\cos\theta(t) & 0\end{bmatrix}\\
&=\begin{bmatrix}0 & -\dot{\theta}(t) & 0\\ \dot{\theta}(t) & 0 & 0\\ 0 & 0 & 0\end{bmatrix}
\end{aligned}
$$

如果对等式 $\boldsymbol{R}(t)\boldsymbol{R}(t)^{\mathrm{T}}=\boldsymbol{I}$ 两边求导，会得到角速度 $\hat{\boldsymbol{\omega}}_s=\dot{\boldsymbol{R}}\boldsymbol{R}^{\mathrm{T}}$，见下式。斜对称矩阵 $\hat{\boldsymbol{\omega}}_s$ 的向量形式为 $\boldsymbol{\omega}_s=[\dot{\theta}(t),0,0]^{\mathrm{T}}$。也就是说，角速度向量 $\boldsymbol{\omega}_s$ 指向的 x 轴方向刚好是全局坐标系的 x_s 轴方向。

$$
\begin{aligned}
&\dot{\boldsymbol{R}}(t)\boldsymbol{R}(t)^{\mathrm{T}}\\
&=\begin{bmatrix}0 & 0 & 0\\ \dot{\theta}(t)\cos\theta(t) & -\dot{\theta}(t)\sin\theta(t) & 0\\ \dot{\theta}(t)\sin\theta(t) & \dot{\theta}(t)\cos\theta(t) & 0\end{bmatrix}\begin{bmatrix}0 & \sin\theta(t) & -\cos\theta(t)\\ 0 & \cos\theta(t) & \sin\theta(t)\\ 1 & 0 & 0\end{bmatrix}\\
&=\begin{bmatrix}0 & 0 & 0\\ 0 & 0 & -\dot{\theta}(t)\\ 0 & \dot{\theta}(t) & 0\end{bmatrix}
\end{aligned}
$$

这样对比，就明白 $\boldsymbol{R}^{\mathrm{T}}\dot{\boldsymbol{R}}$ 与 $\dot{\boldsymbol{R}}\boldsymbol{R}^{\mathrm{T}}$ 的区别了。$\boldsymbol{R}^{\mathrm{T}}\dot{\boldsymbol{R}}$ 所表示的角速度是相对于物体自身局部坐标系的，而 $\dot{\boldsymbol{R}}\boldsymbol{R}^{\mathrm{T}}$ 所表示的角速度是相对于全局空间坐标系的。因此，$\hat{\boldsymbol{\omega}}_b=\boldsymbol{R}^{\mathrm{T}}\dot{\boldsymbol{R}}$ 又被称为本体速度（body velocity），而 $\hat{\boldsymbol{\omega}}_s=\dot{\boldsymbol{R}}\boldsymbol{R}^{\mathrm{T}}$ 则被称为空间速度（spatial velocity）。

不难猜到，本体速度 $\hat{\boldsymbol{\omega}}_b$ 与空间速度 $\hat{\boldsymbol{\omega}}_s$ 存在以下转换关系：

$$\hat{\boldsymbol{\omega}}_s=\boldsymbol{R}\hat{\boldsymbol{\omega}}_b\boldsymbol{R}^{\mathrm{T}}$$

(3)“旋转轴-旋转角”解释

李代数的指数映射[式(3.18)]虽然形式简洁，但是并不利于计算，因为它不仅有无穷多项，而且需要重复计算矩阵的幂。我们知道欧拉公式（$\mathrm{e}^{\mathrm{i}\theta}=\cos\theta+\mathrm{i}\sin\theta$）将指数函数的计算转化为三角函数，省去了计算无穷多项。因此，一个自然的想法是：李代数的指数映射是否有类似的方便计算的表达式？答案是肯定的，下面我们给出表达式的具体形式和推导过程。

注意到，式(3.18) 需要计算斜对称矩阵的多次幂。斜对称矩阵与向量的乘法等价于向量的叉积（也称向量积）。可以证明下面的结论，可以看到计算 $\hat{\boldsymbol{u}}$ 的若干次幂后出现了回归（$\hat{\boldsymbol{u}}^5=\hat{\boldsymbol{u}}$）。

$$
\begin{cases}
\hat{\boldsymbol{u}}\hat{\boldsymbol{u}}=\boldsymbol{u}\boldsymbol{u}^{\mathrm{T}}-\boldsymbol{I}\\
\hat{\boldsymbol{u}}\hat{\boldsymbol{u}}\hat{\boldsymbol{u}}=-\hat{\boldsymbol{u}}\\
\hat{\boldsymbol{u}}\hat{\boldsymbol{u}}\hat{\boldsymbol{u}}\hat{\boldsymbol{u}}=-\hat{\boldsymbol{u}}\hat{\boldsymbol{u}}\\
\hat{\boldsymbol{u}}\hat{\boldsymbol{u}}\hat{\boldsymbol{u}}\hat{\boldsymbol{u}}\hat{\boldsymbol{u}}=\hat{\boldsymbol{u}}\\
\cdots\cdots
\end{cases}
\tag{3.19}
$$

注意，式(3.19)中的向量 $\boldsymbol{u}$ 是单位向量（即 $\|\boldsymbol{u}\|=1$）。为了利用式(3.19)，将任意长度的向量 $\boldsymbol{a}$ 写成 $\boldsymbol{a}=\theta\boldsymbol{u}$ 的形式。其中，$\theta=\|\boldsymbol{a}\|$，是向量 $\boldsymbol{a}$ 的长度；而 $\boldsymbol{u}=\boldsymbol{a}/\|\boldsymbol{a}\|$ 就是单位长度的向量。即将向量分解为表示长度的部分和表示方向的部分。下面，将 $\boldsymbol{a}=\theta\boldsymbol{u}$ 代入式(3.18)并展开，得到

$$
\begin{aligned}
&\mathrm{e}^{\hat{\boldsymbol{a}}}\\
&=\sum_{n=0}^{\infty}\frac{(\theta\hat{\boldsymbol{u}})^n}{n!}\\
&=\boldsymbol{I}+\frac{\theta\hat{\boldsymbol{u}}}{1!}+\frac{\theta^2\hat{\boldsymbol{u}}^2}{2!}+\frac{\theta^3\hat{\boldsymbol{u}}^3}{3!}+\frac{\theta^4\hat{\boldsymbol{u}}^4}{4!}+\frac{\theta^5\hat{\boldsymbol{u}}^5}{5!}+\cdots\\
&=\underbrace{(\boldsymbol{u}\boldsymbol{u}^{\mathrm{T}}-\hat{\boldsymbol{u}}\hat{\boldsymbol{u}})}_{\boldsymbol{I}}+\theta\hat{\boldsymbol{u}}+\frac{1}{2!}\theta^2\hat{\boldsymbol{u}}^2+\frac{1}{3!}\theta^3(-\hat{\boldsymbol{u}})+\frac{1}{4!}\theta^4(-\hat{\boldsymbol{u}}\hat{\boldsymbol{u}})+\frac{1}{5!}\theta^5\hat{\boldsymbol{u}}+\cdots\\
&=\boldsymbol{u}\boldsymbol{u}^{\mathrm{T}}+\underbrace{\left(\theta-\frac{1}{3!}\theta^3+\frac{1}{5!}\theta^5-\cdots\right)}_{\sin\theta}\hat{\boldsymbol{u}}-\underbrace{\left(1-\frac{1}{2!}\theta^2+\frac{1}{4!}\theta^4-\cdots\right)}_{\cos\theta}\hat{\boldsymbol{u}}\hat{\boldsymbol{u}}\\
&=\underbrace{(\hat{\boldsymbol{u}}\hat{\boldsymbol{u}}+\boldsymbol{I})}_{\boldsymbol{u}\boldsymbol{u}^{\mathrm{T}}}+\sin\theta\hat{\boldsymbol{u}}-\cos\theta\hat{\boldsymbol{u}}\hat{\boldsymbol{u}}\\
&=\boldsymbol{I}+\sin\theta\hat{\boldsymbol{u}}+[1-\cos\theta]\hat{\boldsymbol{u}}\hat{\boldsymbol{u}}
\end{aligned}
\tag{3.20}
$$

式(3.20)最后得到的公式被称为罗德里格斯公式（Rodrigues' formula），此公式因为罗德里格斯在其博士论文中最早提出而得名。由于这个公式比较重要，将其单独写出来[式(3.21)]。罗德里格斯公式无须计算矩阵的高次幂，只需要简单的三角函数和矩阵乘积运算，大大简化了计算量，因此应用广泛。可以看到，罗德里格斯公式与欧拉公式[式(3.22)]非常相似（甚至连推导过程也有些相似），可以认为是欧拉公式的“三维”版本。

$$\mathrm{e}^{\theta\hat{\boldsymbol{u}}}=\boldsymbol{I}+\sin\theta\hat{\boldsymbol{u}}+(1-\cos\theta)\hat{\boldsymbol{u}}\hat{\boldsymbol{u}} \tag{3.21}$$

$$\mathrm{e}^{\theta\mathrm{i}}=\mathrm{i}\sin\theta+\cos\theta \tag{3.22}$$

式(3.21)是罗德里格斯公式最常见的形式。利用恒等式 $\hat{\boldsymbol{u}}\hat{\boldsymbol{u}}=\boldsymbol{u}\boldsymbol{u}^{\mathrm{T}}-\boldsymbol{I}$，也可以将其表示为另一种相似的形式：

$$\mathrm{e}^{\theta\hat{\boldsymbol{u}}}=\cos\theta\boldsymbol{I}+(1-\cos\theta)\boldsymbol{u}\boldsymbol{u}^{\mathrm{T}}+\sin\theta\hat{\boldsymbol{u}} \tag{3.23}$$

读者可以使用以下代码验证指数映射 $\mathrm{e}^{\theta\hat{\boldsymbol{u}}}$ 与罗德里格斯公式的等价性。

```
In[1]:=u={1,0,0};
       a=θ * u;
       I3=IdentityMatrix[3];                          (* 3×3 单位矩阵 *)
       TraditionalForm[MatrixExp[Skew[a]]]
       TraditionalForm[I3+Sin[θ] * Skew[u]+(1-Cos[θ]) * Skew[u].Skew[u]]
```

$$
\text{Out[1]=}\begin{pmatrix}1 & 0 & 0\\ 0 & \cos(\theta) & -\sin(\theta)\\ 0 & \sin(\theta) & -\cos(\theta)\end{pmatrix}
$$

$$
\begin{pmatrix}1 & 0 & 0\\ 0 & \cos(\theta) & -\sin(\theta)\\ 0 & \sin(\theta) & -\cos(\theta)\end{pmatrix}
$$

如果将式(3.20) 中的斜对称矩阵展开，并将矩阵中的各项相加，即可将其表示为以下形式。

$$
\begin{aligned}
&\boldsymbol{I}+\sin\theta\hat{\boldsymbol{u}}+(1-\cos\theta)\hat{\boldsymbol{u}}^2\\
&=\begin{bmatrix}(c\theta-1)(u_y^2+u_z^2)+1 & -(c\theta-1)u_xu_y-s\theta u_z & s\theta u_y-(c\theta-1)u_xu_z\\ s\theta u_z-(c\theta-1)u_xu_y & (c\theta-1)(u_x^2+u_z^2)+1 & -(c\theta-1)u_yu_z-s\theta u_x\\ -(c\theta-1)u_xu_z-s\theta u_y & s\theta u_x-(c\theta-1)u_yu_z & (c\theta-1)(u_x^2+u_y^2)+1\end{bmatrix}
\end{aligned}
$$

式中，$c\theta$ 表示 $\cos\theta$；$s\theta$ 表示 $\sin\theta$；单位向量 $\boldsymbol{u}=[u_x,u_y,u_z]^{\mathrm{T}}$。

与抽象的指数映射 $e^{\theta\hat{u}}$ 相比，罗德里格斯公式具有更清晰、直观的几何解释。罗德里格斯公式的几何含义是绕向量 $\boldsymbol{u}$ 确定的轴旋转 θ 弧度。因此，可以说李代数的几何含义是绕某一轴的旋转，这是另一种旋转的表示方法，被称为“轴-角”表示法。欧拉定理表明任意三维旋转都能表示为绕空间中一个固定轴按照固定角度的转动。当旋转角度 $\theta=0$，或者旋转轴 $\boldsymbol{u}$ 变成零向量时，就没有旋转了。将其代入罗德里格斯公式，此时 $e^{\boldsymbol{O}_{3\times3}}$ 就变成了单位矩阵。而单位矩阵 $\boldsymbol{I}$ 对应的就是不旋转，这个结果与我们的直观认识相符。

如果将李代数 $\hat{a}$ 看成向量叉积，将其作用到空间中任意一点 $\boldsymbol{p}$ 会得到一个新的向量 $\boldsymbol{v}$：

$$\boldsymbol{v}=\boldsymbol{a}\times\boldsymbol{p}$$

根据叉积的性质，我们知道新向量 $\boldsymbol{v}$ 与 $\boldsymbol{a}$ 和 $\boldsymbol{p}$ 都垂直。如果将 $\hat{a}$ 作用到空间中的每一个点，可以视为 $\hat{a}$ 产生了一个向量场（vector field），如图 3-36 所示。读者可以改变向量 $\boldsymbol{a}$ 的方向和长度，可以观察到对应的向量场也会跟着变化。如果点 $\boldsymbol{p}$ 在旋转轴 $\boldsymbol{a}$ 上，那么可以写成 $\boldsymbol{p}=k\boldsymbol{a}$（$k$ 是一个实数），根据叉积的性质可知 $\boldsymbol{a}\times\boldsymbol{a}=\boldsymbol{0}$，这意味着旋转轴上的点不会变化。那些不在旋转轴上的点处的向量都与 $\boldsymbol{a}$ 垂直，并且距离旋转轴越远，向量 $\boldsymbol{v}$ 的长度越大。可以将向量 $\boldsymbol{v}$ 理解为线速度，距离旋转轴越远，转动得越快。

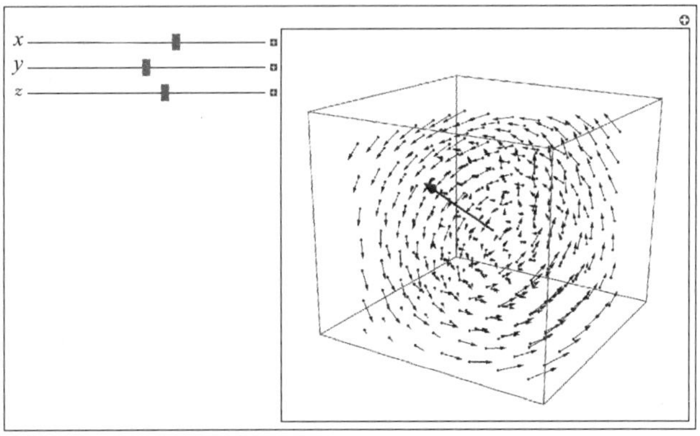

图 3-36　李代数在空间中形成的向量场

李代数的“轴-角”表示使其可以方便地对“旋转”进行插值。固定旋转轴不动，而改变旋转角就能得到一系列中间“旋转”。假设有两个不同的旋转（矩阵）：$\boldsymbol{R}_1$、$\boldsymbol{R}_2$。如果想得到 $\boldsymbol{R}_1$、$\boldsymbol{R}_2$ 之间任意的旋转，可以按照以下三个步骤实现。

步骤一：计算旋转差。

假设从 $\boldsymbol{R}_1$ 经过旋转 $\Delta\boldsymbol{R}$ 到达 $\boldsymbol{R}_2$，如图 3-37 所示。$\Delta\boldsymbol{R}$ 可以由 $\boldsymbol{R}_1$ 和 $\boldsymbol{R}_2$ 得到：$\Delta\boldsymbol{R}=\boldsymbol{R}_1^{-1}\boldsymbol{R}_2$。

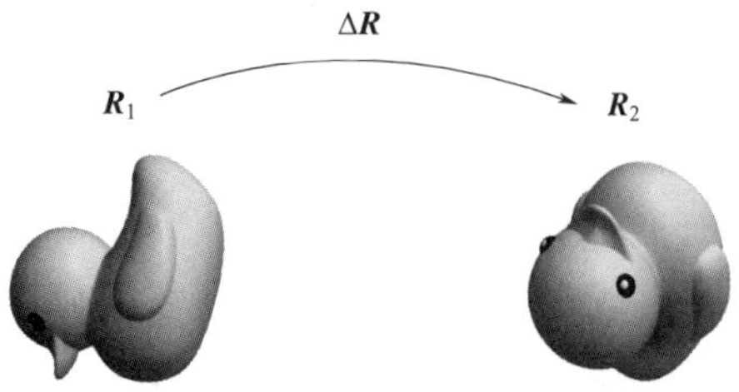

图 3-37　两个三维旋转的插值

步骤二：计算旋转轴和旋转角。

旋转 $\Delta\boldsymbol{R}\in SO(3)$ 对应的旋转轴和旋转角可以由李代数得到。从李代数得到李群可以借助指数映射。反之，从李群得到李代数需要使用对数映射（logarithmic map），即指数映射的逆运算：

$$\hat{a}=\ln(\Delta\boldsymbol{R})$$

将李代数的向量表示 $\boldsymbol{a}$ 记为 $\boldsymbol{a}=\theta\boldsymbol{u}$。其中，单位向量 $\boldsymbol{u}$ 表示从 $\boldsymbol{R}_1$ 到 $\boldsymbol{R}_2$ 的旋转轴。而 θ 表示从 $\boldsymbol{R}_1$ 到 $\boldsymbol{R}_2$ 旋转的角度。

步骤三：改变旋转角。

借助指数映射，只需要让角度从 0 变化到 θ 即可得到一系列的中间旋转（这期间并不改变旋转轴）：

$$\boldsymbol{R}_t=e^{t\hat{\boldsymbol{u}}},t\in[0,\theta]$$

整个插值过程相对容易理解。在随书代码中给出了如下将李代数用于插值的演示程序代码。Mathematica 软件内置的 MatrixLog 函数可以计算矩阵的对数映射。

```
In[1]:=a=UnSkew[MatrixLog[Inverse[R1].R2]];
      θ=Norm[a];
      u=a/θ;
      Ri=R1.MatrixExp[Skew[t*u]]
```

图 3-38 所示的例子是使用李代数对两个旋转进行插值的效果。

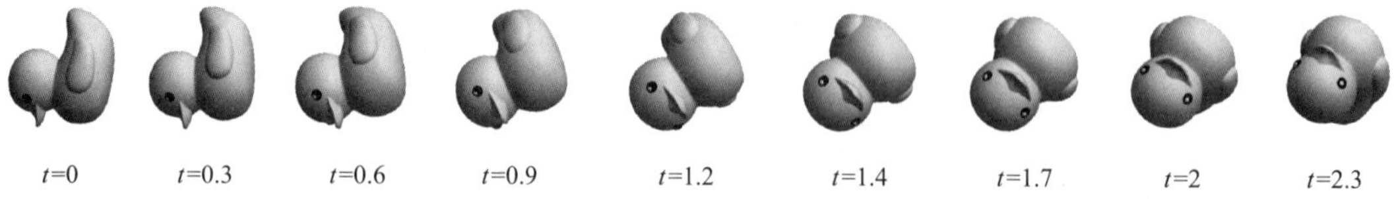

图 3-38　李代数用于旋转插值的效果

除了以上插值方法外，还有一种更简单、直接的方法。

① 转换为李代数：可以将每个旋转（$\boldsymbol{R}_1$、$\boldsymbol{R}_2$）都视为李代数的指数映射；反过来，从旋转也可以得到李代数，即

$$\hat{\boldsymbol{a}}_1=\ln\boldsymbol{R}_1$$
$$\hat{\boldsymbol{a}}_2=\ln\boldsymbol{R}_2$$

② 李代数线性插值：既然李代数是一个线性空间，我们就在李代数这个线性空间中进行线性插值，再借助指数映射将中间结果（李代数）转换为李群中的旋转，即

$$\boldsymbol{R}_t=e^{(1-t)\hat{\boldsymbol{a}}_1+t\hat{\boldsymbol{a}}_2},t\in(0,1)$$

由于李代数的维数等于李群的维数，因此李代数也是一个三维空间。读者可能会想到欧拉角参数化，欧拉角也用三个变量表示旋转。那么直接对欧拉角进行插值是否更简单呢？事实上，直接对欧拉角进行线性插值会产生意想不到的结果。图 3-39 是使用欧拉角插值的例子，与使用李代数插值对比，可以发现欧拉角插值会经过“多余”的旋转。读者可以在随书

代码中找到对应的例子，并比较李代数和欧拉角插值方法的优缺点。

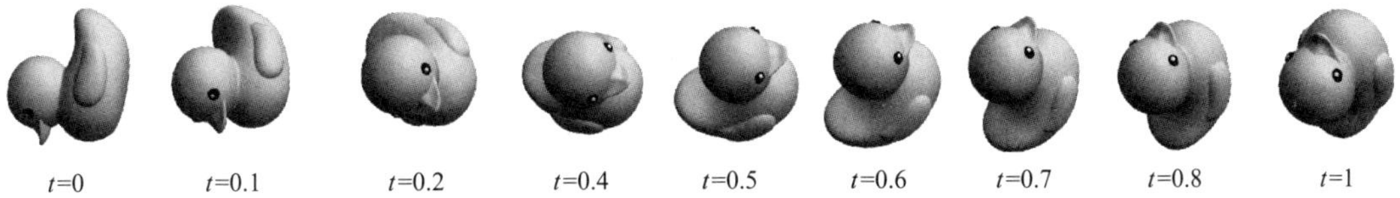

图 3-39　使用欧拉角插值

3.5.3　李群基本运算

想象我们生活在 SO(3)这个三维空间中，从单位元 $\boldsymbol{I}$ 这一点出发，先运动 $\boldsymbol{R}_1$ 给出的距离和方向，再从 $\boldsymbol{R}_1$ 出发走过 $\boldsymbol{R}_2$ 给出的距离和方向，到达的终点是 $\boldsymbol{R}_2\boldsymbol{R}_1$。如反过来，先经过 $\boldsymbol{R}_2$，再经过 $\boldsymbol{R}_1$，到达的终点是 $\boldsymbol{R}_1\boldsymbol{R}_2$。由于矩阵乘法不满足交换律，所以两次运动后到达的点一般不重合，即 $\boldsymbol{R}_1\boldsymbol{R}_2 \neq \boldsymbol{R}_2\boldsymbol{R}_1$，如图 3-40(a) 所示。这一现象在介绍旋转矩阵时已经见过了（图 3-11 中“小黄鸭”的不同朝向）。

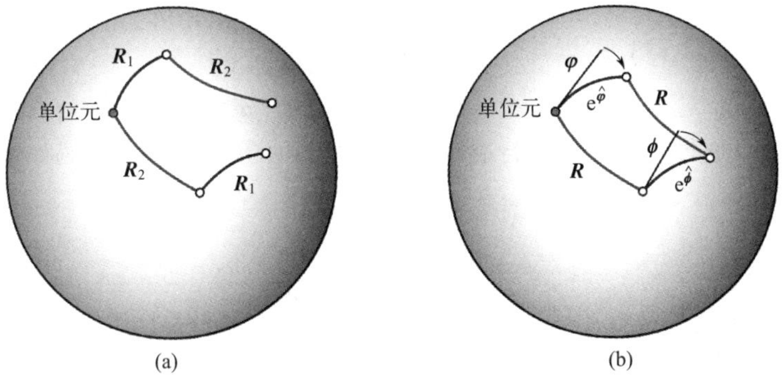

图 3-40　李群中的两种运动顺序

由于指数映射的存在，SO(3)中的任意元素也可以表示成李代数的指数。李群上又定义了左作用，即 $\boldsymbol{R}$ 可以将一个李代数中的切向量 $\boldsymbol{\varphi}$ 移动到 $\boldsymbol{R}$ 处，得到的切向量 $\boldsymbol{R\varphi}$ 在 $\boldsymbol{R}$ 的切空间中。

这次，还是从单位元 $\boldsymbol{I}$ 出发，只不过先沿李代数 $\boldsymbol{\varphi}$ 指向的方向运动单位距离，这样就到达了 $\mathrm{e}^{\hat{\boldsymbol{\varphi}}}$ 点，再从 $\mathrm{e}^{\hat{\boldsymbol{\varphi}}}$ 出发沿着 $\boldsymbol{R}$ 的方向到达终点 $\boldsymbol{R}\mathrm{e}^{\hat{\boldsymbol{\varphi}}}$。再考虑交换顺序：从单位元 $\boldsymbol{I}$ 出发，先沿着 $\boldsymbol{R}$ 的方向到达 $\boldsymbol{R}$ 点，再沿着移动后的李代数 $\boldsymbol{R\varphi}$ 指示的方向运动，最后到达终点 $\mathrm{e}^{\widehat{\boldsymbol{R\varphi}}}\boldsymbol{R}$。我们好奇的是，第一次的终点与第二次的终点之间有什么关系。下面来计算一下：

$$
\begin{aligned}
&\mathrm{e}^{\widehat{\boldsymbol{R\varphi}}}\boldsymbol{R}\\
&=(\boldsymbol{R}\mathrm{e}^{\hat{\boldsymbol{\varphi}}}\boldsymbol{R}^{-1})\boldsymbol{R}\\
&=\boldsymbol{R}\mathrm{e}^{\hat{\boldsymbol{\varphi}}}(\boldsymbol{R}^{-1}\boldsymbol{R})\\
&=\boldsymbol{R}\mathrm{e}^{\hat{\boldsymbol{\varphi}}}
\end{aligned}
$$

这次，两种不同的路径居然殊途同归，到达了同一个点。上面的 $\boldsymbol{R}$ 和 $\boldsymbol{\varphi}$ 都是任意选择的，把变换 $\boldsymbol{R}\hat{\boldsymbol{\varphi}}\boldsymbol{R}^{-1}$ 称为李代数 $\boldsymbol{\varphi}$ 的伴随变换，记为 $\mathrm{Ad}_{\boldsymbol{R}}\hat{\boldsymbol{\varphi}}$。容易证明 $\mathrm{Ad}_{\boldsymbol{R}}\hat{\boldsymbol{\varphi}}$ 也是李代数中的元素。证明过程如下：

$$
\begin{aligned}
&(\boldsymbol{R}\hat{\boldsymbol{\varphi}}\boldsymbol{R}^{-1})^{\mathrm{T}} \\
&=(\boldsymbol{R}^{-1})^{\mathrm{T}}\hat{\boldsymbol{\varphi}}^{\mathrm{T}}\boldsymbol{R}^{\mathrm{T}} \\
&=\boldsymbol{R}\hat{\boldsymbol{\varphi}}^{\mathrm{T}}\boldsymbol{R}^{\mathrm{T}} \\
&=\boldsymbol{R}(-\hat{\boldsymbol{\varphi}})\boldsymbol{R}^{\mathrm{T}} \\
&=-\boldsymbol{R}(\hat{\boldsymbol{\varphi}})\boldsymbol{R}^{-1}
\end{aligned}
$$

式中，因为 $\boldsymbol{R}\in \mathrm{SO}(3)$，所以有 $\boldsymbol{R}^{-1}=\boldsymbol{R}^{\mathrm{T}}$；因为$\hat{\boldsymbol{\varphi}}\in \mathrm{so}(3)$，所以$\hat{\boldsymbol{\varphi}}^{\mathrm{T}}=-\hat{\boldsymbol{\varphi}}$。

矩阵 $\boldsymbol{R}\hat{\boldsymbol{\varphi}}\boldsymbol{R}^{-1}$ 的转置等于自己的相反数，这说明它是一个斜对称矩阵，因此属于李代数空间，即$\mathrm{Ad}_{\boldsymbol{R}}\hat{\boldsymbol{\varphi}}\in \mathrm{so}(3)$。

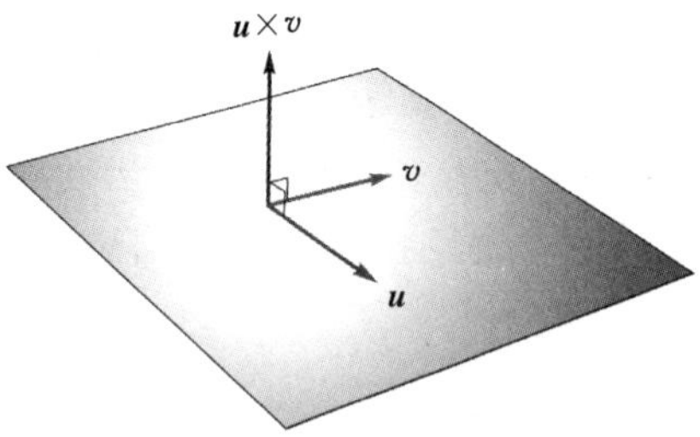

图 3-41　向量叉积

假设 $\boldsymbol{u}$、$\boldsymbol{v}$ 是两个正交的单位向量，它们的叉积（cross product）定义为垂直于由 $\boldsymbol{u}$、$\boldsymbol{v}$ 组成的平面的向量，如图 3-41 所示。叉积一般记为 $\boldsymbol{u}\times\boldsymbol{v}$。读者可能好奇：叉积的几何含义是什么？

在 3.2 节旋转矩阵部分介绍过向量的外积矩阵，外积矩阵具有直白的几何作用，即投影。实际上，叉积也可以表示外积矩阵。将叉积写成斜对称矩阵的形式，记为$[\boldsymbol{u}\times\boldsymbol{v}]$。

$$[\boldsymbol{u}\times\boldsymbol{v}]=\boldsymbol{v}\boldsymbol{u}^{\mathrm{T}}-\boldsymbol{u}\boldsymbol{v}^{\mathrm{T}} \tag{3.24}$$

式(3.24) 可以通过直接计算进行验证，我们借助计算机实现，代码如下：

```
In[1]:=U={ux,uy,uz};
       V={vx,vy,vz};
       Cross[U,V]
       UnSkew[KroneckerProduct[V,U]-KroneckerProduct[U,V]]
Out[1]={-uz vy+uy vz,uz vx-ux vz,-uy vx+ux vy}
       {-uz vy+uy vz,uz vx-ux vz,-uy vx+ux vy}
```

这样就可以研究 $\boldsymbol{v}\boldsymbol{u}^{\mathrm{T}}-\boldsymbol{u}\boldsymbol{v}^{\mathrm{T}}$ 的特性了。如果将 $\boldsymbol{v}\boldsymbol{u}^{\mathrm{T}}-\boldsymbol{u}\boldsymbol{v}^{\mathrm{T}}$ 作用到向量 $\boldsymbol{u}$ 上，会得到

$$(\boldsymbol{v}\boldsymbol{u}^{\mathrm{T}}-\boldsymbol{u}\boldsymbol{v}^{\mathrm{T}})\boldsymbol{u}=\boldsymbol{v}\underbrace{\boldsymbol{u}^{\mathrm{T}}\boldsymbol{u}}_{1}-\boldsymbol{u}\underbrace{\boldsymbol{v}^{\mathrm{T}}\boldsymbol{u}}_{0}=\boldsymbol{v}$$

式中，因为 $\boldsymbol{u}$、$\boldsymbol{v}$ 都是单位向量，所以它们与自己的内积是 1，即$\boldsymbol{u}^{\mathrm{T}}\boldsymbol{u}=1$。此外，因为 $\boldsymbol{u}$、$\boldsymbol{v}$ 正交，所以它们的内积是 0，即$\boldsymbol{v}^{\mathrm{T}}\boldsymbol{u}=0$。同理，将 $\boldsymbol{v}\boldsymbol{u}^{\mathrm{T}}-\boldsymbol{u}\boldsymbol{v}^{\mathrm{T}}$ 作用到向量 $\boldsymbol{v}$ 上，会得到

$$(\boldsymbol{v}\boldsymbol{u}^{\mathrm{T}}-\boldsymbol{u}\boldsymbol{v}^{\mathrm{T}})\boldsymbol{v}=\boldsymbol{v}\underbrace{\boldsymbol{u}^{\mathrm{T}}\boldsymbol{v}}_{0}-\boldsymbol{u}\underbrace{\boldsymbol{v}^{\mathrm{T}}\boldsymbol{v}}_{1}=-\boldsymbol{u}$$

如果将 $\boldsymbol{u}$、$\boldsymbol{v}$ 视为平面中的两个正交基，那么经过 $\boldsymbol{v}\boldsymbol{u}^{\mathrm{T}}-\boldsymbol{u}\boldsymbol{v}^{\mathrm{T}}$ 作用后，其旋转了 90°，如图 3-42 所示。既然基旋转了 90°，那么平面中所有的向量都会旋转 90°。注意：旋转只针对平面内的向量，对于垂直于平面的向量 $\boldsymbol{w}$，其经过 $\boldsymbol{v}\boldsymbol{u}^{\mathrm{T}}-\boldsymbol{u}\boldsymbol{v}^{\mathrm{T}}$ 的作用后会变成

$$(\boldsymbol{v}\boldsymbol{u}^{\mathrm{T}}-\boldsymbol{u}\boldsymbol{v}^{\mathrm{T}})\boldsymbol{w}=\boldsymbol{v}\underbrace{\boldsymbol{u}^{\mathrm{T}}\boldsymbol{w}}_{0}-\boldsymbol{u}\underbrace{\boldsymbol{v}^{\mathrm{T}}\boldsymbol{w}}_{0}=\boldsymbol{0}$$

即变成了零向量。

于是，我们就清楚 $\boldsymbol{v}\boldsymbol{u}^{\mathrm{T}}-\boldsymbol{u}\boldsymbol{v}^{\mathrm{T}}$（也就是叉积）的几何含义了：它将任意一个向量投影到 $\boldsymbol{u}$、$\boldsymbol{v}$ 平面，并将投影后的向量在平面内旋转 90°。了解这一点以后，我们就能从几何上理解下面的等式（向量 $\boldsymbol{a}\in\mathbf{R}^3$ 的斜对称矩阵形式记为 $\hat{\boldsymbol{a}}$）。

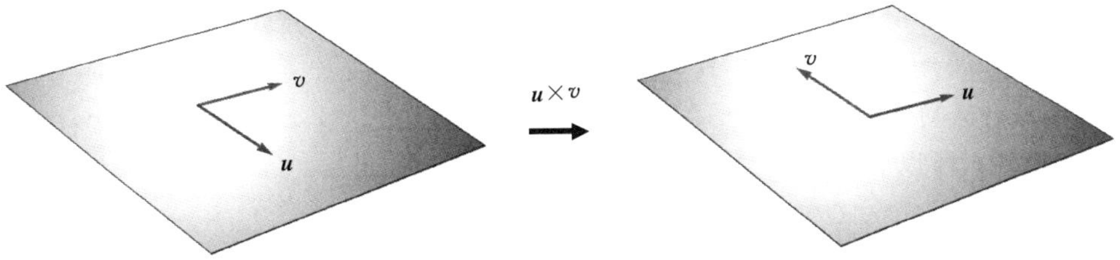

图 3-42　叉积的几何意义

$$\hat{a}\hat{a}=aa^{\mathrm{T}}-I$$

对于任意向量 v，等式左边 $\hat{a}\hat{a}$ 的含义是作用到 v 后，$\hat{a}\hat{a}v$ 是把向量 v 向垂直于 a 的平面连续做两次“投影＋旋转 90°”得到的向量。对于向量 v 来说，经过两次投影与经过一次投影的结果相同，因为投影后的向量已经处于投影平面中了，所以再做投影不会改变。所以 $\hat{a}\hat{a}$ 的含义可以理解为一次“投影＋旋转 180°”。

等式右边 $aa^{\mathrm{T}}-I$ 的含义可以拆分为两部分：aa^{T} 已经介绍过，它是对向量 a 的投影，而 $-I$ 相当于取反。所以，$(aa^{\mathrm{T}}-I)\ v$ 去除了 v 对向量 a 的投影部分，然后将剩余的部分（平面中的投影）取反，这相当于旋转 180°。这个结果与左边的“投影＋旋转 180°”完全等效。

我们可以按照类似的方法解释下面的等式。等式左边的 $\hat{a}\hat{a}\hat{a}$ 相当于连续做三次“投影＋旋转 90°”，其效果等效于一次“投影＋旋转 270°”。等式右边的 $-\hat{a}$ 相当于做一次“投影＋反方向旋转 90°”。在一个圆上，正方向旋转 270°与反方向旋转 90°的结果相同，所以等式成立。

$$\hat{a}\hat{a}\hat{a}=-\hat{a}$$

不同点处的切空间存在什么关系呢？假设在单位元处的切空间有李代数 φ，利用指数映射可以得到李群空间中的元素 $e^{\hat{\varphi}}$。同样从单位元出发，经过 $e^{\hat{\varphi}}$ 再经 R 后到达点 $e^{\hat{\varphi}}R$。

我们知道指数的乘积公式，即

$$e^{x}e^{y}=e^{x+y}$$

下面对这个公式进行证明。使用指数函数的幂级数展开形式[式(3.14)]，将其代入等式的左边。因为指数函数的幂级数展开有无穷多项，所以 e^{x} 和 e^{y} 相乘后依然有无穷多项，如下。

$$\begin{aligned}
&e^{x}e^{y}\\
&=\left(1+\frac{x}{1!}+\frac{x^{2}}{2!}+\frac{x^{3}}{3!}+\frac{x^{4}}{4!}+\frac{x^{5}}{5!}+\cdots\right)\left(1+\frac{y}{1!}+\frac{y^{2}}{2!}+\frac{y^{3}}{3!}+\frac{y^{4}}{4!}+\frac{y^{5}}{5!}+\cdots\right)\\
&=1+x+\frac{x^{2}}{2!}+\frac{x^{3}}{3!}+\frac{x^{4}}{4!}+\frac{x^{5}}{5!}+\frac{x^{6}}{6!}+\frac{x^{7}}{7!}+\cdots\\
&\quad+y+xy+\frac{x^{2}y}{2!}+\frac{x^{3}y}{3!}+\frac{x^{4}y}{4!}+\frac{x^{5}y}{5!}+\frac{x^{6}y}{6!}+\cdots\\
&\qquad+\frac{y^{2}}{2!}+\frac{xy^{2}}{2!}+\frac{x^{2}y^{2}}{2!\ 2!}+\frac{x^{3}y^{2}}{2!\ 3!}+\frac{x^{4}y^{2}}{2!\ 4!}+\frac{x^{5}y^{2}}{2!\ 5!}+\cdots\\
&\qquad+\frac{y^{3}}{3!}+\frac{xy^{3}}{3!}+\frac{x^{2}y^{3}}{3!\ 2!}+\frac{x^{3}y^{3}}{3!\ 3!}+\frac{x^{4}y^{3}}{3!\ 4!}+\frac{x^{5}y^{3}}{3!\ 5!}+\cdots\\
&=1+(x+y)+\frac{x^{2}+2xy+y^{2}}{2!}+\frac{x^{3}+3x^{2}y+3xy^{2}+y^{3}}{3!}+\cdots\\
&=1+\frac{(x+y)}{1!}+\frac{(x+y)^{2}}{2!}+\frac{(x+y)^{3}}{3!}+\cdots\\
&=e^{x+y}
\end{aligned}$$

按照分配率将各项相乘。为了看出规律，笔者将得到的各项错开写。观察每一列，可以看出它们与二项展开式[式(3.25)]具有相似的形式，仅相差一个系数。所以将每一列相加，再利用二项展开式对其进行化简。最终得到了另一个幂级数，这个幂级数与等式右边的指数函数 e^{x+y} 相同，所以等式成立。

$$\begin{cases}(x+y)^0=1\\(x+y)^1=x+y\\(x+y)^2=x^2+2xy+y^2\\(x+y)^3=x^3+3x^2y+3xy^2+y^3\\(x+y)^4=x^4+4x^3y+6x^2y^2+4xy^3+y^4\\\cdots\cdots\end{cases}\tag{3.25}$$

从证明过程可以发现，等式 $e^x e^y=e^{x+y}$ 成立的前提是 $xy=yx$。对于实数 $x,y\in\mathbf{R}$，显然有 $xy=yx$。但是对于矩阵 $\boldsymbol{x},\boldsymbol{y}\in\mathbf{R}^{m\times m}$，一般有 $\boldsymbol{xy}\neq\boldsymbol{yx}$，那么就无法利用二项展示式写成 $(\boldsymbol{x}+\boldsymbol{y})^n$ 的形式，所以 $e^{\boldsymbol{x}}e^{\boldsymbol{y}}\neq e^{\boldsymbol{x}+\boldsymbol{y}}$。那么 $e^{\boldsymbol{x}}e^{\boldsymbol{y}}$ 应该如何计算呢？$e^{\boldsymbol{x}}e^{\boldsymbol{y}}$ 的一种计算形式如下：

$$e^{\boldsymbol{x}}e^{\boldsymbol{y}}=e^{\boldsymbol{x}+\boldsymbol{y}+\frac{1}{2}[\boldsymbol{x},\boldsymbol{y}]+\frac{1}{12}([\boldsymbol{x},[\boldsymbol{x},\boldsymbol{y}]]+[\boldsymbol{y},[\boldsymbol{y},\boldsymbol{x}]])-\frac{1}{24}[\boldsymbol{y},[\boldsymbol{x},[\boldsymbol{x},\boldsymbol{y}]]]+\cdots}$$

这个公式被称为 BCH 公式（Baker-Campbell-Hausdorff formula）。BCH 公式有几种不同的表达形式，上面使用的公式形式由 Dynkin 给出，所以这个公式也被称为 BCHD 公式。BCH 公式的证明非常有技巧性，读者如果对其感兴趣，可以参考文献［9］。

为了对比，下面计算使用 BCH 公式得到的 $e^{\boldsymbol{X}}e^{\boldsymbol{Y}}$ 与 $e^{\boldsymbol{X}+\boldsymbol{Y}}$ 的误差。

令 $\boldsymbol{X}=[0.2,0.3,0.2]$、$\boldsymbol{Y}=[0.3,0.2,0.1]$，分别计算它们的矩阵指数并相乘，得到

$$e^{\boldsymbol{X}}e^{\boldsymbol{Y}}=\begin{bmatrix}0.836&-0.126&0.535\\0.371&0.848&-0.379\\-0.406&0.515&0.755\end{bmatrix}$$

如果直接计算 $e^{\boldsymbol{X}+\boldsymbol{Y}}$，会得到

$$e^{\boldsymbol{X}+\boldsymbol{Y}}=\begin{bmatrix}0.838&-0.152&0.524\\0.390&0.838&-0.381\\-0.381&0.524&0.762\end{bmatrix}$$

利用近似的 BCH 公式计算得到的结果如下，在小数点后三位精度下与 $e^{\boldsymbol{X}}e^{\boldsymbol{Y}}$ 相同。而与 $e^{\boldsymbol{X}+\boldsymbol{Y}}$ 相比，仅在小数点后一位精度下就已经出现了偏差。

$$e^{\boldsymbol{X}+\boldsymbol{Y}+\frac{1}{2}[\boldsymbol{X},\boldsymbol{Y}]+\frac{1}{12}([\boldsymbol{X},[\boldsymbol{X},\boldsymbol{Y}]]+[\boldsymbol{Y},[\boldsymbol{Y},\boldsymbol{X}]])-\frac{1}{24}[\boldsymbol{Y},[\boldsymbol{X},[\boldsymbol{X},\boldsymbol{Y}]]]}=\begin{bmatrix}0.836&-0.126&0.535\\0.371&0.848&-0.379\\-0.406&0.515&0.755\end{bmatrix}$$

有时候需要用到指数映射的导数，下面来计算它的导数。计算指数映射的导数有几种方法，这里采用文献［6］中的不借助级数的形式。根据李代数对时间的依赖，先来看简单的情况。当李代数 $X(t)$是时间的线性函数时，即 $X(t)=\boldsymbol{X}t$，其中 $\boldsymbol{X}\in\mathbf{R}^{3\times 3}$ 是常量矩阵。这种情况下计算导数比较简单，即

$$\frac{\mathrm{d}e^{\boldsymbol{X}t}}{\mathrm{d}t}=\boldsymbol{X}e^{\boldsymbol{X}t}$$

对于一般的情况，计算导数则比较复杂。读者可能会认为计算指数映射的导数只需要采用链式法则，即

$$\frac{\mathrm{d}e^{X(t)}}{\mathrm{d}t}=e^{X(t)}\frac{\mathrm{d}X(t)}{\mathrm{d}t}$$

上式成立的前提是$\frac{\mathrm{d}X(t)}{\mathrm{d}t}X(t)=X(t)\frac{\mathrm{d}X(t)}{\mathrm{d}t}$，但是一般情况下这个等式不成立。这一点很容易验证。以下代码给出了一个例子，对由欧拉角构造的旋转矩阵 $\boldsymbol{R}(t)$求导，读者可以看到 $\dot{\boldsymbol{R}}(t)\boldsymbol{R}(t)-\boldsymbol{R}(t)\dot{\boldsymbol{R}}(t)$并不为零。

```
In[1]:=R[t]=RotationMatrix[α[t],UnitVector[3,1]].RotationMatrix[β[t],
       UnitVector[3,2]];
       FullSimplify[D[R[t],t].R[t]-R[t].D[R[t],t]]
Out[1]={{-Sin[α[t]] Sin[β[t]]^2 α'[t],... },... }
```

根据级数定义，求 $e^{X(t)}$ 的导数时需要对各 $X(t)^n$ 求导。

$$e^{X(t)}=\sum_{n=0}^{\infty}\frac{X(t)^n}{n!}$$

对 $X(t)^2$ 求导为

$$\frac{\mathrm{d}X(t)^2}{\mathrm{d}t}=\frac{\mathrm{d}X(t)}{\mathrm{d}t}X(t)+X(t)\frac{\mathrm{d}X(t)}{\mathrm{d}t}$$

对 $X(t)^3$ 求导为

$$\frac{\mathrm{d}X(t)^3}{\mathrm{d}t}=\frac{\mathrm{d}X(t)}{\mathrm{d}t}X(t)^2+X(t)\frac{\mathrm{d}X(t)}{\mathrm{d}t}X(t)+X(t)^2\ \frac{\mathrm{d}X(t)}{\mathrm{d}t}$$

可以看到，直接求导的结果很复杂。

我们需要证明以下等式。

$$\widehat{\boldsymbol{Ra}}=\boldsymbol{R}\hat{\boldsymbol{a}}\boldsymbol{R}^{-1}$$

式中，旋转矩阵 $\boldsymbol{R}\in\mathrm{SO}(3)$，李代数 $\hat{\boldsymbol{a}}\in\mathrm{so}(3)$。

令等式左边的$\widehat{\boldsymbol{Ra}}$ 作用到任意一个向量 $\boldsymbol{v}$，由于斜对称矩阵与向量相乘等价于叉积，所以会得到

$$\begin{aligned}\widehat{\boldsymbol{Ra}}\boldsymbol{v}&=(\boldsymbol{Ra})\times\boldsymbol{v}\\&=(\boldsymbol{Ra})\times(\boldsymbol{Iv})\\&=(\boldsymbol{Ra})\times(\boldsymbol{RR}^{-1}\boldsymbol{v})\\&=\boldsymbol{R}(\boldsymbol{a}\times\boldsymbol{R}^{-1}\boldsymbol{v})\\&=\boldsymbol{R}\hat{\boldsymbol{a}}\boldsymbol{R}^{-1}\boldsymbol{v}\end{aligned}\tag{3.26}$$

式(3.26) 中，从第二行到第三行使用了一个看似无用的技巧，目的是分离出一个 $\boldsymbol{R}$。而从第三行到第四行使用了叉积的一个性质，即对于任意两个向量 $\boldsymbol{u}$、$\boldsymbol{v}$，总有以下等式成立：

$$(\boldsymbol{Ru})\times(\boldsymbol{Rv})=\boldsymbol{R}(\boldsymbol{u}\times\boldsymbol{v})\tag{3.27}$$

可以从几何角度理解这个等式。两个向量的叉积得到第三个向量 $\boldsymbol{w}=\boldsymbol{u}\times\boldsymbol{v}$，并且 $\boldsymbol{w}$ 与

$\boldsymbol{u}$、$\boldsymbol{v}$ 都垂直。$\boldsymbol{Ru}$ 相当于用旋转矩阵 $\boldsymbol{R}$ 对向量 $\boldsymbol{u}$ 进行旋转。先对向量 $\boldsymbol{u}$、$\boldsymbol{v}$ 旋转后再做叉积得到第三个向量 $(\boldsymbol{Ru})\times(\boldsymbol{Rv})$，与先做叉积得到第三个向量 $(\boldsymbol{u}\times\boldsymbol{v})$ 再对其旋转，最终得到向量 $\boldsymbol{R}(\boldsymbol{u}\times\boldsymbol{v})$ 是一样的。读者可以用以下代码对其进行验证。

```
In[1]:=U={ux,uy,uz};
       V={vx,vy,vz};
       R=RotationMatrix[α,UnitVector[3,1]];
       TraditionalForm[Collect[Cross[R.U,R.V],{Sin[α],Cos[α]}]]
       TraditionalForm[Collect[R.Cross[U,V],{Sin[α],Cos[α]}]]
Out[1]{sin(α)(uxvz-uzvx)+cos(α)(uyvz-uzvy),cos(α)(uzvx-uxvz)+sin(α)(uyvz-uzvy),uxuy-uyux}
={sin(α)(uxvz-uzvx)+cos(α)(uyvz-uzvy),cos(α)(uzvx-uxvz)+sin(α)(uyvz-uzvy),uxuy-uyux}
```

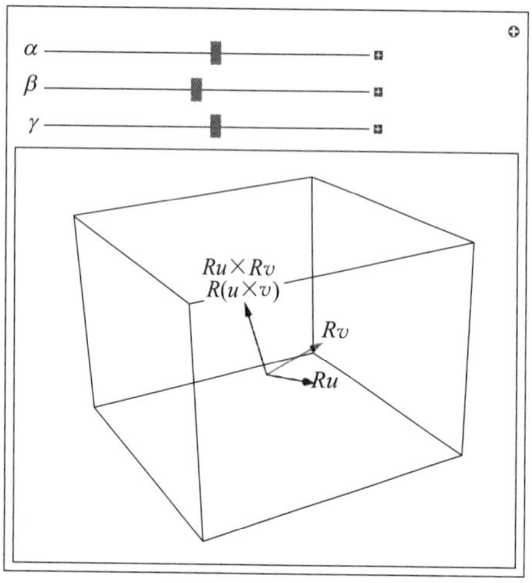

图 3-43　可视化验证 $\boldsymbol{R}(\boldsymbol{u}\times\boldsymbol{v})=(\boldsymbol{Ru})\times(\boldsymbol{Rv})$

读者还可以在随书代码提供的交互式程序中设置不同的旋转矩阵 $\boldsymbol{R}$ 和向量 $\boldsymbol{u}$、$\boldsymbol{v}$，并观察向量 $\boldsymbol{R}(\boldsymbol{u}\times\boldsymbol{v})$ 和 $(\boldsymbol{Ru})\times(\boldsymbol{Rv})$ 是否相同，如图 3-43 所示。

式(3.26) 中，从第四行到第五行又把叉积"$\boldsymbol{a}\times$"变成了斜对称矩阵 $\hat{\boldsymbol{a}}$ 的形式，并利用了矩阵的结合律。由于式(3.26) 中的向量 $\boldsymbol{v}$ 是我们任意选取的，所以式(3.26) 对所有的向量都成立，因此只能有 $\widehat{\boldsymbol{Ra}}=\boldsymbol{R}\hat{\boldsymbol{a}}\boldsymbol{R}^{-1}$，这样就完成了证明。

利用式(3.26) 来证明另一个等式：

$$\mathrm{e}^{\widehat{\boldsymbol{Ra}}}=\boldsymbol{R}\mathrm{e}^{\hat{\boldsymbol{a}}}\boldsymbol{R}^{-1} \tag{3.28}$$

证明过程如下。

$$\begin{aligned}
\mathrm{e}^{\widehat{\boldsymbol{Ra}}} &= \mathrm{e}^{\boldsymbol{R}\hat{\boldsymbol{a}}\boldsymbol{R}^{-1}} \\
&= \sum_{n=0}^{\infty}\frac{(\boldsymbol{R}\hat{\boldsymbol{a}}\boldsymbol{R}^{-1})^n}{n!} \\
&= \boldsymbol{I}+\boldsymbol{R}\hat{\boldsymbol{a}}\boldsymbol{R}^{-1}+\frac{(\boldsymbol{R}\hat{\boldsymbol{a}}\boldsymbol{R}^{-1})(\boldsymbol{R}\hat{\boldsymbol{a}}\boldsymbol{R}^{-1})}{2!}+\frac{(\boldsymbol{R}\hat{\boldsymbol{a}}\boldsymbol{R}^{-1})(\boldsymbol{R}\hat{\boldsymbol{a}}\boldsymbol{R}^{-1})(\boldsymbol{R}\hat{\boldsymbol{a}}\boldsymbol{R}^{-1})}{3!}+\cdots \\
&= \boldsymbol{I}+\boldsymbol{R}\hat{\boldsymbol{a}}\boldsymbol{R}^{-1}+\frac{\boldsymbol{R}\hat{\boldsymbol{a}}(\boldsymbol{R}^{-1}\boldsymbol{R})\hat{\boldsymbol{a}}\boldsymbol{R}^{-1}}{2!}+\frac{\boldsymbol{R}\hat{\boldsymbol{a}}(\boldsymbol{R}^{-1}\boldsymbol{R})\hat{\boldsymbol{a}}(\boldsymbol{R}^{-1}\boldsymbol{R})\hat{\boldsymbol{a}}\boldsymbol{R}^{-1}}{3!}+\cdots \\
&= \boldsymbol{I}+\boldsymbol{R}\hat{\boldsymbol{a}}\boldsymbol{R}^{-1}+\frac{\boldsymbol{R}\hat{\boldsymbol{a}}\boldsymbol{I}\hat{\boldsymbol{a}}\boldsymbol{R}^{-1}}{2!}+\frac{\boldsymbol{R}\hat{\boldsymbol{a}}\boldsymbol{I}\hat{\boldsymbol{a}}\boldsymbol{I}\hat{\boldsymbol{a}}\boldsymbol{R}^{-1}}{3!}+\cdots \\
&= \underbrace{\boldsymbol{R}\boldsymbol{R}^{-1}}_{\boldsymbol{I}}+\boldsymbol{R}\hat{\boldsymbol{a}}\boldsymbol{R}^{-1}+\boldsymbol{R}\frac{1}{2!}\hat{\boldsymbol{a}}^2\boldsymbol{R}^{-1}+\boldsymbol{R}\frac{1}{3!}\hat{\boldsymbol{a}}^3\boldsymbol{R}^{-1}+\cdots \\
&= \boldsymbol{R}\left(\boldsymbol{I}+\hat{\boldsymbol{a}}+\frac{1}{2!}\hat{\boldsymbol{a}}^2+\frac{1}{3!}\hat{\boldsymbol{a}}^3+\cdots\right)\boldsymbol{R}^{-1} \\
&= \boldsymbol{R}\mathrm{e}^{\hat{\boldsymbol{a}}}\boldsymbol{R}^{-1}
\end{aligned} \tag{3.29}$$

式中，第一行使用了式(3.26)。而第一行到第二行使用了矩阵指数的幂级数定义，将其展开后进一步得到第三行。随后，将所有分子中的 $(\boldsymbol{R}\hat{\boldsymbol{a}}\boldsymbol{R}^{-1})^n$ 展开，由于夹在中间的

$\boldsymbol{R}^{-1}\boldsymbol{R}$ 相互抵消，因此会得到 $(\boldsymbol{R}\hat{\boldsymbol{a}}\boldsymbol{R}^{-1})^n=\boldsymbol{R}\hat{\boldsymbol{a}}^n\boldsymbol{R}^{-1}$。最后，将公共的乘子 $\boldsymbol{R}(\cdots)\boldsymbol{R}^{-1}$ 提出，再次利用矩阵指数的幂级数定义，得到最终的结果。

下面开始正式计算指数映射的导数。对式(3.28) 求导，先对左侧求导：

$$\frac{\partial \mathrm{e}^{\widehat{\boldsymbol{R}\boldsymbol{a}}}}{\partial \boldsymbol{R}}=-\frac{\partial \mathrm{e}^{\widehat{\boldsymbol{R}\boldsymbol{a}}}}{\partial(\boldsymbol{R}\boldsymbol{a})}\widehat{\boldsymbol{R}\boldsymbol{a}}$$

再对等式右边求导，按照链式法则可得

$$\frac{\partial(\boldsymbol{R}\mathrm{e}^{\hat{\boldsymbol{a}}}\boldsymbol{R}^{-1})}{\partial \boldsymbol{R}}=\boldsymbol{I}-\boldsymbol{R}\mathrm{e}^{\hat{\boldsymbol{a}}}\boldsymbol{R}^{-1}$$

如果令 $\boldsymbol{R}=\boldsymbol{I}$，可得

$$\frac{\partial \mathrm{e}^{\hat{\boldsymbol{a}}}}{\partial \boldsymbol{a}}\hat{\boldsymbol{a}}=\mathrm{e}^{\hat{\boldsymbol{a}}}-\boldsymbol{I} \tag{3.30}$$

如果能从式(3.30) 中解出$\dfrac{\partial \mathrm{e}^{\hat{\boldsymbol{a}}}}{\partial \boldsymbol{a}}$，就大功告成了。但是由于斜对称矩阵 $\hat{\boldsymbol{a}}$ 的行列式总是 0，这意味着它不可逆，无法直接把 $\hat{\boldsymbol{a}}$ 移到等式右边去。回忆在证明罗德里格斯公式的时候，多次使用了 $\boldsymbol{I}=\boldsymbol{u}\boldsymbol{u}^{\mathrm{T}}-\hat{\boldsymbol{u}}\hat{\boldsymbol{u}}$ 这个等式。如果能拼凑出 $\boldsymbol{a}\boldsymbol{a}^{\mathrm{T}}-\hat{\boldsymbol{a}}\hat{\boldsymbol{a}}$，就能解出$\dfrac{\partial \mathrm{e}^{\hat{\boldsymbol{a}}}}{\partial \boldsymbol{a}}$了。沿着这个思路，下面我们寻找能得出这个等式的关系。

计算 $\mathrm{e}^{t\hat{\boldsymbol{a}}}$ 关于 t 的导数：

$$\frac{\mathrm{d}\mathrm{e}^{t\hat{\boldsymbol{a}}}}{\mathrm{d}t}=\frac{\partial \mathrm{e}^{t\hat{\boldsymbol{a}}}}{\partial(t\boldsymbol{a})}\boldsymbol{a}$$

根据导数的定义，有

$$\frac{\mathrm{d}\mathrm{e}^{t\hat{\boldsymbol{a}}}}{\mathrm{d}t}=\lim_{\varepsilon\to 0}\frac{\mathrm{e}^{(t+\varepsilon)\hat{\boldsymbol{a}}}\boxminus \mathrm{e}^{t\hat{\boldsymbol{a}}}}{\varepsilon}=\boldsymbol{a}$$

式中，符号$\boxminus$表示矩阵之间的差。在 $t=1$ 处，有

$$\frac{\partial \mathrm{e}^{\hat{\boldsymbol{a}}}}{\partial \boldsymbol{a}}\boldsymbol{a}=\boldsymbol{a} \tag{3.31}$$

将式(3.31) 与式(3.30) 联立，得到

$$\underbrace{\frac{\partial \mathrm{e}^{\hat{\boldsymbol{a}}}}{\partial \boldsymbol{a}}}_{3\times 3}\underbrace{[\hat{\boldsymbol{a}},\boldsymbol{a}]}_{3\times 4}=\underbrace{[\mathrm{e}^{\hat{\boldsymbol{a}}}-\boldsymbol{I},\boldsymbol{a}]}_{3\times 4}$$

在上面等式的两边同时右乘 $[\hat{\boldsymbol{a}},\ \boldsymbol{a}]^{\mathrm{T}}$（也就是$\underbrace{[\hat{\boldsymbol{a}}^{\mathrm{T}},\ \boldsymbol{a}^{\mathrm{T}}]}_{4\times 3}$），可以得到

$$\frac{\partial \mathrm{e}^{\hat{\boldsymbol{a}}}}{\partial \boldsymbol{a}}(\hat{\boldsymbol{a}}\hat{\boldsymbol{a}}^{\mathrm{T}}+\boldsymbol{a}\boldsymbol{a}^{\mathrm{T}})=(\mathrm{e}^{\hat{\boldsymbol{a}}}-\boldsymbol{I})\hat{\boldsymbol{a}}^{\mathrm{T}}+\boldsymbol{a}\boldsymbol{a}^{\mathrm{T}}$$

我们拼凑出了 $\hat{\boldsymbol{a}}\hat{\boldsymbol{a}}^{\mathrm{T}}+\boldsymbol{a}\boldsymbol{a}^{\mathrm{T}}$（即 $\boldsymbol{a}\boldsymbol{a}^{\mathrm{T}}-\hat{\boldsymbol{a}}\hat{\boldsymbol{a}}$），于是，可以利用 $\hat{\boldsymbol{a}}\hat{\boldsymbol{a}}^{\mathrm{T}}+\boldsymbol{a}\boldsymbol{a}^{\mathrm{T}}=\|\boldsymbol{a}\|^2\boldsymbol{I}$ 将上式化简为

$$\frac{\partial \mathrm{e}^{\hat{\boldsymbol{a}}}}{\partial \boldsymbol{a}}(\|\boldsymbol{a}\|^2\boldsymbol{I})=(\mathrm{e}^{\hat{\boldsymbol{a}}}-\boldsymbol{I})\underbrace{\hat{\boldsymbol{a}}^{\mathrm{T}}}_{-\hat{\boldsymbol{a}}}+\boldsymbol{a}\boldsymbol{a}^{\mathrm{T}}$$

最终，得到了指数映射的导数：

$$\frac{\partial \mathrm{e}^{\hat{\boldsymbol{a}}}}{\partial \boldsymbol{a}}=\frac{(\boldsymbol{I}-\mathrm{e}^{\hat{\boldsymbol{a}}})\hat{\boldsymbol{a}}+\boldsymbol{a}\boldsymbol{a}^{\mathrm{T}}}{\|\boldsymbol{a}\|^2} \tag{3.32}$$

由于等式右边含有指数映射 $\mathrm{e}^{\hat{\boldsymbol{a}}}$，不利于计算，所以还可以对其进行“改造”。我们把指

数映射的罗德里格斯公式[式(3.20)]代入式(3.32)中，从而得到另一种形式：

$$
\begin{aligned}
\frac{\partial e^{\hat{a}}}{\partial \boldsymbol{a}} &= \frac{(\boldsymbol{I}-e^{\hat{a}})\hat{\boldsymbol{a}}+\boldsymbol{a}\boldsymbol{a}^{\mathrm{T}}}{\|\boldsymbol{a}\|^2} \\
&= \frac{\left(\boldsymbol{I}-\left\{\boldsymbol{I}+\sin(\|\boldsymbol{a}\|)\frac{\hat{\boldsymbol{a}}}{\|\boldsymbol{a}\|}+[1-\cos(\|\boldsymbol{a}\|)]\frac{\hat{\boldsymbol{a}}^2}{\|\boldsymbol{a}\|^2}\right\}\right)\hat{\boldsymbol{a}}+\boldsymbol{a}\boldsymbol{a}^{\mathrm{T}}}{\|a\|^2} \\
&= \frac{\left\{-\sin(\|\boldsymbol{a}\|)\frac{\hat{\boldsymbol{a}}}{\|\boldsymbol{a}\|}-[1-\cos(\|\boldsymbol{a}\|)]\frac{\hat{\boldsymbol{a}}^2}{\|\boldsymbol{a}\|^2}\right\}\hat{\boldsymbol{a}}+\boldsymbol{a}\boldsymbol{a}^{\mathrm{T}}}{\|\boldsymbol{a}\|^2} \\
&= \frac{-\sin(\|\boldsymbol{a}\|)\frac{\hat{\boldsymbol{a}}^2}{\|\boldsymbol{a}\|}-[1-\cos(\|\boldsymbol{a}\|)]\frac{\hat{\boldsymbol{a}}^3}{\|\boldsymbol{a}\|^2}+(\|\boldsymbol{a}\|^2\boldsymbol{I}-\hat{\boldsymbol{a}}\hat{\boldsymbol{a}}^{\mathrm{T}})}{\|\boldsymbol{a}\|^2} \\
&= -\sin(\|\boldsymbol{a}\|)\frac{\hat{\boldsymbol{a}}^2}{\|\boldsymbol{a}\|^3}-[1-\cos(\|\boldsymbol{a}\|)]\frac{\hat{\boldsymbol{a}}^3}{\|\boldsymbol{a}\|^4}+\frac{\|\boldsymbol{a}\|^2\boldsymbol{I}-\hat{\boldsymbol{a}}\hat{\boldsymbol{a}}^{\mathrm{T}}}{\|\boldsymbol{a}\|^2} \\
&= -\sin(\|\boldsymbol{a}\|)\frac{\hat{\boldsymbol{a}}^2}{\|\boldsymbol{a}\|^3}-[1-\cos(\|\boldsymbol{a}\|)]\frac{\hat{\boldsymbol{a}}^3}{\|\boldsymbol{a}\|^4}+\left(I-\frac{-\hat{\boldsymbol{a}}^2}{\|\boldsymbol{a}\|^2}\right) \\
&= \boldsymbol{I}-\sin(\|\boldsymbol{a}\|)\frac{\hat{\boldsymbol{a}}^2}{\|\boldsymbol{a}\|^3}-[1-\cos(\|\boldsymbol{a}\|)]\frac{-\|\boldsymbol{a}\|^2\hat{\boldsymbol{a}}}{\|\boldsymbol{a}\|^4}+\frac{\hat{\boldsymbol{a}}^2}{\|\boldsymbol{a}\|^2} \\
&= \boldsymbol{I}-\sin(\|\boldsymbol{a}\|)\frac{\hat{\boldsymbol{a}}^2}{\|\boldsymbol{a}\|^3}+\frac{[1-\cos(\|\boldsymbol{a}\|)]\hat{\boldsymbol{a}}}{\|\boldsymbol{a}\|^2}+\frac{\|\boldsymbol{a}\|\hat{\boldsymbol{a}}^2}{\|\boldsymbol{a}\|^3} \\
&= \boldsymbol{I}+\frac{\|\boldsymbol{a}\|-\sin(\|\boldsymbol{a}\|)}{\|\boldsymbol{a}\|^3}\hat{\boldsymbol{a}}^2+\frac{1-\cos(\|\boldsymbol{a}\|)}{\|\boldsymbol{a}\|^2}\hat{\boldsymbol{a}}
\end{aligned}
$$

如果将向量 $\boldsymbol{a}$ 表示为 $\boldsymbol{a}=\theta\boldsymbol{u}$（其中，$\theta=\|\boldsymbol{a}\|$，$u=\boldsymbol{a}/\|\boldsymbol{a}\|$），上式可以表示为

$$
\frac{\partial e^{\hat{a}}}{\partial \boldsymbol{a}}=\boldsymbol{I}+\frac{\theta-\sin\theta}{\theta}\hat{\boldsymbol{u}}^2+\frac{1-\cos\theta}{\theta}\hat{\boldsymbol{u}}
$$

可以看到其形式与罗德里格斯公式相似，由于 $\frac{\partial e^{\hat{a}}}{\partial \boldsymbol{a}}$ 是一个 3×3 的矩阵，因此也被称为指数映射的雅可比矩阵（Jacobian matrix），用符号 $\boldsymbol{J}$ 表示。

使用指数映射的导数，可以对指数映射的增量进行近似。例如，在 $\boldsymbol{a}$ 附近，当 $\boldsymbol{\delta}$ 很小时，有

$$
e^{\hat{\boldsymbol{\delta}}}e^{\hat{a}} \approx e^{\widehat{a+\boldsymbol{J}\boldsymbol{\delta}}}
$$

读者可以使用以下代码对其进行验证。

```
In[1]:=a ={0.4,0.3,0.6};
      δ={0.01,0.02,0.03};
      θ=Norm[a];
      I3=IdentityMatrix[3];
      J=I3+(θ-Sin[θ]) * Skew[a]^2/θ^3+(1-Cos[θ]) * Skew[a]/θ^2
      TraditionalForm[MatrixExp[Skew[δ]].MatrixExp[Skew[a]]]
      TraditionalForm[MatrixExp[Skew[a+Inverse[J].[δ]]]]
```

```
Out[1]= ( 0.764674   -0.49703    0.410164
          0.622722    0.733689  -0.271878
         -0.165801    0.463317   0.870544 )
        ( 0.765497   -0.497432   0.408138
          0.621991    0.734474  -0.27143
         -0.164749    0.461637   0.871636 )
```

将平移和旋转组合起来就能完整地描述一个刚体在三维空间中的状态。对于平移，没有比三维向量更简洁的表示方法了。对于旋转，我们有很多选择，前面介绍了欧拉角、四元数、旋转矩阵、李群、李代数等多种表达方式。在实际应用中，这些表示方法都可能会用到。如果将平移与李群 SO(3)组合起来，就得到了三维刚体位姿的表示，这种表示被称为三维特殊欧式群（special Euclidean group in 3D），通常记为 SE(3)。这是重点讨论的一种表示方法，其在实际中的应用也最多。

三维特殊欧式群 SE(3)如图 3-44 所示。

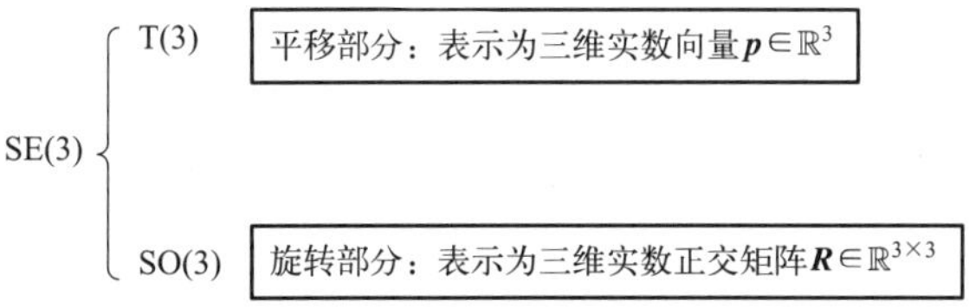

图 3-44　三维特殊欧式群 SE(3)

所有的平移 $\boldsymbol{p}\in\mathbf{R}^3$ 组成了一个向量空间。由于向量空间也满足群的定义，因此所有的 $\boldsymbol{p}\in\mathbf{R}^3$ 也构成一个群，通常记为平移群 $T(3)$或者$\mathbf{R}^3$。SE(3)是平移群 T(3)与特殊欧式群 SO(3)的直积，因此它也是一个群，满足群的性质。

读者可能想问：分别单独讨论平移和旋转即可，为什么要将其组合起来，看成一个整体？如果想表示一个点或者一个物体的运动，需要同时用到二者。例如，对点 $\boldsymbol{a}=[x，y，z]^{\mathrm{T}}$ 先旋转 $\boldsymbol{R}_1$ 然后平移 $\boldsymbol{p}_1$ 得到$\boldsymbol{a}'$，那么$\boldsymbol{a}'$可以表示为

$$\boldsymbol{a}'=\boldsymbol{R}_1\boldsymbol{a}+\boldsymbol{p}_1 \tag{3.33}$$

对 $\boldsymbol{a}$ 可以做类似的变换，即先旋转 $\boldsymbol{R}_2$ 然后平移 $\boldsymbol{p}_2$ 得到$\boldsymbol{a}''$，那么$\boldsymbol{a}''$可以表示为

$$\begin{aligned}\boldsymbol{a}''&=\boldsymbol{R}_2\boldsymbol{a}'+\boldsymbol{p}_2\\&=\boldsymbol{R}_2(\boldsymbol{R}_1\boldsymbol{a}+\boldsymbol{p}_1)+\boldsymbol{p}_2\\&=\underbrace{\boldsymbol{R}_2\boldsymbol{R}_1}_{\boldsymbol{R}}\boldsymbol{a}+\underbrace{\boldsymbol{R}_2\boldsymbol{p}_1+\boldsymbol{p}_2}_{\boldsymbol{p}}\end{aligned} \tag{3.34}$$

可以看到，对点做连续两次旋转和平移，最后的结果等价于一个旋转和平移。以上变换的旋转和平移需要写两次，能不能只写一次呢？

为了实现这一目标。将点 $\boldsymbol{a}=[x,y,z]^{\mathrm{T}}$ 写成齐次坐标的形式，即$\bar{\boldsymbol{a}}=[x,y,z,1]^{\mathrm{T}}$，也就是在坐标后面增加一个 1。将旋转和平移组合在一起，形成新的矩阵，即

$$\boldsymbol{T}=\begin{bmatrix}\boldsymbol{R} & \boldsymbol{p}\\ \boldsymbol{0} & 1\end{bmatrix}$$

使用这种方式，式(3.33) 可以写成

$$\begin{bmatrix} \boldsymbol{a}' \\ 1 \end{bmatrix} = \begin{bmatrix} \boldsymbol{R}_1 & \boldsymbol{p}_1 \\ \boldsymbol{0} & 1 \end{bmatrix} \begin{bmatrix} \boldsymbol{a} \\ 1 \end{bmatrix} = \begin{bmatrix} \boldsymbol{R}_1 \boldsymbol{a} + \boldsymbol{p}_1 \\ 1 \end{bmatrix}$$

同样，式(3.34) 可以写成

$$\begin{aligned} \begin{bmatrix} \boldsymbol{a}'' \\ 1 \end{bmatrix} &= \begin{bmatrix} \boldsymbol{R}_2 & \boldsymbol{p}_2 \\ \boldsymbol{0} & 1 \end{bmatrix} \begin{bmatrix} \boldsymbol{a}' \\ 1 \end{bmatrix} \\ &= \underbrace{\begin{bmatrix} \boldsymbol{R}_2 & \boldsymbol{p}_2 \\ \boldsymbol{0} & 1 \end{bmatrix}}_{\boldsymbol{T}_2} \underbrace{\begin{bmatrix} \boldsymbol{R}_1 & \boldsymbol{p}_1 \\ \boldsymbol{0} & 1 \end{bmatrix}}_{\boldsymbol{T}_1} \begin{bmatrix} \boldsymbol{a} \\ 1 \end{bmatrix} \\ &= \underbrace{\begin{bmatrix} \boldsymbol{R}_2 \boldsymbol{R}_1 & \boldsymbol{R}_2 \boldsymbol{p}_1 + \boldsymbol{p}_2 \\ \boldsymbol{0} & 1 \end{bmatrix}}_{\boldsymbol{T}} \begin{bmatrix} \boldsymbol{a} \\ 1 \end{bmatrix} \\ &= \begin{bmatrix} \boldsymbol{R}_2 \boldsymbol{R}_1 \boldsymbol{a} + \boldsymbol{R}_2 \boldsymbol{p}_1 + \boldsymbol{p}_2 \\ 1 \end{bmatrix} \end{aligned}$$

忽略添加的齐次项（最后的 1），使用矩阵表示旋转和平移所得到的坐标与式(3.34) 相同。因此，将旋转和平移组合起来作为一个变换，不仅结果不变，而且使用起来更方便。

将组合后的变换 $\boldsymbol{T}$ 视为 SE(3)的一种“表示”。如何用矩阵表示群的元素是群论的一个研究方向，被称为群表示论，这里不展开。以后，都将 SE(3)中的元素写成如下的矩阵形式，这样的矩阵 $\boldsymbol{T}$ 被称为齐次变换矩阵。

$$\mathrm{SE}(3) = \left\{ \boldsymbol{T} = \begin{bmatrix} \boldsymbol{R} & \boldsymbol{p} \\ \boldsymbol{0} & 1 \end{bmatrix} \mid \boldsymbol{R} \in \mathrm{SO}(3), \boldsymbol{p} \in \mathbf{R}^3 \right\}$$

SE(3)不仅构成一个群，它还是一个李群，而李群都有自己的李代数。那么 SE(3)的李代数具有什么形式呢？下面来研究这个问题。

如果直接对 SE(3)中的元素求导，会得到下面的结果［将 $\boldsymbol{T}$ 视为时间的函数，即$\boldsymbol{T}(t)$］。

$$\frac{\mathrm{d}\boldsymbol{T}}{\mathrm{d}t} = \begin{bmatrix} \dfrac{\mathrm{d}\boldsymbol{R}}{\mathrm{d}t} & \dfrac{\mathrm{d}\boldsymbol{p}}{\mathrm{d}t} \\ \boldsymbol{0} & 0 \end{bmatrix}$$

式中，$\dfrac{\mathrm{d}\boldsymbol{p}}{\mathrm{d}t}$容易解释，它是物体的线速度。但是对于$\dfrac{\mathrm{d}\boldsymbol{R}}{\mathrm{d}t}$的物理含义我们不清楚。

在 SO(3)中，我们对等式 $\boldsymbol{R}(t)\boldsymbol{R}(t)^{\mathrm{T}} = \boldsymbol{I}$ 两边求导得到角速度。但是我们没办法对 $\boldsymbol{T}(t)\boldsymbol{T}(t)^{-1} = \boldsymbol{I}$ 求导的结果进行化简。在 SO(3)中，$\boldsymbol{R}^{\mathrm{T}}\dot{\boldsymbol{R}}$（或者 $\dot{\boldsymbol{R}}\boldsymbol{R}^{\mathrm{T}}$）具有特殊的结构和意义，它们分别表示物体局部坐标系下的角速度和全局空间坐标系中的角速度。类比 SO(3)，尝试求 $\boldsymbol{T}^{-1}\dot{\boldsymbol{T}}$：

$$
\begin{aligned}
&\boldsymbol{T}^{-1}\dot{\boldsymbol{T}}\\
&=\begin{bmatrix}\boldsymbol{R} & \boldsymbol{p}\\ \boldsymbol{0} & 1\end{bmatrix}^{-1}\begin{bmatrix}\dot{\boldsymbol{R}} & \dot{\boldsymbol{p}}\\ \boldsymbol{0} & 0\end{bmatrix}\\
&=\begin{bmatrix}\boldsymbol{R}^{-1} & -\boldsymbol{R}^{-1}\boldsymbol{p}\\ \boldsymbol{0} & 1\end{bmatrix}\begin{bmatrix}\dot{\boldsymbol{R}} & \dot{\boldsymbol{p}}\\ \boldsymbol{0} & 0\end{bmatrix}\\
&=\begin{bmatrix}\boldsymbol{R}^{-1}\dot{\boldsymbol{R}} & \boldsymbol{R}^{-1}\dot{\boldsymbol{p}}\\ \boldsymbol{0} & 0\end{bmatrix}
\end{aligned}
$$

由于 $\boldsymbol{R}^{-1}=\boldsymbol{R}^{\mathrm{T}}$，所以结果中出现了本体角速度 $\boldsymbol{R}^{\mathrm{T}}\dot{\boldsymbol{R}}$，而线速度的部分则是 $\boldsymbol{R}^{-1}\dot{\boldsymbol{p}}$。对于 $\boldsymbol{R}^{\mathrm{T}}\dot{\boldsymbol{R}}$，前面已经介绍过，它是相对于物体局部坐标系的角速度。所以，读者自然会问：$\boldsymbol{R}^{-1}\dot{\boldsymbol{p}}$ 是否也是相对于物体局部坐标系的线速度呢？答案是肯定的。因为 $\dot{\boldsymbol{p}}$ 表示在全局空间坐标系中，左乘 $\boldsymbol{R}^{-1}$ 将其变换回物体局部坐标系，所以 $\boldsymbol{R}^{-1}\dot{\boldsymbol{p}}$ 表示在物体局部坐标系中。与角速度不同的是，线速度始终是一个向量。

$\hat{\boldsymbol{\omega}}=\boldsymbol{R}^{-1}\dot{\boldsymbol{R}}\in \mathrm{so}(3)$，是一个斜对称矩阵；$\boldsymbol{v}=\boldsymbol{R}^{-1}\dot{\boldsymbol{p}}$，是一个向量；$\boldsymbol{T}^{-1}\dot{\boldsymbol{T}}$ 可以表示为

$$
\boldsymbol{T}^{-1}\dot{\boldsymbol{T}}=\begin{bmatrix}\hat{\boldsymbol{\omega}} & \boldsymbol{v}\\ \boldsymbol{0} & 0\end{bmatrix}
$$

虽然 $\begin{bmatrix}\hat{\boldsymbol{\omega}} & \boldsymbol{v}\\ \boldsymbol{0} & 0\end{bmatrix}$ 是一个 4×4 矩阵，但是它只有 6 个自由度，即 $\boldsymbol{v}\in\mathbf{R}^3$ 和 $\boldsymbol{\omega}\in\mathbf{R}^3$。将其组装成一个长向量：

$$
\boldsymbol{\xi}=\begin{bmatrix}\boldsymbol{v}\\ \hline \boldsymbol{\omega}\end{bmatrix}\in\mathbf{R}^6
$$

仿照旋转李代数 so(3)，也可以在矩阵形式和向量形式之间变换。只需要定义新的戴帽操作：

$$
\widehat{\begin{bmatrix}\boldsymbol{v}\\ \hline \boldsymbol{\omega}\end{bmatrix}}=\begin{bmatrix}\hat{\boldsymbol{\omega}} & \boldsymbol{v}\\ \boldsymbol{0} & 0\end{bmatrix}
$$

同样地，戴帽也有逆操作，即脱帽操作：

$$
\widecheck{\begin{bmatrix}\hat{\boldsymbol{\omega}} & \boldsymbol{v}\\ \boldsymbol{0} & 0\end{bmatrix}}=\begin{bmatrix}\boldsymbol{v}\\ \hline \boldsymbol{\omega}\end{bmatrix}
$$

向量 $\boldsymbol{\xi}$ 完整地描述了物体的平移和旋转速度。在机器人领域，$\boldsymbol{\xi}$ 又被称为旋量（twist）。$\hat{\boldsymbol{\xi}}$ 也构成一个李代数，记为 se(3)。例如，在 ROS 中定义了 Twist 类型的消息，用于表示速度数据，如图 3-45 所示。

类比 so(3)，可以定义李代数 $\hat{\boldsymbol{\xi}}$ 的指数映射为

$$
\mathrm{e}^{\hat{\xi}}=\sum_{n=0}^{\infty}\frac{\hat{\boldsymbol{\xi}}^n}{n!} \tag{3.35}
$$

注意到矩阵 $\hat{\boldsymbol{\xi}}$ 的最后一行都是零，容易验证其 n 次幂可以简化为

$$
(\hat{\boldsymbol{\xi}})^n=\begin{bmatrix}\hat{\boldsymbol{\omega}} & \boldsymbol{v}\\ \boldsymbol{0} & 0\end{bmatrix}^n=\begin{bmatrix}\hat{\boldsymbol{\omega}}^n & \hat{\boldsymbol{\omega}}^{n-1}\boldsymbol{v}\\ \boldsymbol{0} & 0\end{bmatrix}
$$

读者可以使用以下代码对其进行验证。

geometry_msgs/Twist Message

Raw Message Definition

```
# This expresses velocity in free space broken into its linear and angular parts.
Vector3 linear    # 线速度
Vector3 angular   # 角速度
```

Compact Message Definition

```
geometry_msgs/Vector3 linear
geometry_msgs/Vector3 angular
```

图 3-45 ROS 中的速度消息类型

```
In[1]:=A={{a,b},{0,0}};
       TraditionalForm[MatrixPower[X,5]]
```

$$\text{Out[1]}=\begin{pmatrix} a^5 & a^4 b \\ 0 & 0 \end{pmatrix}$$

所以有

$$\mathrm{e}^{\hat{\xi}}=\begin{bmatrix} \sum_{n=0}^{\infty}\dfrac{\hat{\boldsymbol{\omega}}^n}{n!} & \sum_{n=1}^{\infty}\dfrac{\hat{\boldsymbol{\omega}}^{n-1}}{n!}\boldsymbol{v} \\ \boldsymbol{0} & 0 \end{bmatrix}$$

对于该矩阵第 1 行第 1 列元素，在前面已经知道了 $\boldsymbol{R}=\sum_{n=0}^{\infty}\dfrac{\hat{\omega}^n}{n!}$，所以只需要计算第 1 行第 2 列元素。模仿式(3.20)，将 $\boldsymbol{\omega}$ 写成单位向量和模长乘积的形式：

$$\boldsymbol{\omega}=\theta\boldsymbol{u}$$

式中，$\theta=\|\boldsymbol{\omega}\|$，是向量 $\boldsymbol{\omega}$ 的长度；$\boldsymbol{u}=\boldsymbol{w}/\|\boldsymbol{w}\|$，就是单位长度的向量。所以有

$$\begin{aligned}
\sum_{n=1}^{\infty}\frac{\hat{\boldsymbol{\omega}}^{n-1}}{n!}&=\boldsymbol{I}+\frac{\hat{\boldsymbol{\omega}}}{2!}+\frac{\hat{\boldsymbol{\omega}}^2}{3!}+\frac{\hat{\boldsymbol{\omega}}^3}{4!}+\frac{\hat{\boldsymbol{\omega}}^4}{5!}+\frac{\hat{\boldsymbol{\omega}}^5}{6!}+\cdots \\
&=\boldsymbol{I}+\frac{\theta\hat{\boldsymbol{u}}}{2!}+\frac{\theta^2\hat{\boldsymbol{u}}^2}{3!}+\frac{\theta^3\hat{\boldsymbol{u}}^3}{4!}+\frac{\theta^4\hat{\boldsymbol{u}}^4}{5!}+\frac{\theta^5\hat{\boldsymbol{u}}^5}{6!}+\cdots \\
&=\boldsymbol{I}+\left(\frac{\theta}{2!}-\frac{\theta^3}{4!}+\frac{\theta^5}{6!}-\cdots\right)\hat{\boldsymbol{u}}+\left(\frac{\theta^2}{3!}-\frac{\theta^4}{5!}+\frac{\theta^6}{7!}-\cdots\right)\hat{\boldsymbol{u}}^2 \\
&=\boldsymbol{I}+\frac{1-\cos(\theta)}{\theta}\hat{\boldsymbol{u}}+\frac{\theta-\sin(\theta)}{\theta}\hat{\boldsymbol{u}}^2 \\
&=\boldsymbol{I}+\frac{1-\cos(\theta)}{\theta}\hat{\boldsymbol{u}}+\frac{\theta-\sin(\theta)}{\theta}\hat{\boldsymbol{u}}^2
\end{aligned}$$

于是，得到了$\hat{\boldsymbol{\xi}}\in\mathrm{se}(3)$上的指数映射。

下面介绍 SE(3)上的导数。在有些应用（例如 SLAM）中，会将变换矩阵 $\boldsymbol{T}$ 作为优化变量，以实现某个函数 $f(\boldsymbol{T})$的最小化。下面举一个例子。

假设三维空间中的一个点 $\boldsymbol{v}$ 经过 $\boldsymbol{T}$ 变换后到达一个新的位置 $\boldsymbol{T}\boldsymbol{v}$。这个新的位置 $\boldsymbol{T}\boldsymbol{v}$ 关于 $\boldsymbol{T}$ 的导数应该如何计算呢？可以利用前面介绍的李代数。假设变换 $\boldsymbol{T}$ 对应的李代数为$\hat{\boldsymbol{\xi}}$，从导数的定义出发进行推导：

$$
\begin{aligned}
\frac{\partial(\boldsymbol{T}\boldsymbol{v})}{\partial \boldsymbol{T}} &= \lim_{\delta\xi\to 0}\frac{\mathrm{e}^{\widehat{\delta\xi}}\mathrm{e}^{\hat{\xi}}\mathrm{v}-\mathrm{e}^{\hat{\xi}}\boldsymbol{v}}{\boldsymbol{\delta\xi}} \\
&\approx \lim_{\delta\xi\to 0}\frac{(\boldsymbol{I}+\widehat{\delta\boldsymbol{\xi}})\mathrm{e}^{\hat{\xi}}\boldsymbol{v}-\mathrm{e}^{\hat{\xi}}\boldsymbol{v}}{\delta\boldsymbol{\xi}} \\
&= \lim_{\delta\xi\to 0}\frac{\widehat{\delta\boldsymbol{\xi}}\mathrm{e}^{\hat{\xi}}\boldsymbol{v}}{\delta\boldsymbol{\xi}} \\
&= \lim_{\delta\xi\to 0}\frac{\begin{bmatrix}\widehat{\delta\boldsymbol{\phi}} & \delta\boldsymbol{\rho}\\ \boldsymbol{0} & 0\end{bmatrix}\begin{bmatrix}\boldsymbol{R}\boldsymbol{v}+\boldsymbol{p}\\ 1\end{bmatrix}}{\delta\boldsymbol{\xi}} \\
&= \lim_{\delta\xi\to 0}\frac{\begin{bmatrix}\widehat{\delta\boldsymbol{\phi}}(\boldsymbol{R}\boldsymbol{v}+\boldsymbol{p})+\delta\boldsymbol{\rho}\\ 0\end{bmatrix}}{\begin{bmatrix}\delta\boldsymbol{\rho}\\ \delta\boldsymbol{\phi}\end{bmatrix}} \\
&= \begin{bmatrix}\boldsymbol{I} & -(\widehat{\boldsymbol{R}\boldsymbol{v}+\boldsymbol{p}})\\ \boldsymbol{0} & \boldsymbol{0}\end{bmatrix}
\end{aligned}
$$

式中，$\delta\boldsymbol{\xi}=[\delta\boldsymbol{p},\ \delta\boldsymbol{\phi}]^{\mathrm{T}}$ 是 $\boldsymbol{\xi}$ 附近的微小变化；$\delta\boldsymbol{p}\in\mathbf{R}^3$，描述位移量的微小变化；$\delta\boldsymbol{\phi}\in\mathbf{R}^3$，描述旋转量的微小变化。在 3.5.2 节提到，当 $\delta\boldsymbol{\xi}$ 比较小时，可以用 $\boldsymbol{I}+\widehat{\delta\boldsymbol{\xi}}$ 近似表示 $\mathrm{e}^{\widehat{\delta\xi}}$［式（3.20）］。

最终得到的结果是一个 4×6 维的矩阵。该矩阵有 4 行是因为 $\boldsymbol{T}\boldsymbol{v}\in\mathbf{R}^4$ 是向量齐次坐标的形式，矩阵有 6 列是因为李代数 $\delta\boldsymbol{\xi}$ 是 6 维向量。我们注意到，矩阵最后一行都是 0，因此也可以只使用前三行，即 3×6 维矩阵 $[\boldsymbol{I}\ -(\widehat{\boldsymbol{R}\boldsymbol{v}+\boldsymbol{p}})]$。

3.6 车辆运动表示

至此，我们能够对车辆的位置和姿态（简称位姿）进行表示。考虑较为简单的二维空间。假设世界坐标系记为 w(world)，自动驾驶车辆记为 e(ego)，障碍物车辆记为 o(obstacle)。

在二维平面中，车辆的位置可以用二维向量$[x, y]^{\mathrm{T}}$ 完全描述。如果考虑朝向角度，还需要补充一个角度 θ，用来表示车辆纵轴与世界坐标系 x 轴的夹角。使用三维向量$[x, y, \theta]^{\mathrm{T}}$ 就能完全描述车辆的二维位姿了。读者可以在随书演示案例中用鼠标改变三维向量$[x, y, \theta]^{\mathrm{T}}$ 的值，并观察车辆位姿的变化。

平面内的车辆位姿表示如图 3-46 所示。

假如车辆上安装的传感器检测到了障碍物，传感器只能测量障碍物相对于车体坐标系的相对位姿，那么如何得到障碍物在世界坐标系中的坐标呢？

假设车辆位姿为$[x, y, \theta]^{\mathrm{T}}$，传感器输出的障碍物相对位姿为$[x_s, y_s, \theta_s]^{\mathrm{T}}$。障碍物在世界坐标系中的位姿$[x_o, y_o, \theta_o]^{\mathrm{T}}$ 可以使用齐次矩阵表示：

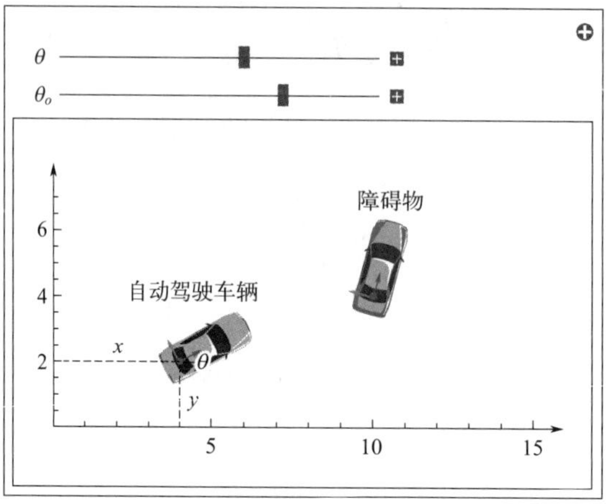

图 3-46 平面内的车辆位姿表示

$$
\begin{aligned}
&\boldsymbol{g}_{wo}\\
&=\boldsymbol{g}_{we}\boldsymbol{g}_{eo}\\
&=\begin{bmatrix}\cos\theta & -\sin\theta & x\\ \sin\theta & \cos\theta & y\\ 0 & 0 & 1\end{bmatrix}\begin{bmatrix}\cos\theta_s & -\sin\theta_s & x_s\\ \sin\theta_s & \cos\theta_s & y_s\\ 0 & 0 & 1\end{bmatrix}
\end{aligned}
$$

如果反过来，知道障碍物相对于世界坐标系的位姿，如何计算障碍物相对于车辆的位姿呢？方法如下：

$$
\begin{aligned}
&\boldsymbol{g}_{\mathrm{eo}}\\
&=\boldsymbol{g}_{\mathrm{ew}}\boldsymbol{g}_{\mathrm{wo}}\\
&=\begin{bmatrix}\cos\theta & -\sin\theta & x\\ \sin\theta & \cos\theta & y\\ 0 & 0 & 1\end{bmatrix}^{-1}\begin{bmatrix}\cos\theta_o & -\sin\theta_o & x_o\\ \sin\theta_o & \cos\theta_o & y_o\\ 0 & 0 & 1\end{bmatrix}
\end{aligned}
$$

第4章

定位技术

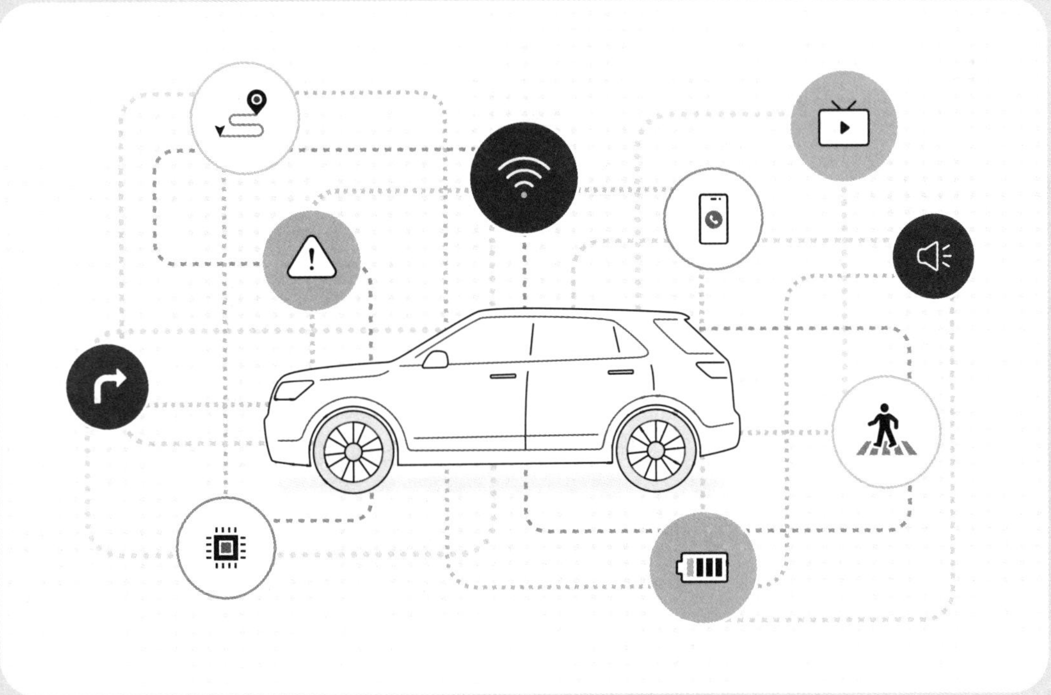

4.1 概述

定位（localization）即确定自己（无人车）的位置。与运动一样，“位置”是个相对的概念。当问“你在哪”时，总是暗含一个前提，即相对于某个地标或者坐标系的位置。我们经常会不自觉地使用参照物（例如图书馆）。所以，一个可能的回答是“我在图书馆门口”。与定位经常一同出现的一个词是“导航”，这个词语来自航海，即“导引船只航行”。相对于定位，导航的概念更广，包括确定自己的位置、确定目标的位置以及设计到达目标的路线等。

定位模块处于自动驾驶的上游，下游模块（例如感知、规划、控制模块）依赖无人车的定位信息实现其功能，因此定位模块的重要性不言而喻。本章将对目前无人驾驶中常用的定位技术进行介绍。

室内移动机器人常用的定位方式主要有以下几种。

（1）磁条导航

磁条导航是移动机器人最原始的导航方式之一。在机器人底部安装磁导航传感器，如图 4-1 所示。同时在机器人行走的路线上预先铺设磁条。磁条是带有磁性的塑胶带。磁导航传感器能够检测传感器中心相对于磁条中心的偏移距离。根据这一距离，机器人的控制器调整车轮角度以实现对磁条路线的跟随。磁条导航的精度取决于磁导航传感器的测量精度，一般传感器可以实现 1～10mm 的精度。

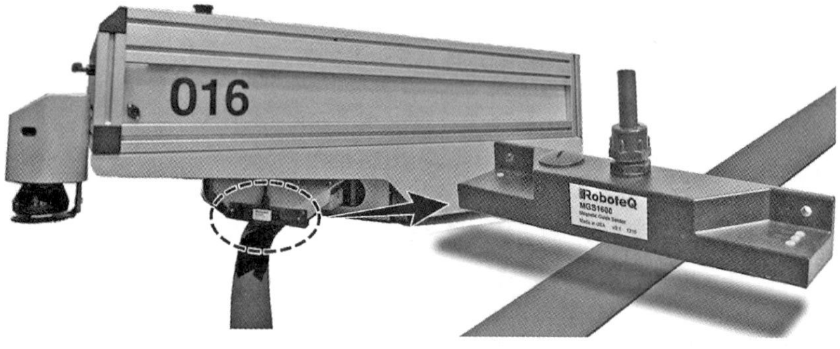

图 4-1　磁条导航

采用磁条导航的机器人只能获取自身相当于磁条的横向位置，而在纵向上的位置无法通过磁条直接获取。磁条导航的缺陷是机器人只能沿磁条铺设的路线行走。而且，磁条长时间经受机器人碾压后容易脱落、断裂，导致机器人偏离预定的路线。

与磁条导航原理类似的是色带导航，其将磁条换成特定颜色的塑胶带，将磁导航传感器替换成摄像头传感器。摄像头不断拍摄色带的图片，通过图像处理算法计算出色带在视野中的位置和角度，提供给机器人控制器，从而纠偏。

（2）二维码导航

二维码导航与磁条导航类似，同样需要在机器人行驶路线附近的地面预先贴好二维码标签，标签中存储着该点的位置以及站点编号等信息。机器人经过标签时，其底部安装的摄像头扫描标签（如图 4-2 所示），获取标签中的坐标以及摄像头相对于标签的位置和角度，经过坐标变换得到机器人相对于环境的位置和朝向角。二维码标签通常按照一定的间隔铺设在机器人的行驶路线上。机器人在两个标签之间的位置和朝向角通过惯性传感器或者里程计近似推测出来。从一个标签出发，在位置递推误差发散之前，机器人就能够到达下一个标签，从而对其位姿进行纠正，防止误差累积。因为二维码标签相对精细，污损和破坏容易导致其无法读取，所以二维码导航适用于干净的地面条件。二维码导航的精度可以达到 0.1～1mm，角度精度可达 0.1°～1°。

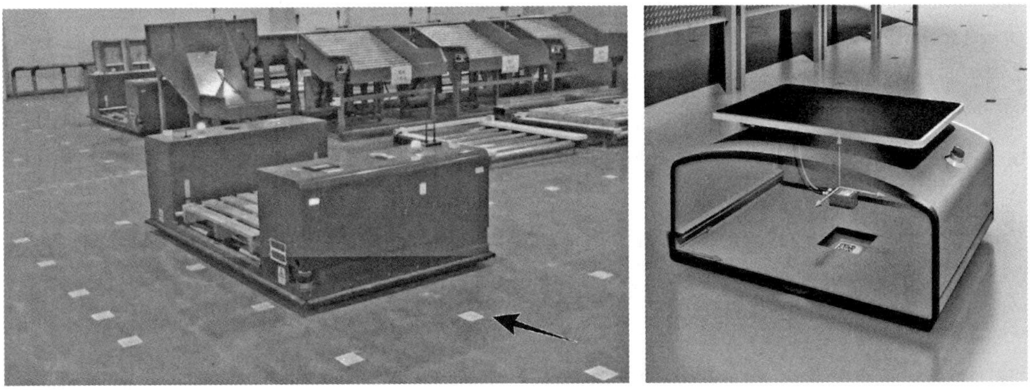

图 4-2　二维码导航

(3) 激光导航

激光导航需要机器人安装测量型激光雷达，如图 4-3 所示。激光导航方式可分为两种：基于反射板的和基于环境轮廓的（简称为激光有反和激光无反）。基于反射板的激光导航需要在机器人行驶路径两侧的墙壁上预先安装反射板（或反光柱），通过测量激光反射时间推测机器人的位姿。而基于环境轮廓的激光导航不依赖外部辅助，完全依靠环境中已有的结构特征进行定位，其灵活性更高。在某些特征不明显或者单调的环境，例如长走廊中，会综合使用反射板和环境轮廓两种手段进行定位。激光导航方式的精度可达 5～10mm。

图 4-3　激光导航

除以上方法外，室内机器人还可采用视觉导航、UWB（ultra-wideband，超宽带）导航等方式。当机器人工作在室外时，其可采用的导航方式有卫星导航、磁钉导航、车道线导航等。

4.2 GNSS 定位

在室外环境中，无人车或机器人可以采用卫星定位。卫星定位依赖 GNSS（global navigation satellite system，全球导航卫星系统），例如美国的全球定位系统（GPS）和中国的北斗导航卫星系统（BDS）。GNSS 的应用广泛，例如我们常用的手机导航和车载导航：人造卫星发出电磁波，无人车通过内置信号接收和处理芯片的卫星接收机得到自身的绝对位置。在使用 GNSS 定位时需要先了解几个常用的坐标系。

4.2.1 GNSS 常用坐标系

在无人车定位中经常遇到的坐标系是 WGS84 坐标系。WGS84（World Geodetic System 1984）是由美国国防部在 1984 年为 GPS 建立的坐标系。

WGS84 坐标系是一个直角坐标系，原点位于地球质心，x 轴通过本初子午线（也就是经度 0°），z 轴指向地球北极点，y 轴与 x 轴和 z 轴组成右手坐标系，如图 4-4 所示。图中并未采用真实的比例，而是将地球画成较为夸张的椭球。

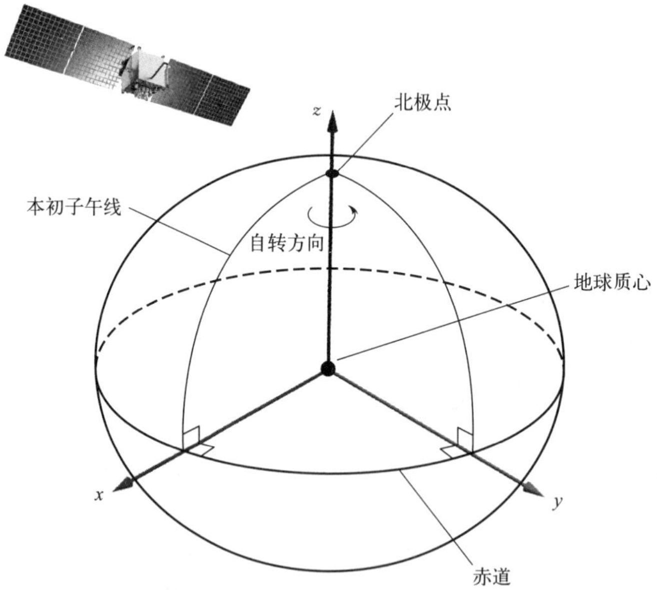

图 4-4　WGS84 坐标系定义

尽管肉眼看上去地球很圆，但实际上地球不是一个标准的球体，由于自转产生的离心力，南北两极的半径较小，赤道半径较大，因此地球近似是一个椭球体。WGS84 坐标系与地球保持固定，随地球自转而转动。每个坐标系会被分配一个 EPSG 码，WGS84 坐标系的 EPSG 码是 4326。WGS84 坐标系与地球保持固定而且原点位于地球中心，所以也是一种地心地固（earth-centered，earth-fixed，简称 ECEF）坐标系。在 WGS84 坐标系中使用经度、纬度和高度三个值可以确定一个点。

WGS84 坐标系的原点位于地球内部的中心，而且坐标采用球面坐标表示，单位是角度（°），在计算距离时不方便。因此，在无人驾驶和机器人领域通常不直接使用这一坐标系，而是使用经过转换的坐标系。比较常用的是通用横墨卡托网格坐标系（universal transverse Mercator grid system），简称 UTM 坐标系。该坐标系将原点放在地球表面，相比 WGS84 使用更简单。

UTM 投影将地球沿东西方向分成了 60 个区，每个区跨越 6 个经度，因此刚好是 6°×60＝360°。沿南北方向从南纬 80°到北纬 84°分成了 20 个区间（纬度区间），每个区间都用唯一的编号标识。所以，地球表面被分割成 1200 片，每片都有自己的坐标系原点和标示。

已知经纬度可以转换成 UTM 坐标。转换过程可以借助成熟的第三方库函数，这里以 PROJ 为例。PROJ 是一个开源的地图投影库，能够将一个坐标系中的坐标转换到另一个坐标系中，其全称为 Cartographic Projections and Coordinate Transformations Library。为了便于说明，我们使用它的 Python 接口：pyproj。

首先，使用以下命令安装 pyproj。

```
pip install pyproj
```

安装好以后，新建 Python 脚本文件，并在文件中输入以下命令从而将库导入。

```
from pyproj import Proj,transform
```

接下来定义 WGS84 _ to _ UTM 函数，如下。

```
def WGS84_to_UTM(lon,lat):
    # 创建待转换的两个坐标系的投影
    WGS84=Proj(init='epsg:4326')  # WGS-84 坐标系
    UTM= Proj(init='epsg:32651')  # UTM 坐标系
    # 坐标转换
    x,y=transform(WGS84,UTM,lon,lat)
    return x,y
```

此函数的输入分别是经度 lon 和纬度 lat。将 GPS 坐标转换为 UTM 坐标。前文提到 GPS 采用的 WGS84 坐标系的 EPSG 码是 4326。要转换的目标 UTM 坐标需要自己计算。

假设我们位于苏州市，要转换的坐标（经纬度）是 lon＝120.6742998770，lat＝31.3171670937，可以用以下命令计算 EPSG 码。

```
int(32700-round((45+lat)/90,0) * 100+round((183+lon)/6,0))
```

代入 lon、lat 坐标计算得到 EPSG 码为 32651。因此，在 UTM 的 Proj 初始化中填入。最后调用函数 WGS84 _ to _ UTM 进行转换，如下：

```
x,y = WGS84_to_UTM(lon,lat)
```

转换的结果为 $x=-392463.119458055$，$y=-69138.459694817$，坐标单位为米（m）。

可以看到转换后的值仍然较大，所以在实际使用时，通常选定一个点作为无人车定位的原点。无人车的位置使用相对该原点的值表示［即经纬度转换后的（x，y）坐标再减去原点的（x，y）坐标］，这样就保证了无人车的位置坐标值在一定范围内。

在无人驾驶系统中，为了统一，各模块之间通信的输入和输出数据都需要表示到一个坐标系中。这个统一的坐标系一般选择 UTM 投影坐标系。

4.2.2 RTK 技术

由于 GNSS 采用无线电传递数据，其受环境干扰比较严重。在室内、隧道、高楼林立的街道、水下等场景都无法使用。

普通的 GNSS 定位精度通常在米级（1～10m），这一精度显然无法使车辆保持在车道内行驶。实时动态载波相位差分技术（简称 RTK 技术）的出现解决了传统 GNSS 定位精度低的问题，其精度可达厘米级（≤10cm），满足无人车在大部分场景的定位精度要求。

RTK 技术在地面已知位置布设基准站，基准站接收卫星信号，通过长期测量计算出自身的精确位置；然后，基准站在接收到卫星的实时信号后会进行解算，将卫星传递的单次实时测得的位置信号与基准站自己的实际位置信息（长期测量后的滤波平均值）进行比较，找到传递过程的定位误差，然后通过 4G/5G 移动网络或无线电信号将误差发送给无人车上的导航传感器，传感器根据实时接收到的卫星信号，对误差进行修正，由此得到自身的精确位置。

4.3 激光定位

4.3.1 激光雷达原理

激光束照射到物体后会发生反射，这个特性可以用于测距。通过计算激光束的发送和接收时间差并乘以光速，便能够推算出传感器到物体的距离。一种生活中常见的激光测距设备是手持式激光测距仪，如图 4-5(a) 所示。激光测距仪只能输出一个距离值，如果想获得多个物体的距离值，可以将激光测距仪对准不同的物体。一个更巧妙的做法是让激光传感器旋转起来，这样就可以得到不同角度下的距离值，这样的激光传感器被称为机械旋转式激光雷达（spinning LiDAR）。具有这样原理的传感器也被称为单线激光雷达。如果我们想获取空间中不同高度的距离值，可以将多个单线激光雷达叠加起来，这样的传感器被称为多线激光

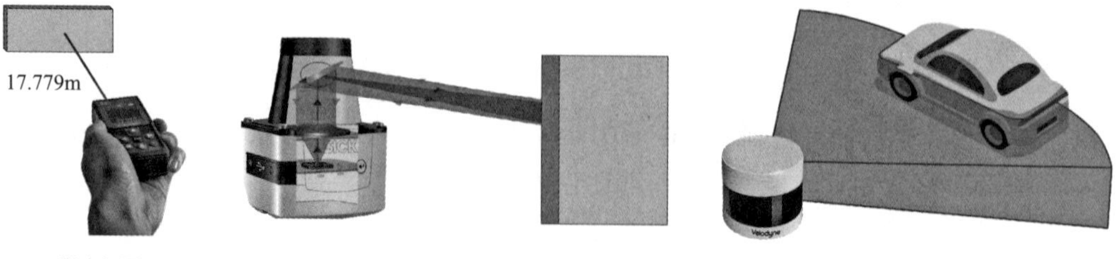

(a) 激光测距仪　(b) 单线激光雷达　(c) 多线激光雷达

图 4-5　激光测距设备

雷达。需要注意的是，机械旋转只是一种激光雷达的扫描方式。除此以外，还有固态激光雷达（solid-state LiDAR）。

单线激光雷达多见于工作在室内平面环境中的移动机器人，用于避障或者二维建图定位，如图 4-6 所示。室外机器人通常使用多线激光雷达，其输出的点云既可以用于建图定位，也可用于障碍物检测。

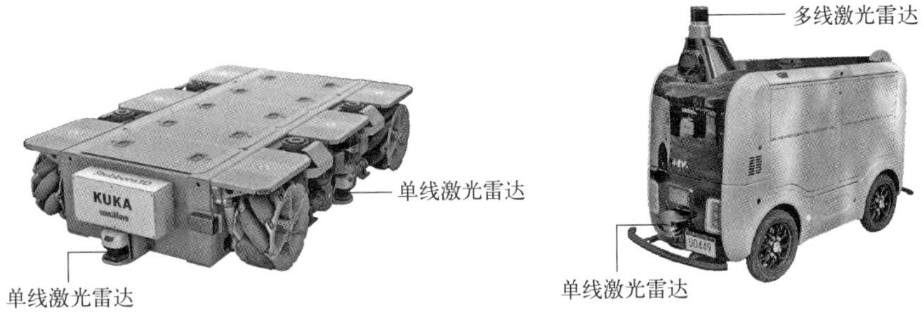

(a) 室内移动机器人　　(b) 室外移动机器人

图 4-6　移动机器人上使用的激光雷达

激光雷达的优点是不受环境光影响，即使在强烈阳光照射、夜晚无路灯等条件下仍能正常工作，但是环境中的粉尘、雾可能会对雷达造成影响。

4.3.2 LOAM 系列

LOAM（LiDAR Odometry and Mapping）是美国卡内基·梅隆大学机器人研究所的博士生张楫在 2014 年提出的激光里程计与实时建图方法。LOAM 曾长期占据自动驾驶和机器人领域 KITTI 里程计比赛排行榜第一名。由于其优秀的性能，在它的基础上衍生出了一系列方法，对其进一步改进。表 4-1 列出了其中部分方法。LOAM 及其改进版本也是大多数移动机器人、AGV/AMR、无人驾驶车辆采用的激光定位方法。

表 4-1　LOAM 及其衍生方法

名称	提出时间	特点
LOAM	2014 年	基于曲率的特征点匹配、前后端多线程实现
V-LOAM	2015 年	视觉传感器、激光雷达融合的里程计
LEGO-LOAM	2018 年	增加地面特征约束和回环检测，用于移动机器人
A-LOAM	2019 年	使用第三方库 Eigen 和 Ceres 简化代码实现
LIO-SAM	2020 年	LEGO-LOAM 改进版，增加了 IMU 预积分和 GPS
F-LOAM	2021 年	去除帧间匹配，提高运行效率，适合嵌入式
SA-LOAM	2021 年	使用语义改善回环
DV-LOAM	2021 年	视觉传感器、激光雷达融合，改善回环

4.3.3 特征点提取

既然 LOAM 是一个激光建图和状态估计方法，那就离不开对激光传感器特点的分析、讨论。机械旋转式激光雷达虽然是连续旋转的，但是它的输出却是一帧一帧的。通过匹配每帧激光点云与上一帧点云，可以估计得到两帧之间机器人的相对位移，这就是激光里程计的工作方式。这里用估计，是因为不能精确地得到相对位移。传统的估计方法是直接在原始的点云上操作（例如ICP算法）。但是LOAM没有直接使用ICP，而是采用了更巧妙的方法，它不是直接对大量的点云进行变换，而是在点云的基础上提取出相对较少的特征点，然后用特征点进行匹配。

使用特征点是LOAM的亮点之一。LOAM是如何定义和选择特征点的呢？点云只能反映物体表面的几何形状，而物体表面大致可以分成两种：一种是平坦、起伏不大的曲面片或者平面片；另一种是面片之间衔接或过渡的部分，也就是尖锐边缘或者尖角。而边缘和平面可以根据点的平滑性这一特征进行区分。对于点云中任意一个点 $\boldsymbol{X}$，定义它的平滑性为 c，见式(4.1)。相关论文中使用平滑度（smoothness）这一描述。从直观上解读，在平面上平滑度的值应该比较大（即表明平面更平滑），在边缘处平滑度数值比较小。但是式(4.1)的计算结果与我们的理解恰好相反，所以对式(4.1)更合适的描述应该是粗糙度（roughness）。由于该特征的计算只采用单条扫描线上的点云，与描述曲线的弯曲程度相似，所以本书称其为曲率（curvature）。

$$c=\frac{1}{\|\boldsymbol{X}\|}\left\|\sum_{i}(\boldsymbol{X}_i-\boldsymbol{X})\right\| \tag{4.1}$$

式中，$\boldsymbol{X}_i$ 是与 $\boldsymbol{X}$ 相邻的几个点，在程序中选取的是与 $\boldsymbol{X}$ 相邻的前5个和后5个点。

为了理解式(4.1)，首先有必要了解机械旋转式激光雷达的工作方式。此种激光雷达以固定的频率扫描环境，每扫描一次环境就输出一帧点云（称为一个sweep）。这里暂时只考虑式中一帧点云中的点。对于二维激光雷达（单线激光雷达），其只有一个激光发射器，该发射器绕一个固定轴旋转，因此一帧点云只能捕捉到环境的一个截面。对于三维激光雷达（也叫多线激光雷达），其相当于多个单线雷达叠加组成，每次旋转中多个激光发射器同时工作，这样一次扫描能输出多个截面，每个截面中的点集称为一个scan。因此多线激光雷达能捕捉更密集的环境信息。这里，我们主要考虑多线激光雷达。以美国Velodyne公司的16线激光雷达为例，该雷达的扫描频率一般为10Hz，即1s返回10帧点云。该雷达旋转扫描的范围是360°，扫描角度的分辨率是0.2°，因此可以计算出理论上一个scan有360°/0.2°=1800个点。每帧点云由16个scan组成，所以一帧理论上有1800×16=28800个点。但是有些激光可能射向天空而没有被反射回来，所以实际上的点会比理论数量略少一些。

在计算曲率 c 时，只使用一个截面内的点。原因是：曲率是一种局部性质，其计算需要使用某个点附近的那些点，而一个截面内的点是按照旋转顺序规则排列的，其在内存中保存的顺序与实际空间中的顺序一致。因此，如果点云中点的存储顺序是杂乱无章的，便无法直接使用式(4.1)计算曲率，需要先按照点在空间中的相邻关系排序后才可以使用式(4.1)计算曲率。式(4.1)中，$\boldsymbol{X}_i-\boldsymbol{X}$ 是由点 $\boldsymbol{X}$ 指向 $\boldsymbol{X}_i$ 的向量；$\sum(\boldsymbol{X}_i-\boldsymbol{X})$ 是对所有向量求和，结果仍然是一个向量。下面，我们计算一下不同情况下 $\|\sum(\boldsymbol{X}_i-\boldsymbol{X})\|$ 的大小，以获得对式(4.1)更直观的感受。

在图4-7中，中间稍大的点是 $\boldsymbol{X}$。$\boldsymbol{X}$ 的左侧和右侧各有5个点，相邻点之间的距离均为0.1m。这些点形成的角度不同，由图4-7可见：角度越大，其曲率 c 越小，说明这些点可能位于物体的平面上；角度越小，其曲率 c 越大，说明这些点可能经过了物体的边角。在随书代码中提供了这个例子，读者可以尝试用鼠标改变点云的角度并观察曲率 c 的变化。

三维点也可看作一个向量，$\|\boldsymbol{X}\|$ 表示向量 $\boldsymbol{X}$ 的范数，也就是向量的长度，含义是点 $\boldsymbol{X}$ 到激光雷达坐标系原点的距离。单帧激光点云具有一个特点：离激光雷达越近，点之间的距

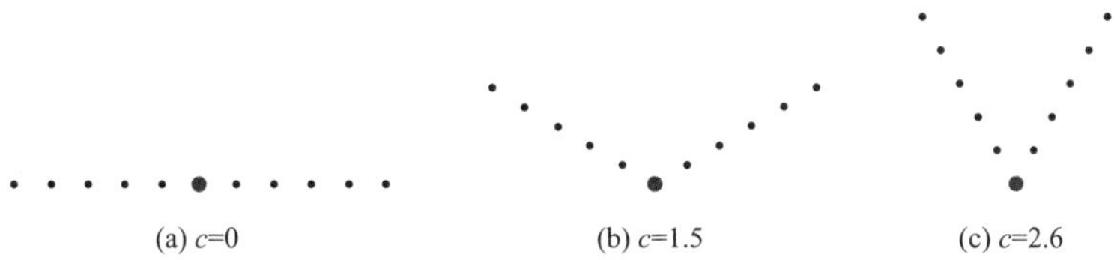

图 4-7　不同点云分布下计算出的曲率值

离越近，即点的分布越密集；离激光雷达越远，点之间的距离也越远，即点的分布越稀疏。考虑到点云的这种分布特点，式(4.1)中除以$\|\boldsymbol{X}\|$，可以视为一种归一化手段。间距越大的点离激光雷达（$\|\boldsymbol{X}\|$）也越远，除以$\|\boldsymbol{X}\|$可以抵消这种距离的不一致。

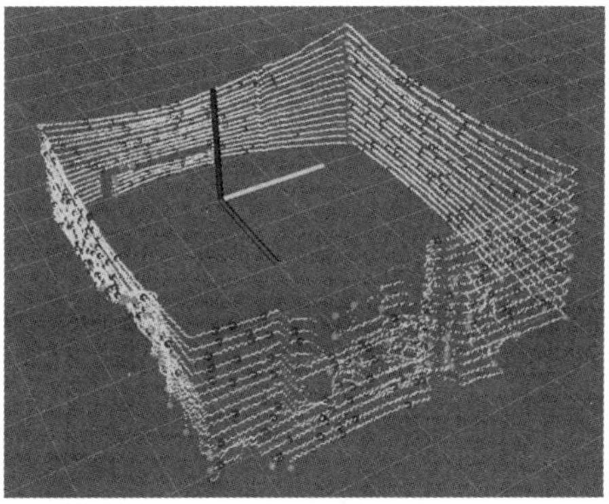

图 4-8　激光点云中的角点和平面点

根据曲率 c 的大小，可以对点云中所有的点进行排序和分类。相关文献中将点分为两类：曲率大的称为角点，曲率小的称为平面点。下面用实际的激光点云数据来展示特征点提取效果。图 4-8 中的白色点是 Velodyne 16 线激光雷达的原始点云，扫描环境是一个房间，能够看到点云在垂直方向分成了 16 条线。灰色的小圆球是提取出来的角点，黑色的是平面点。可以看到，角点基本上位于房间的墙角和过渡较大的地方，例如物体（窗帘）的边缘。但是由于程序中对特征点的数量有限制，不是所有的角点都被提取出来加以利用，因此可以看到四个墙角只有一个被保存下来，其他三个墙角基本上没有提取。平面点也散落在墙壁上，同样不是所有平面点都被利用了，而是只有一部分。

在程序中，对特征点划分得更细腻：除了角点和平面点，还使用了曲率 c 不太大的点（less sharp point），和曲率不太小的点（less flat point）。图 4-9 中灰色的小圆就是 less sharp point，黑色的小圆是 less flat point。在图 4-9(b) 中房门被打开了，可以清晰地看到门口边界有更多的 less sharp point。

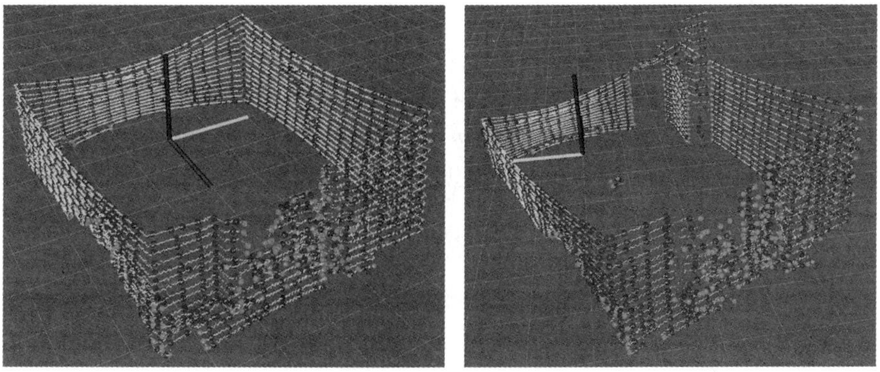

(a)　　　　(b)

图 4-9　激光点云中更细腻的特征点分类

4.3.4 特征点匹配

得到特征点后，需要借助特征点计算两帧点云之间的相对位移，这一过程被称为点云匹配（point matching），又被称为点云配准（point registration）或点云对齐。在点云匹配方法中，最经典的方法是 ICP（iterative closest point，迭代最近点法）。在 ICP 等传统匹配方法中，用点与点之间的距离评价匹配的效果，因此每个点只需要找一个对应的点，但是在 LOAM 中采用了更好的匹配标准。提取出特征点的目的是利用特征点表示环境特征，这是一种数据压缩的思想。

特征点分为两类：角点一般在转折线上（例如卧室里的墙角），在匹配时要计算它到另一帧点云中折线的距离；平面点一般在比较平坦的表面（例如墙面）上，要计算它到另一帧点云中平面的距离。以经典的 ICP 方法为例来说，对它的改进非常多，其中很多改进都是针对距离度量的。原始 ICP 使用点到点的距离度量，改进后使用点到线或者点到面的方法。LOAM 使用了点到直线和点到平面计算距离，这就意味着它适用于结构化比较好的室内环境，因为在室内环境中充满了平直的墙壁、地面、家具、转折角。室外环境就没这么理想了，可能充满了树叶、石块、车辆等形状不规则的物体，其直线和平面的假设就不太准确了。

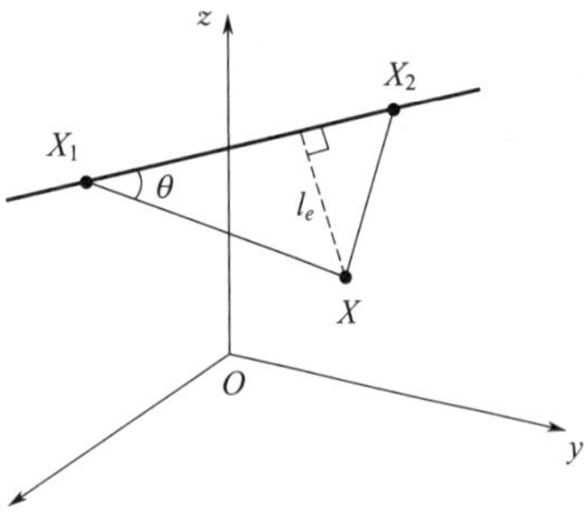

图 4-10　点到直线的距离

在三维空间中，如何计算点到直线的距离？可以通过计算三角形面积的方式来求得点到直线的距离。假设直线由两个端点 X_1、X_2 表示，X 是直线外的一点，X 到直线的距离记为 l_e，如图 4-10 所示。三个点的坐标向量 $\boldsymbol{X}$、$\boldsymbol{X}_1$、$\boldsymbol{X}_2$ 都是已知的，待求量的只有 l_e。

点 X 与 X_1、X_2 形成了一个三角形。如果以 X_1X_2 为底边，以 l_e 为高，那么三角形的面积为

$$S=\|\boldsymbol{X}_2-\boldsymbol{X}_1\|l_e/2$$

如果以 X_1X 为底边，三角形面积还可以表示为

$$S=\|\boldsymbol{X}-\boldsymbol{X}_1\|\|\boldsymbol{X}_2-\boldsymbol{X}_1\|\sin\theta/2$$

式中，θ 是向量$\overrightarrow{X_1X_2}$与$\overrightarrow{X_1X}$的夹角。

这两种方法计算出来的三角形面积必然相等，因此可以得到以下等式：

$$\|\boldsymbol{X}_2-\boldsymbol{X}_1\|l_e=\|\boldsymbol{X}-\boldsymbol{X}_1\|\|\boldsymbol{X}_2-\boldsymbol{X}_1\|\sin\theta \tag{4.2}$$

如果使用上式计算 l_e，还要求出夹角 θ。虽然求出 θ 并不难，但是能不能绕过 θ 呢？回忆两个向量叉积的定义：

$$\boldsymbol{a}\times\boldsymbol{b}=\|\boldsymbol{a}\|\|\boldsymbol{b}\|\sin\theta\boldsymbol{n}$$

式中，θ 是两个向量 $\boldsymbol{a}$、$\boldsymbol{b}$ 之间的夹角；$\boldsymbol{n}$ 是与 $\boldsymbol{a}$、$\boldsymbol{b}$ 都垂直的单位向量。

我们观察到式(4.2) 的右侧恰好符合叉积的定义，而两个向量的叉积很容易编程实现。因此式(4.2) 的右侧可以写成叉积的形式：

$$\|\boldsymbol{X}_2-\boldsymbol{X}_1\|l_e=\|(\boldsymbol{X}-\boldsymbol{X}_1)\times(\boldsymbol{X}_2-\boldsymbol{X}_1)\|$$

从上式可以求出点到直线的距离 l_e 为

$$l_e=\frac{\|(\boldsymbol{X}-\boldsymbol{X}_1)\times(\boldsymbol{X}_2-\boldsymbol{X}_1)\|}{\|\boldsymbol{X}_2-\boldsymbol{X}_1\|} \tag{4.3}$$

为了实现两帧点云的配准，需要求 l_e 关于变换矩阵 $\boldsymbol{T}$ 的最小值。通常使用梯度下降之

类的数值方法计算最小的 l_e，这就要用到 l_e 关于变换矩阵 $\boldsymbol{T}$ 的雅可比矩阵。求解雅可比矩阵有数值和解析两种方式，其中数值方式不需要复杂的推导过程，但是速度较慢。在 LOAM 的一种改进方法——F-LOAM 中，计算出了解析雅可比矩阵。

为方便起见，将向量 $\boldsymbol{X}_2-\boldsymbol{X}_1$ 的单位向量记为 $\boldsymbol{n}_e$：

$$\boldsymbol{n}_e=\frac{\boldsymbol{X}_2-\boldsymbol{X}_1}{\|\boldsymbol{X}_2-\boldsymbol{X}_1\|}$$

因此，距离 l_e 可以写成

$$l_e=\|(\boldsymbol{X}-\boldsymbol{X}_1)\times\boldsymbol{n}_e\|$$

注意，点 $\boldsymbol{X}$ 是变换矩阵 $\boldsymbol{T}$ 的函数：$\boldsymbol{X}=\boldsymbol{T}\boldsymbol{X}_0$。这里 $\boldsymbol{X}_0$ 是点的初始位置。

$$\begin{aligned}\frac{\partial l_e}{\partial \boldsymbol{T}}&=\frac{\partial\|(\boldsymbol{X}-\boldsymbol{X}_1)\times\boldsymbol{n}_e\|}{\partial \boldsymbol{T}}\\&=\frac{(\boldsymbol{X}-\boldsymbol{X}_1)\times\boldsymbol{n}_e}{\|(\boldsymbol{X}-\boldsymbol{X}_1)\times\boldsymbol{n}_e\|}\times\frac{\partial[(\boldsymbol{X}-\boldsymbol{X}_1)\times\boldsymbol{n}_e]}{\partial \boldsymbol{T}}\\&=\frac{(\boldsymbol{X}-\boldsymbol{X}_1)\times\boldsymbol{n}_e}{\|(\boldsymbol{X}-\boldsymbol{X}_1)\times\boldsymbol{n}_e\|}\times\frac{\partial[(\boldsymbol{T}\boldsymbol{X}_0-\boldsymbol{X}_1)\times\boldsymbol{n}_e]}{\partial \boldsymbol{T}}\end{aligned}\tag{4.4}$$

上面的求导用到了链式求导法则，即首先对向量的模长求导，再对向量值函数求导，即

$$\frac{\partial\|\boldsymbol{y}(\boldsymbol{x})\|}{\partial\boldsymbol{x}}=\frac{\boldsymbol{y}(\boldsymbol{x})}{\|\boldsymbol{y}(\boldsymbol{x})\|}\times\frac{\partial\boldsymbol{y}(\boldsymbol{x})}{\partial\boldsymbol{x}}$$

读者可以使用以下代码进行验证。

```
In[1]:=D[Sqrt[x_1^2+x_2^2],{{x_1,x_2}}]
Out[1]={x_1/Sqrt[x_1^2 x_2^2], x_2/Sqrt[x_1^2 x_2^2]}
```

式(4.4) 中第三行的第一项已知，所以只需要计算第二项，计算过程如下：

$$\begin{aligned}&\frac{\partial[(\boldsymbol{T}\boldsymbol{X}_0-\boldsymbol{X}_1)\times\boldsymbol{n}_e]}{\partial \boldsymbol{T}}\\&=\frac{\partial(\boldsymbol{T}\boldsymbol{X}_0-\boldsymbol{X}_1)}{\partial \boldsymbol{T}}\times\boldsymbol{n}_e+(\boldsymbol{T}\boldsymbol{X}_0-\boldsymbol{X}_1)\times\underbrace{\frac{\partial\boldsymbol{n}_e}{\partial \boldsymbol{T}}}_{\boldsymbol{0}}\\&=\frac{\partial(\boldsymbol{T}\boldsymbol{X}_0)}{\partial \boldsymbol{T}}\times\boldsymbol{n}_e\end{aligned}$$

式中，利用了叉积的求导法则，即

$$\frac{\mathrm{d}(\boldsymbol{a}\times\boldsymbol{b})}{\mathrm{d}t}=\frac{\mathrm{d}\boldsymbol{a}}{\mathrm{d}t}\times\boldsymbol{b}+\boldsymbol{a}\times\frac{\mathrm{d}\boldsymbol{b}}{\mathrm{d}t}$$

最后的计算结果中出现了 $\frac{\partial(\boldsymbol{T}\boldsymbol{X}_0)}{\partial \boldsymbol{T}}$，可以使用第 3 章介绍的李代数的左扰动计算，暂时将其记为 $\boldsymbol{J}=\frac{\partial(\boldsymbol{T}\boldsymbol{X}_0)}{\partial \boldsymbol{T}}$。将上面几项组合起来就得到了距离 l_e 关于 $\boldsymbol{T}$ 的雅可比矩阵。一个函数的雅可比矩阵的维数取决于函数的维数和自变量的维数。由于 $l_e\in\mathbf{R}^1$，因此函数的维数是 1。自变量 $\boldsymbol{T}\in\mathrm{SE}(3)$ 虽然是一个 4×4 的矩阵，但是在求导时我们采用了 $\boldsymbol{T}$ 的李代数（$\mathbf{R}^6$）扰动形式，因此该雅可比矩阵的维数是 1×6。

$$\frac{\partial l_e}{\partial \boldsymbol{T}}=\frac{(\boldsymbol{X}-\boldsymbol{X}_1)\times \boldsymbol{n}_e}{\|(\boldsymbol{X}-\boldsymbol{X}_1)\times \boldsymbol{n}_e\|}\cdot(\boldsymbol{J}\times \boldsymbol{n}_e)$$

随书代码中给出了一个优化单个激光点的例子，其中使用梯度下降方法计算使距离 l_e 最小的变换矩阵 $\boldsymbol{T}$，运行结果如图 4-11 所示。图 4-11 中，黑色点是激光点的初始位置，即 X_0。实线表示从边缘点得到的直线，虚线是迭代过程中激光点的运动路径。可以看到激光点一直朝直线的方向运动，直到落在直线上，此时点到直线的距离最小（为 0）。

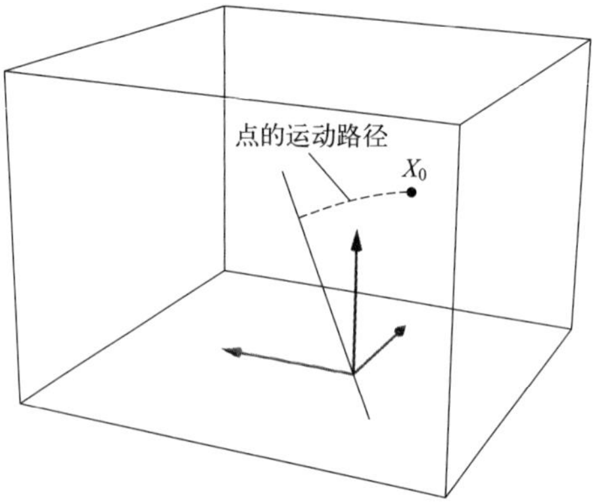

图 4-11　最小化点到直线的距离

下面分析如何计算点到平面的距离，这个问题比计算点到直线的距离稍微复杂一些。

先来看简单的情况，即假设平面经过原点，如图 4-12(a) 所示。所以平面方程可以写成 $ax+by+cz=0$，方程的系数 a、b、c 不能都为零。从几何的视角解释该方程会更直观：定义向量 $\boldsymbol{n}=(a,b,c)$，那么 $\boldsymbol{n}$ 就是该平面的法向量。可以很容易地验证这个说法：对于空间中一点 $\boldsymbol{v}=(x,y,z)$，如果 $\boldsymbol{v}$ 在上述平面上，那么必须满足方程 $ax+by+cz=0$。将这个方程写成点积的形式：$(a,b,c)\cdot(x,y,z)=\boldsymbol{n}\cdot\boldsymbol{v}=0$。根据点积公式 $\boldsymbol{n}\cdot\boldsymbol{v}=\|\boldsymbol{n}\|\|\boldsymbol{v}\|\cos\theta$，两个非零向量的点积等于零说明它们的夹角 θ 为 90°，即相互垂直。$\boldsymbol{n}$ 与平面上任意一点（坐标向量）都垂直，所以 $\boldsymbol{n}$ 是平面的法向量。

如果能在平面内找到距离 X 最近的一个点 X'，那么线段 $|XX'|$ 的长度就是点 X 到平面的距离。容易想到，直线 XX' 与平面垂直时其与平面的交点就是 X'。记 $l_s=|XX'|$，根据几何关系可得

$$l_s=\|\boldsymbol{X}\|\cos\theta$$

式中，角度 θ 是向量 $\boldsymbol{X}$ 与直线 XX' 的夹角。

现在，问题变成了如何求角度 θ。因为直线 XX' 与平面垂直，法向量也与平面垂直，所以直线 XX' 与 $\boldsymbol{n}$ 平行。所以，向量 $\boldsymbol{X}$ 与向量 $\boldsymbol{n}$ 的夹角也等于 θ。求两个向量的夹角可以使用向量点积公式 $\boldsymbol{n}\cdot\boldsymbol{X}=\|\boldsymbol{n}\|\|\boldsymbol{X}\|\cos\theta$。所以，点到平面的距离公式为

$$l_s=\|\boldsymbol{X}\|\cos\theta=\boldsymbol{n}\cdot\boldsymbol{X}/\|\boldsymbol{n}\|$$

如图 4-12(b) 所示，如果平面不经过原点，该怎么办？由于我们只关心点到平面的相对距离，这个距离只与点和平面的相对关系有关，与原点无关，所以可以在平面上任取一个点 X_i，然后关注向量 $\overrightarrow{X_iX}=\boldsymbol{X}-\boldsymbol{X}_i$。计算过程与上面的相似，如下：

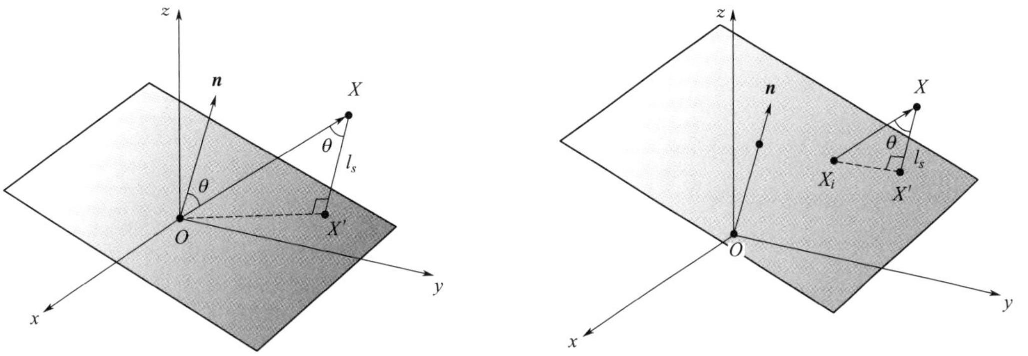

(a) 平面经过原点　　(b) 平面不经过原点

图 4-12　点到平面的距离

$$
\begin{aligned}
l_s &= \|\overrightarrow{X_iX}\|\cos\theta \\
&= \boldsymbol{n}\cdot\frac{\overrightarrow{X_iX}}{\|\boldsymbol{n}\|} \\
&= \frac{\boldsymbol{n}}{\|\boldsymbol{n}\|}\cdot(\boldsymbol{X}-\boldsymbol{X}_i)
\end{aligned}
$$

如果平面不是用 $ax+by+cz=d$ 的形式给出的，而是由三个不共线的点定义的，那么还要计算出平面的法向量 $\boldsymbol{n}$。假设平面内的三个已知点的坐标向量分别为 $\boldsymbol{X}_1$、$\boldsymbol{X}_2$、$\boldsymbol{X}_3$。向量 $\boldsymbol{X}_2-\boldsymbol{X}_1$ 和 $\boldsymbol{X}_3-\boldsymbol{X}_1$ 与平面平行。已知平面的两个平行向量可以用叉积求出法向量 $\boldsymbol{n}$，如下。

$$\boldsymbol{n}=(\boldsymbol{X}_2-\boldsymbol{X}_1)\times(\boldsymbol{X}_3-\boldsymbol{X}_1)$$

式中，×表示向量叉乘。

于是，点 X 到平面的距离可以表示为

$$
\begin{aligned}
l_s &= \frac{\boldsymbol{n}}{\|\boldsymbol{n}\|}\cdot(\boldsymbol{X}_i-\boldsymbol{X}) \\
&= \frac{[(\boldsymbol{X}_2-\boldsymbol{X}_1)\times(\boldsymbol{X}_3-\boldsymbol{X}_1)]\cdot(\boldsymbol{X}-\boldsymbol{X}_1)}{\|(\boldsymbol{X}_2-\boldsymbol{X}_1)\times(\boldsymbol{X}_3-\boldsymbol{X}_1)\|}
\end{aligned}
\tag{4.5}
$$

为了使用数值优化的方法计算最小的 l_s，需要计算点 X 到平面的距离的雅可比矩阵。相比于点到直线的雅可比矩阵，平面情况下的计算简单一些。

方便起见，定义单位向量：

$$\boldsymbol{n}_s=\frac{(\boldsymbol{X}_2-\boldsymbol{X}_1)\times(\boldsymbol{X}_3-\boldsymbol{X}_1)}{\|(\boldsymbol{X}_2-\boldsymbol{X}_1)\times(\boldsymbol{X}_3-\boldsymbol{X}_1)\|}$$

因此，点 X 到平面的距离可以写为

$$l_s=\boldsymbol{n}_s\cdot(\boldsymbol{X}-\boldsymbol{X}_1)$$

利用内积的求导公式：

$$\frac{\mathrm{d}(\boldsymbol{a}\cdot\boldsymbol{b})}{\mathrm{d}t}=\frac{\mathrm{d}\boldsymbol{a}}{\mathrm{d}t}\cdot\boldsymbol{b}+\boldsymbol{a}\cdot\frac{\mathrm{d}\boldsymbol{b}}{\mathrm{d}t}$$

可以得到

$$
\begin{aligned}
\frac{\partial l_s}{\partial \boldsymbol{T}} &= \frac{\partial[\boldsymbol{n}_s \cdot (\boldsymbol{X}-\boldsymbol{X}_1)]}{\partial \boldsymbol{T}} \\
&= \underbrace{\frac{\partial \boldsymbol{n}_s}{\partial \boldsymbol{T}}}_{\mathbf{0}} \cdot (\boldsymbol{X}-\boldsymbol{X}_1) + \boldsymbol{n}_s \cdot \frac{\partial(\boldsymbol{X}-\boldsymbol{X}_1)}{\partial \boldsymbol{T}} \\
&= \boldsymbol{n}_s \cdot \underbrace{\frac{\partial(\boldsymbol{T}\boldsymbol{X}_0)}{\partial \boldsymbol{T}}}_{\boldsymbol{J}}
\end{aligned}
$$

可以看到，其中再次出现了 $\boldsymbol{T}\boldsymbol{X}_0$ 关于变换矩阵 $\boldsymbol{T}$ 的导数 $\boldsymbol{J}$。

LOAM 解决了运动畸变问题（通常被称为 demotion 或者 distortion correction）。运动畸变产生的原因是激光雷达在采集数据的过程中是处于运动状态的。如果激光雷达的扫描频率很高，比自身的运动快得多，假设畸变很小从而将其忽略。但是，大多数雷达的扫描频率都不是非常高，以 Velodyne 激光雷达为例，常用的频率是 10Hz（最大不超过 20Hz）。假如机器人或者无人车的运动速度是 1m/s，只做直线运动。在完成一次 360°扫描的过程中，激光雷达的位置已经改变了 1m/s×0.1s=10cm，这样的误差就不能再忽略了。更何况实际无人车的运动速度一般远快于 1m/s，读者可以自己尝试计算激光雷达产生的移动。

LOAM 解决运动畸变的方法比较简单，就是根据每个点的相对时间进行补偿。这一运动畸变补偿的方法在 Apollo 自动驾驶项目中的激光雷达数据环节也得到使用。雷达扫描一帧的时间是相对固定的，可以得到每个点的采集时刻。将所有点都统一到同一时刻，这里选择的是每完成一帧扫描的末尾时刻，如图 4-13 所示。假设 t_k 是一帧扫描开始的时刻，t_{k+1} 是完成一次扫描的时刻。对于工作频率在 10Hz 的激光雷达，可得 $t_{k+1}-t_k=0.1\text{s}$。图 4-13 中，水平的箭头表示将所有点都投影到 t_{k+1} 时刻。P_k 是这一帧扫描过程输出的点云，不同的点具有不同的时间戳，它们按照时间顺序排列。对于下一帧点云（从 t_{k+1} 时刻开始），按照同样的方式投影到它的下一时刻（t_{k+2}）。

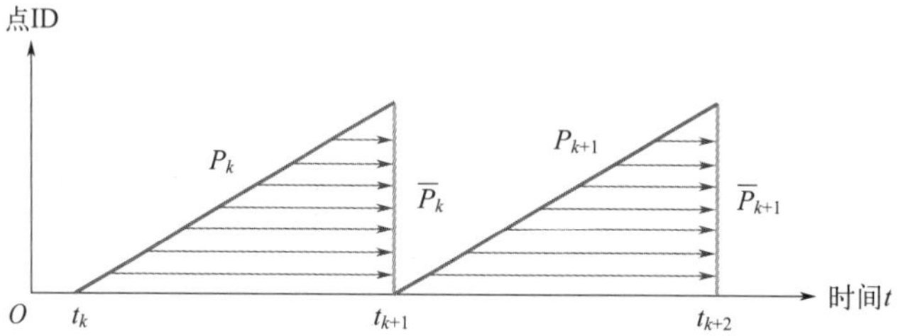

图 4-13　点云畸变校正

假设在一次扫描过程中激光雷达做最简单的运动，即匀速运动。也就是说，一次扫描过程中激光雷达的线速度和角速度都是不变的。在时间间隔不大，例如 0.1s 的情况下，可以认为这样的假设比较合理。将 t_{k+1} 时刻相对于 t_k 时刻的雷达相对位姿记为 $\boldsymbol{T}_{k+1}^{\mathrm{L}}$（其中上角符号 L 表示该位姿矩阵是相对于雷达坐标系的），对每个点 i 计算它的补偿变换矩阵 $\boldsymbol{T}_{(k+1,i)}^{\mathrm{L}}$，如式(4.6) 所示。这就是简单的线性插值，是根据匀速运动的前提得到的，所以是一种近似。注意：这是对点云中所有的点都用计算出来的变换矩阵 $\boldsymbol{T}_{(k+1,i)}^{\mathrm{L}}$ 进行补偿，而不仅仅是针对特征点，因为后面会用所有的点来建图。

$$
\boldsymbol{T}_{(k+1,i)}^{\mathrm{L}} = \frac{t_i - t_{k+1}}{t_k - t_{k+1}} \boldsymbol{T}_{k+1}^{\mathrm{L}} \tag{4.6}
$$

虽然一帧点云中的点可能很多，但是上式中唯一的未知量只有相对位姿 $\boldsymbol{T}_{k+1}^{\mathrm{L}}$，将其视为待求的变量。求使距离 l 最小的 $\boldsymbol{T}_{k+1}^{\mathrm{L}}$，这可以转化成一个优化问题，然后利用成熟的优化理论和方法解决。由于特征点的变换中包含了角度的三角函数，显然这个问题是一个非线性优化问题。优化目标涉及距离，因此是一个最小二乘问题。求解非线性最小二乘问题的常用方法有 LM（Levenberg-Marquardt）方法和高斯-牛顿法。一些研究者采用了 LM 方法，这需要计算目标函数的雅可比矩阵，这是比较烦琐的。雅可比矩阵由一阶导数构成，求导数可以采用数值法，也可以用解析法：数值法就是用很小的差分近似表示导数，一般用在函数复杂或者根本无法得到解析解的情况；解析法就是直接用初等函数的求导公式求出复合函数的导数，这样比较精确。一些研究者在开源程序中直接求出导数并“组装”成雅可比矩阵，而没有调用第三方的函数库。在后来人提出的改进 A-LOAM 中，就直接用了 Ceres 库，省去了计算雅可比矩阵的工作。

Ceres 库是 Google 公司开发的一个开源的 C＋＋优化问题求解库，曾被用于自家的 SLAM 项目 Cartographer。谷神星（Ceres）是太阳系中的一颗小行星，很难通过肉眼观察到。由于天文学家无法准确预测谷神星的位置，所以很难找到谷神星。年仅 24 岁的数学家高斯使用自己发明的最小二乘法准确预测了谷神星的位置，从而确认了谷神星的轨道。状态估计和 SLAM 中的优化问题同样使用了最小二乘法求解，为了纪念这一方法以及发现谷神星这一重要事件，Google 公司将这个优化库命名为 Ceres。

4.3.5 环境建图

LOAM 缺少通常 SLAM 中都有的闭环检测，它建图的主要目的还是为状态估计服务的。相关文献中声称建图的频率与状态估计不同，要更慢。扫描一帧就对地图做一次更新，如果用 Velodyne-16 激光雷达，建图频率就是 10Hz，而相关文献中使用了简陋的自制激光雷达，建图频率只能做到 1Hz。

建图的过程就是不断地把匹配好的点云堆积在一起的过程，其中的思路与状态估计有些类似，但是有很多地方不一样。特征点的定义和使用与前面状态估计的一样，但是数量多了 10 倍。在寻找对应特征点时，将地图中已有的点云（记为 Q_k）按照 $10\mathrm{m}^3$ 的格子分别存储。使用已经粗略估计出来的单帧点云（$\overline{Q}_{k+1}$），它是相对于世界全局坐标系的。凡是与 $\overline{Q}_{k+1}$ 有交集的格子，从 Q_k 中取出位于这些方格中的点，再存入一个 KDtree 中。然后，针对不同的特征点找它同类的那些点：对 $\overline{Q}_{k+1}$ 中的角点找 Q_k 中对应的角点，平面点同理。在寻找时限制搜索范围，只找一定半径范围内的。由于现在特征点的数量增加了 10 倍，再挨个计算距离太慢了，于是研究者采用了计算特征向量的方法。为什么用特征向量呢？这让我们想起了另一种点云匹配方法——NDT 方法。

特征向量的几何意义可以从图 4-14 中看出来。先生成一些随机点，这些点都在一个椭球里面（当然不必非得是椭球，也可以试试长方体等）。然后计算随机点的协方差矩阵，最后计算这个矩阵的特征值和特征向量。图中三个箭头就是特征向量（更准确地说，是乘以特征值后的特征向量）。可以清楚地看到，特征向量的长度反映了点的分布，也就是说，我们根据特征值和特征向量就能计算出直线的方向。平面也是同理：我们可以根据两个较长的特征向量计算平面的法向量，三个向量相交于几何中心，这样平面就确定了。

然后在直线上取两个点，利用前面的公式计算角点到直线的距离；在平面上取三个点，

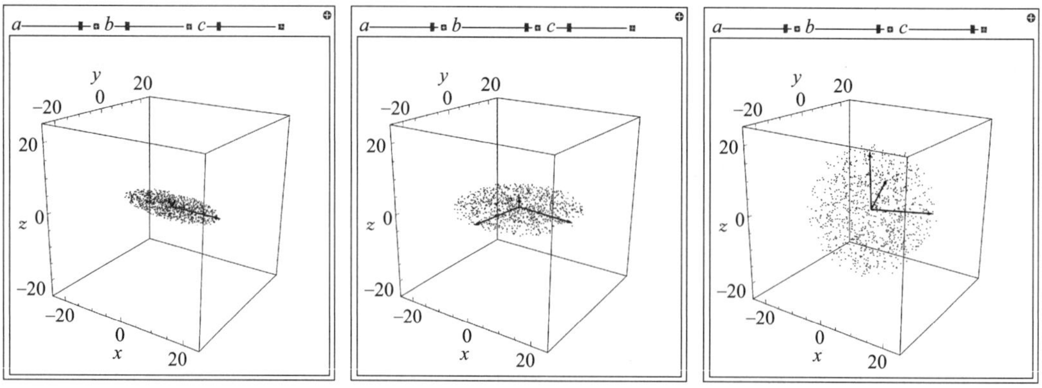

(a) 长条　　(b) 扁平　　(c) 球形

图 4-14　协方差矩阵的特征向量图示

计算平面点到平面的距离。后面的操作跟前面的一样，也是利用 LM 优化方法得到最优的变换，利用新得到的最优变换，将最近的一帧单帧点云叠加到地图点云之上，就完成了建图。新得到的最优变换与之前粗略估计出来的变换一般是不同的，新的变换由于使用了更多点参与计算，应该更接近真实，所以用新的变换作为以后变换的基础。这样，LOAM 就完成了整个状态估计和建图过程。

笔者使用 LOAM 的改进版本 LIO-LOAM 进行了建图测试。生成的地图是点云的形式，被保存为 pcd 格式。我们可以用 CloudCompare 软件将其可视化，如图 4-15 所示。除了完整地图，LIO-LOAM 还会将所有角点和面点单独保存成不同的地图文件。用不同的颜色和大小显示角点与面点，结果如图 4-16 所示。图中尺寸较大的点是角点，可见角点分布在建筑物的边缘处；而较小的点是面点，其分布在建筑物的表面和地面。

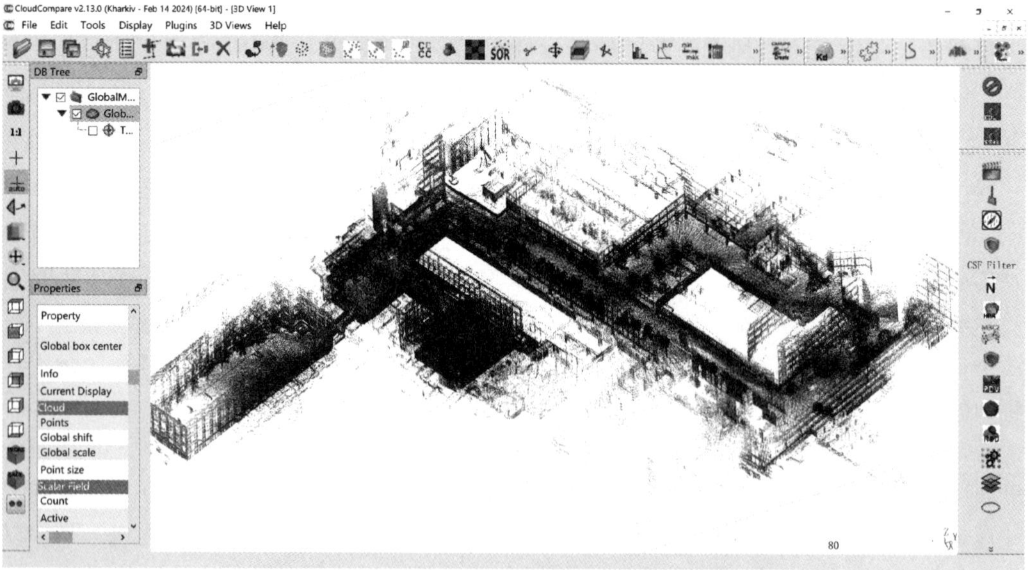

图 4-15　用 LIO-LOAM 建立的三维点云地图

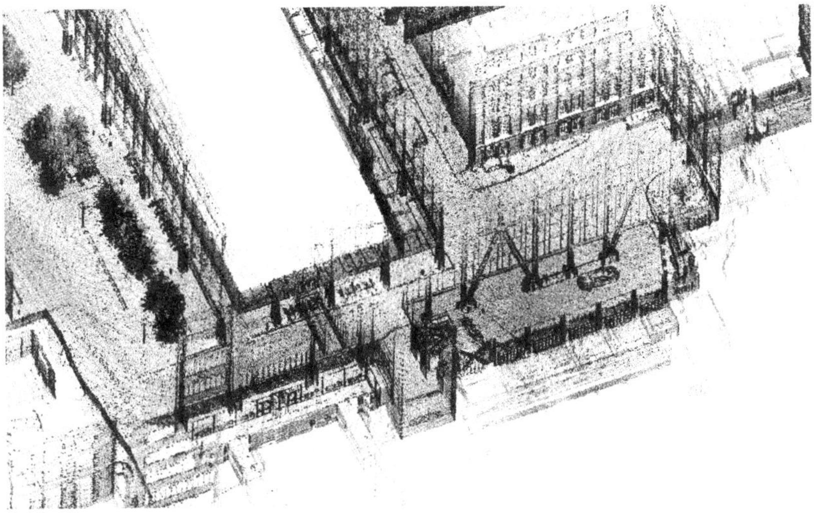

图 4-16　地图中的角点和面点

4.4 多传感器融合

定位导航对于动物来说是重要能力，动物在觅食或者迁徙过程中需要掌握自身和目标的位置。为此，动物进化出了多种定位方式，能够实现可靠、精确的定位。例如，蚂蚁在外出觅食时会使用两种方式估计自己的位置。通过记忆腿部关节运动的数量和幅度，蚂蚁可以估计自己的大致行走距离，其原理类似于我们手机中的“计步器”。知道行走距离后，蚂蚁会记录自身相对于太阳的方向，以估计自己相对于“家”（蚁巢）的方向，如图 4-17 所示。蚂蚁能够使用内部和外部信息两种方式估计自己相对于“家”的位置。没有复杂的 GPS 和激光雷达，蚂蚁也能够在复杂的环境中实时定位，从而确保自己不会迷路。

(a) 动物定位

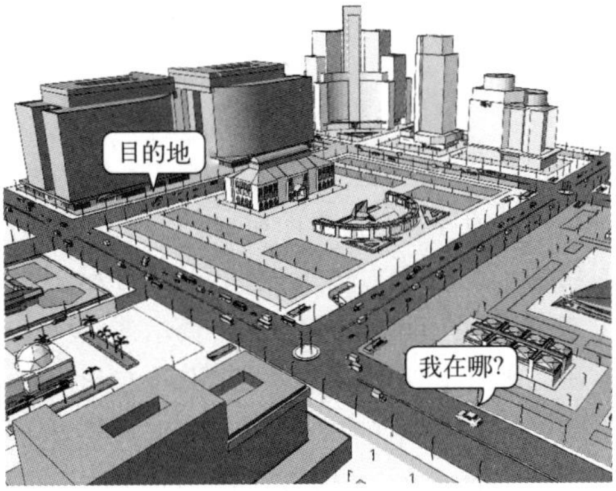

(b) 无人车定位

图 4-17　动物定位与无人车定位

对于无人驾驶汽车来说，虽然实现定位的方式非常复杂，但其背后的基本原理与动物的导航定位策略如出一辙。依靠单一数据源进行的定位往往受限于传感器的精度和适用范围，因此实际采用的定位方式多是多种定位手段的集成，其中采用的技术被称为多传感器融合技术。Kalman 滤波是一种常用的多传感器融合方法。

4.4.1 概率论基础

在多传感器融合定位中，会接触到误差或者不确定性。如何表示和处理不确定性是 Kalman 滤波的基础问题。对于缺少基础知识的初学者来说，理解 Kalman 滤波首先难在概念的理解，其次是公式的推导。因此，在介绍 Kalman 滤波之前，先熟悉其中使用的概率论知识。

任何测量都存在误差，而误差的分布通常满足正态分布，所以首先解释正态分布的表示及其处理。正态分布（normal distribution）的概率密度函数由式(4.7)给出。正态分布概率密度函数的形状如图 4-18 所示，学过概率论的读者应该对其比较熟悉。其形状像一座山或者一口钟，因此也被称为“钟形曲线”（但是不要看到钟形曲线就认为其一定是正态分布）。

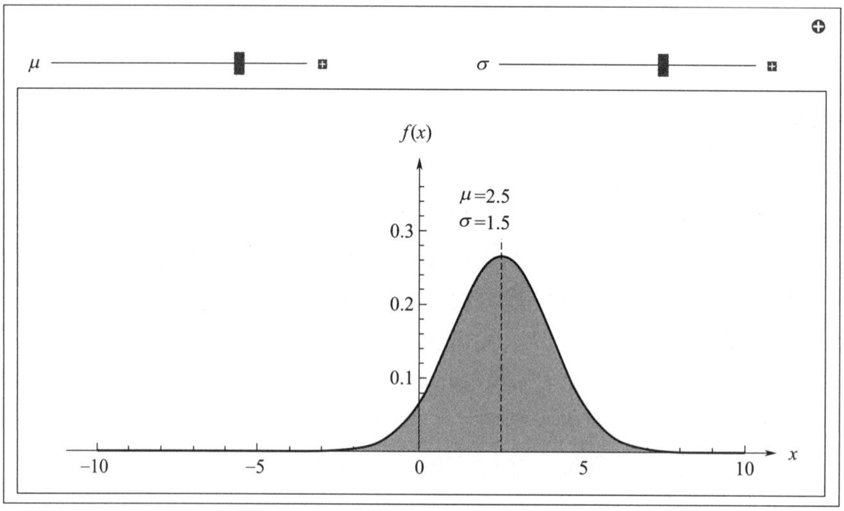

图 4-18 正态分布概率密度函数的图像

$$f(x)=\frac{1}{\sigma\sqrt{2\pi}}\mathrm{e}^{-\frac{(x-\mu)^2}{2\sigma^2}} \tag{4.7}$$

式(4.7)中，圆周率 π 和自然对数的底 e 都是常量，因此该函数由参数 μ 和 σ 决定：μ 被称为均值；σ 被称为标准差。只要确定了 μ 和 σ，概率密度函数 $f(x)$ 也就完全确定了。所以正态分布概率密度函数经常表示成 $N(\mu,\sigma^2)$。在随书代码中，读者可以改变均值 μ 和标准差 σ 的大小，并观察函数形状的变化。在概率论中，曲线与 x 轴围成的面积代表事件发生的概率，根据概率的定义，所有事件发生的概率之和必须是 1。因此，不管曲线的形状如何改变，整条曲线与 x 轴围成的总面积总是 1，即

$$\int_{-\infty}^{+\infty} f(x)\mathrm{d}x=1$$

由于总面积被限制了，所以曲线呈现出的形状要么“高瘦”，要么“矮胖”。曲线的“高矮胖瘦”由标准差 σ 决定，“山峰”的位置由均值 μ 决定。

正态分布有一些优秀的性质，例如在特定变换和运算下保持形式不变。卡尔曼滤波正是利用了正态分布的这些性质得到了最优的闭式解。下面介绍正态分布在这些变换下的计算方法。

有时，需要求以随机变量为自变量的函数的概率密度。例如，对于符合正态分布的随机变量 X，我们想知道它的线性函数 $Y=kX$（其中 $k\in\mathbf{R}$，是一个常数）是什么分布。

先给出答案：Y 仍然是一个正态分布（的随机变量）。在随书代码中，读者可以改变 k 的值，并观察变换后的函数图像，如图 4-19 所示。

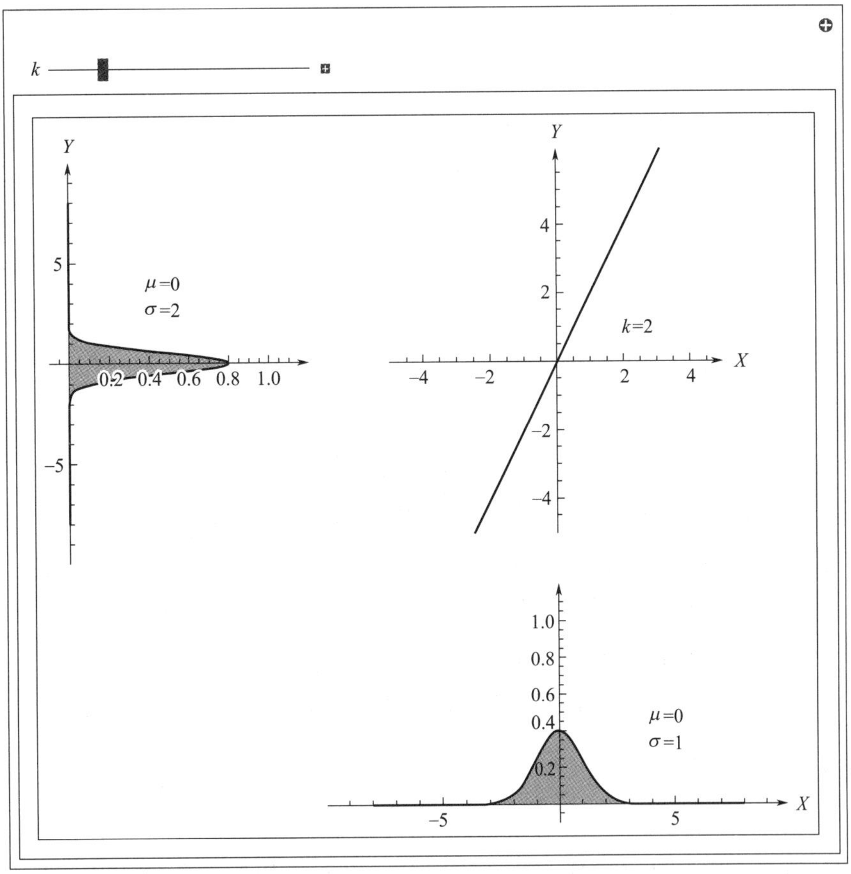

图 4-19　正态分布线性函数的图像

对于符合正态分布的随机变量 X，我们想知道它的线性函数 $Y=X+c$（其中 $c\in\mathbf{R}$，是一个常数）是什么分布。

答案是：Y 还是一个正态分布。综上，可以推断出，对于服从正态分布的随机变量 X，函数 $Y=kX+c$ 服从正态分布。

两个独立正态分布的随机变量之和还服从正态分布。即对于随机变量 X 和 Y，它们的和 $X+Y$ 也服从正态分布。计算两个随机变量之和的概率密度函数需要用到卷积。由于卷积的计算过程比较复杂，直接使用计算机计算，代码如下［假设随机变量 X 的概率密度函数为 $f(x)$，其均值和标准差分别为 μ_1 和 σ_1；随机变量 Y 的概率密度函数为 $g(x)$，其均值和标准差分别为 μ_2 和 σ_2］。

```
In[1]:=f[x]=PDF[NormalDistribution[μ1,σ1,x];
       g[x]=PDF[NormalDistribution[μ2,σ2,x];
       h[y]=Convolve[f[x],g[x],x,y]
```

$$\text{Out[1]}=\frac{1}{\sqrt{\sigma_1^2+\sigma_2^2}\sqrt{2\pi}}e^{-\frac{[y-(\mu_1+\mu_2)]^2}{2(\sigma_1^2+\sigma_2^2)}}$$

可见，卷积得到的结果仍然符合正态分布的定义[式(4.7)]。画出其图像后能进一步验证这一点，如图 4-20 所示。

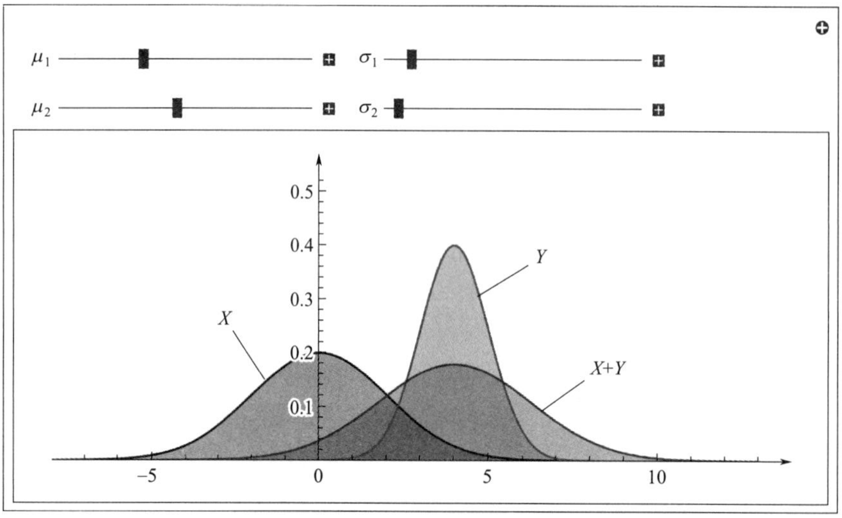

图 4-20　正态分布随机变量之和的概率密度函数图像

可以计算积分来验证得到的结果满足概率密度函数的定义，代码如下。该函数在 $(-\infty,+\infty)$ 上的积分是 1，因此可以确定其就是一个正态分布的概率密度函数。

```
In[1]:=Integrate[h[y],{y,-∞,∞}]
Out[1]=1
```

从卷积计算结果中，可以发现，两个正态分布之和的均值 μ 是原来均值的和，对于方差 σ^2 也一样：

$$\mu=\mu_1+\mu_2$$
$$\sigma^2=\sigma_1^2+\sigma_2^2$$

有些读者可能会认为求两个随机变量之和的概率密度函数就是直接将两个概率密度函数相加。这是一个常犯的错误。直接相加所得到的函数不再是一个正态分布，例如图 4-21 所示的例子。该函数的曲线甚至有两个“峰”，很明显不符合正态分布“单峰”的特征，并且对直接相加得到的函数积分，结果是 2 而不是 1，因此其连概率密度函数的定义都不满足。

前面处理的都是正态分布随机变量的“线性”变换，对于非线性变换，结果是否还是正态分布呢？答案是否定的。这里举两个例子。例如，两个独立随机变量的乘积 XY 不服从正态分布，其概率密度函数图像如图 4-22(a) 所示。再比如，一个随机变量的平方 X^2 不服从正态分布，其概率密度函数图像如图 4-22(b) 所示。

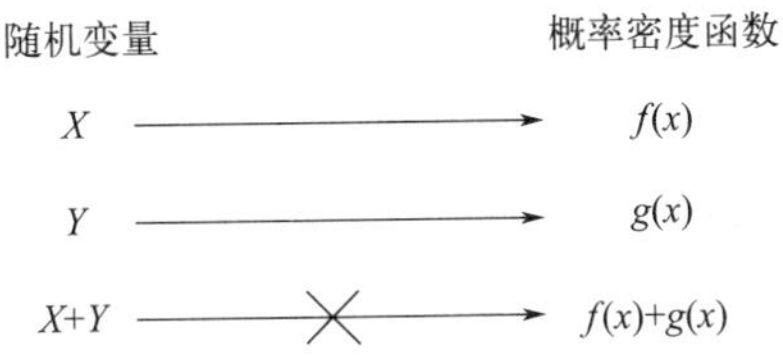

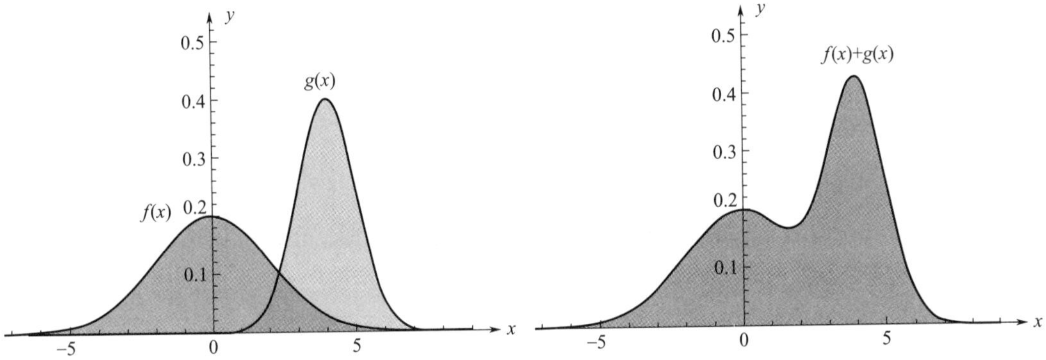

(a) 各自的概率密度函数　　(b) 直接将两个概率密度函数相加后的图像

图 4-21　概率密度函数直接相加的例子

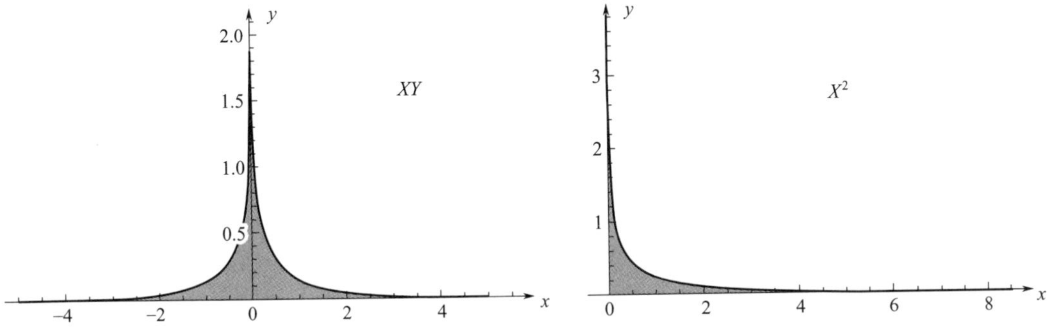

(a) XY的概率密度函数　　(b) X^2的概率密度函数

图 4-22　正态分布随机变量的非线性变换的概率密度函数图像

虽然两个独立正态分布随机变量的乘积 XY 不再是正态分布，但是它们的概率密度函数乘积却与正态分布仅相差一个比例系数：

$$f(x)=\frac{1}{\sigma_1\sqrt{2\pi}}e^{-\frac{(x-\mu_1)^2}{2\sigma_1^2}}$$

$$g(x)=\frac{1}{\sigma_2\sqrt{2\pi}}e^{-\frac{(x-\mu_2)^2}{2\sigma_2^2}}$$

$$\begin{aligned}f(x)g(x)&=\frac{1}{\sigma_1\sqrt{2\pi}}e^{-\frac{(x-\mu_1)^2}{2\sigma_1^2}}\frac{1}{\sigma_2\sqrt{2\pi}}e^{-\frac{(x-\mu_2)^2}{2\sigma_2^2}}\\&=\frac{1}{\sigma_1\sigma_2 2\pi}e^{-\frac{(x-\mu_1)^2}{2\sigma_1^2}-\frac{(x-\mu_2)^2}{2\sigma_2^2}}\end{aligned}$$

经过一些烦琐的代数计算，可以将上式写成正态分布的形式［对应式(4.7)］。

$$f(x)g(x)=\frac{\sqrt{\frac{\sigma_1^2\sigma_2^2}{\sigma_1^2+\sigma_2^2}}\mathrm{e}^{-\frac{\mu_1^2+\mu_2^2}{2(\sigma_1^2+\sigma_2^2)}+\mu_1\mu_2\sigma_1^2\sigma_2^2}}{\sqrt{2\pi}\sigma_1\sigma_2}\times\frac{1}{\sqrt{2\pi}\sqrt{\frac{\sigma_1^2\sigma_2^2}{\sigma_1^2+\sigma_2^2}}}\mathrm{e}^{-\frac{\left\{x-\left[\mu_1+\frac{\sigma_1^2(\mu_2-\mu_1)}{\sigma_1^2+\sigma_2^2}\right]\right\}^2}{2\frac{\sigma_1^2\sigma_2^2}{\sigma_1^2+\sigma_2^2}}}$$

$$=c\,\frac{1}{\sqrt{2\pi}\sigma}\mathrm{e}^{-\frac{(x-\mu)^2}{2\sigma}}$$

式中，c 就是前面提到的比例系数，可以看到 c 只由 μ_1、μ_2 以及 σ_1、σ_2 决定。对于给定的分布，c 是一个常数。因此，$\frac{f(x)g(x)}{c}$可以视为一个正态分布的概率密度函数，将其定义为

$$h(x)=\frac{f(x)g(x)}{c}$$

新的正态分布概率密度函数 $h(x)$ 的均值和方差分别是

$$\begin{cases}\mu=\mu_1+\dfrac{\sigma_1^2(\mu_2-\mu_1)}{\sigma_1^2+\sigma_2^2}\\[2ex]\sigma^2=\dfrac{\sigma_1^2\sigma_2^2}{\sigma_1^2+\sigma_2^2}\end{cases}\tag{4.8}$$

仔细观察式(4.8)，可以定义一个权重 K，从而将其表示成更简洁的形式：

$$\begin{cases}\mu=\mu_1+K(\mu_2-\mu_1)\\ \sigma^2=(1-K)\sigma_1^2=K\sigma_2^2\end{cases}\tag{4.9}$$

其中，权重 K 定义为

$$K=\frac{\sigma_1^2}{\sigma_1^2+\sigma_2^2}$$

由于方差是非负的（$\sigma_1^2>0$、$\sigma_2^2>0$），因此权重 K 的值也是非负的，并且有 $0\leqslant K\leqslant 1$。在后文中，权重 K 也被称为卡尔曼增益（Kalman gain）。

在新的表达式［式(4.9)］中，可以发现，相乘后的均值 μ 可以看成原来两个均值 μ_1 和 μ_2 的线性插值。而相乘后的方差 σ^2 比原来的任何一个方差 σ_1^2 和 σ_2^2 都小。从图像上观察，如图 4-23 所示。相乘后的概率密度函数 $h(x)$ 似乎总是处在 $f(x)$、$g(x)$ 两者之间，并且山峰（均值）与方差小的一方［图 4-23 中的例子是 $g(x)$］靠得更近。在随书代码中，读者可以改变 μ_1、μ_2、σ_1、σ_2 并观察 $h(x)$ 的曲线形状是如何变化的。

前面介绍的概率密度函数都只有一个变量。很多时候，我们会同时处理多个随机变量，要表示它们就要使用多变量的概率密度函数。虽然随机变量的数量变多了，但是它们的性质仍然保持不变。图 4-24 所示的是两个正态分布随机变量的概率密度函数图像，它的截面是一个一维的正态分布概率密度函数。

4.4.2 Kalman 滤波原理

无人车的状态包括其位置、姿态、速度等信息。我们想得到系统的状态，即估计系统的

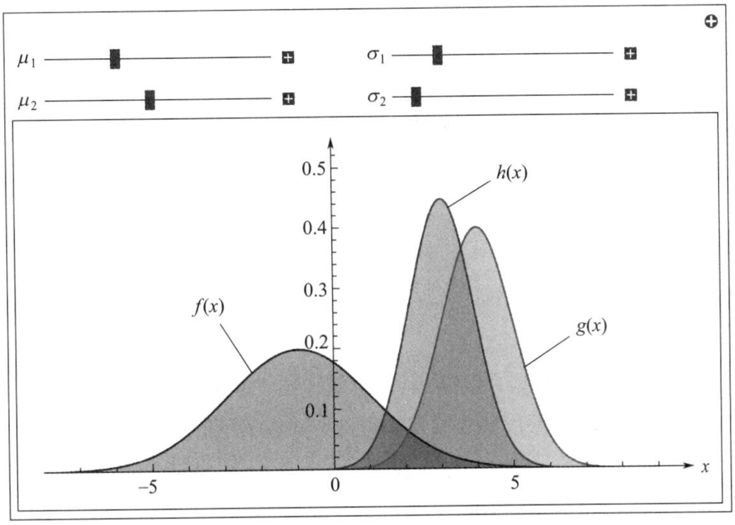

图 4-23　两个独立正态分布概率密度函数乘积的图像

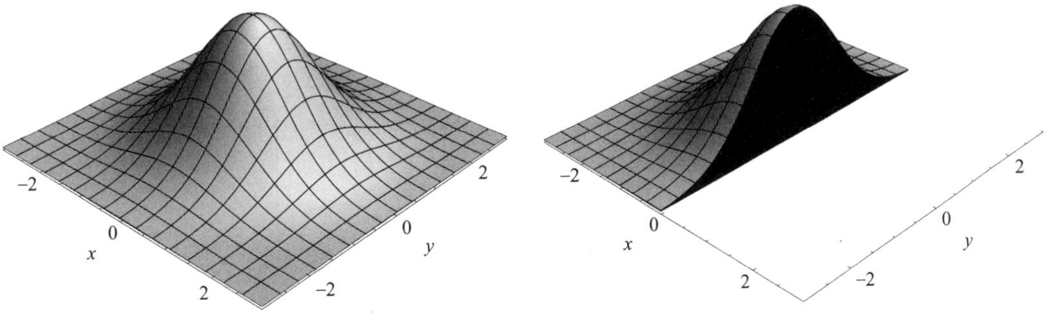

图 4-24　二维正态分布的概率密度函数图像

状态。“估计”的英文是 estimate，意思是“根据不完整的信息做近似的计算、推测”。estimate 与 guess（猜测）是同义词，“估计”这个词反映出我们对自己猜测的不自信。任何传感器都不是完美的，它们的测量都存在误差。Kalman 滤波就是一种用来估计系统状态的方法，从测量误差中得到无人车精确的状态。

在第 3 章，我们学习了如何对车辆的状态和运动进行表示。这里用一个简单的例子对其进行说明。假设无人车或者机器人在全局坐标系中的位置是

$$\mathbf{X}=\begin{bmatrix} x \\ y \end{bmatrix}$$

需要强调的是，这里用来表示机器人状态（或者位置）的 $\mathbf{X}$ 是一个准确的量，不含有误差和不确定性，所以 $\mathbf{X}\in\mathbf{R}^2$ 是一个实数向量。为简单起见，暂时不考虑机器人的姿态或者朝向。将机器人的位置 $\mathbf{X}$ 作为状态，假设机器人的速度是可以直接控制的量：

$$\mathbf{V}=\begin{bmatrix} v_x \\ v_y \end{bmatrix}$$

因为速度是位移的导数，所以可得

$$\dot{\mathbf{X}}=\mathbf{V}$$

将其写成离散的形式（Δt 表示小的时间间隔）：

$$\frac{\boldsymbol{X}_{t+1}-\boldsymbol{X}_t}{\Delta t}=\boldsymbol{V}$$

对其变换形式，从而得到机器人的状态转移方程，如式(4.10)。这里请读者注意，式(4.10)中不包含任何的不确定性，这是一个完全确定的系统（deterministic system）。对于确定的输入（$\boldsymbol{X}_t$ 和 $\boldsymbol{V}$），不管计算多少次，总会产生确定的输出（$\boldsymbol{X}_{t+1}$）。

$$\boldsymbol{X}_{t+1}=\boldsymbol{X}_t+\Delta t\times\boldsymbol{V} \tag{4.10}$$

式(4.10)也可以写成分量的形式：

$$\begin{bmatrix}x_{t+1}\\y_{t+1}\end{bmatrix}=\begin{bmatrix}x_t+\Delta t\times v_x\\y_t+\Delta t\times v_y\end{bmatrix}$$

模型（或者方程）是用来预测系统未来的状态的。如果不考虑模型的误差和积分误差，对于完全准确的控制量 $\boldsymbol{V}$，将其代入式(4.10)后可以得到一系列不同时刻机器人的状态（位置）。如图 4-25 所示的例子，其中的圆盘表示处在不同位置的机器人，黑色实线是机器人的真实运动路径（即不同时刻的实际位置）。为简单起见，我们不关心机器人的姿态，所以使用圆盘表示机器人，消除姿态的干扰。

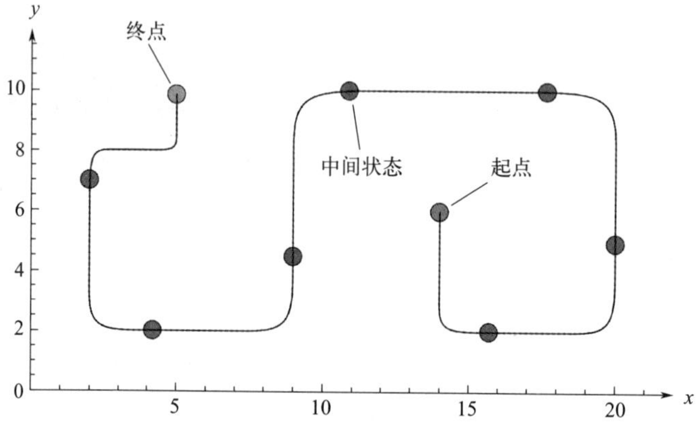

图 4-25　给定控制量下的机器人运动路径

在上面的例子中，机器人真实使用的控制量是 $\boldsymbol{V}$，假设我们无法准确地知道或者测量真实的 $\boldsymbol{V}$，只能测量到近似的控制量。假设近似的控制量是在真实的控制量上叠加了一个噪声，即

$$\boldsymbol{V}'=\boldsymbol{V}+\boldsymbol{W}$$

式中，$\boldsymbol{W}=[w_x,w_y]^{\mathrm{T}}$，表示两个方向上的测量误差。因为只知道$\boldsymbol{V}'$，所以只能使用不完美的测量值$\boldsymbol{V}'$对机器人的位置进行估计，这时的模型变成了式(4.11)的形式。注意，这个方程与前面的方程看上去没有太多的差别。但是，由于引入了随机误差 $\boldsymbol{W}$，这个方程产生了质变，变成了随机系统（stochastic system）。随机系统［式(4.11)］与确定系统［式(4.10)］的区别在于：对于同样的输入（$\boldsymbol{X}_t$ 和 $\boldsymbol{V}$），随机系统每次计算可能会产生不同的输出（$\boldsymbol{X}_{t+1}$），因为方程中存在随机的误差 $\boldsymbol{W}$。误差 $\boldsymbol{W}$ 每次取值都不一定相同。不过，我们在使用式(4.11)估计机器人的位置时，暂时不关心是确定还是随机，加减乘除的运算法不会改变。

$$\begin{bmatrix}x_{t+1}\\y_{t+1}\end{bmatrix}=\begin{bmatrix}x_t+\Delta t\times(v_x+w_x)\\y_t+\Delta t\times(v_y+w_y)\end{bmatrix} \tag{4.11}$$

假设机器人的实际路径是图 4-26 中的实线路径，而用来估计机器人位置的控制量是实时测量的值，它存在误差，所以得到的只是近似的路径，即图 4-26 中的虚线。误差让我们无法真实地知道机器人的位置。更糟糕的是，从上面的方程，我们知道每一步的计算都使用了上一步的结果，误差会一直累积，导致估计误差越来越大。

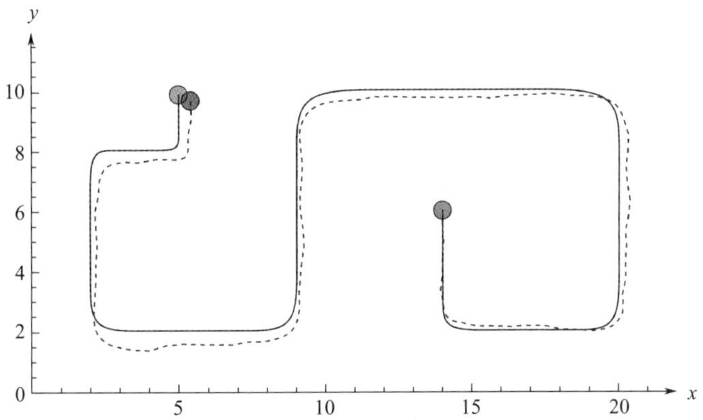

图 4-26　给定控制量下的机器人实际运动路径（实线）与估计路径（虚线）

从图 4-26 中可以看到，我们猜测的路径（虚线）由于使用了包含误差的控制量，因而与机器人真实的路径（实线）出现了偏差。我们想尽量准确地估计机器人的状态，也就是让图中的虚线尽量与实线重合。

为了实现这个目的，一种方法是引入其他的测量。假设在机器人的路径上，可以在某些位置准确地测量机器人的位置。我们使用重新测量得到的准确位置替换原来的估计位置，以此为基准再向前进行估计。这种方法的效果如图 4-27 中的虚线所示。从图中可见，引入准确的测量值后，估计的路径与真实的路径重合得更好了。

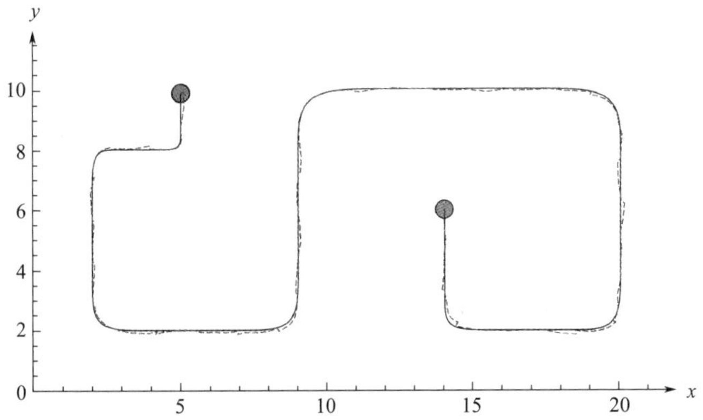

图 4-27　引入其他测量后估计的路径（虚线）

上面的情况使用了一个假设，即我们认为新的测量是绝对准确的。但是实际上，这个假设很难满足，因为任何测量都有误差。所以我们不能指望新的测量是绝对准确的，它也存在误差。这就让问题变得有些复杂了，我们似乎遇到了一个两难的困境：使用式(4.10）估计机器人的位置会因为误差累积而逐渐偏离真实路径，而使用新的位置测量又会存在测量误差。

针对上述问题的一种解决方法是将两者组合起来。既然两方的估计或者测量都不准确，试图将它们“融合”到一起，看看是否比只使用一种数据来源更准确。最简单、直接的组合方法就是取平均值：对于两个测量值 $\boldsymbol{X}_1$、$\boldsymbol{X}_2$，将它们的平均值作为估计值，即

$$\boldsymbol{X}=\frac{\boldsymbol{X}_1+\boldsymbol{X}_2}{2}$$

但是，两个测量值的误差不完全相同，有的误差大，有的误差小，而取平均会“一视同仁”。所以取平均值并不是一个最好的方案。可以使用加权平均来“偏向”误差较小、精度较高的一方。对于两个测量值 $\boldsymbol{X}_1$、$\boldsymbol{X}_2$，我们定义权重 K，将两者组合后的值表示为

$$\boldsymbol{X}=(1-K)\boldsymbol{X}_1+K\boldsymbol{X}_2$$

这里的权重 K 是一个在 0 到 1 之间的实数，即 $K\in[0,1]$。我们经常遇到也经常使用这个公式，它的含义很容易理解：当 $K=0$ 时，代入公式得到 $\boldsymbol{X}=\boldsymbol{X}_1$，也就是说只使用 $\boldsymbol{X}_1$，完全不使用 $\boldsymbol{X}_2$；当 $K=1$ 时恰好相反，代入公式得到 $\boldsymbol{X}=\boldsymbol{X}_2$，也就是说只使用 $\boldsymbol{X}_2$，完全不使用 $\boldsymbol{X}_1$；当 K 取 0 到 1 之间的实数时，就在 $\boldsymbol{X}_1$ 和 $\boldsymbol{X}_2$ 之间折中。当 $K=\frac{1}{2}$时，就得到了平均值的方案。如果 $\boldsymbol{X}_1$、$\boldsymbol{X}_2$ 是两个向量（可视为空间中的点），这个公式也被称为两个点之间的线性插值。在控制和状态估计领域，会把权重 K 记为α，因此这个公式也被称为 α 滤波器，它是 α-β 滤波器的特例。

在随书代码的示例程序中，读者可以尝试改变权重 K 的大小，并观察估计位置（虚线）与真实位置的偏差，如图 4-28 所示。读者可以设置不同的测量误差，并尝试调节权重 K，观察不同误差下如何选择权重 K 才能得到机器人最准确的位置估计。可以使用估计位置偏离真实位置的距离之和作为衡量估计好坏的标准。

在 α 滤波器中，权重 K 一般是固定不变的。当然，可以根据误差的大小来选择 K，使得组合后的结果更偏向于误差小的一方。于是，一个很自然的问题是：这种加权组合的方法存在最优的权重 K 吗？如何存在，我们如何找到它呢？下面介绍的 Kalman 滤波器不仅能够找到合适的权重，而且能够保证它是最优的。

用 $\boldsymbol{x}_T$ 表示车辆实际的（或者叫真实的）状态。虽然能很精确地测量出 $\boldsymbol{x}_T$（比如借助昂贵的激光跟踪仪），但是这样的代价通常很大，所以没有实际意义。所以，干脆承认我们不知道 $\boldsymbol{x}_T$ 到底是多少。我们有的只是一些与车辆状态有关的数据，比如车轮的转速、方向盘的转角、相对于道路的角度，等等。我们要解决的问题就是如何用手头的数据估计（推测、猜测）出车辆的状态，这就是状态估计问题。

利用现有的数据估计车辆的状态，掌握的数据有无人车的运动模型，即

$$\boldsymbol{x}_k=\boldsymbol{F}\boldsymbol{x}_{k-1}+\boldsymbol{B}\boldsymbol{u}_k+\boldsymbol{w}_k \tag{4.12}$$

式中 $\boldsymbol{x}$——无人车的状态（状态一般包含二维或三维的位置以及姿态、速度等，所以是个向量），状态的下标表示时刻，例如 $\boldsymbol{x}_{k-1}$ 就是 $k-1$ 时刻的状态向量；

$\boldsymbol{F}$——状态转移矩阵，表示前一时刻的状态与当前时刻状态的关系；

$\boldsymbol{u}$——控制输入，它是唯一知道的量，下标同样表示时刻；

$\boldsymbol{B}$——控制输入的模型，表示输入如何引起状态的改变；

$\boldsymbol{w}$——运动模型的噪声，例如参数测量误差导致的模型输出与车辆实际输出的偏差、外界的干扰等。一般将 $\boldsymbol{w}$ 假设为均值是 $\boldsymbol{0}$ 的高斯分布。

对式(4.12) 可以有以下两种解释。

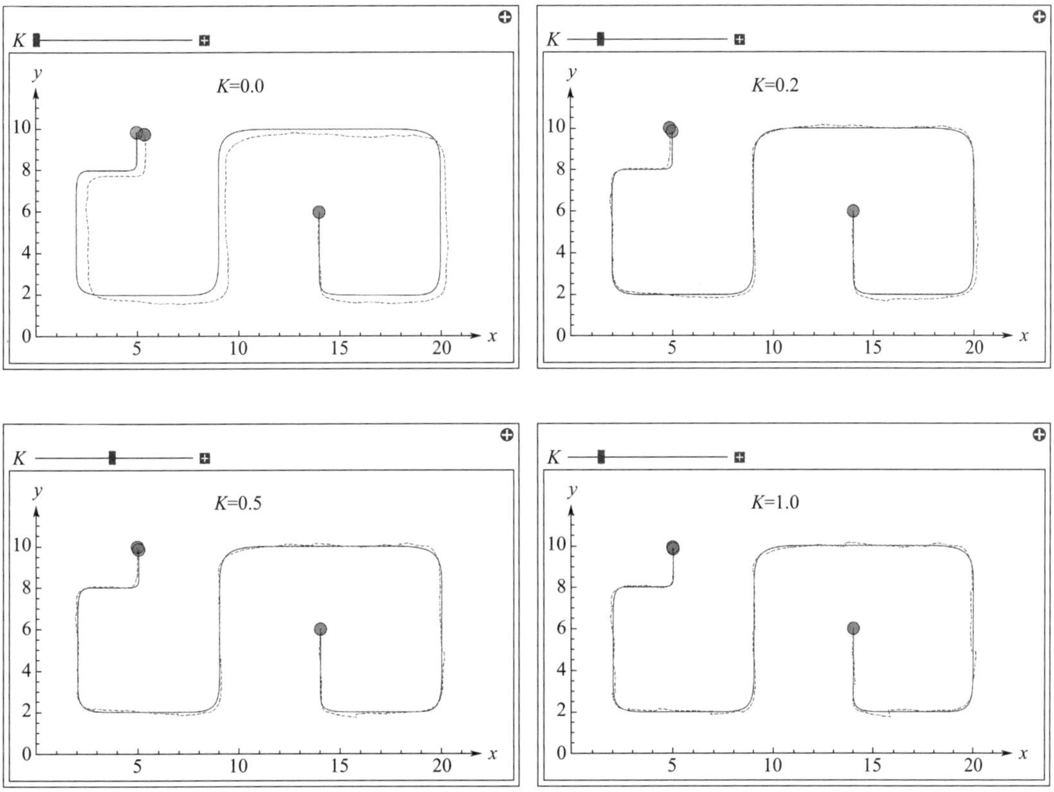

图 4-28　不同权重下机器人的位置估计

第一种解释将 $\boldsymbol{x}_k$ 看成车辆真实的状态。我们无法得知其具体的值，因为无法准确地直接测量其状态，比如位置。

第二种解释将 $\boldsymbol{x}_k$ 看成随机变量（random variable）。随机变量既不随机，也不是个变量。首先，随机变量不是一个值或者量，而是一个函数。这个函数是从概率密度到某个值的映射，也就是不同取值的概率密度。虽然某个函数值是随机的结果，但是这个函数并不是随机的。可以把随机变量想象成有传染性，它一旦和确定的数相加，结果也是随机变量。例如式(4.12）中，即使 $\boldsymbol{x}_{k-1}$ 不是随机变量，但因为 $\boldsymbol{w}_k$ 的存在，$\boldsymbol{x}_k$ 也会变成随机变量。

想得到真实的 $\boldsymbol{x}_k$，但是这是不可能的。只能给出 $\boldsymbol{x}_k$ 的一个估计值，并希望这个估计值尽量接近 $\boldsymbol{x}_k$。在统计理论中，一般用“帽子”表示估计值，即$\hat{\boldsymbol{x}}_k$。这个估计值也是个随机变量。

假如知道或者估计出了上一时刻的状态$\hat{\boldsymbol{x}}_{k-1}$，那么根据高斯概率密度函数的特性，可以得到当前时刻的状态$\hat{\boldsymbol{x}}_k$：

$$\hat{\boldsymbol{x}}_k=\boldsymbol{F}\hat{\boldsymbol{x}}_{k-1}+\boldsymbol{B}\boldsymbol{u}_k \tag{4.13}$$

一般将 $\boldsymbol{W}_k$ 假设为均值是 $\boldsymbol{0}$ 的高斯分布，其协方差矩阵为 $\boldsymbol{Q}_k$。对于概率分布 $\hat{\boldsymbol{x}}_k$，我们还想知道它的协方差矩阵 $\hat{\boldsymbol{P}}_k$ 如何变化：

$$\hat{\boldsymbol{P}}_k=\boldsymbol{F}\hat{\boldsymbol{P}}_{k-1}\boldsymbol{F}^{\mathrm{T}}+\boldsymbol{Q}_k \tag{4.14}$$

如果只有运动方程这一种数据来源，那么我们的估计会越来越差，因为噪声在不断地进入状态。由于噪声的累积，估计的状态与真实状态的偏差会越来越大，最后完全淹没在噪声里。

但幸运的是，我们还可以利用观测数据：

$$\boldsymbol{z}_k=\boldsymbol{H}\boldsymbol{x}_k+\boldsymbol{v}_k \tag{4.15}$$

式中，$\boldsymbol{z}_k$ 是一次观测值（测量值）；$\boldsymbol{x}_k$ 是车辆真实的状态；任何测量都存在误差，$\boldsymbol{v}_k$ 就是测量噪声；$\boldsymbol{H}$ 是观测模型，它将状态量与测量值联系起来。

观测就是使用传感器对车辆进行测量，得到与整体有关的数据。观测是在预测步骤之后进行的。因此，为了区分观测前和观测后的估计，将预测后、观测前的估计表示为$\hat{\boldsymbol{x}}_{k|k-1}$。将当前时刻（$k$）完成观测后的估计值表示为$\hat{\boldsymbol{x}}_{k|k}$。

有了观测数据，就可以使用 Kalman 滤波了。下面给出 Kalman 滤波方法的推导过程。

首先，我们的估计值是$\hat{\boldsymbol{x}}_{k|k}$，车辆的真实值是 $\boldsymbol{x}_k$。想要$\hat{\boldsymbol{x}}_{k|k}$ 尽量接近 $\boldsymbol{x}_k$。数学上表示接近可以使用误差函数表示，最常用的误差函数就是平方误差了，即

$$f(\boldsymbol{x}_k,\hat{\boldsymbol{x}}_{k|k})=(\boldsymbol{x}_k-\hat{\boldsymbol{x}}_{k|k})^2 \tag{4.16}$$

我们希望它的期望值最小，即

$$\min E[(\boldsymbol{x}_k-\hat{\boldsymbol{x}}_{k|k})(\boldsymbol{x}_k-\hat{\boldsymbol{x}}_{k|k})^{\mathrm{T}}] \tag{4.17}$$

将 $E[(\boldsymbol{x}_k-\hat{\boldsymbol{x}}_{k|k})(\boldsymbol{x}_k-\hat{\boldsymbol{x}}_{k|k})^{\mathrm{T}}]$记为误差的协方差矩阵$\boldsymbol{P}_{k|k}$：

$$\boldsymbol{P}_{k|k}=\mathrm{cov}(\boldsymbol{x}_k-\hat{\boldsymbol{x}}_{k|k}) \tag{4.18}$$

假设融合后的数据是加权和：

$$\hat{\boldsymbol{x}}_{k|k}=\hat{\boldsymbol{x}}_{k|k-1}+\boldsymbol{K}_k(\boldsymbol{z}_k-\boldsymbol{H}\hat{\boldsymbol{x}}_{k|k-1}) \tag{4.19}$$

将式(4.15) 代入其中，得到

$$\hat{\boldsymbol{x}}_{k|k}=\hat{\boldsymbol{x}}_{k|k-1}+\boldsymbol{K}_k(\boldsymbol{H}\boldsymbol{x}_k+\boldsymbol{v}_k-\boldsymbol{H}\hat{\boldsymbol{x}}_{k|k-1}) \tag{4.20}$$

我们关心的是误差项 $\boldsymbol{x}_k-\hat{\boldsymbol{x}}_{k|k}$，所以提取误差项：

$$\begin{aligned}\boldsymbol{x}_k-\hat{\boldsymbol{x}}_{k|k}&=\boldsymbol{x}_k-\hat{\boldsymbol{x}}_{k|k-1}-\boldsymbol{KH}\boldsymbol{x}_k-\boldsymbol{K}\boldsymbol{v}_k+\boldsymbol{KH}\hat{\boldsymbol{x}}_{k|k-1}\\&=\boldsymbol{x}_k-\boldsymbol{KH}\boldsymbol{x}_k-\hat{\boldsymbol{x}}_{k|k-1}+\boldsymbol{KH}\hat{\boldsymbol{x}}_{k|k-1}-\boldsymbol{K}\boldsymbol{v}_k\\&=(\boldsymbol{I}-\boldsymbol{KH})\boldsymbol{x}_k-(\boldsymbol{I}-\boldsymbol{KH})\hat{\boldsymbol{x}}_{k|k-1}-\boldsymbol{K}\boldsymbol{v}_k\\&=(\boldsymbol{I}-\boldsymbol{KH})(\boldsymbol{x}_k-\hat{\boldsymbol{x}}_{k|k-1})-\boldsymbol{K}\boldsymbol{v}_k\end{aligned} \tag{4.21}$$

$$\begin{aligned}\boldsymbol{P}_{k|k}&=\mathrm{cov}(\boldsymbol{x}_k-\hat{\boldsymbol{x}}_{k|k})\\&=\mathrm{cov}[(\boldsymbol{I}-\boldsymbol{KH})(\boldsymbol{x}_k-\hat{\boldsymbol{x}}_{k|k-1})-\boldsymbol{K}\boldsymbol{v}_k]\\&=(\boldsymbol{I}-\boldsymbol{KH})\mathrm{cov}(\boldsymbol{x}_k-\hat{\boldsymbol{x}}_{k|k-1})(\boldsymbol{I}-\boldsymbol{KH})^{\mathrm{T}}+\boldsymbol{K}\mathrm{cov}(\boldsymbol{v}_k)\boldsymbol{K}^{\mathrm{T}}\\&=(\boldsymbol{I}-\boldsymbol{KH})\boldsymbol{P}_{k|k-1}(\boldsymbol{I}-\boldsymbol{KH})^{\mathrm{T}}+\boldsymbol{K}\boldsymbol{R}_k\boldsymbol{K}^{\mathrm{T}}\end{aligned} \tag{4.22}$$

像代数方程一样展开上式，得到

$$\begin{aligned}\boldsymbol{P}_{k|k}&=(\boldsymbol{I}-\boldsymbol{KH})\boldsymbol{P}_{k|k-1}(\boldsymbol{I}-\boldsymbol{KH})^{\mathrm{T}}+\boldsymbol{K}\boldsymbol{R}_k\boldsymbol{K}^{\mathrm{T}}\\&=\boldsymbol{P}_{k|k-1}-\boldsymbol{KH}\boldsymbol{P}_{k|k-1}-\boldsymbol{P}_{k|k-1}\boldsymbol{H}^{\mathrm{T}}\boldsymbol{K}^{\mathrm{T}}+\boldsymbol{KH}\boldsymbol{P}_{k|k-1}\boldsymbol{H}^{\mathrm{T}}\boldsymbol{K}^{\mathrm{T}}+\boldsymbol{K}\boldsymbol{R}_k\boldsymbol{K}^{\mathrm{T}}\\&=\boldsymbol{P}_{k|k-1}-\boldsymbol{KH}\boldsymbol{P}_{k|k-1}-\boldsymbol{P}_{k|k-1}\boldsymbol{H}^{\mathrm{T}}\boldsymbol{K}^{\mathrm{T}}+\boldsymbol{K}(\boldsymbol{H}\boldsymbol{P}_{k|k-1}\boldsymbol{H}^{\mathrm{T}}+\boldsymbol{R}_k)\boldsymbol{K}^{\mathrm{T}}\\&=\boldsymbol{P}_{k|k-1}-\boldsymbol{KH}\boldsymbol{P}_{k|k-1}-\boldsymbol{P}_{k|k-1}\boldsymbol{H}^{\mathrm{T}}\boldsymbol{K}^{\mathrm{T}}+\boldsymbol{K}\boldsymbol{S}_k\boldsymbol{K}^{\mathrm{T}}\end{aligned} \tag{4.23}$$

以 3×3 阶的$\boldsymbol{P}_{k|k}$ 矩阵为例，对其求导可得

$$\begin{aligned}\frac{\partial\mathrm{tr}(\boldsymbol{P}_{k|k})}{\partial\boldsymbol{K}}&=-2(\boldsymbol{H}\boldsymbol{P}_{k|k-1})^{\mathrm{T}}+2\boldsymbol{K}\boldsymbol{S}_k\\&=\boldsymbol{O}\end{aligned} \tag{4.24}$$

从中可以解出 $\boldsymbol{K}$，即

$$\begin{aligned} K &= \boldsymbol{P}_{k|k-1}\boldsymbol{H}^{\mathrm{T}}\boldsymbol{S}_k^{-1} \\ &= \boldsymbol{P}_{k|k-1}\boldsymbol{H}^{\mathrm{T}}(\boldsymbol{H}\boldsymbol{P}_{k|k-1}\boldsymbol{H}^{\mathrm{T}}+\boldsymbol{R}_k)^{-1} \end{aligned} \tag{4.25}$$

上式就是 Kalman 增益矩阵的表达式。

Kalman 从美国哥伦比亚大学电气工程专业博士毕业后先在 IBM 公司工作了一段时间，后来加入由莱夫谢茨（动态规划方法的发明人贝尔曼的博士生导师）领导的 RIAS 研究所。1959 年，Kalman 得到了线性滤波问题的递归解法，并整理成论文 *A new approach to linear filtering and prediction problems*，其中提出了 Kalman 滤波器。Kalman 的思想在早期遭到一些同行和审稿人的质疑，论文甚至被拒稿。他不得不选择在一个不太相关的机械期刊上发表自己的论文。除了滤波理论，控制理论中的可控性、可观性等概念也是由 Kalman 首次提出的。

第5章

环境感知技术

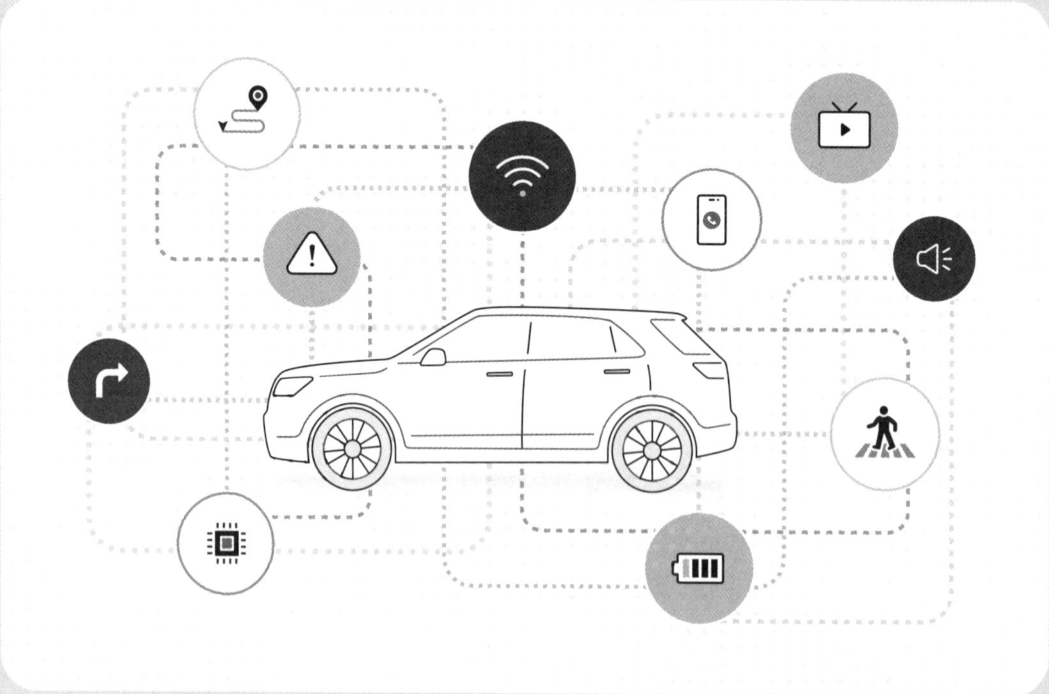

5.1 感知系统概述

感知就是使用传感器（对于机器人而言）或者感受器官（对于生物而言）理解环境。人类或动物在观察周围的环境时，很容易就能分辨出环境中的物体，例如人、建筑物、车辆等，并且能够判断出所处的场景，还能注意到一些细节。根据这些信息，我们能做出合理的决策。

感知功能在自动驾驶车辆上发挥的作用与在智能生物上一样，都是必不可少的组成部分。缺少感知功能就像人类闭着眼睛开车或者走路，仅仅几秒的时间无法及时获取环境信息，就能造成严重的事故。对于感知如此重要的任务，我们在日常生活中几乎不费什么力气就能做到，但是对于计算机来说却绝非易事。感知是制约无人驾驶汽车和机器人广泛应用的一大瓶颈。未经处理的图像对于计算机而言只是一堆数字，感知系统要做的就是从这些数字中找出物体的信息，对于是什么、有几个、在哪里这样的问题给出回答。即使这些结果仍然是用数字表示的，但却是其他的模块可以直接使用的。

5.1.1 感知系统的功能

感知系统的输入是摄像头或激光雷达采集的密集数据。为了方便下游模块的决策，需要对输入进行处理，输出感兴趣物体的尺寸、位姿、类别等信息。输入数据的大小通常是 MB 甚至 GB 级别，输出只有 KB 级别，所以这一过程也被称为降维或压缩。

我们识别图片中的物体非常轻松，但是对于计算机来说，图片不过是一个数字矩阵，如图 5-1 所示。如果要我们说出一个全部由数字组成的矩阵中包含哪些物体，显然很困难。所以，图像识别和检测是一个高难度的计算机视觉问题。

72	72	72	72	71	70	70	69	64	63
71	71	71	70	69	68	68	68	64	62
69	69	69	68	67	66	63	63	62	61
68	67	67	66	64	64	62	62	61	61
66	66	64	63	63	63	61	61	61	61
64	64	62	62	62	62	60	61	61	61
61	61	60	60	58	59	60	60	60	61
60	60	59	59	57	58	59	60	60	61
56	56	56	56	55	55	56	57	60	58
56	56	56	56	55	55	56	56	58	57

图 5-1　图片及其在计算机中的表示

根据感知对象的特点，可以将感知任务分为二维感知任务和三维感知任务。二维感知任务包括红绿灯和交通标志识别、车道线检测、可行驶区域检测等。三维感知任务包括三维物体目标检测、三维空间占据栅格预测等。在计算机视觉领域，识别具体指分辨出环境中有哪些物体、这些物体各自是什么（或者说属于哪个类别，比如属于机动车还是行人）。

根据感知的结果，可以将感知任务分为分类、识别、检测和分割任务，如图 5-2 所示。

分类（classification）：指出图片中的物体属于哪一类。

识别（recognition）：指出图片中的物体是什么，能具体就具体，不能具体就输出最接近的类别。

检测（detection）：输出图片中有几个物体、每个物体的位置和尺寸，以及每个物体的类别。物体的位置和尺寸一般用覆盖物体的包围盒表示，对于二维就是一个矩形，对于三维就是一个长方体。

分割（segmentation）：对于图片中每个属于物体的像素，输出其类别。

对于自动驾驶应用，除了以上任务，感知任务还包括估计出物体的位置、姿态、外形尺寸、运动速度、加速度、转向灯等信息。

(a) 分类　(b) 识别　(c) 检测　(d) 分割

图 5-2　感知任务

根据使用的传感器类型，可以将感知任务分为视觉感知和点云感知。前者使用摄像头采集的图像作为输入，后者使用激光雷达采集的点云作为输入。视觉感知的优点是图像包含丰富的颜色、纹理信息（这通常被称为语义），能够从中提取大量的特征。激光雷达点云的优点是能够精确测量到物体表面的距离，得到准确的几何轮廓。

5.1.2　传统感知技术

早在 2005 年，一场自动驾驶挑战赛上就有车辆自主行驶了上百公里成功完成比赛。但是直到今天，自动驾驶仍然没有大规模应用，其中感知是最大的障碍。自动驾驶对环境感知性能的要求非常高，不仅要求精确的检测结果，也要求低延时。传统的计算机视觉方法无法满足其苛刻的要求，而深度学习的出现解决了这个问题。

深度学习是机器学习的一个分支，而机器学习又是实现人工智能的一种方式，它们的关系如图 5-3 所示。“人工智能”使用计算的思想和手段研究智能，目标是让机器具备智能行为或能力。“机器学习”可避免人工设计具体的实现步骤，而是让算法从数据中学习，总结出规律。“深度学习”尝试模拟人类或者动物的大脑（神经网络）从而实现智能。

在深度学习技术成熟之前，人们使用传统的机器学习方法解决计算机视觉问题。深度学习并非与传统的计算机视觉和机器学习方法毫无关系，它们之间有一定的联系。了解传统的机器学习方法和计算机视觉技术有助于读者熟悉深度学习。下面通过一个常见的计算机视觉

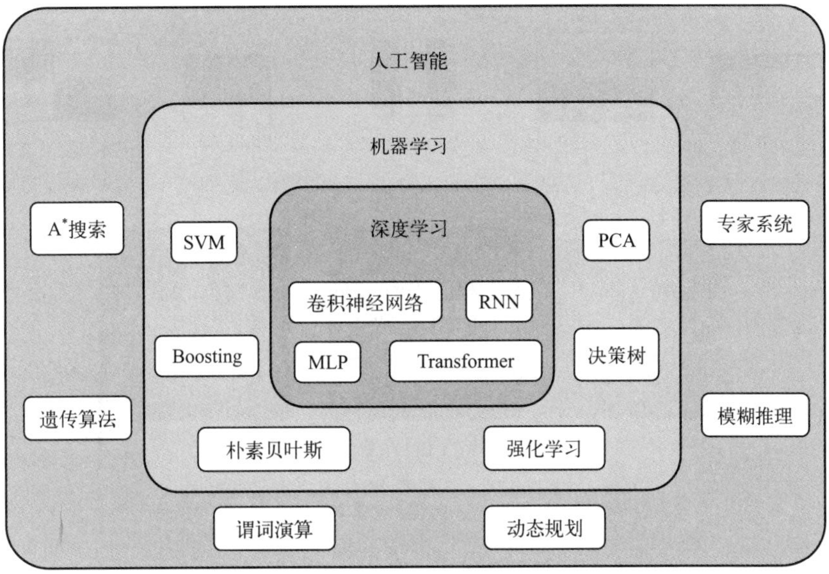

图 5-3　深度学习与机器学习以及人工智能的关系

任务——人脸检测，来介绍传统的计算机视觉和机器学习方法。

对于绝大多数人类来说，我们天生具备人脸检测这个能力，因此这个任务对于人类来说轻而易举，但是对于计算机来说却非常困难。首先，照片拍摄时的光照情况可能变化很大，并且不同人种的肤色、年龄也不尽相同。其次，人脸可能出现在照片中任何位置，并且人与相机的距离也不同，这导致人脸的大小会变化（这被称为尺度变化）。这些问题意味着编写程序使计算机能快速地找出人脸不是一件容易的事。

2001 年，Viola 和 Jones 提出了一种快速、准确的人脸检测方法，并成为人脸检测的经典方法。一个像素一个像素地判断显然不现实，因为可能的组合过多，导致需要的计算量过大。Viola 和 Jones 的想法是，判断多个像素的某种组合。经过反复尝试，他们设计出了如图 5-4(a) 所示的像素组合模式，也被称为特征（feature）。其中包括两个矩形、三个矩形和四个矩形的组合，并且相邻矩形的颜色明暗不同。之所以这样设计特征，是因为其捕捉到了人脸关键部位的明暗变化。例如，人的眼睛凹陷，所以在图片中眼睛相比脸颊的颜色偏暗；鼻子突出于面部，所以鼻子相比眼睛的颜色通常偏亮。

为了对人脸进行定位，Viola 和 Jones 使用不同大小的矩形窗口在图片上从左到右、从上到下滑动。在窗口套住的像素上使用其设计的特征图案计算像素的差值。最后，通过训练一个分类器来输出这个窗口是否包含人脸。图 5-5 所示的例子是 Viola-Jones 人脸检测方法的结果。Viola-Jones 方法非常成功，被大量应用到相机和手机上的人脸识别。

我们来总结一下 Viola-Jones 人脸检测方法的特点：它采用的特征是由人工设计的，该特征对于人脸检测有效，但是却难以推广到其他物体，例如用来检测汽车显然不合适，因为汽车的外观与人脸有明显的差别。所以如果想检测汽车，就要重新设计特征。Viola-Jones 方法的另一个缺陷是只能检测正面、无遮挡的人脸，如果脸部有部分遮挡或者只有侧脸，则很难检测出来。

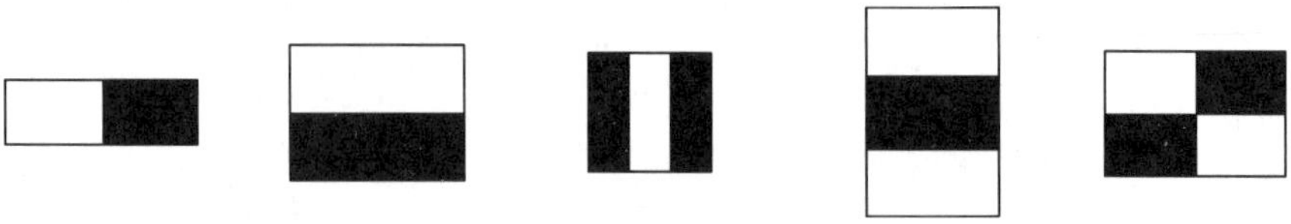

(a) Viola-Jones人脸检测使用的特征

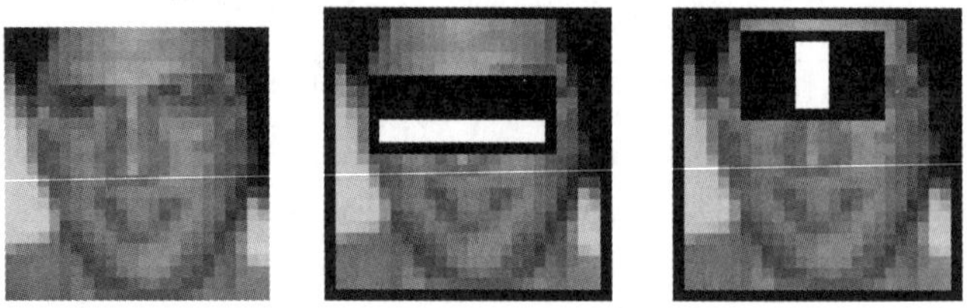

(b) 人脸上的特征

图 5-4　Viola-Jones 人脸检测方法中使用的特征

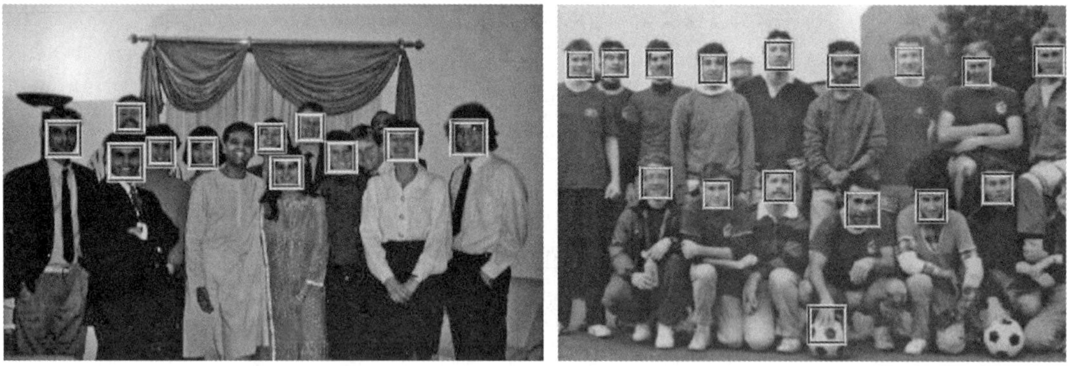

图 5-5　Viola-Jones 人脸检测的结果

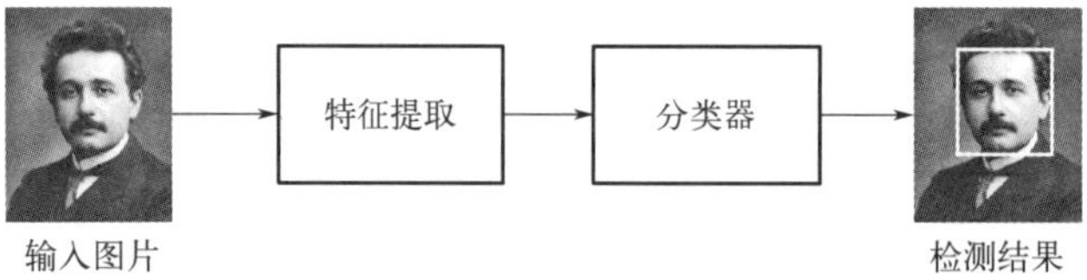

图 5-6　传统计算机视觉方法工作流程

Viola-Jones 方法代表了深度学习出现之前计算机视觉的常规做法，即首先根据任务设计“合适的”特征表达，然后选择一个分类器（例如 SVM）对样本数据进行训练，如图 5-6 所示。如果对于结果不满意，则更换其他特征表达或者改变分类器，直到得到满意的效果。特征表示对于任务的成败非常关键，以至于设计特征成为一种“手艺”。尽管如此，没有人能保证所设计的特征能够适用于所有情况（如图 5-7 所示）。深度学习彻底改变了这一点。在深度学习方法中，特征是模型自己“学到”的，没有人告诉模型应该选择什么样的特征，这也是深度学习的特点。

图 5-7　传统计算机视觉方法失效的情况

5.1.3　基于深度学习的感知技术

生物神经元的基本功能是在受到刺激时能够产生相应的输出。生物神经元接受的输入刺激形式是其他神经元通过突触注入的电流，其输出则是脉冲信号。生物神经元的输入与输出呈现出非线性的关系。图 5-8 展示了从人类大脑皮层中的神经元采集到的输出（脉冲频率）与输入（电流）的关系。生物神经元的具体表现是：当输入（电流）小于一定阈值时，神经元不会有输出；随着输入的增加，神经元的输出也会增加；当输入超过一定值后，神经元的输出就不再随着输入的增加而继续增大了，而是进入一种饱和的状态。这种输入输出关系通常被称为频率-电流曲线（F-I curve）。

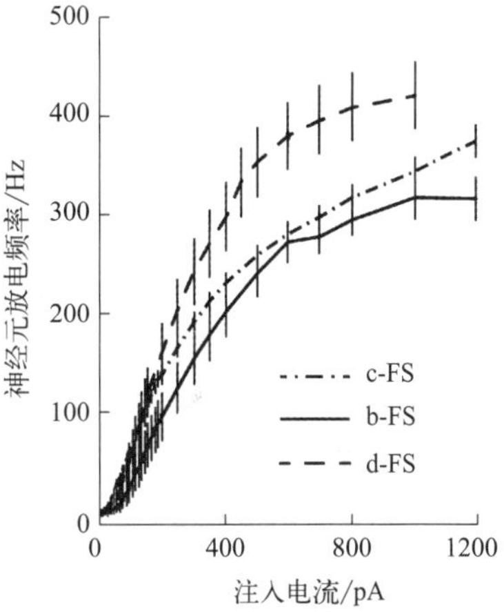

图 5-8　生物神经元的放电频率与注入电流的关系

神经元的这种输入输出特性可以用激活函数（activation function）来近似表示。最早的神经元模型（McCulloch-Pitts neuron）使用阶跃函数作为激活函数。但是，阶跃函数只能取两个值，非 0 即 1，而且它的导数几乎都是 0，不利于梯度传播，所以现在已经很少使用。现代常用的激活函数有 Sigmoid、Relu、Tanh 等，这些函数的图像与真实神经元的输入输出图像非常相似。激活函数本身只是对真实神经元的模拟，应该选择哪个激活函数没有严格的规定。所以在一些论文中，有时会使用这些“经典”激活函数的“变种”，例如 Leaky ReLU、Mish、Softplus 等。

深度学习的历史最早可以追溯到 1943 年神经元数学模型的提出。当时，神经科学家 McCulloch 和数学家 Pitts 想搞清楚大脑是如何使用很多功能简单而且相似的细胞产生复杂的行为模式的，他们把目光投向了组成大脑的基础单元——神经元（neuron）。一个神经元能同时接收很多神经元的输出信号作为输入，并且根据一定的法则产生一个输出，这个相同的输出也会传递给许多其他的神经元。单独一个神经元不能产生任何“智能”，但是如果多个神经元相互连接组成一个网络，就可能“涌现”出智能行为。McCulloch 和 Pitts 的主要贡献是给神经元建立了第一个数学模型，这个模型被称为 McCulloch-Pitts neuron 模型（简称为 MP 神经元模型）。MP 神经元非常简单，仅包含两个计算步骤：对输入加权求和，然后将求和的结果送进一个变换函数，得到最终的输出。这个模型捕捉到了真实神经元的基本行为，如图 5-9 所示。

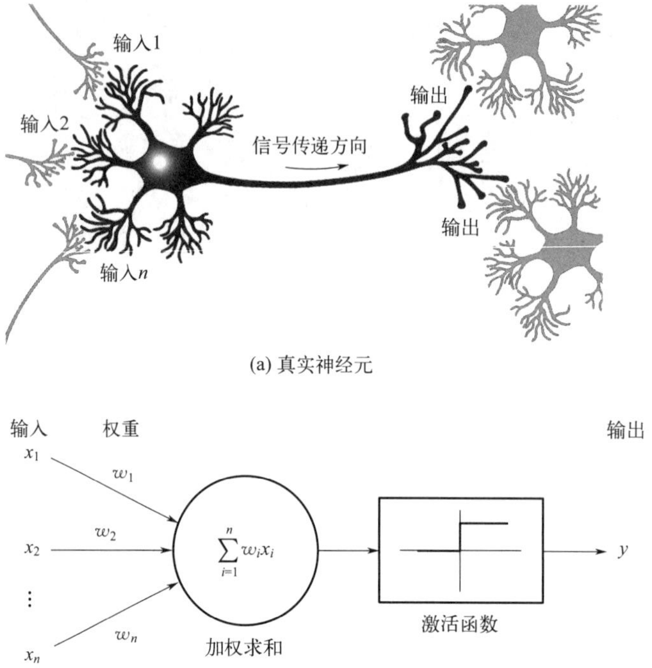

(b) 神经元的数学模型

图 5-9　受生物神经元启发的 MP 神经元模型

MP 神经元模型使用的变换函数也很简单：当加权和超过一个阈值时输出为 0，否则输出为 1。由于只有两个输出（要么是 1，要么是 0），因此这个函数也被称为二元函数（binary function）。McCulloch 和 Pitts 将它们的神经元模型根据不同的方式连接成网络，并且证明了这样的神经网络能够实现作为计算机基础的逻辑门电路所具有的功能。因此对于计算机可以实现的所有功能，一个神经网络也能够实现。

感知机（perceptron）是最早的神经网络模型。1958 年，出于对人类大脑信息处理能力的好奇，心理学家 Frank Rosenblatt 尝试使用神经元模型对人脑进行建模，得到了最初的感知机模型。早期的感知机只由一层 McCulloch-Pitts 神经元模型组成（如图 5-10 所示），采用 Delta 规则进行训练。单层感知机只能解决线性可分的简单问题。面对稍微复杂一些的问题，单层感知机就无能为力了。例如，单层感知机无法解决简单的异或问题（XOR problem）。由于异或运算是很多高等算法必须使用的基础运算，无法解决异或问题说明单层感知机难以解决很多高等问题。人工智能领域有影响力的学者 Minsky 发现了感知机的这一缺陷，于是整个学术界都对神经网络失去了兴趣。

当时，包括 Rosenblatt 在内的很多人都知道，将多个单层感知机堆叠起来形成的多层感知机（multilayer perceptron，MLP）可以解决异或问题。虽然 Rosenblatt 了解训练多层感知机的梯度反向传播算法，但是他不知道怎么实现这个算法。学术界对神经网络的研究陷入了停滞，进入了一段“冰河期”。但是感知机研究留下了一个火种，点燃了后来的深度学习革命之火。

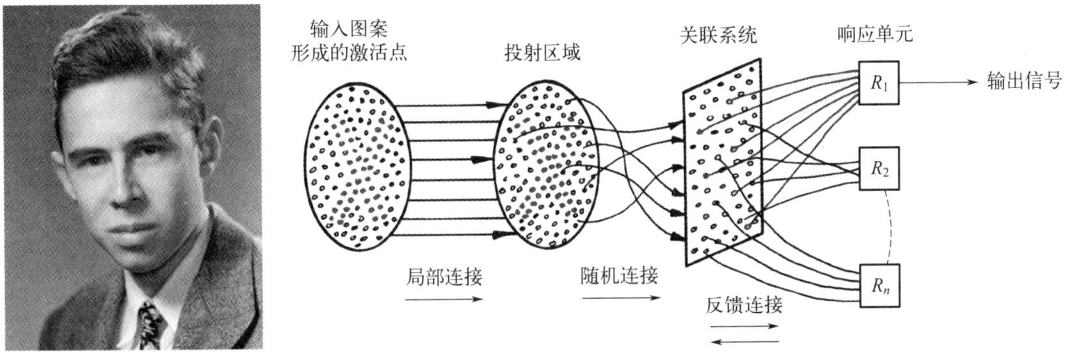

图 5-10　Frank Rosenblatt 与他发明的感知机模型

实际上，多层感知机的能力非常强大。Hornik 从数学角度证明了仅包含一个隐藏层的多层感知机就能够以任意精度逼近任何一个连续函数，这一结论被称为（神经网络的）全局逼近定理（universal approximation theory）。无论目标函数有多复杂，也不管输入输出的个数是多少，感知机总能逼近它。机器学习要学到的目标输入输出关系可以视为一个多输入输出的函数，所以感知机理论上能够学会任何任务。因此，感知机也被视为神经网络中的“万金油”，或者“变形金刚”（transformer，但是这个名字被另一个著名的神经网络结构使用了），能够完成任何任务。由于其强大的功能，感知机被使用在很多网络中，充当组件，例如在后面介绍的现代神经网络模型 AlexNet、PointNet、Transformer 中都可以看到古老的感知机的身影，如图 5-11 所示。有时，人们会使用其他的名字称呼多层感知机，例如前馈神经网络（FFN），或者全连接神经网络（FCN）。

既然多层感知机是“全能选手”，为什么不直接使用它？这是因为多层感知机存在一个很大的缺点：它包含的权重参数过多。我们用视觉方法中的例子来说明这一点：假设输入黑

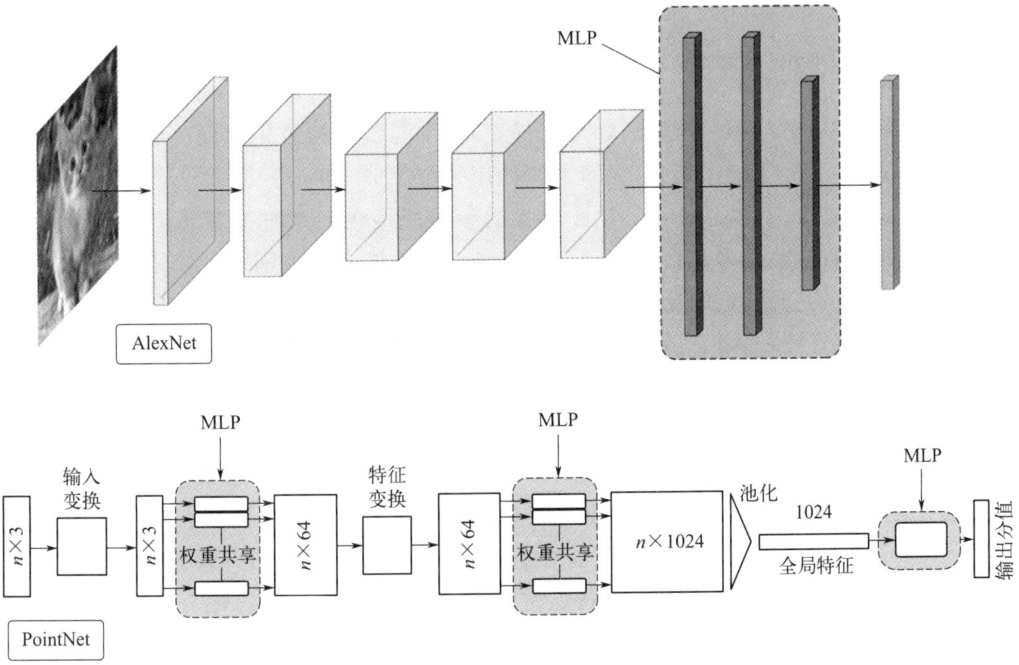

图 5-11

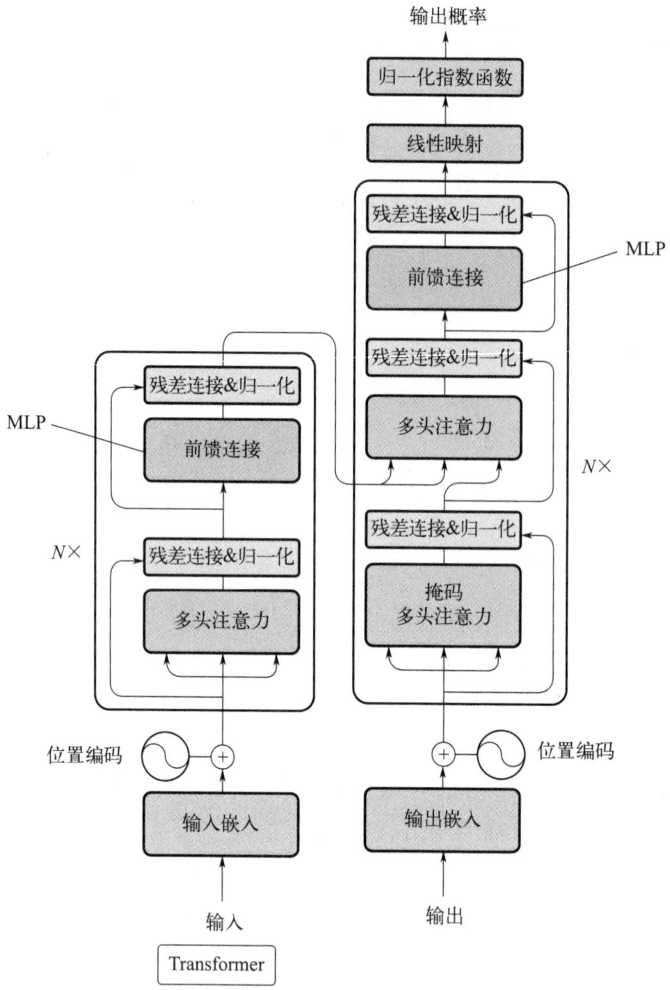

图 5-11　多层感知机（MLP）在众多流行的网络中充当重要的组件

白图片的尺寸是 1000×1000 像素，如果选择 1000 个隐藏层神经元，仅一层神经元包含的参数量就有 10 亿个（1000×1000×1000）。假如用一个字节（byte）表示一个参数，仅存储这些权重参数就需要约 1GB 的空间。如此庞大的参数使得在训练时很容易产生过拟合。由于感知机需要训练的参数过多，在使用时只将其作为组件嵌入其他网络中使用，通常通过重复使用（参数共享）完成特定的功能。

多层感知机（神经网络）虽然具有强大的能力，但是训练起来存在很多困难，这阻碍了其大规模应用。

1959 年，Hubel 和 Wiesel 做了一个实验：他们将电极植入猫大脑的视觉皮层中，从而记录皮层中神经细胞的活动，然后让猫观看一些图案。他们发现，视觉皮层中的细胞对线条有反应。让他们兴奋的是，一些细胞只对某个朝向的线条有反应，换成其他角度的线条就不再有强烈的反应了，如图 5-12 所示。而测量另一些细胞时发现，它们又只对另一个角度的线条有强烈的反应。Hubel 和 Wiesel 将这些细胞称为“简单细胞”。还有一些细胞对摆放在不同位置的线条都有反应，这样的细胞被他们称为“复杂细胞”。这项发现极大地推动了人们对视觉系统的认识，Hubel 和 Wiesel 也因此获得了诺贝尔奖。

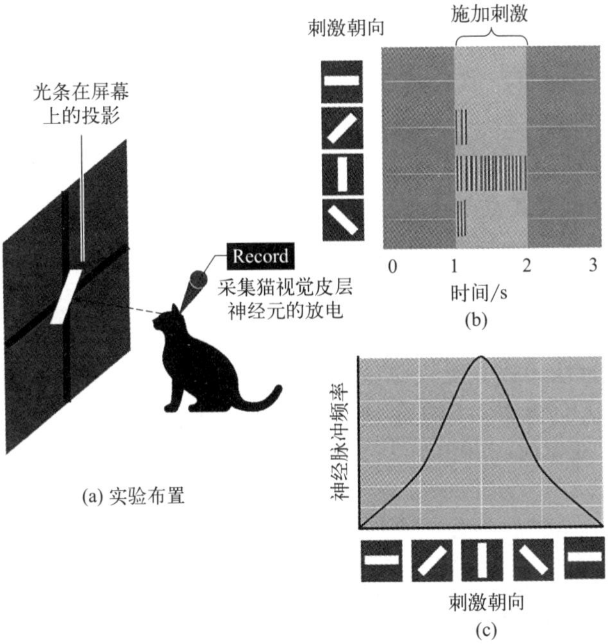

图 5-12　Hubel 和 Wiesel 关于动物视觉系统的实验

1980 年，福岛邦彦受到 Hubel 和 Wiesel 发现的启发，提出了一种被称为 Neocognitron（认知机）的神经网络。该神经网络由 Hubel 和 Wiesel 发现的“简单细胞”和“复杂细胞”模型组成，如图 5-13 所示。福岛邦彦将“简单细胞”放在一层（记作 U_S）中，用来识别数字或者字符的某个“笔画”。“简单细胞”层的计算结果输入至由“复杂细胞”组成的网络层（记作 U_C）。

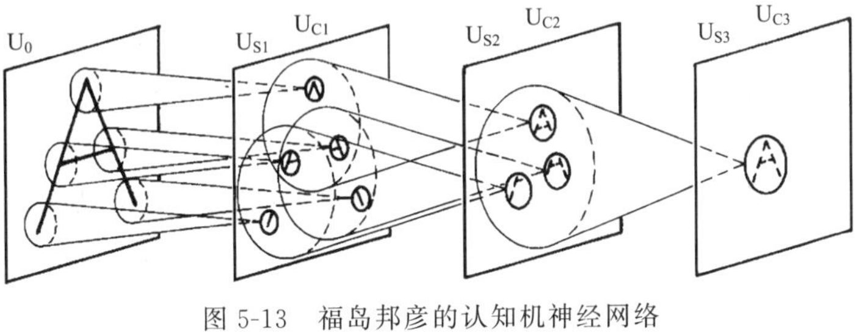

图 5-13　福岛邦彦的认知机神经网络

从池化（pooling）的名字很难猜出它的作用是什么，而且池化也是一个不太好的翻译。池化如果翻译为“汇聚”，可能更能体现其功能，即将相邻的数据汇合到一个“池子”里，也就是合成一个。池化一般出现在卷积后面，用来缩减数据的大小，当然也会导致丢失一定的精度。池化也能使模型具备一定的平移不变性。所谓“平移不变性”是指：图片中的物体可能出现在任何位置，不管它出现在哪里，我们希望模型都能将其当成相同的物体并识别出来。与卷积相似的是，池化也是对一个窗口中的数据进行计算，所以池化可以看成一种特殊的卷积。常用的池化方式有最大池化和平均池化。最大池化（max pooling）即从窗口内选择最大的值保留作为结果。平均池化，顾名思义，是指计算窗口内数据的平均值作为结果。与卷积不同的是，池化是一种固定的操作，没有需要学习的参数，并且池化不改变数据的通道数量。

通过将多个的“简单细胞”层和“复杂细胞”层堆叠起来，福岛邦彦得到了一个能够识别数字或者字母的神经网络。但是，福岛邦彦采用了非监督式的学习方法训练这个神经网络，因此其文字识别能力一般。

1998 年，Yann LeCun 借鉴了福岛邦彦提出的“简单细胞”和“复杂细胞”的概念。Yann LeCun 将“简单细胞”称为卷积（convolution），而“复杂细胞”被称为下采样（subsampling）。LeCun 设计了一个由卷积和下采样组成的多层神经网络 LeNet（如图 5-14 所示），并使用自己熟悉的梯度反向传播算法对其进行训练。训练后的网络在手写数字识别任务上达到了 99％的准确率。但是 LeNet 生不逢时：当时市场上没有训练网络的 GPU，而且 LeNet 的性能与传统方法相比并没有明显优势。尽管如此，LeNet 的历史地位不可磨灭，它向世界证明了卷积神经网络可以用于解决复杂问题。如果说多层感知机是神经网络的祖先，那么 LeNet 就是卷积神经网络的祖先。

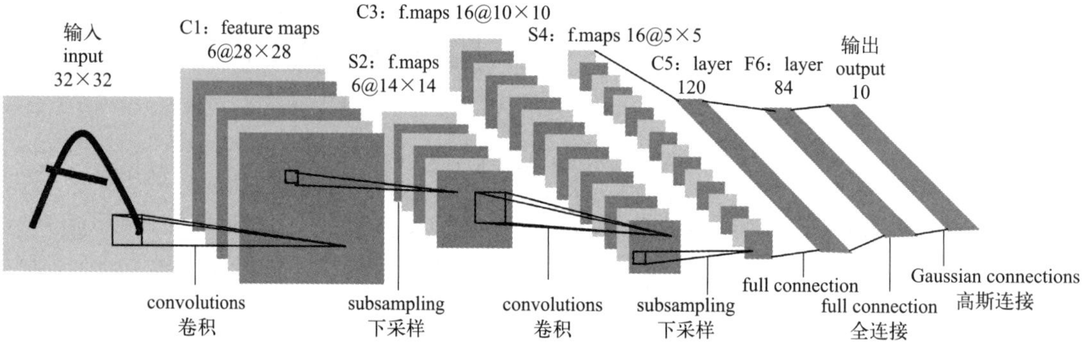

图 5-14　LeNet 卷积神经网络

卷积这个术语最早出现在数学领域，指两个函数的积分变换。我们在第 4 章计算两个随机变量的和时用到了卷积。想要理解卷积的本质可能需要一些高级的数学知识。但是对于在图像处理领域用到的卷积，可以通过直观的例子展示其功能。所以，我们可以跳过抽象的数学公式，直接通过几个例子来说明卷积的作用。

卷积的维数取决于数据的维数。在图像识别任务中一般使用二维卷积，在激光雷达点云等三维数据处理任务中可能会用到三维卷积。不管维度多少，卷积的基本原理是一样的。我们从简单的一维卷积开始介绍。

卷积计算包括两组数据——待处理的数据和卷积核（kernel），如图 5-15 所示。由于我们用一维卷积进行讲解，所以数据和卷积核的维度都是一，可以将它们都看成一维的数组，只不过卷积核的（数组）长度一般远小于数据的长度。

数据	3	0	7	5	4	8	2	9	1	6	3	1	5	2	3	9	1	7	4	6

卷积核	1	2	3

图 5-15　一维数据与卷积核

卷积运算的定义并不复杂，将卷积核与数据中的元素分别相乘，最后再将结果相加就得到了卷积的计算结果。比如，对于图 5-15 中的例子，卷积运算的结果是

$$3\times1+0\times2+7\times3=24$$

完成当前位置的卷积运算后，将卷积核向后移动一个方格，按照相同的方式再次计算卷积，如图 5-16 所示，其结果为 $0\times1+7\times2+5\times3=29$。

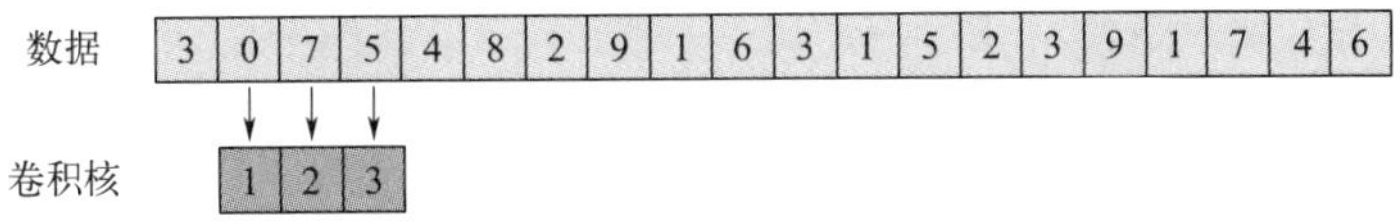

图 5-16　移动一个位置的卷积核

重复以上步骤，直到卷积核移动到数据的最后一个元素，就完成了整个卷积处理过程。

通过上面的例子，读者应该了解了卷积运算的步骤。卷积的具体功能由卷积核决定，下面定义不同的卷积核并将其作用到数据上，分析卷积处理的结果。

最简单的卷积核是常量，例如我们定义以下卷积核。这个卷积核的长度是 5，其中每个元素的值都相等，并且总和为 1。

$$\textbf{kernel}=\left[\frac{1}{5},\frac{1}{5},\frac{1}{5},\frac{1}{5},\frac{1}{5}\right] \tag{5.1}$$

假如我们要处理的数据是图 5-17 所示的样子，即数据在某些地方存在剧烈的跳变。

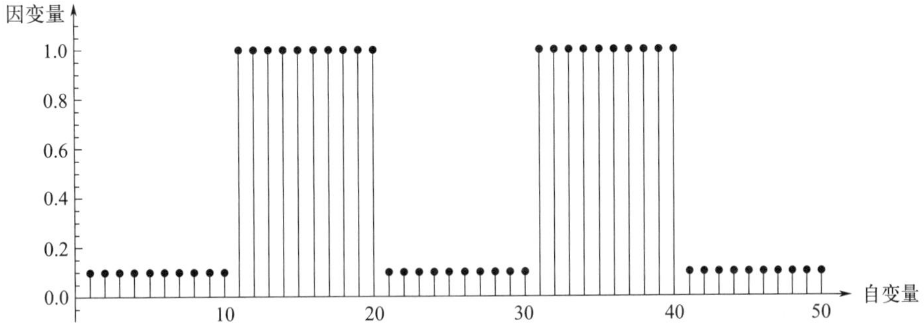

图 5-17　一维数据

将卷积核作用到这个数据上，得到的结果如图 5-18 所示。从图中可以看到，经过卷积处理后，原始数据中锋利的边缘变得平滑了。重复多次卷积更能体现出这一点。例如，经过七次卷积后，数据已经变得很平滑了。

因此，式(5.1) 定义的卷积又被称为平滑卷积，它能够将数据变得平滑。

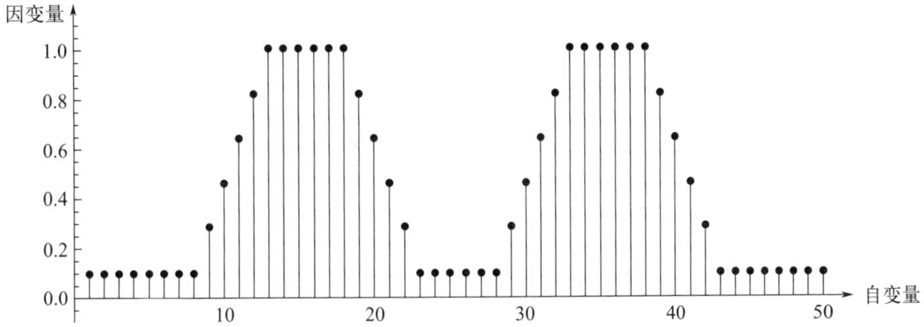

(a) 一次卷积处理后的结果

图 5-18

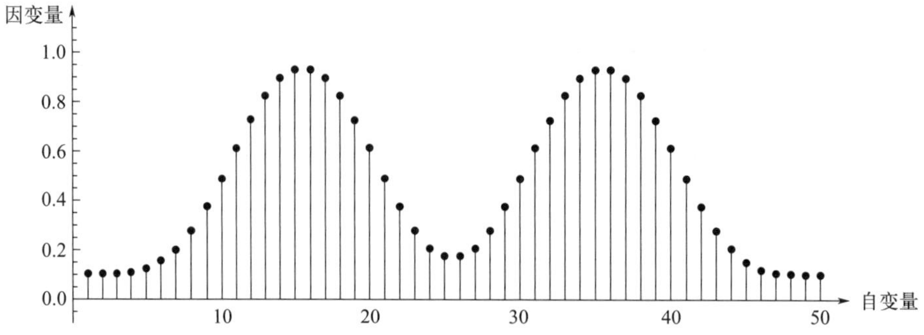

(b) 七次卷积处理后的结果

图 5-18　平滑卷积作用于一维数据

我们还可以尝试其他卷积核，例如将卷积核定义为以下形式：

$$\mathbf{kernel}=\left[-\frac{1}{4},-\frac{1}{4},0,\frac{1}{4},\frac{1}{4}\right]$$

将该卷积作用到原始数据上，得到的结果如图 5-19 所示。可以看到，只有在数值跳变的位置，卷积结果不是零，而在数据不变的地方，结果都是零，说明这个卷积能够将数据中跳变的位置找出来，可以被称为边缘检测卷积。

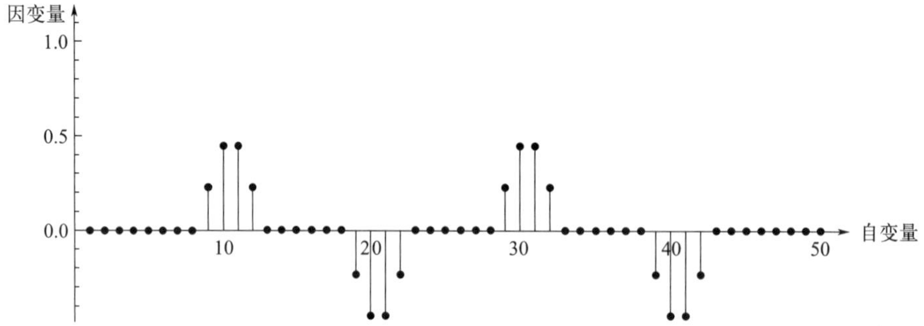

图 5-19　边缘检测卷积的处理效果

受篇幅所限，上面只给出了两个卷积核的例子。读者可以在随书代码中找到更多的卷积核，也可以自己定义卷积核并观察卷积的效果。

通过一维卷积的例子，相信读者能够体会到卷积的作用：它可以平滑数据，也能够找出相邻数据值存在剧烈跳变的位置。

如果说一维卷积核是一个向量，那么二维卷积核就是一个矩阵。例如，定义一个 3×3 的平滑卷积：

$$\mathbf{kernel}=\frac{1}{9}\begin{bmatrix}1 & 1 & 1\\1 & 1 & 1\\1 & 1 & 1\end{bmatrix}$$

二维卷积作用在二维数据上。二维数据也是一个矩阵，例如彩色图片的一个通道可以用一个矩阵表示。二维卷积的计算过程与一维卷积相同，只不过卷积核有两个移动的方向。经过卷积后得到的输出也是一个矩阵，在深度学习中这个矩阵被称为特征图（feature map），因为其中的元素可以被认为是卷积提取出的特征，如图 5-20 所示。

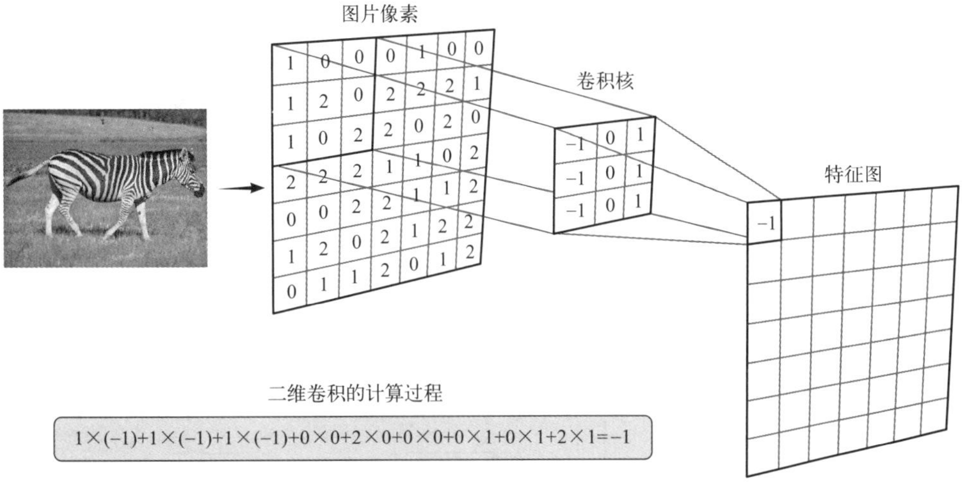

图 5-20　二维卷积

二维卷积的原理与一维卷积类似，例如二维平滑卷积可以对图片进行模糊处理，边缘检测卷积可以查找图片中物体的边缘，如图 5-21 所示。

(a) 原始图片数据　　(b) 平滑卷积的处理效果　　(c) 边缘检测卷积的处理效果

图 5-21　二维卷积的功能

2006 年，Geoffrey Hinton 发现使用逐层预训练的方式能够解决梯度消失的问题。训练神经网络本质上是求解一个优化问题，但是对于层数很多的神经网络，整体优化的难度比较大。Hinton 的想法是将其分解成许多小的优化问题。他先将每两层网络作为一个小网络单独训练（即优化），然后把多个网络层拼接起来组成一个大网络，使用前面训练得到的参数，再完整地训练大网络（被称为微调），如图 5-22 所示。通过这种方法，Hinton 训练了一个 Encoder-Decoder（编码器-解码器）网络。Encoder-Decoder 网络的特点是两头的输入输出维度较高，而中间的维度较低，看上去像一个沙漏。之所以这样设计，是为了将输入压缩成低维特征空间中的向量，从而可以用于分类等任务。Hinton 用试验证实了这个网络的数据降维效果比传统的 PCA 方法更好。

大概在同一时期，李飞飞正在思考训练数据对算法的重要性。当时的研究人员普遍认为，对于机器视觉来说，好的算法远比数据更重要，给算法“喂”更多的数据并不能显著改善算法的性能。但是李飞飞有不同的看法，她认为大量准确的数据有助于提高算法的性能，而当时缺少大型、高质量的图片数据集。当时的互联网正在飞速发展，海量的图像和视频被上传到了网络上，这些数据就像金矿一样在等待着人们的挖掘。受到自然语言处理领域中 WordNet 数据集的启发，李飞飞在 2009 年启动了 ImageNet 项目，目

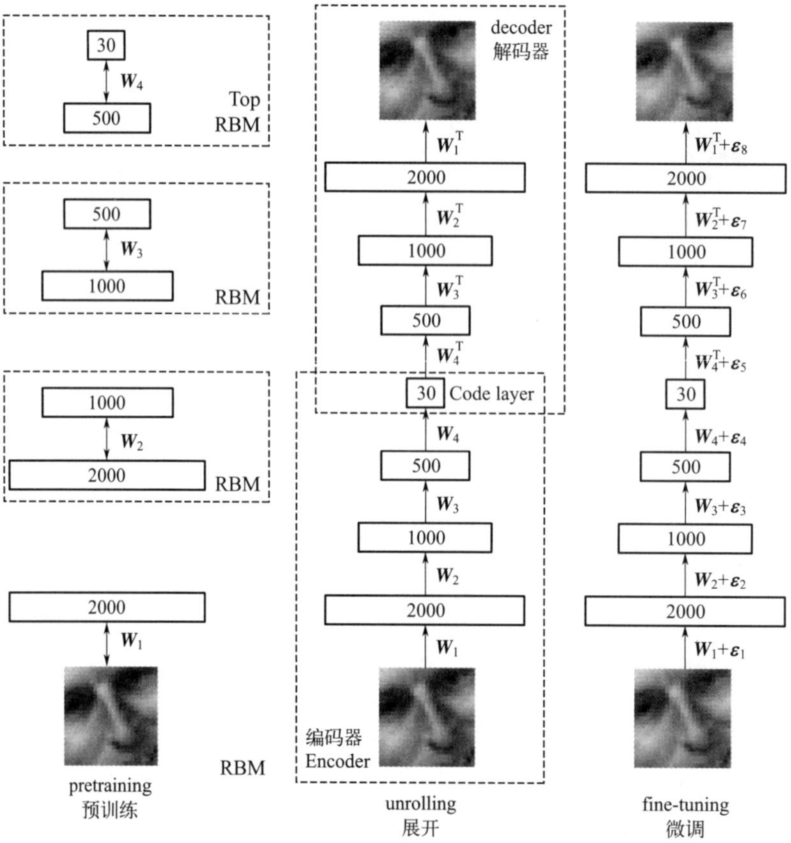

图 5-22　通过逐层训练来训练较深的神经网络

标是建立一个包含 5000 万张图片的巨型数据集。当时，这个计划令人震惊，因为其体量是历史上其他图片数据集的 100 倍以上。ImageNet 项目刚发布的时候，没有得到太多重视，甚至被认为太复杂了而没有必要使用。然而，这些负面的观点很快就被改变了。在某种程度上，没有 ImageNet 就没有后来的深度学习。利用这个数据集，李飞飞在 2010 年组织了第一届机器视觉挑战赛（ILSVRC）。许多团队和他们提出的模型因为在这个比赛中获胜而出名。

AlexNet 是第一个真正“现代意义上”的深度学习模型，由提出该网络的论文第一作者（Alex Krizhevsky）的名字命名。AlexNet 可以看成一个“大号”的 LeNet。AlexNet 拉开了“深度学习”时代的序幕，具有里程碑式的意义。作为“第一个”深度学习网络，AlexNet 网络的结构比较简单清晰，整体由“卷积层”和“全连接层”两部分组成，如图 5-23 所示（每个部分的内部由相同类型的网络组成，这里不详细展开）。这两部分的分工明确：“卷积层”用于从输入图片中提取特征，而“全连接层”使用提取到的特征对图片进行分类。由于整个图像识别任务完全由一个神经网络完成（不包含其他的人工数据处理环节），因此 AlexNet 也是一个“端到端”的神经网络模型。AlexNet 具有巨大的参数量，超过 6000 万个（绝大部分都是 MLP 贡献的）。为了防止过拟合，只能使用 ImageNet 这种规模的大型数据集训练。

2012 年，Hinton 用这一新的方法和新的硬件在 ILSVRC 上取得冠军。实际上，真正引起人们关注的不是拿到冠军本身，而是 AlexNet 的成绩远远甩开了其他参赛选手。

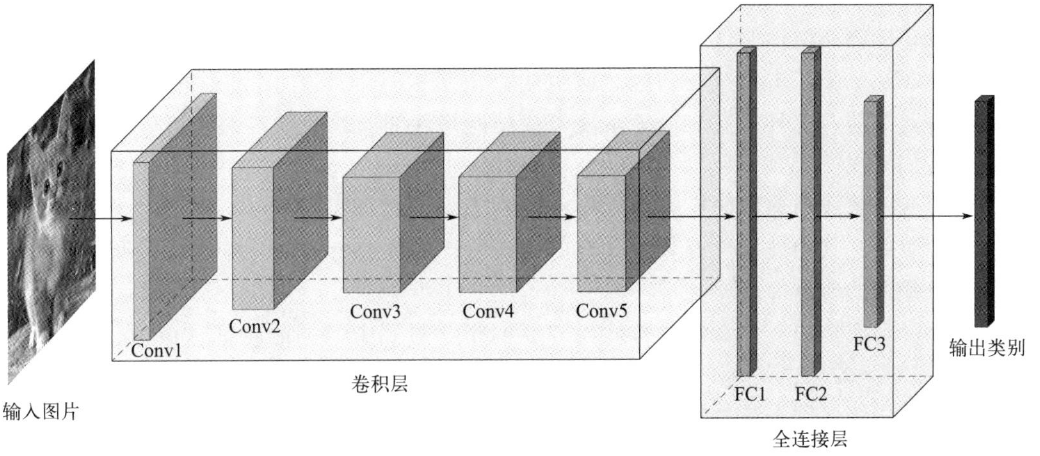

图 5-23　AlexNet 的网络结构

归一化（normalization）是一种数据处理手段，用于将数据限制在一定的范围里。假设有一系列数据：$x_1, x_2, \cdots, x_n$，每个 x_i 都是一个样本（例如训练的图片）。

可以计算这些数据的平均值：

$$\mu = \frac{\sum_{i=1}^{n} x_i}{n}$$

有了平均值，进而可以计算标准差：

$$\sigma = \sqrt{\frac{\sum_{i=1}^{n} (x_i - \mu)^2}{n}}$$

使用平均值和方差，便能够对数据进行归一化。将每个数据减去平均值，能够使数据的中心移动到原点。如果再将其除以标准差，就能把数据缩放到想要的范围中：

$$\tilde{x}_i = \frac{x_i - \mu}{\sigma}$$

如果标准差 $\sigma = 0$，使用上式实际计算时会出现除以 0 的错误。为了防止这一错误，通常在上式的分母 σ 上加一个小值 ε（例如 0.00001）。

针对不同的数据维度，常用的归一化手段有批量归一化（batch normalization）、层归一化（layer normalization）。

但是这样做改变了数据的分布，为了“还原”出原来的数据，在训练时会引入拉伸参数 γ 和偏移参数 β，将输出表示为

$$y_i = \gamma \tilde{x}_i + \beta$$

拉伸参数 γ 和偏移参数 β 也是需要学习的参数。

AlexNet 的成功极大地鼓舞了人们，于是众多学者开始改进 AlexNet。例如，VGG 网络从 AlexNet 的 8 层网络增加到了 19 层，性能大幅领先 AlexNet，将识别准确度提高到接近人类的水平。但是，VGG 遗留了一个重要的问题，那就是：为什么增加到 19 层就停止了？既然增加层数可以提高性能，为什么不继续增加层数呢？VGG 的团队没有回答这个问题。

何恺明发现，网络的性能随着层数增加而提高，但是当网络层数增加到一定数量后，网络的性能不升反降。何恺明认为原因是梯度无法传递到更深层的网络，导致无法对深层的网络进行有效训练。为了解决这个问题，何恺明提出了 ResNet，在网络中开辟“快捷通道”，让梯度传递到深层。这种方法有效地解决了深层网络性能差的问题，人们甚至能训练上千层的神经网络。

深度学习迅速成为热门研究方向，每年都有大量的新模型被提出，就像生物进化一样，不断进化、演变。其中性能优秀者所具有的结构特征就像遗传信息一样被后人吸纳进来，从而实现优秀基因的传承。

深度学习到底学到了什么？通常认为神经网络学习到了数据的特征（feature）。那特征又是什么？“特”的意思是不一般的、独有的、突出的，“征”的意思是表露出来的迹象。特征可以指那些物体区别于其他物体而独有的性质。这里举一个人类使用特征的例子。《哆啦A梦》漫画的作者藤子·不二雄在创作哆啦A梦这一卡通形象时，苦思冥想很长时间都没有灵感。喜欢晚上思考的不二雄经常被窗外的野猫叫声打扰。有一天，他看到女儿抱着圆滚滚的人偶娃娃跑来跑去，脑海中突然间灵光一闪，马上浮现出一个圆滚滚的猫形机器人形象，哆啦A梦就这样诞生了，如图 5-24 所示。人看到猫和人偶玩具，立刻就能将二者的特征抽取出来，例如猫有胡须和铃铛，人偶有圆润的轮廓。深度学习的工作原理与人脑相似，都能从原始图像中抽取出有代表性的特征信息，然后用其完成分类和回归等任务。

图 5-24　人脑特征提取的示例

5.2 视觉检测技术

新的感知模型不断涌现，刷新各大比赛的榜单。对于自动驾驶应用，除了精度的要求，速度同样重要。因此，自动驾驶系统中采用的感知模型通常会在精度和速度之间做出妥协，不会只关注准确度最高的。而学术界关注准确度通常多于关注速度。

5.2.1 Yolo 设计思想

Yolo 是 Joseph Redmon 于 2015 年在华盛顿大学读博时设计的实时目标检测网络。提出 Yolo 的论文 *You Only Look Once: Unified, Real-Time Object Detection* 发表在 2016 年的 CVPR 会议。Yolo 是 You only look once（你只看一次）的缩写，该名改编自西方流行短语 You only live once（你只活一次）。

Yolo 之前的目标检测方法主要是两阶段目标检测方法，虽然精度较高，但是检测速度普遍较慢。相比于两阶段的目标检测方法，Yolo 的特点是结构简单，而且在速度和精度上的性能都很优秀。所以 Yolo 不仅自己进化出了 Yolo2、Yolo3 直到 Yolo9 等版本，而且被扩展到其他的检测任务，例如 Yolo3D、Complex-YOLO、Spiking-YOLO、Poly-YOLO 等，形成了庞大的 Yolo 家族。虽然后面的算法性能更好，但是这些模型都是从 Yolo 演变而来，因此掌握 Yolo 是理解其他模型的基础，所以本节深入讨论 Yolo 的细节。

Yolo 以快速闻名于世。两阶段的目标检测方法先提取候选框，然后在候选框上做分类、回归等任务。如果候选框有成百上千个，那么对每一个执行上述任务所花费的时间是极长的，这也解释了两阶段的目标检测方法为什么这么慢。了解了两阶段的目标检测方法的缺点，自然就能想到改进之处。

人的视觉系统既快速又准确，而当时的检测算法无法在这两者之间达到平衡。Yolo 的速度远超前辈，普通版本能达到 45FPS（即 1 秒可以检测 45 次），加速的版本甚至能达到 150FPS。这意味着 Yolo 可以用在视频实时处理上。与其他实时检测方法相比，Yolo 的准确度（用 mAP 衡量）是它们的两倍以上。速度提升的代价是准确度的损失，Yolo 的准确度要低于当时最好的检测网络，尤其是在小物体上。比 Yolo 快的网络在准确度上不及 Yolo，比 Yolo 精确的网络在速度上被 Yolo 甩在身后。因此，Yolo 是一个速度与准确度的最佳折中方案，因此常被用在速度和准确度都要兼顾的场景，例如自动驾驶。

Yolo 最大的创新点是使用图像中均匀划分的网格作为回归边界框，而不是像二阶段网络一样，先由一个网络生成一些候选框，然后预测每个框的类别。

Joseph Redmon 借鉴了 Alexnet 的代码，用 C 和 CUDA 实现了一个用于目标检测的神经网络 Darknet，并用于 Yolo 的训练和推理。

不管输入图片的尺寸和长宽比是多少，Yolo 都会将其转换成 448×448 像素的图片。之所以采用 448×448 像素的图片，是为了使用 ImageNet 数据集对网络进行预训练。而 ImageNet 中图片的尺寸一般为 224×224 像素。

Yolo 将图片均匀地分成 $S\times S$ 个网格（被称为 grid cell），相关论文中将 S 设置为 7。取 7 的原因是图像长（宽）448 可以被整除的数有 2、4、7、8、14 等。最多检测物体的数量是 $S\times S$，因此这些数字对应的平方分别是 4、16、49、64、196 等。如果 S 取得过小，那么可以检测的数量太少；如果取得过大，虽然可以检测的物体数量变多了，但是每个网格的尺寸变小了。因此，取 7、8 比较合理，取 7 时每个网格的像素是 64 个（448/7=64），可能相关论文作者认为这个值是最优的。

Yolo 的输出是 7×7×30 维的张量，如图 5-25 所示，这个张量包含所有必需的信息。通过解析这个张量，我们就能知道其中有几个框，每个框的尺寸、中心点坐标和框中物体的类别，以及置信度。Yolo 是一个端到端（end-to-end）的模型，也就是说它从输入到输出经过神经网络模型，而且只经过这一个模型，不再需要其他的处理。与之相比，传统方法通常包含几个独立的步骤，通过组合才能实现目标检测。

在训练阶段，ground truth（或者叫标签）的中心点落在哪个网格里，那么就由这个网格对应的两个框中的一个预测这个物体，并且与 ground truth 做损失函数计算。每个网格只能预测一个类别，或者说只能预测一个物体，所以整个图片最多只能预测出 7×7=49 个类别（或物体）。如果图片中包含很多小物体，超出了 49 个，那么 Yolo 最多输出 49 个物体预测结果，这时它的表现会比较差。

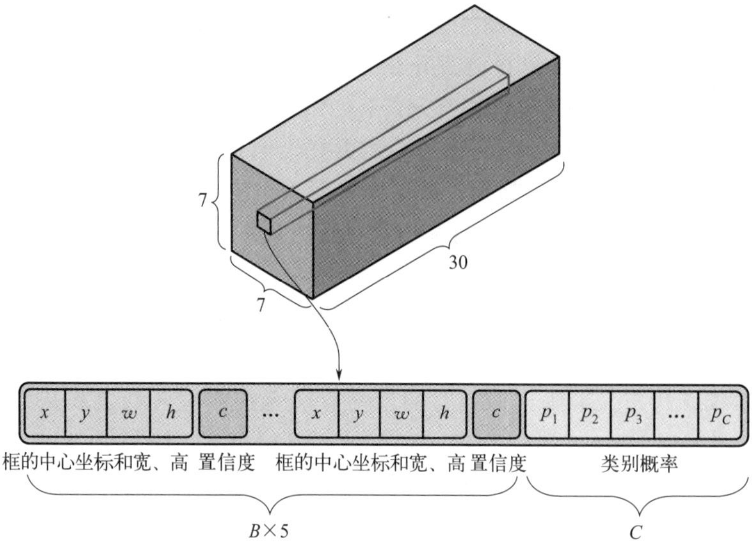

图 5-25 Yolo 输出张量的含义

每个网格会生成 B 个边界框（bounding box），相关论文中设置为 $B=2$。边界框就是物体的最小外接矩形，读者可以将其类比于最小外接圆。使用矩形而不用圆，是因为圆对于物体的表示过于粗糙。这两个边界框的几何中心都会落在这个 grid cell 中。具体由哪个预测边界框预测物体（例如图片中的狗），取决于预测边界框与 ground truth 边界框的重合度（用 IOU 计算）。由重合度大的边界框去预测，而这个 grid cell 生成的其他边界框则不再使用。这些边界框相当于两阶段方法中的锚框（anchor）。Yolo 并没有使用锚框，但是 Yolo 的后期升级版本中也加入了它。

5.2.2 Yolo 网络结构

Yolo 的网络结构和计算中产生的数据如图 5-26 所示，图中清晰地标出了输入、输出。整个网络从输入到输出都是常规的神经网络计算，所以，Yolo 是一个端到端的网络，即不包括非神经网络的数据处理环节的、结构单一的网络。其中，最左侧是输入，也就是要检测的原始图片。彩色图片在计算机中通常表示为 448×448×3 维的张量。其中，448×448 是图片尺寸，即边长为 448 像素的正方形，并且因为是彩色图片，所以有 3 个通道（RGB 三色）。最右侧是输出张量，它的维度数是 7×7×30。图片的长宽方向被压缩了，但是通道数增加了 10 倍。Yolo 网络由两部分组成，分别是主干网和检测头。主干网（常被称为 backbone）的功能是负责从图片中提取出关键特征，因此它主要由卷积层组成。检测头（常被称为 head）用于对主干网产生的特征进行组合处理，产生最终的输出结果，它主要由全连接层组成。对主干网的训练相当于学生平时上课时做练习题，通过不断做题发现规律，锻炼基本功。对检测头的训练像考试，将检测头的输出与正确答案进行比较，并经过损失函数得到一个分数。分数越高表明网络学得越好。

主干网的设计通常比较难，所以人们一般采用现成的网络结构，Yolo 采用的是与 GoogLeNet 类似的结构。因为借用了已有的网络，所以这部分不是 Yolo 的特色。读者也可以将其替换成其他的网络结构，例如 VGG、Resnet。

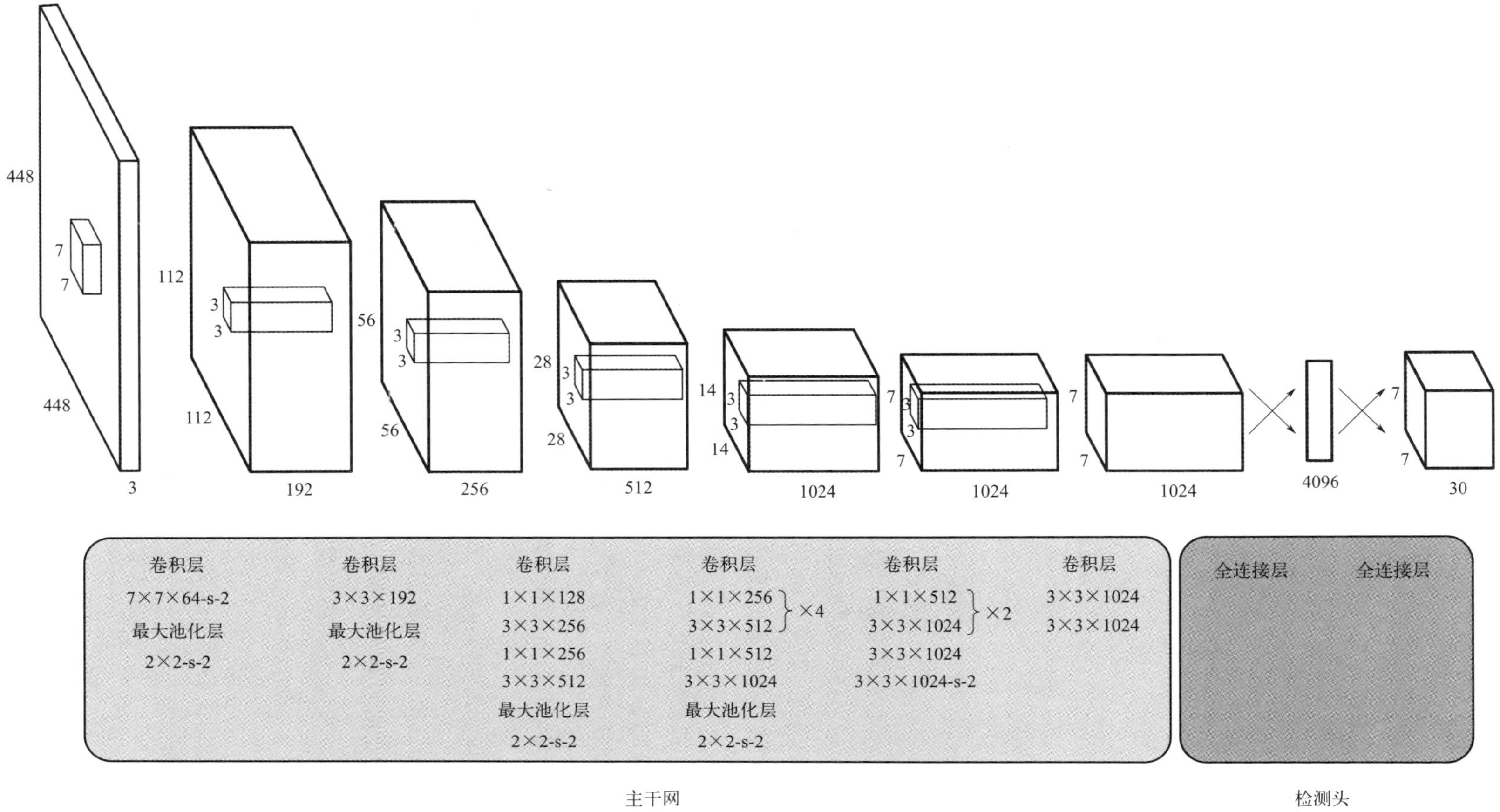

图 5-26　Yolo 模型的结构

5.2.3 损失函数

Yolo 的创新点集中在检测头部分，而检测头的重点则是损失函数（loss function）的设计。

Yolo 的损失函数如下，整个损失函数都采用了平方和的形式。

$$\begin{aligned}\text{loss}=&\lambda_{\text{coord}}\sum_{i=0}^{S^2}\sum_{j=0}^{B}\mathbf{1}_{ij}^{\text{obj}}\left[(x_i-\hat{x}_i)^2+(y_i-\hat{y}_i)^2\right]\\&+\lambda_{\text{coord}}\sum_{i=0}^{S^2}\sum_{j=0}^{B}\mathbf{1}_{ij}^{\text{obj}}\left[(\sqrt{w_i}-\sqrt{\hat{w}_i})^2+(\sqrt{h_i}-\sqrt{\hat{h}_i})^2\right]\\&+\sum_{i=0}^{S^2}\sum_{j=0}^{B}\mathbf{1}_{ij}^{\text{obj}}(C_i-\hat{C}_i)^2\\&+\lambda_{\text{noobj}}\sum_{i=0}^{S^2}\sum_{j=0}^{B}\mathbf{1}_{ij}^{\text{noobj}}(C_i-\hat{C}_i)^2\\&+\sum_{i=0}^{S^2}\mathbf{1}_{i}^{\text{obj}}\sum_{c\in\text{classes}}\left[p_i(c)-\hat{p}_i(c)\right]^2\end{aligned} \tag{5.2}$$

虽然式(5.2) 看似比较复杂，但可以拆分成三个独立的部分，每个部分都比较简单。

第一部分是定位的损失函数，即预测得到的值与真实值的误差。这里的误差是针对所有（$S\times S$ 个）网格的所有（B 个）边界框，都做一次计算然后求和。定位损失函数包含物体中心坐标的偏差和边界框大小的偏差。其中，不“戴帽”的（x_i，y_i）是真实边界框的中心点坐标，“戴帽”的（$\hat{x}_i$，$\hat{y}_i$）是 Yolo 输出的中心点坐标。在计算边界框大小的偏差时并没有直接相减，而是先取根号再相减。取根号的原因是考虑误差对不同物体尺寸的影响。例如，对于长、宽均为 10 像素的小物体和长、宽均为 100 像素的大物体，假如 Yolo 输出的预测尺寸（单位默认为像素）分别是 11 和 101，那么误差平方都是 1，即$(101-100)^2=(11-10)^2=1$。但是，我们知道对于大物体的预测显然更好，因为相对误差只有$\frac{101-100}{100}=1\%$，而对于小物体的预测则很差，误差足有$\frac{11-10}{10}=10\%$。所以，为了更好地表示不同尺寸物体的相对误差，相关研究者创新性地设计了平方根损失函数。如果用平方根重新计算误差（平方形式），我们得到大物体的误差为$(\sqrt{101}-\sqrt{100})^2\approx 0.0025$，小物体的误差为$(\sqrt{11}-\sqrt{10})^2\approx 0.024$。小物体的误差差不多是大物体的 10 倍，这更符合我们对误差的认识。式(5.2) 中的 λ_{coord} 为权重，表示定位误差在多个误差项中的重要性。在相关文献中，$\lambda_{\text{coord}}=5$。

第二部分是置信度的损失函数，同样，不“戴帽”的 C_i 是真实的置信度，“戴帽”的 $\hat{C}_i$ 是 Yolo 预测的置信度。$\mathbf{1}_{ij}^{\text{obj}}$ 是指标函数：如果要预测的网格里有物体，它的值就是 1，没有物体就是 0。$\mathbf{1}_{ij}^{\text{noobj}}$ 则反过来：网格里没有物体，它的值就是 1，有物体就是 0。实际图片中物体只占据小部分面积，大部分网格都没有物体，或者说大部分网格都不包含物体的真实中心点。如果直接相加，那么没有物体的网格误差将占据主要部分。为了平衡有物体的和没有物体的误差，在没有物体的置信度前面分配了一个权重 λ_{noobj}。在相关文献中，$\lambda_{\text{noobj}}=0.5$。

第三部分是分类的损失函数。在分类任务中通常使用 softmax 损失函数，但是既然 Yolo 将目标检测当成回归问题，分类的损失函数索性也采用平方项。计算分类误差简单直接，直接对类向量的各项求差，然后平方。

Yolo 对真实图片的检测效果如图 5-27 所示。

图 5-27　Yolo 的检测结果

5.2.4 训练技巧

参数量越大的模型在训练时需要使用的数据越多，否则会产生过拟合，影响最终的精度。但是制作大量的标注数据并不是件容易的事，往往需要花费大量的时间和成本。如果我们的标注数据不够多，可以使用数据增强（data augmentation）技术来扩大训练数据集。数据增强就是在原有的图片数据上通过翻转、裁剪、拼接、改变亮度等图片处理方式生成新的数据。数据增强不仅能够缓解数据不足的问题，还能够提高模型的泛化能力和鲁棒性。

目前常用的数据增强方法有 CutMix、Mosaic。如图 5-28 所示，Mosaic 方法的步骤为：每次从数据集中随机选择四张图片，然后分别对其进行翻转、缩放、改变颜色、改变对比度等操作，最后将四张图片拼接成一张图片。原来图片上标记的真实边界框需要移动到拼接后的新位置。

图 5-28　使用 Mosaic 数据增强方法生成的训练数据

5.2.5　Yolo 的扩展

想要实现自动驾驶，无人车需要关注的环境不只有障碍物。很多时候，其他环境信息同样重要。就像人类开车，我们会注意地面上的车道线以及箭头等标记。YoloP 将 Yolo 推广到多任务场景，不仅能够检测障碍物，还能识别车道线和可行驶区域，如图 5-29 所示。

图 5-29　YoloP 的检测结果（包括障碍物、车道线以及可行驶区域）

5.3 激光点云检测技术

5.3.1　点云数据的特点

图像和点云是无人车感知环境最常用的两种数据类型，它们在表达形式上具有明显的不同。

如果将图像视为一个矩阵，那么矩阵中元素的相对位置关系很重要。如果对元素的位置重新排列，那么得到的图像与原来的图像相比，表示的内容会被改变，如图 5-30 所示。图像上每个像素位置是固定的，通过移动上下标可以很容易地获取到某个点周围的点的像素。如果改变像素点之间的位置，那么得到的图像与原始图像可能代表不同的含义。这一点与自然语言相似，例如“我爱你”和“你爱我”的含义并不相同。

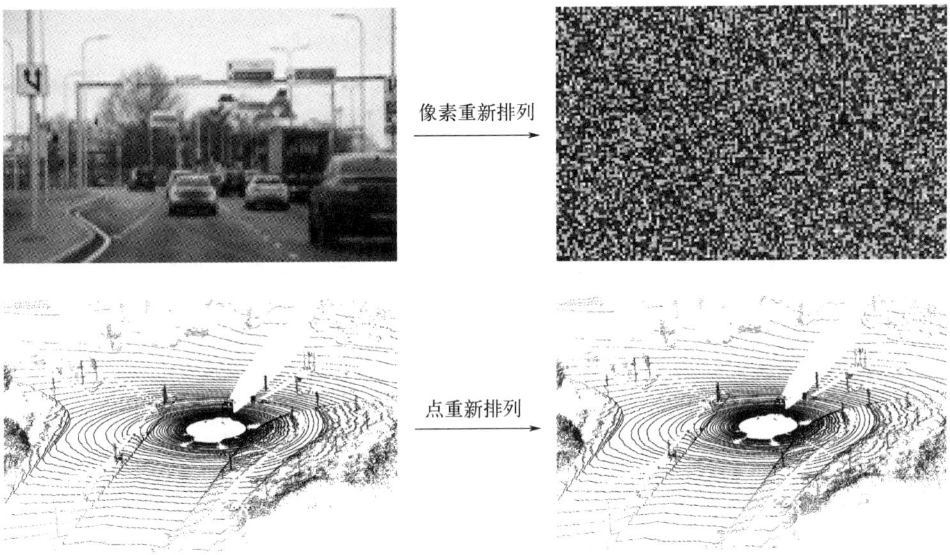

图 5-30　图像与点云中元素的不同存储顺序

但是点云对元素的排列顺序不敏感，如果对点云中点的存储顺序重新排列，所得到的点云与原来的点云相比，表示的内容不变。读者可能会好奇：点的存储方式虽然改变了，但是点与点之间的相对位置不变，即每个点附近的空间点不变，那我们为什么不利用相对位置处理点云？为了找到每个点附近的点，需要使用最近邻查询（nearest neighbor query）操作，但是实际上，计算点的最近邻是一种比较耗时的操作，在点云实时处理上不可取。

此外，物体距离相机越近，它在图片中所成的像就越大。对于激光雷达，相同的物体在不同的距离对应的轮廓都是相同的。但是物体越靠近激光雷达，它的轮廓上的点云越密集，越远则越稀疏。在自动驾驶场景中，无人车需要检测近到 1m，远到 100m 的物体，其点云密度相差极大。

5.3.2 PointPillars 设计思想

PointPillars 是由 nuTonomy 自动驾驶公司的 Alex Lang 在 2018 年提出的点云目标检测网络。在点云目标检测领域，PointPillars 的角色与 Yolo 有些相似，它在速度与精度之间达到了平衡。在速度上，它远超其他检测方法，在精度上又与精度最高的网络相差不大。并且，PointPillars 也有一系列的衍生网络，比如 Frustum-PointPillars、FastPillars、Multi-Scale PointPillars 等。

PointPillars 网络的设计思想受到 VoxelNet 和 Second 等网络的启发。在室外无人驾驶场景中，在垂直方向一般只有一个物体。因此，在对点云进行切分时，在垂直方向只划分一个栅格，由此得到的栅格像一个个柱子（pillar），这也是 PointPillars 网络名字的来源。

5.3.3 PointPillars 网络结构

PointPillars 网络的结构如图 5-31 所示，它也是一个端到端的网络。整个网络模块化程度比较高，由 Pillar Feature Network、主干网和检测头三部分组成。其中的主干网和检测头都借鉴了现有的网络结构，只有 Pillar Feature Network 是 PointPillars 网络中新提出的结构。下面按照数据流动的方向依次介绍网络中每个部分的原理。

激光雷达输出的点云数据不经过处理直接送给 Pillar Feature Network，相关文献中将其称为编码器（Encoder）网络。假设地面是 xy 平面，按照固定的分辨率将 xy 平面均匀地划分成一系列网格，这一点与 Yolo 类似。激光雷达输入的点云按照每个点的（x，y）坐标被分割到这些网格里。在对点云分割时，由于只对 x 和 y 方向做分割，不对 z 方向（垂直于地面的方向）做分割，因此读者可以把分割后的三维空间想象成由一系列的柱子组成。

由于激光点云只能在物体表面形成，因此空间中大部分区域是空的，一般只有大概 3% 的柱子里有足够数量的点云做检测。激光雷达返回的点通常都有三维坐标（x,y,z）和反射率 r。对于属于每个柱子中的点，除了它的三维坐标以及反射率之外，还补充了两个坐标：（x_c,y_c,z_c）和（x_p,y_p）。（x_c,y_c,z_c）是柱子中每个点到这个柱子所有点的平均点的偏移距离。（x_p,y_p）是每个点到柱子中心的偏移距离。因此，每个点的特征变成了 9 维（$3+1+3+2=9$）。用 P 表示柱子的数量；用 N 表示每个柱子中点的数量；用 D 表示每个点的特征数量，也就是 9。所以，离散化后的点云被表示成维度为（D,P,N）的张量。

然后，使用 PointNet 网络对每个柱子中的点进行特征升维。这里，相关研究者并没有使用完整的 PointNet 网络，而是只保留了其中的全连接网络部分。这个全连接网络的输入是每个点的维数 D，输出维数假设是 C。PointNet 是独立地作用到每个柱子上的，因此经过 PointNet 网络输出的数据变成维数为（C,P,N）的张量。接着，对每个柱子做最大池化，所以每个柱子最终只保留一个点。这样，维数为（C,P,N）的张量变成（C,P）张量。这样就完成了编码的工作。

PointNet 采用了升维的思想。在数据处理领域，不仅有降维，还有升维的方法。考虑这样一个例子：给定两类点，将其分成两类。如图 5-32 所示，图中有两类数据，分别是方形数据和圆形数据。问题是如何构造一个线性函数将两类数据分开。在二维空间中不存在一条直线将两类数据分开，但是通过映射 $f(x,y)=(x,y,x^2+y^2)$ 将原始数据提升到三维空间中，便可以构造一个平面将两类数据分开。这就是一个升维的例子。

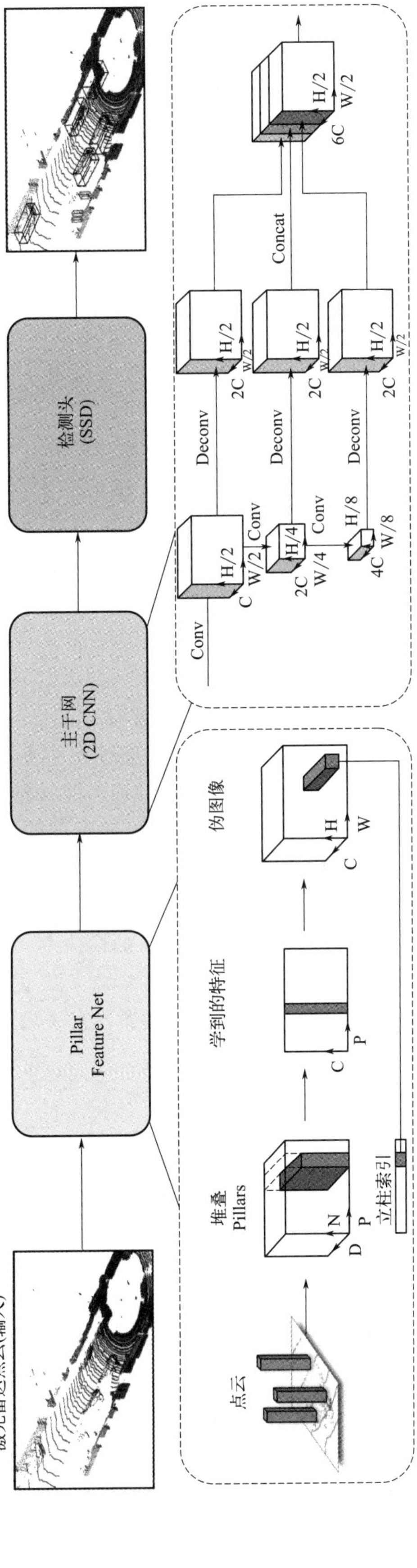

图 5-31　PointPillars 网络的结构

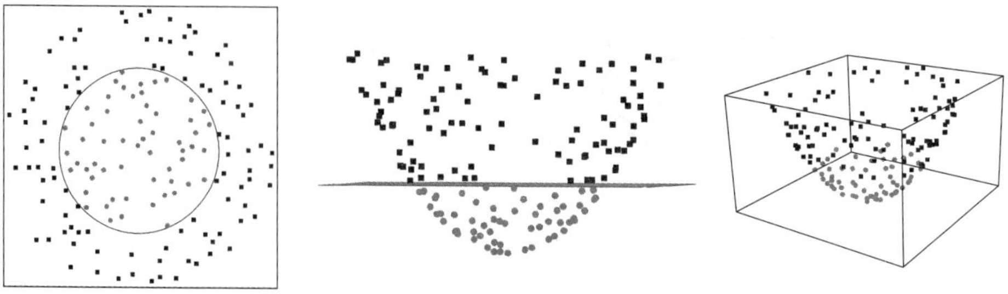

图 5-32 通过升维解决分类问题

每个点初始只有 x、y、z 三个维度，PoinNet 使用多层感知机将每个点升到 1024 维空间，然后使用最大池化（max pooling）保留每个维度上特征最大的值，最后使用多层感知机对提取出来的特征向量进行分类。

接下来，P 个特征被还原到每个柱子的二维坐标处，目的是得到与图像维数类似的数据，这样的数据称为伪图像。伪图像的维数是（C, H, W），（H, W）相当于图片的高和宽（像素数量），也可以理解为 H 是网格在 y 方向的数量，W 是网格在 x 方向的数量。

在升维的过程中，PointNet 并没有使用邻近点的信息。因为储存位置相邻的点不一定在三维空间中相邻，因此对每个点单独提取特征，这也导致其失去捕捉局部复杂几何结构的能力。

主干网采用了特征金字塔网络（feature pyramid network，FPN）。FPN 是一种特征提取网络。FPN 的提出是为了解决传统网络对不同尺度物体的检测困难的问题。在介绍 Yolo 时，我们注意到 Yolo 仅使用特征图的最后一层中的特征进行检测，对于中间的特征图没有使用。但是对于目标检测任务来说，我们既关心分类的正确性，也关心边界框的准确性。如果仅使用特征图的最后一层，其分辨率较低，影响边界框预测的准确度。为了解决这一问题，特征金字塔网络将高层和低层的特征进行融合，既能够利用低层特征的高分辨率提高边界框的精度，也能合理利用高层特征丰富的语义信息增加类型预测的正确性。因此，在目前主流的目标检测网络中，特征金字塔网络已经成为必备的模块。

每个三维边界框的形状可以由中心点坐标（x, y, z），长、宽、高三个边长（w, l, h）和朝向角 θ 完全确定。关于边界框的损失函数定义如下，它采用了 Smooth L1 损失函数，是一个分段函数。

$$\text{Smooth L1}(x)=\begin{cases}\dfrac{x^2}{2}, & |x|\leqslant 1\\ |x|-\dfrac{1}{2}, & |x|>1\end{cases} \tag{5.3}$$

Smooth L1 损失函数的图像如图 5-33 所示，图中还显示了平方函数 $x^2/2$ 的图像。在 $|x|<1$ 时，Smooth L1 损失函数即平方函数（又称为 L2），相比于 $|x|-\frac{1}{2}$，平方函数 $x^2/2$ 在原点附近可导。当 $|x|>1$ 时，Smooth L1 损失函数即线性函数（又称为 L1），其函数值随 x 值增长呈现线性增长，增长速度相对温和，而 $x^2/2$ 会以指数的速度急剧增长。只使用 $x^2/2$ 这类损失函数的缺点是，如果存在离群点，几个误差相加时，误差小的损失会被误差大的损失淹没；而 Smooth L1 会缓解这一点。因此，组合起来的 Smooth L1 兼具 L1 和 L2 的优点，同时避免了它们的缺点。

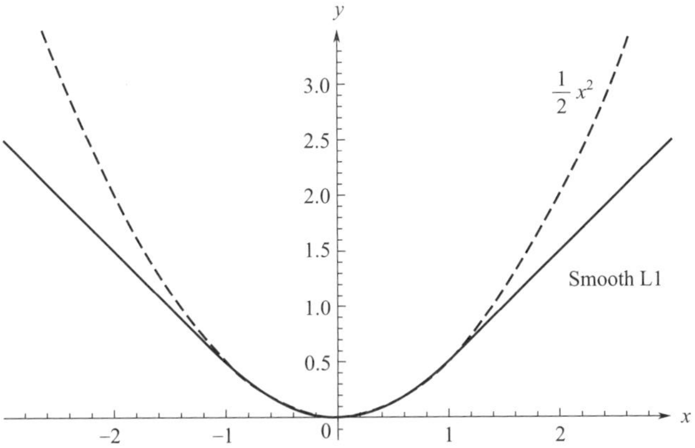

图 5-33　Smooth L1 损失函数的图像

PointPillars 在 Kitti 无人驾驶数据集上的检测结果如图 5-34 所示，各分图右下角为与点云同步采集的图像数据。可见 PointPillars 对于近距离的车辆检测相对准确，但也存在误检，例如将大货车检测为小型汽车，或者将墙壁检测为车辆、将灌木检测为自行车等。

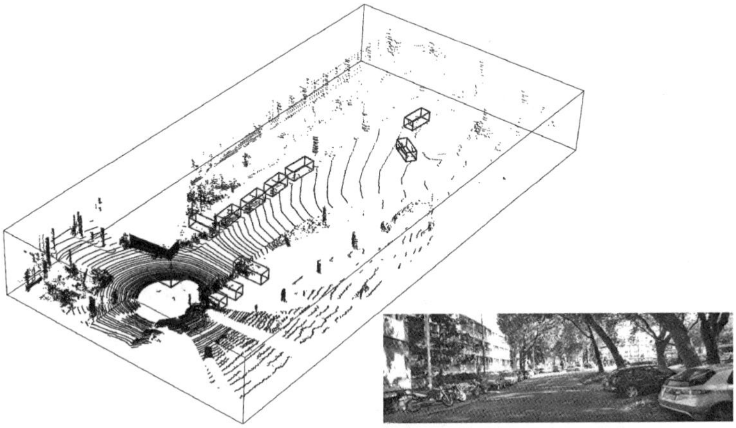

(a)

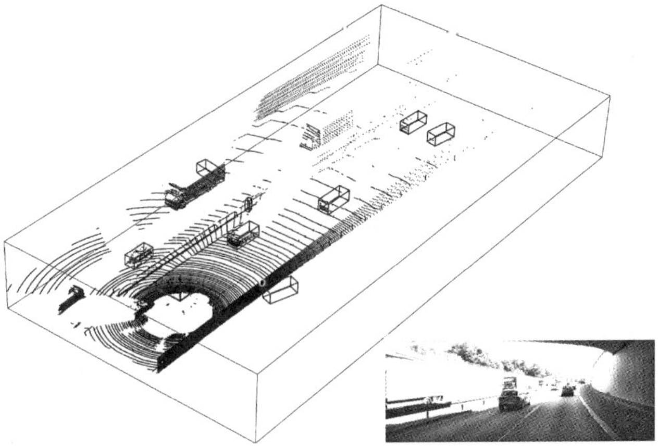

(b)

图 5-34

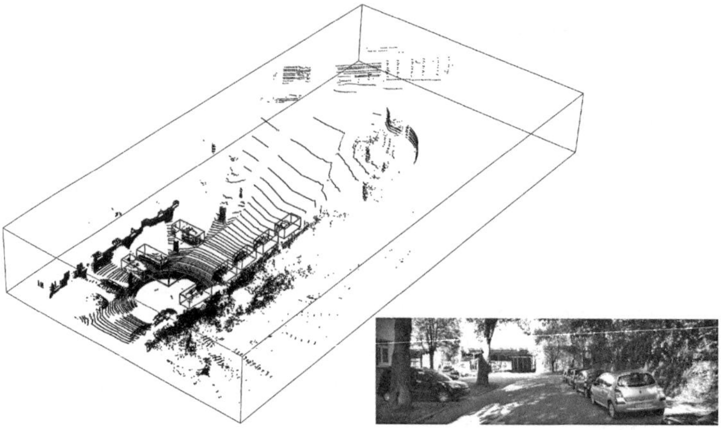

(c)

图 5-34 PointPillars 的检测结果

5.4 通用障碍物检测技术

5.4.1 占用栅格的基本概念

本章前几节介绍的障碍物检测技术只能识别出训练集中设定的物体类别，对于不在类别中的物体通常无法输出，或者输出错误。虽然我们设定的物体类别能覆盖超过 90%的场景，但是在实际环境中，不可避免地存在类别以外的物体，例如临时设置的移动信号灯、动物、车祸现场散落的物体、碎石等，如图 5-35 所示。此外，传统物体检测技术只能输出物体的长方形包围盒，无法表示不规则的“异形”物体。

如果无人车不能检测出这些“名单”之外的障碍物，则很有可能发生碰撞。但是这些障碍物的类型和尺寸分布难以事先估计，难以通过学习的方式对其进行识别。因此，我们必须寻找其他的障碍物表达方式。

在移动机器人领域，一种常用的环境表达方法是占用栅格或占据栅格（occupancy grid)。占用栅格将环境切割成一系列的小网格，每个网格都存储了一个标签变量。如果网格中包含环境中的物体或者障碍物，则将网格的标签标记为“被占用”（occupied)，如果网格中没有物体，则将其标签标记为“空闲”（free)。空闲的网格表示机器人可以活动的区域。一个占用栅格表示环境的例子如图 5-36(b) 所示，其中黑色的像素（网格）表示障碍物，白色的像素表示空闲区域，灰色的网格表示不确定，即机器人没有探测过的区域。

占用栅格将空间离散化为一系列的标记网格，这种环境表达方式有一系列优点。例如，在定位模块中可以将传感器数据与占用栅格匹配以实现相对地图的定位，规划模块也可以通过搜索占用栅格中的空闲网格进行路径规划。因此，占用栅格被很多机器人系统支持，例如谷歌公司提出的开源 SLAM 算法库 Cartographer 采用占用栅格表示二维地图，在 ROS 中专门设计了 OccupancyGrid 类用于表示占用栅格地图。

(a) 移动信号灯

(b) 动物

(c) 车祸现场残留

(d) 碎石

图 5-35　超出深度学习检测范围的物体

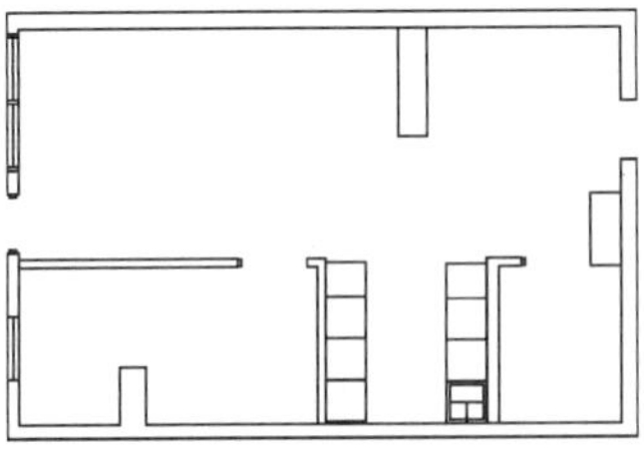

(a) 办公室环境(俯视图)

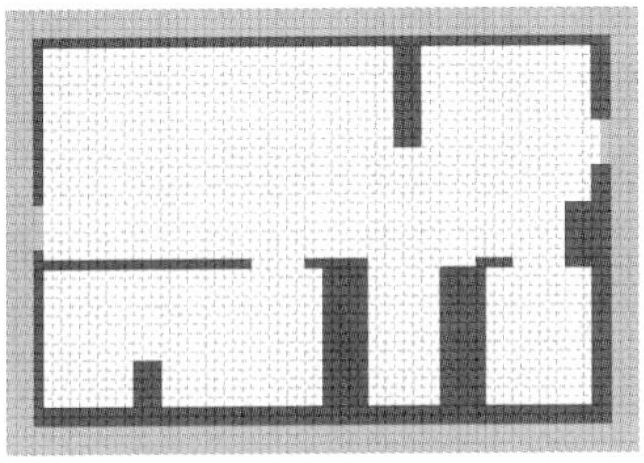

(b) 二维占用栅格

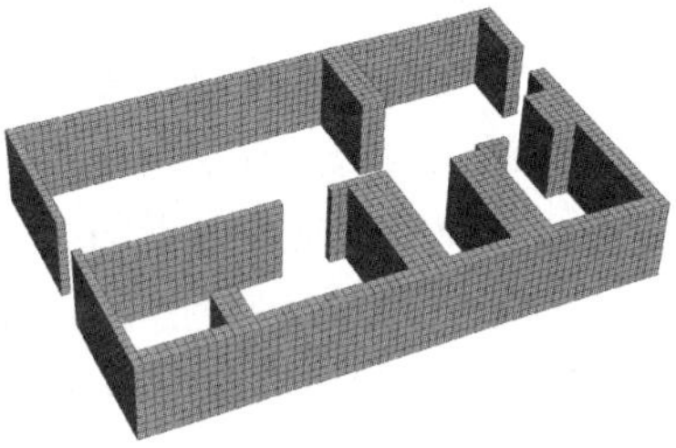

(c) 三维占用栅格

图 5-36　占用栅格示例

占用栅格的生成过程中，通常采用能够测量距离的传感器，例如激光雷达或者深度相机来采集环境中的距离信息。这些传感器可以直接估计深度。以激光雷达为例，如果一个激光光束照射到物体表面，则会返回一个到表面的距离值。我们可以利用这个距离推测出物体的位置，同时激光束经过的网格都没有物体存在。因此我们就能知道哪些网格被占用，哪些属于空闲。

如将激光束假设为一条直线段，那么根据直线段计算占用栅格时可以采用 Bresenham 直线算法。在随书的示例代码中，读者可以用鼠标拖动线段两端的端点，并观察 Bresenham 直线算法得到的占用栅格（即图中的白色网格），如图 5-37 所示。

早期的占用栅格主要用于表示二维平面环境，即假设机器人工作在平坦、无起伏的地面上，并且地面上的障碍物在高度方向上的大小没有变化。这种假设适用于室内移动机器人，例如扫地机器人。对于工作在非平坦地形中的机器人，例如无人驾驶车辆，则需要考虑完整的三维空间。通过将二维占用栅格推广到三维空间可以解决这个问题，如此

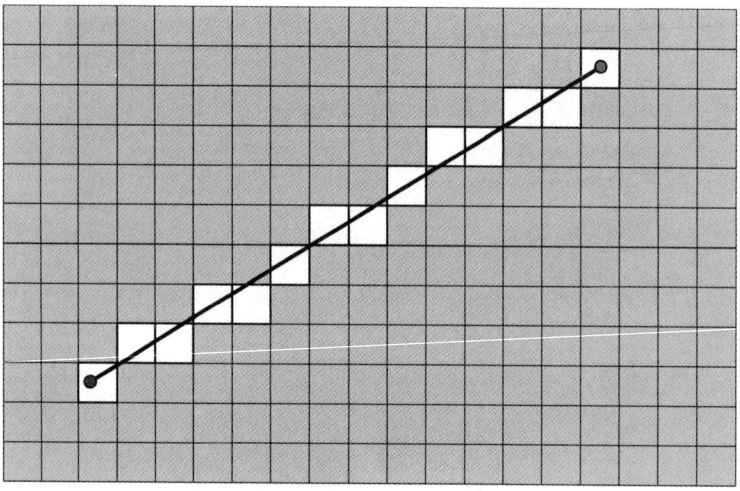

图 5-37　Bresenham 直线算法示例

得到的表示被称为三维占用栅格，或者占用体素，如图 5-36(c) 所示。如果放大来看，平面图片的每个像素（pixel）相当于一个网格，体素（voxel）是对平面图片中像素的推广，即三维空间中的“像素”。

我们可以将占用栅格引入自动驾驶领域。但是如果直接使用传统占用栅格的表示和生成方法，则存在以下问题：

① 在三维空间中运行 Bresenham 直线算法，计算效率较低；

② 激光点云在远处较稀疏，存在空隙；

③ 激光点云只有距离信息，缺少物体的类别信息；

④ 占用栅格适合表示静态环境，如果物体与车辆一起按照相同的速度运动，那么得到的占用栅格也是相对静止的，无法描述物体的运动趋势。

随着深度学习在各项感知任务上不断刷新性能记录，有学者开始思考能否使用深度学习从视觉数据中自动生成环境的占用体素。但是这需要从相机的视野平面转换到车辆所在的三维空间，并且如何对多个相机的特征进行融合也是一个难题。特斯拉公司的感知团队是最早取得突破的，其开发的 Occupancy Network 不仅能够生成稠密的占用体素，而且推理时间达到 10ms，即能够以 100Hz 的速度运行。华为公司也推出了 General Obstacle Detection Network（GOD 网络）用来检测训练集之外的障碍物。此外，学术界的代表性成果有 VoxFormer、OccFormer、OccWorld、COTR、InverseMatrixVT3D、POP-3D 等。这些成果大部分都采用 Transformer 网络作为主干来将多个相机的图像融合，从而生成占用体素。因此，下面首先对 Transformer 网络进行介绍。

5.4.2　Transformer 主干网络

Transformer（变形金刚）网络由谷歌公司的团队在 2017 年提出，用于自然语言处理中的机器翻译任务。注意力机制是 Transformer 网络的“核心”。那么什么是注意力呢？我们每天都会接收到海量的数据，例如我们的眼睛会看到很多画面、我们的耳朵能听到很多声音。但是最后只有很少的信息被我们记下来，而其他的大部分信息都被忽视了。这些被我们记下来的信息通常都是我们关注的信息。相比于其他信息，我们为自己所关注的信息投入了更多的“注意力”。这样做的好处在于能够将我们有限的资源投入到有价值的信息上，而不会迷失在数据的海洋。

在感知任务中面临着同样的问题。输入的图片或者激光雷达数据通常非常庞大，但是也有很多“冗余”。如果我们能知道哪些数据是我们所需要的，就能设计更高效的感知算法。

注意力机制很早就被提出，在计算机视觉和自然语言处理等很多任务中都有应用。例如，显著图（saliency map）用来模拟人类对图片上某些区域的关注程度。在机器翻译中，注意力被用在为不同的单词分配权重。但是真正将注意力机制发扬光大的是 Transformer 网络，它将机器翻译中的注意力应用到一种新的网络设计中。Transformer 网络最初被提出用于机器翻译领域。但是后来人们渐渐发现 Transformer 网络的能力不仅限于完成自然语言处理任务，在计算机视觉、强化学习、多模态学习等很多领域都能发挥作用。

Transformer 网络可以分成两部分：注意力模块和 MLP 模块。人类能够使用很少的信息作出正确的决策，这是因为我们能够评判信息的重要性，给重要的信息赋予较大的权重。同样地，Transformer 网络中的注意力模块用于为数据赋予不同的权重。人类为信息赋予权重的方式可能与很多因素有关，很难对其建模来定量刻画。因此，在 Transformer 网络中使用的是相对简单的自注意力（self-attention）。自注意力表达了输入数据中各部分相互之间的重要性。由于注意力的计算只用到了输入数据，因此被称为自注意力，即自身相互之间的注意力。

数据经过注意力模块处理之后，数据中不同部分被分配了不同的权重。在 MLP 模块中进行特征提取。如果任务比较复杂，需要设计解码器生成输出数据。

为了让网络训练的收敛速度更快，Transformer 网络中模仿 ResNet 加入了跨层的连接。为了进一步加速网络训练，Transformer 网络使用了数据归一化的手段，具体使用的是层归一化。

Transformer 网络的优点是，其结构设计使得对不同数据进行融合变得很容易。对于要融合的数据，可以将数据的特征（例如使用卷积神经网络对图像提取的特征）作为 Key 和 Query。Value 是 Key 和 Query 的相似度评分，根据 Value 可以对特征进行组合，从而进行后续的分类或回归任务。

5.4.3　占用栅格网络的结构

这里以特斯拉公司的占用网络（Occupancy Network）为例，介绍占用栅格网络的组成和设计思想。特斯拉占用网络的输入是车身四周的相机图片，如图 5-38 所示。相机输出的图片存在畸变，为了更好地还原物体的真实尺寸，先将图片经过畸变校正（rectify），然后输入到后续的处理流程中。

经过校正的图片输入给特征提取网络。特征提取网络由两部分组成：由 RegNet 组成的卷积网络，用于从图片中提取出不同层级的特征；这些特征输入给 BiFPN 网络，将不同尺度的特征进行融合，增加检测精度和准确度。

特征提取网络输出的是融合不同图片和尺度的特征，使用 MLP 通过这些特征得到一系列的 Query、Key 和 Value。这里，将三维空间切割为一系列体素，每个体素由一个 Query 进行编码，即 Query 对应了每个体素中有什么物体这个编码。这些 Query、Key 和 Value 输入 Transformer 网络的解码器，一同作为输入的还有之前历史时刻得到的特征（称为时间特征），根据自车的运动速度估计出不同时刻特征的位置，以便进行空间上的对齐。这样得到的特征既融合了不同位置（空间），也融合了不同时刻（时间），能够弥补偶尔遮挡等造成的不能提取出特征的问题。

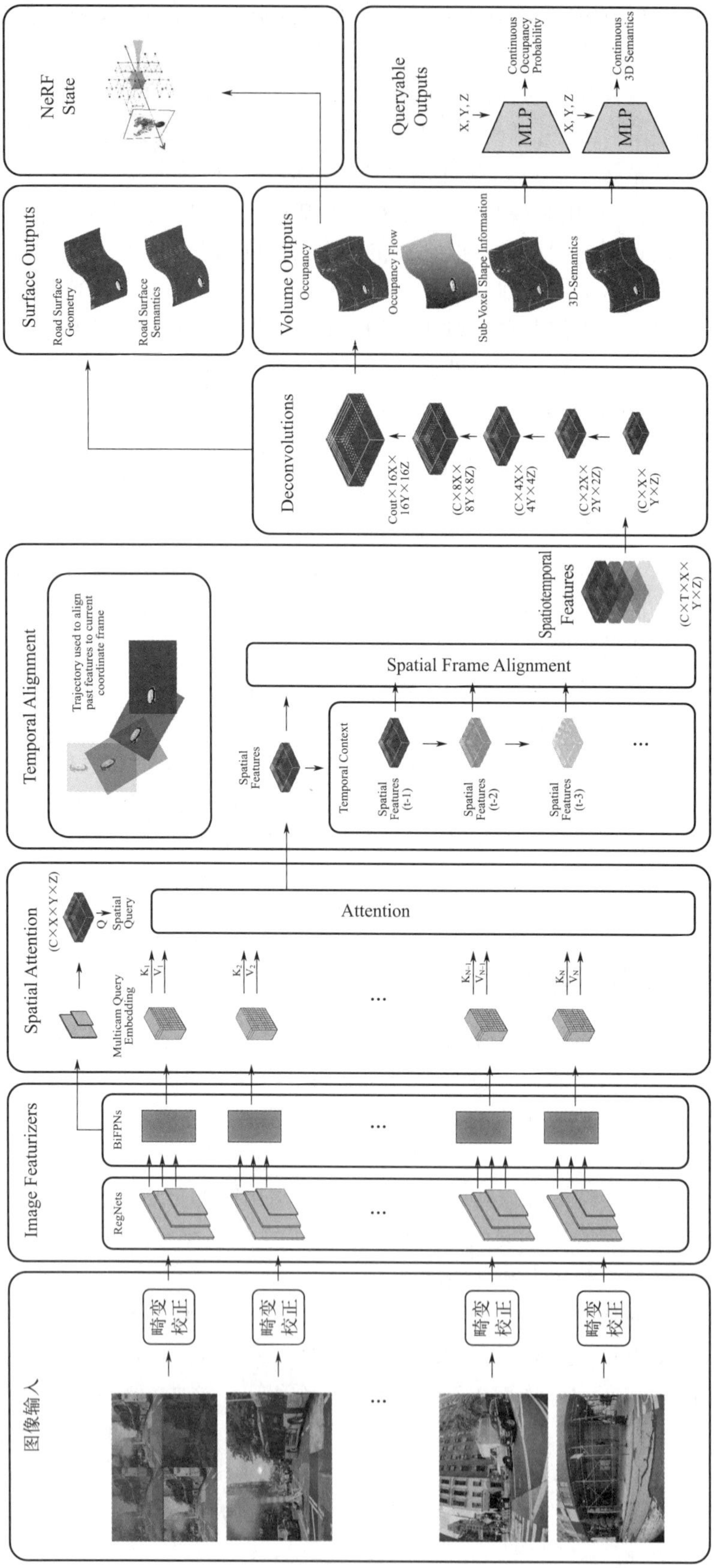

图 5-38 特斯拉公司的 Occupancy Network 结构

融合时间和空间的特征的分辨率较低（栅格较大），不能直接输出给下游模块使用。为此，使用反卷积对特征进行上采样，得到更细粒度的占用栅格。从这个占用栅格上加入不同的检测头，可以输出每个栅格的物体类别、栅格的运动速度等信息，甚至地面的起伏也可以表示。

该占用网络在不同环境中的输出结果如图 5-39 所示。图中，上部的小窗口图像是前视以及侧视的四个相机输出的图像；下部是输出的占用栅格，其中不同的颜色代表不同的类别或者运动速度。

从图 5-39 中可以看出，占用网络能够表示环境中的“异形”物体，例如吊车两侧的支撑腿；也能表示传统目标检测网络不能表示的形状可变的物体，例如双节巴士。传统目标检测网络可以识别的物体，在占用网络的输出上也能统一表示，例如车辆和行人的栅格。

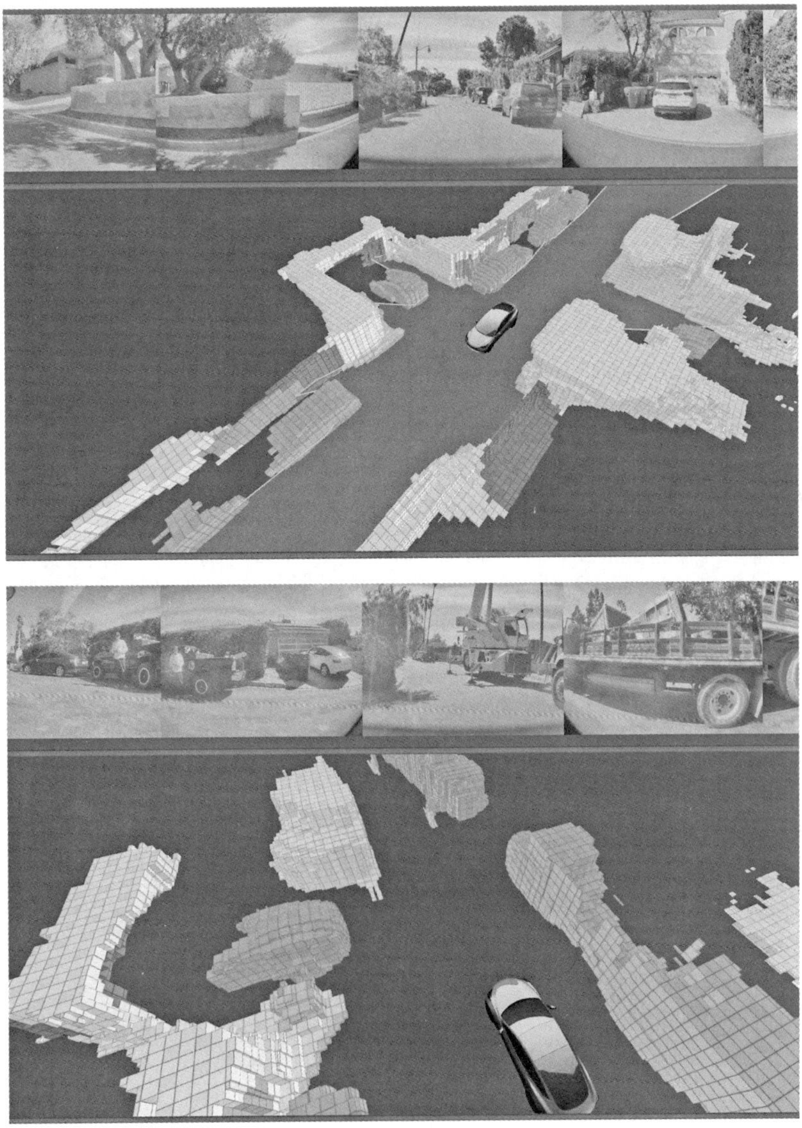

图 5-39

图 5-39　特斯拉公司的 Occupancy Network 的输出结果

第6章

路线搜索技术

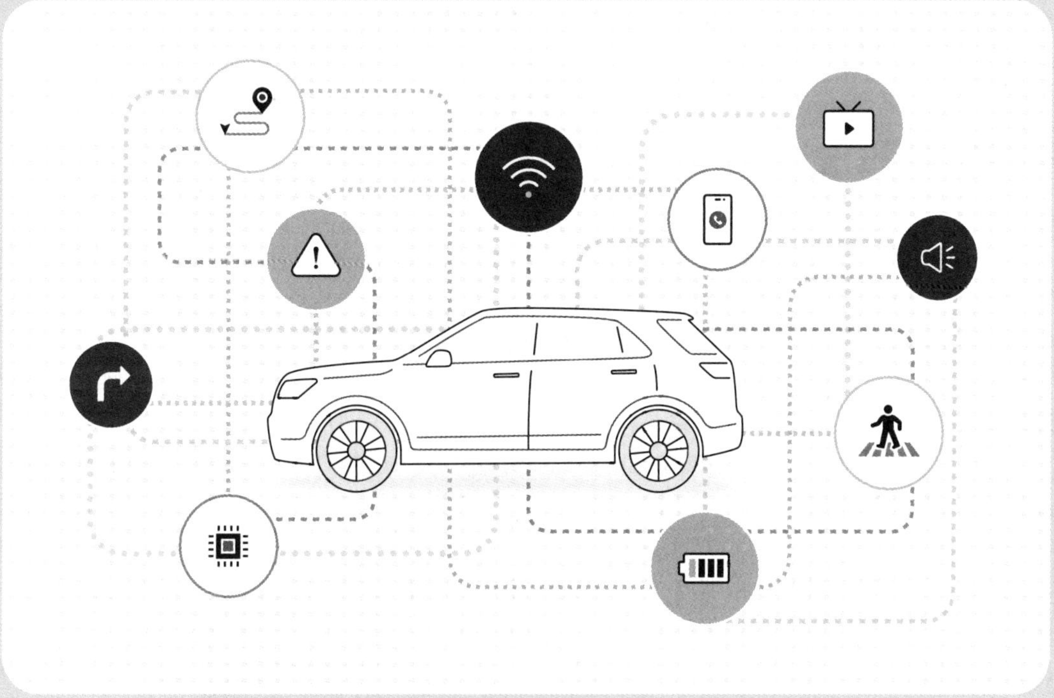

6.1 功能概述

路线搜索（Routing）模块负责生成无人车到达目的地的行驶路线。路线搜索也被称为路由、导航或者规划。与路线搜索含义相近的一个概念是轨迹规划（Planning），二者都为无人车提供了某种导航信息，如图 6-1 所示。路线搜索模块提供的是粗粒度的路线信息，其输出一般是连续的道路或者车道；轨迹规划模块提供的是细粒度的行驶轨迹，包括一系列路径点以及其上的速度、加速度等信息。没有路线搜索模块提供的全局路线，轨迹规划模块就没办法将无人车送到目的地。没有轨迹规划模块生成的可行驶轨迹，无人车就无法绕过障碍物安全地到达目的地。

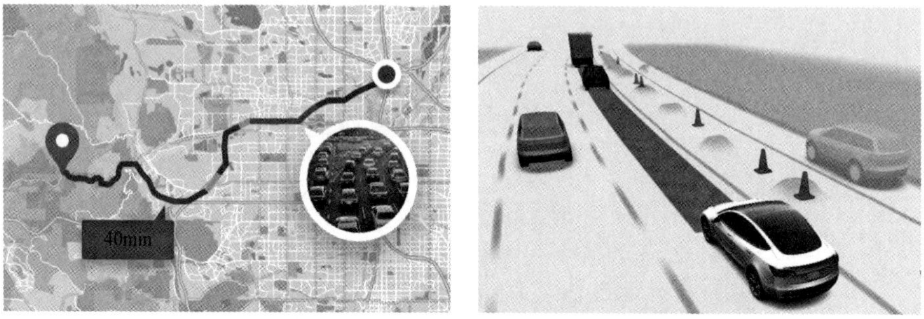

(a) 路线搜索　　(b) 轨迹规划

图 6-1　路线搜索与轨迹规划的区别

6.2 路线搜索算法

6.2.1 图搜索问题

A^* 算法是一种用来解决最短路径问题的算法。最短路径问题（shortest path problem）是一类非常重要的问题，它出现在很多应用领域，例如车辆导航、机器人运动规划、物流配送等。解决这个问题的方法有很多，其中比较经典的就是 A^* 算法。

A^* 算法是对 Dijkstra 算法的改进，所以先介绍 Dijkstra 算法。Dijkstra 算法也是计算最短路径的经典算法，同时也是计算机科学中最有名的算法之一。其代码简洁，但蕴藏的思想却很深刻。

最短路径问题的研究范围非常大，这里只讨论最简单的情况，即：已知一个起点和一个目标点，找到从起点出发到达目标点的最短路径。这又称为单源单目标最短路径问题，工作日从家里出发选择最短的路径到公司就属于这种情况。但是如果你在到公司之前要顺便把孩子送到学校，那么这个问题就变复杂了。一般来说，找到一条连接起点和目标点的路径并不太难，但是想找到最短的路径就没那么容易了。有时，寻找最短路径实在太难了，人们不得不放弃，转而寻找一条差不多短的路径。

在求解这个问题之前，首先需要对它进行描述。现实世界中总是存在各种约束，比如汽车只能沿着道路行驶、电流必须在电缆上传输、上网产生的数据包只能在路由器之间特定的通道传递。为了表示现实中的各种约束，同时也为了便于用数学方法进行处理，将具体问题抽象为“图”（graph）。

图 6-2 展示了一个“图”的例子。“图”由节点（vertex）和边（edge）组成。图 6-2 中的圆点表示节点，黑色线段表示边。用小写字母表示节点，例如节点 a、节点 b。每条边的两端是两个节点，每条边都唯一对应自己的两个节点，所以可以用两个节点表示一条边，例如用（a，b）表示节点 a 与节点 b 之间的那条边。我们将“图”中所有的节点放在一起，组成一个集合，记为 V；所有的边也放在一起，记为 E。什么是路径（path）呢？一条路径由若干条首尾相接的边组成。我们也可以用一系列相邻的节点表示路径。什么是相邻的节点呢？如果两个节点在同一条边的两端，它们就是相邻的，也可以称为“邻居”。一个节点可以有好多个邻居，而且我们假设每个节点至少有一个邻居。既然我们关心路径的长短，就需要有距离的概念。我们定义每条边都对应一个数值，那就是它的长度。我们用 $l(a,b)$ 表示边（a，b）的长度。我们只考虑长度为非负数的情况，即 $l(a,b)\geqslant 0$。从此以后，我们进入这个“图”的世界。

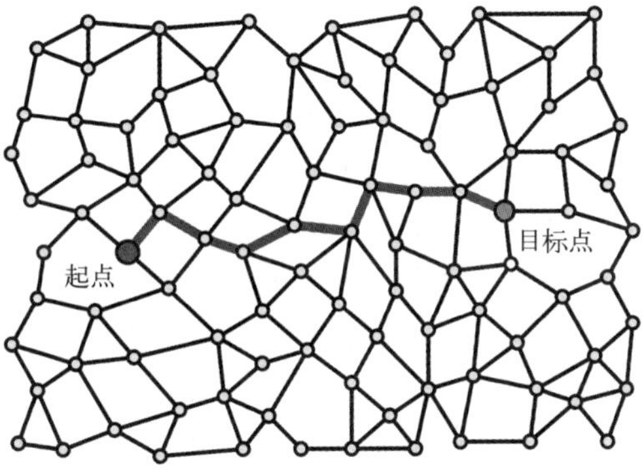

图 6-2　使用“图”表示最短路径问题

6.2.2　从边松弛到 A* 算法

寻找最短路径是一件很难的事，我们最好先从简单的情况出发。考虑如图 6-3(a) 所示的例子，这个“图”的节点排列成一个网格，所有的边长度都相同。图中也标出了起点和目标点，你能找到它们之间的最短路径吗？答案揭晓，最短路径就是图 6-3(b) 所示的粗线段。因为两点间直线段最短，起点和终点之间刚好存在这样组成直线段的边。你可能觉得这太简单了，但这个例子不是太肤浅了，而是太深刻了。我们可以从中找到一条规律，这条规律太重要了，以至于笔者不得不将它单独放在一段：

规律 0：一条直线段上任意两点之间的那部分线段仍然是直线段。

数学家喜欢干的一件事就是推广，将特殊推广到一般，将简单推广到复杂。我们也来试着将前面这条规律推广，这样就得到了下一条规律。

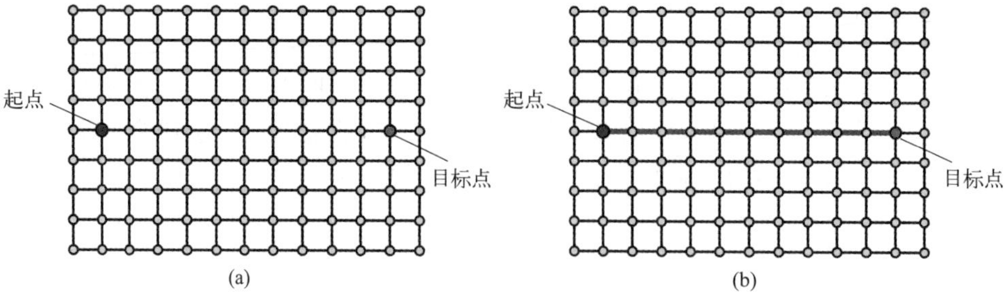

图 6-3　规则“图”中的最短路径

规律 1：一条最短路径上任意两个节点之间的那部分路径仍然是它们的最短路径。

规律 1 也可以换个说法：最短路径上的任意路径片段都是最短路径。这句话中前一个“最短路径”指的是起点到目标点之间的那条最短路径，而后一个“最短路径”指的是路径片段两端的节点之间的那条最短路径。规律 1 还可以更简单地表述成：最短路径上的子路径都是最短的。可是推广后的规律成立吗？下面我们就验证这一猜想。

根据日常经验，规律 1 似乎是对的，但是我们要从逻辑上证明它的正确性。既然对的不容易被发现破绽，那我们就反其道而行之，从错的开始推导。假设规律 1 是错的，也就是说：最短路径上存在两个节点，它们之间的那部分路径不是最短路径。图 6-4(a) 展示的例子就是这种情况，在起点 s 和目标点 t 之间的黑色曲线是它们的最短路径。在这条最短路径上，有两个节点 a 和 b，a 和 b 之间的最短路径（灰色曲线）比黑色曲线上的那部分更短。从图中可以看到，节点 a 和 b 将黑色曲线分成了三段，即 sa 段、ab 段和 bt 段。三段长度之和就是 s 到 t 的最短路径的长度，我们用 L 表示。如果我们用灰色曲线替换掉黑色曲线的 ab 段，如图 6-4(b) 中左侧所示，那么这个重新组合的新路径长度显然小于 L。新路径比 s 和 t 之间的最短路径还短，这与前面的假设矛盾，也就说明规律 1 是正确的。想想看，我们能不能将规律 1 换种说法：一条最短路径上的任意两个节点之间的最短路径仍然在这条最短路径上。两种说法看起来好像差不多，但其实后一种说法是不严谨的，因为我们并不知道最短路径是不是唯一的。如果任意两个节点之间的最短路径都只有一条，那么这样说就是对的。但是在有些情况下，两个节点之间的最短路径可能会有不止一条（它们的长度都是最短的，但经过的节点不同）。所以我们还是应该采用规律 1 的说法。

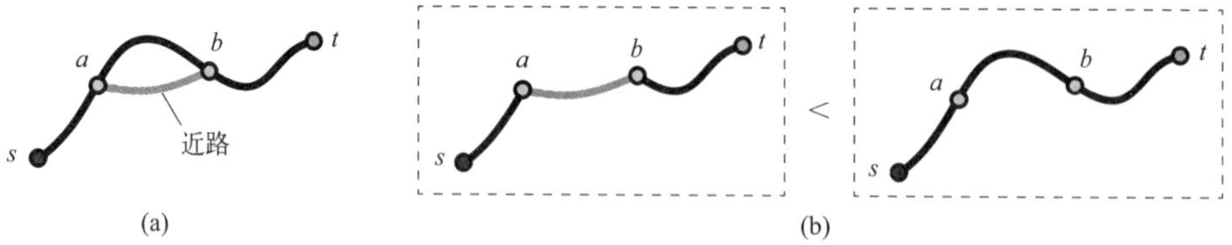

图 6-4　最短路径的子路径也是最短的

我们发现了其中的一条规律，但怎么利用这条规律呢？如果给定一条路径，则可以用规律 1 来验证它到底是不是最短的。在这条路径上找到两个节点，如果它们之间有更短的路径，那给定的路径肯定不是最短的。注意：规律 1 的重点是“最短路径上”。非最短路径上也可能包含最短的子路径；而两个最短路径拼接到一起得到的路径未必是最短的。规律 1 没有告诉我们怎么计算最短路径。试试把规律 1 反过来，这样就得到了另一条规律：

规律 2：如果一条路径上的任意两个节点之间的最短路径仍然在这条路径上，那么这条路径就是最短路径。

我们同样不知道规律 2 是否成立，需要从逻辑上检验规律 2 的正确性。既然规律 2 适用于路径上的任意两个节点，不妨选择这条路径的起点和目标点。因为起点和目标点间的最短路径与这条路径重合，显然这条路径就是最短路径。所以规律 2 是正确的。与规律 1 不同的是，规律 2 提供了一种操作——把一条不是最短的路径变成最短路径的操作：

① 随便选择一条连接起点和目标点的路径（不一定最短）。

② 在这条路径上任意选择两个节点，搜索它们之间的最短路径。

③ 如果找到的最短路径不在原路径上，就用最短路径替换掉原来路径的那部分。

④ 重复第②步和第③步，直到这条路径的长度不再改变。

为了帮助读者理解上面几步的含义，下面用一个简单的例子来解释。假如小明由于工作调动来到了一个新的城市。上班第一天，小明想找一条开车最快到公司的路。可是小明对这个城市的道路不熟悉，所以只能勉强找一条能到公司的路，这条路可能绕远了。

随着时间的流逝，小明对这个城市的交通越来越熟悉，附近每条道路的走向和长度逐渐进入他的记忆。虽然小明对整个交通网仍然不是非常了解，但对某几段路和它周边道路的印象还是很清楚的，这是因为走的次数太多了，有时也会走错或者去其他地方，并由此发现了更多的道路。小明逐渐发现最开始找到的那条路并不是最短的。于是，他开始抄近道，每抄一次近道，路径就会短一些，直到最终找到最短的路径。

依照上面几步操作，最终总能找到最短路径。可这是一个好方法吗？看起来似乎不太好。首先，我们并不知道运行多少步才能找到短路径。假如你迷路了，向别人问路。那人给你指了一个方向却没告诉你还有多远，你会不会心里没底？其次，很明显这本身就是一个最短路径问题，它如何求解我们还是不知道。

虽然上述方法缺少实用价值，但至少它的方向是对的，我们可以从中受到启发。这个方法可以形象地比作被抻长的橡皮筋恢复的过程。如果将路径视为橡皮筋，那么路径的长度就对应橡皮筋中储存的弹性势能。最短路径就是自然状态下（不受外力）的橡皮筋，它不会再缩短了。开始随意确定的路径相当于被抻长的橡皮筋，而以后每一次抄近道都可以看成橡皮筋在自身弹力作用下缩短、恢复的过程。我们称这一过程为“松弛”（relax），意思就是松开抻长的橡皮筋，让它缩短从而释放掉多余的弹性势能，如图 6-5 所示。

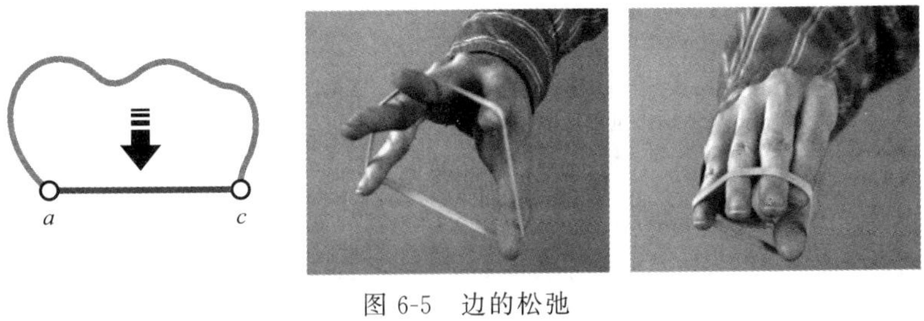

图 6-5　边的松弛

松弛现象很容易理解，但是松弛发生的前提条件是什么呢？让我们将注意力集中到路径中的某一条边，如图 6-6(a) 所示。假设一条路径从起点 s 节点出发，依次经过 a 节点和 b 节点［但是边（a,b）不在这条路径上］。再假设 s 节点与 a 节点间的路径长度为 2，那么我

们就认为 a 节点的能量是 2。a 节点与 b 节点间的路径长度为 6，我们认为 b 节点的能量是 $2+6=8$。边 (a,b) 的长度是 3，路径如果经过边 (a,b)，b 节点的能量就是 $2+3=5$，b 节点的能量下降了 $(5<8)$。所以，一条边松弛发生的条件是要能够降低边上节点的能量。反过来想，如果路径经过边 (a,b)，没有降低 b 节点的能量，那么说明 a、b 间的路径长度小于或等于边 (a,b) 的长度，此时不应该松弛。

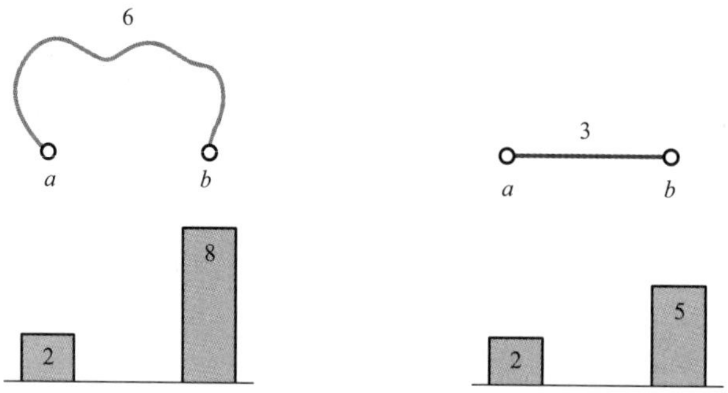

(a) 松弛前节点的值　　(b) 松弛后节点的值

图 6-6　对节点值进行松弛

以后我们正式称呼一个节点的能量（或距离）为它的值，一个节点 a 的值表示为 $d(a)$。一个节点的值定义为连接起点和这个节点的路径的长度。如果连接起点和这个节点的路径不止一条，我们只选择最短的那条路径。显然，如果我们找到了起点和这个节点之间的最短路径，那么节点的值就是最小的了，它不会再变小了。反之，如果节点的值是最小的，那么我们就知道最短路径的长度了。

松弛的过程很简单，用程序实现也不复杂。为了便于理解，笔者把松弛程序用伪代码写出来，如 Algorithm 1（即算法 1）所示。Relax 函数负责实现松弛，它的输入是两个相邻的节点（a 和 b）。注意 Relax(a,b) 的输入是区分顺序的。$d(b) \leftarrow d(a)+l(a,b)$ 表示对边 (a,b) 松弛，也就是令 b 节点的值等于 $d(a)+l(a,b)$（更准确地说，是对 b 节点松弛，因为 a 节点的值没变）。结束赋值后，还要记录下是谁让 b 节点的值降低。让 a 节点作为 b 节点的"母亲节点"或"母节点"。b 节点可以有很多邻居，但是只能有一个"母亲"。用 $p(b)$ 表示 b 节点的"母节点"。

Algorithm 1　松弛函数 Relax(a,b)	
$d(b)=d(a)+l(a,b)$;	用节点 a 的值更新节点 b 的值
$p(b)=a$;	将节点 a 作为节点 b 的母节点

假设我们已经找到了一条路径，但它不是最短的，如图 6-7(a) 的例子，如果我们对初始路径上每两个相邻节点之间的边进行松弛，就得到如图 6-7(b) 所示的新路径。让人欣慰的是，新路径确实更短了，但是好像还远远不是最短的路径。这是为什么呢？在松弛时，我们只考虑了一部分边，也就是两端节点都在初始路径上的边，因为只有这些节点的值是已知的，这样我们才能判断松弛条件是否满足。可是如果初始路径并不通过最短路径上的节点，那么再怎么松弛也不会得到最短路径。

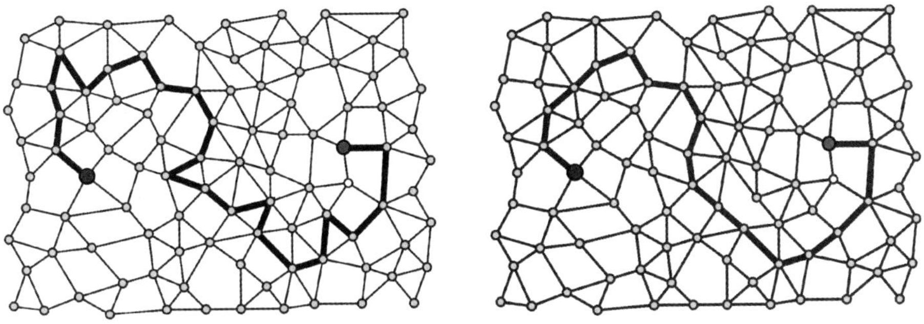

(a) 初始路径　　　　(b) 松弛后的路径

图 6-7　对路径进行松弛

(1) 对所有边依次松弛方法

我们知道只松弛一部分边达不到理想的效果，原因就是初始路径不一定与最短路径有一样的节点。当然，我们不知道最短路径经过哪些节点。能否扩大范围，对所有的边都松弛呢？当然可以。只是除了起点之外，我们对其他所有节点的值都不清楚，这意味着我们无法判断松弛的条件。不过，我们可以认为起点的值是 0，因为起点到起点的路径最短就是 0，不会有比 0 更短的路径了，这时不再需要先寻找一个初始路径了。可以将其他所有节点的值都认为是无穷大，也就是说没有路径到达它们。每应用一次松弛，它们的值都会改变一点。我们可以编程实现这个过程，如 Algorithm 2 所示。

Algorithm 2　对所有边松弛

```
初始化:将起点的值置为 0,将其他节点的值置为∞,将所有节点的母节点置空
for i=1 to n
  for all(a,b)∈E                        E 是"图"中所有边的集合
    if d(b)>d(a)+l(a,b)
      Relax(a,b);
    else if d(a)>d(b)+l(b,a)
      Relax(a,b);
    end if
  end for
end for
```

下面详细解释 Algorithm 2。

① 算法进行初始化，也就是刚刚讨论过的设置节点的值和母节点。由于计算机没办法表示无穷大，所以把初始值设置成一个很大的数就行（比如 10000，实际上只要大于所有可能路径的最大值就可以）。

② 第一个 for 循环执行 n 次，这里 n 是人为指定的，通过几次试验确定它，刚开始不妨先让 $n=1$。

③ 第二个 for 循环负责扫描边，它从“图”的所有边的集合 E 中依次取出一条边［用 (a, b) 表示］，直到所有的边都被取过。这个循环会执行 m 次（m 是“图”中边的个数）。

④ 第三步的 if 语句用于判断是否需要松弛，如果 $d(b)>d(a)+l(a,b)$ 或者 $d(a)>d(b)+l(b,a)$，则满足松弛的条件，就调用 Relax 函数进行松弛。我们只考虑无方向限制的边，即路径既可以由 a 到 b，也可以由 b 到 a，所以这里要判断两次。对于有方向的边只需

判断一次即可。

我们用该程序求解图 6-7(a) 所示的例子，看看能得到什么结果。这个程序只改变节点的值和母节点。可是节点值只是一堆数字，为了更直观地展示结果，我将每个节点的值用等比例高的小球表示，如图 6-8(a) 所示。值越大，小球的位置越高、颜色越暖（黑色）；反之，值越小，位置就越矮、颜色越冷（灰色）。从图中可以看出，第一次扫描后起点附近的节点值变化较大，但是远处的节点值仍为初始设定的值，并没有怎么变化。我们增加 n，看看会有什么影响。$n=2$ 时的结果如图 6-8(b) 所示，更多的节点值发生变化了。当 $n=3$ 时几乎所有节点值都改变了。继续增加 n 会怎么样？n 应该取多少才合适呢？经过一番试探，我们发现 $n>7$ 后节点的值不再变化了。

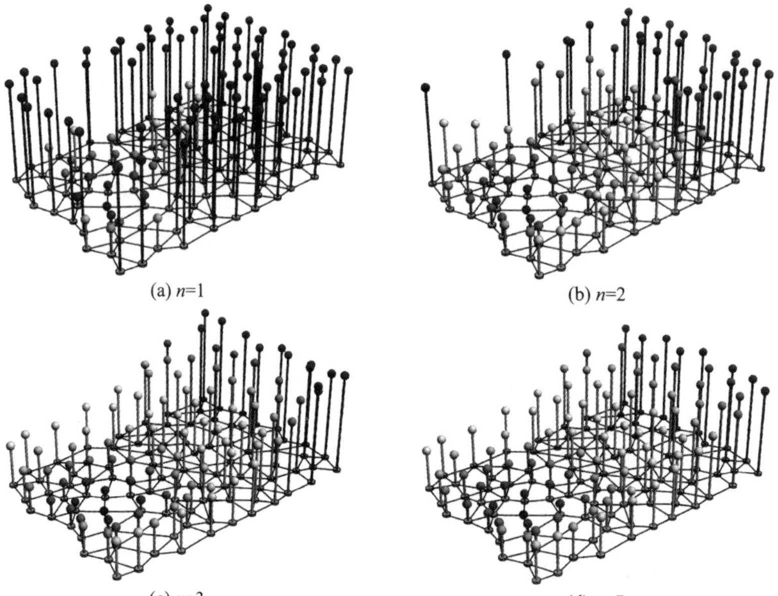

(a) n=1　(b) n=2　(c) n=3　(d) n=7

图 6-8　循环次数 n 对节点值的影响

这说明所有节点的值都稳定到了一个固定值，同时也意味着稳定后的值不存在满足松弛条件的边了。因为如果存在的话，一定有节点的值会减少（这是由于松弛条件的标准是严格小于，而不是小于或等于）。所以，对于这个例子，n 应该取 7。

松弛完后，怎么找到通往目标节点的路径呢？其实，在松弛边的时候，相应节点的母节点同时也就确定了。可以从目标节点开始，先找到它的母节点，这个母节点也有自己的母节点，可以一直往回追溯（backtrack），直到其中一个母节点是起点为止。起点到目标点的路径就由这一系列相邻母节点定义的边组成。这一过程如 Algorithm 3 所示。

Algorithm 3　回溯函数 Backtrack(t)

```
path={t};
a=t;
while p(a)≠{}
   a=p(a);
   path={path, a};
end while
```

将目标点代入回溯函数，得到的路径如图 6-9(a) 所示，它看上去确实比之前的路径短多了。但是我们心中有个大问号——这样得到的路径是最短的吗？或者更准确地问：当“图”中的所有边都不能再松弛时，所有节点的值都是最小的吗？我们证明一下。

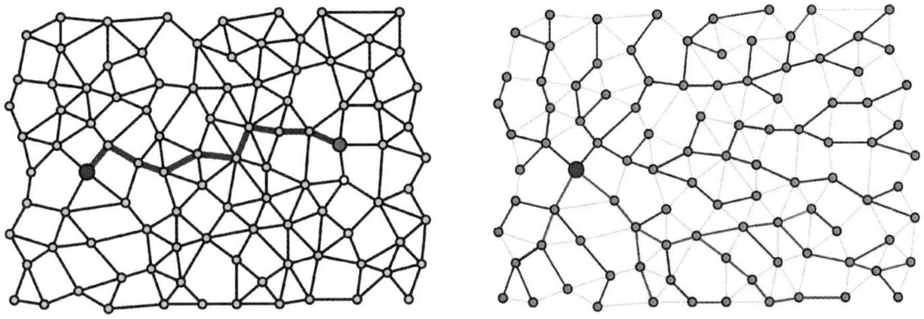

(a) 回溯得到的路径　　(b) 起点到所有其他节点的路径

图 6-9　对边松弛后得到路径

假设某个节点 v 与起点 s 之间的最短路径是 $v \to v_1 \to v_2 \to v_3 \cdots \to v_k \to s$。既然这条路径上的每条边都不满足松弛条件，那就有

$$d(v) \leqslant d(v_1) + l(v, v_1)$$

$$d(v_1) \leqslant d(v_2) + l(v_1, v_2)$$

$$d(v_2) \leqslant d(v_3) + l(v_2, v_3)$$

……

$$d(v_k) \leqslant d(s) + l(v_k, s)$$

将后一个不等式依次代入前一个当中，最后就能得到

$$d(v) \leqslant \underbrace{d(s)}_{=0} + \underbrace{l(v, v_1) + l(v_1, v_2) + l(v_2, v_3) + \cdots + l(v_k, s)}_{v\text{到}s\text{之间最短路径的长度}}$$

前面我们已经规定了 $d(s)=0$，所以上面不等式的右边刚好是 v 与 s 之间的最短路径的长度。$d(v)$ 不可能比最短路径的长度还小（否则就不叫最短路径了），所以只能等于最短路径的长度。结论是令人满意的——所有节点的值都是最小的，而且从所有节点出发进行回溯得到的路径都是连接起点的最短路径，如图 6-9(b) 所示，笔者用不同颜色和宽度的线将起点到其他节点的最短路径画出来了（这里称“起点”为“终点”似乎更合适，因为它看起来像个盆地，周围的“水流”都汇聚到它这里了）。值得注意的是，所有节点的最短路径组成一个树形结构，这好像是对规律 1 的回应。

我们不仅得到了起点到目标点的最短路径，还顺便把起点到所有节点的最短路径都找出来了。问题解决了，到了说再见的时候了吗？如果你对这个计算结果还满意的话，那么确实可以结束了。但如果你是个完美主义者，这个方法还值得进一步雕琢。在大型的“图”中，例如有 6000 个节点、12000 条边的网格图中，n 至少要取 75，程序要做 $75\times12000\times2=1800000$ 次松弛条件判断，这就导致程序非常慢。这个方法应该还有改进的空间。你也许会问：为什么是对所有边松弛，而不是对所有节点松弛呢？其实，二者是一样的。由于我们是从边的缩短联想到橡皮筋松弛的，所以选择从边的角度讲解更自然。当然，从节点的角度进入，无论结果还是计算效率都是一样的。

（2）标记法

前面采用的方法称为“对所有边依次松弛”方法。为什么要强调其中的“依次”呢？因为程序是按照边定义的顺序（也就是在集合 E 中出现的顺序）挨个判断是否需要松弛的。可是，边“真正”被松弛的顺序是怎样的呢？我们回到图 6-8，从图中可以看到节点值的改变是从起点附近开始并逐步向外扩展的（我们知道节点值的改变意味着发生松弛）。二者顺序的不同导致程序中有很多条件是不满足的（边并没有被松弛），这就影响了程序的效率。更好地选择边的顺序，能减少不必要的判断，从而能够改善程序的运行效率。在对节点的值初始化时，将除起点以外的节点都设为∞，唯独将起点的值设为 0。想象一下：如果将起点的值也设为∞，会有什么结果？结果很简单，那就是所有边的松弛条件都不满足，因此所有节点的值都会保持在∞上不变，显然程序无法找到最短路径。将起点值拉低（从∞降到 0），便使起点的邻居满足松弛条件，所以这些节点的值会降低，而这些值发生变化的节点又会使它们的邻居满足松弛条件并使值降低，进而引起连锁反应。

所以需要特别注意值发生变化的那些节点，只有它们的邻居才会松弛。为了利用这一信息，将节点分为两类：值发生变化的节点和值没变化的节点。为了区分这两种节点，给每个节点一个标签（label）。给那些值发生变化的节点发一个 changed 标签，而给那些值没变化的节点发一个 unchanged 标签。下面给出“对所有边依次松弛”方法的改进，这就是“标记法”（labeling method）。按照命名的规则，名字应该体现事物的本质特征，这里使用“标记”，原因就在于这是它区别于之前方法的主要特点。标记法的伪代码如 Algorithm 4 所示。它与之前方法不同的是，不再需要人工试探如何选择循环次数 n 了。下面解释代码的含义：

Algorithm 4 标记法(labeling method)

```
初始化:将起点的值置为 0,将其他节点的值置为∞,将所有节点的母节点置为空,将起点添加到
ChangedList 列表中
while ChangedList ≠ {}
  take a from ChangedList
  for all b ∈ neighbors(a)
    if d(b) > d(a) + l(a,b)
      Relax(a,b);
      ChangedList = {ChangedList,b};
    end if
  end for
end while
```

① 同样是初始化，这次多了一步，即定义 ChangedList 列表，它存储了所有携带 changed 标签的节点。初始时，只将 changed 标签发给起点（认为起点的值从∞变为 0），而其他节点都只有 unchanged 标签。

② while 循环依次从 ChangedList 列表中取出一个节点，将它记为 a。注意：这里“取出”是选择的意思，被取出的节点实际仍然在列表中，而“踢出”才是真正从列表中把它删掉。

③ for 循环依次取出 a 的邻居，记为 b。这里 neighbors(a) 表示 a 的所有邻居组成的列表。

④ if 判断语句仍然负责判断松弛条件。不过这次判断 a 的所有邻居。如果有邻居满足松弛条件，那么除了调用 Relax 函数外，还要把这个邻居添加进 ChangedList 列表。为什么要添加邻居呢？因为邻居被松弛了，所以它的值改变了，应该把它的标签换成 changed。

⑤ 当 for 循环结束后，a 的所有邻居都被扫描了一遍（也就是判断了一遍），满足松弛条件的得到了松弛。此时，要将 a 从 ChangedList 列表里“踢出”（a 的标签换成了 unchanged），因为 a 已经暂时完成了自己的使命：松弛自己的邻居。除非 a 的值改变了，否则它不能再一次松弛它的邻居（松弛一遍后就不满足松弛条件了）。即便将 a 留在 ChangedList 列表中，它也没什么用了。a 还会不会回到 ChangedList 列表中呢？有这个可能，这时 a 的值一定是被自己的邻居改变了。

“对所有边依次松弛”的方法只会“傻傻”地挨个扫描（判断）每条边，如果满足松弛条件就执行松弛。标记法则“聪明”得多，在扫描边时，它会挑剔地选择那些最有可能发生松弛的边，然后决定是不是需要松弛，而最有可能发生松弛的边就是有节点值变化的边。所以标记法的扫描次数要少得多。在有 6000 个节点、12000 条边的大型网格图中，标记法平均只需要做 25000 次左右的松弛条件判断，而二者得到的结果是一样的。

我们前进了一大步，不过还可以再接再厉。标记法仍给我们预留了改进的空间：比如第 3 步中“依次取出 a 的邻居”。“依次”只是指一个挨一个地取出，并没说从谁开始，也没有规定 a 的邻居是按什么顺序排列的。利用节点值的变化这一信息，排除了大量无效的判断，但还有一个信息我们没有用过——节点值的大小。为什么会想到节点值的大小呢？节点值的大小对程序的运行效率能有什么影响呢？这时，我们的脑海里还没有什么概念。

下面这个例子也许能给我们一些启示。图 6-10(a) 展示了一个树形图，我们只需要关注树根和树干部分即可。这部分非常简单，由 4 个节点组成。起点 s 位于左下角，s 节点有两个邻居：a 节点和 b 节点。边 (b,c) 组成树干部分。假设 (s,b) 的边长 $l(s,b)=5$，而其他所有边的长度都是单位长度 1。你可能注意到了，$\triangle sab$ 的两边之和小于第三边（$1+1<5$）。这是因为此处“边长”不代表传统的距离概念。实际上，我们不必总是局限于距离，边可以对应任意的代价（或者称为权重，但前提是它不能是负数），比如时间或能量，这样得到的就是时间最短或能量最小的路径。而时间或能量等概念不必遵循三角形两边之和大于第三边的规则。

下面使用标记法求最短路径。首先进行初始化，起点 s 被添加到 ChangedList 列表中，各节点的值为 $d(s)=0$，$d(a)=d(b)=d(c)=\infty$。这时 ChangedList 列表只包含 s 一个元素，所以取出 s。然后程序会依次扫描 s 的所有邻居，也就是 a 和 b。我们并没有规定邻居在 neighbors(s) 中是按照什么顺序出现的（可以是 $\{a,b\}$，也可以是 $\{b,a\}$），所以它们的顺序不影响最终得到的结果。但是它们的计算过程是一样的吗？我们记录下程序每一次扫描后 ChangedList 列表中元素的个数，结果如图 6-10(b) 所示。从图中可以看到，二者不仅

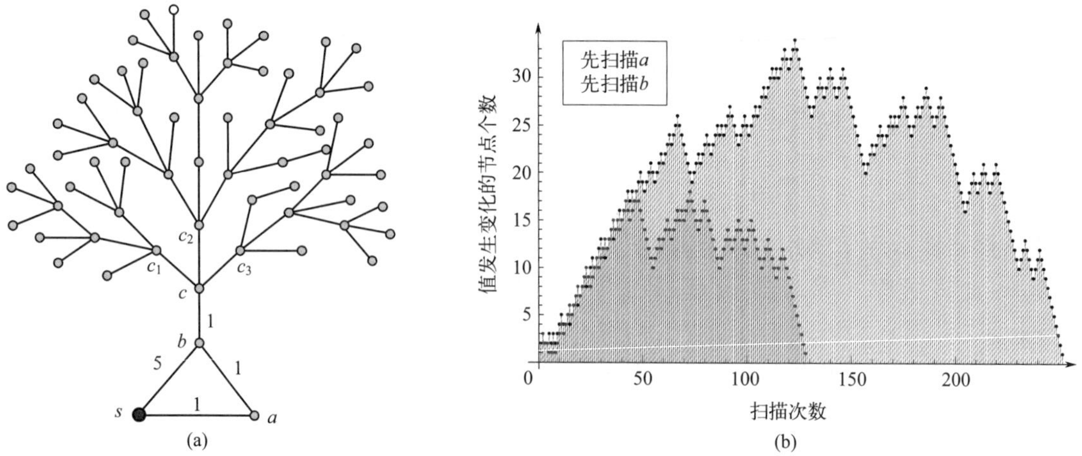

图 6-10　树形图示例

需要的扫描次数不同，而且每次扫描产生的 ChangedList 元素个数也不同。

（3）改进的标记法（modified labeling method）

图 6-10(a) 所示的例子给我们一个启示，那就是在访问邻居时应该遵守一定的规则——应该先去敲值最小的邻居的门。让我们的思维稍微跳跃一下：既然访问邻居要按照最小原则，那么从 ChangedList 列表中选择节点是不是也应该遵循这样的规则呢？为了验证这个猜想，我们做个试验。我们对标记法做一个小小的修改，见 Algorithm 5。用改进的标记法解决图 6-10(a) 的例子，结果表明猜测是对的。而且我们还发现，这时即使选择邻居时不按照最小原则，对结果也没有影响。其实我们仔细思考一下就会想到这一点：访问邻居的先后顺序并不重要，它之所以会影响程序的扫描次数，是因为邻居进入到 ChangedList 列表，程序从 ChangedList 中取出节点时是按照节点被添加的顺序（也就是访问邻居的顺序）。所以，从 ChangedList 列表取节点的策略才是影响程序效率的关键。我们的结论是：从 ChangedList 列表中取节点时，先取值最小的那个。

Algorithm 5　改进的标记法(Modified Labeling Method)

```
初始化:将起点的值置为 0,将其他节点的值置为∞,将所有节点的母节点置为空,将起点添加到
ChangedList 列表中
while ChangedList ≠ {}
  take a from ChangedList with smallest d(a)
  for all b ∈ neighbors(a)
    if d(b) > d(a) + l(a,b)
       Relax(a,b);
      ChangedList = {ChangedList,b};
    end if
  end for
end while
```

改进的标记法（Algorithm 5）已经相当简洁了，短短十行代码就能解决看似困难的最短路径问题。爱因斯坦说过：“任何事情都应该尽量简单，而不是更简单。”这句看似矛盾的话应该怎么理解呢？笔者认为，对于我们试图解决的最短路径问题来说，追求“尽量简单”

就是尽量去除算法中多余的东西，这样我们的算法才能轻装上阵，执行效率才会更高。从这个角度看，“简单”是个优点。可是物极必反，如果过分追求简单（总想着“更简单”），把简单（而不是算法的执行效率）当成唯一的目的，那么就钻进了牛角尖，违背了我们的初衷——设计更好更快的算法。总有人能写出更简单的算法，但是在追求简单和运算效率之间，请保持平衡，这才是最难做到的。

Dijkstra 是平衡的大师。以他的名字命名的 Dijkstra 方法在不牺牲执行效率的前提下，比上述改进的标记法更加简单。Dijkstra 方法（如 Algorithm 6 所示）只需要一个列表 Q（类似于 ChangedList，但存储的内容不同）。程序的运行过程也极其简单：在一开始，所有的节点都被放进 Q 列表中；然后从 Q 中取出值最小的节点（记为 a），并对它的邻居进行判断并松弛；扫描完 a 的所有邻居后，a 就会被从 Q 中删除；如此反复，直到 Q 为空时算法停止。由于只从 Q 列表中拿出，从不往里存，所以 while 循环运行的次数刚好是“图”中节点的个数。

Algorithm 6　Dijkstra 方法

```
初始化:将起点的值置为 0,将其他节点的值置为无穷大,将所有节点的母节点置为空,将所有节点添加到
Q 列表中
while Q≠{}
  take a from Q with smallest d(a)
  for all b∈neighbors(a)
    if d(b)>d(a)+l(a,b)
      Relax(a,b);
    end if
  end for
end while
```

虽然 Dijkstra 方法很简单，但是从代码的字里行间，看不出来它为什么能找到最短路径。下面从逻辑上分析：

在程序运行之前，所有的节点都是未访问节点（即 $Q=V$）。随着程序的运行，未访问节点逐渐转变为已访问节点，直到最后，所有节点都被访问了，这时程序就停止了。Dijkstra 方法与改进的标记法最大的不同之处是，节点一旦被从列表中踢出就再也不会放进去了。这说明 Dijkstra 方法认为：被踢出的节点值不会再减小了，它已经达到最小了。一旦确定了节点的最小值，最短路径也就确定了（通过回溯找到）。

为了证明 Dijkstra 方法确实能找到最短路径，只需要证明被踢出节点的值就是它的最小值。在证明之前，先定义一个概念：将从起点 s 出发到达任意一个节点 v 的最短路径的长度表示为 $\delta(s,v)$，因为 s 一般是固定不变的，所以也可以简写为 $\delta(v)$。“被踢出节点的值就是它的最小值”可以表示为 $d(v)=\delta(v)$，这里 v 表示被踢出的节点。

下面的证明采用了数学归纳法，分两步证明：

第一步，证明命题在第 1 个节点的情况下成立。这很容易，因为起点的值最小，所以第一个被从 Q 中踢出的节点就是起点 s。由于 $d(s)=0$ 而且 $\delta(s,s)=0$，所以 $d(s)=\delta(s)$，因此命题成立。

第二步，证明如果命题在前 n 个节点成立，那么对于前 $n+1$ 个节点也成立。也就是：前 n 个被踢出节点都满足 $d(u)=\delta(u)$，$u\in V-Q$（$V-Q$ 的意思是从 V 中踢出 Q 后剩余的

部分)，需要证明第 $n+1$ 个被踢出的节点 v 也满足 $d(v)=\delta(v)$。

第二步的证明：根据 Dijkstra 方法的规则，值最小的节点最先被踢出。所以节点 v 在被踢出之前一定是 Q 里值最小的。我们猜猜看 v 的值会是什么样的。

① $d(v)$ 会是 0 吗（我们允许边长为 0 的情况）? 如果 $d(v)=0$，那么它的真实最短路径长度 $\delta(s,v)$ 也一定是 0。节点的值 $d(v)$ 一定不会小于它的最小值［最短路径的长度 $\delta(s,v)$］，因为路径的长度一定不会小于最短路径的长度，这是无论如何也不会改变的事实。既然 $d(v)\geqslant\delta(s,v)$，$\delta(s,v)$ 又不能是负数，所以只能等于 0。这样就得出 $d(v)=\delta(v)$，所以命题成立。

② $d(v)$ 会是无穷大吗? 如果会，那么 Q 里所有节点的值都是无穷大。这说明 Q 里的所有节点都不能从起点 s 到达。当然它们真实的路径长度可以视为无穷大，$\delta(s,v)=\infty=d(v)$。所以命题还是成立。但是一开始我们就规定，任何节点都有至少一个邻居，所以总是能从 s 出发到达任何节点。这个假设与我们的规定矛盾了，所以 $d(v)\neq\infty$。

③ 排除了以上两种极端的情况，剩下的就是 $0<d(v)<\infty$ 了。既然 $d(v)$有确定的数值，那说明 s 和 v 之间肯定存在至少一条路径。我们不关心存在多少条路径，只关心现在最短的那条（注意：并没有说它是真正的最短路径，它只是程序运行到目前为止找到的路径里最短的一条）。虽然我们不知道这条路径经过哪些节点，但可以将其分成几种可能，从而分别讨论，如图 6-11 所示。

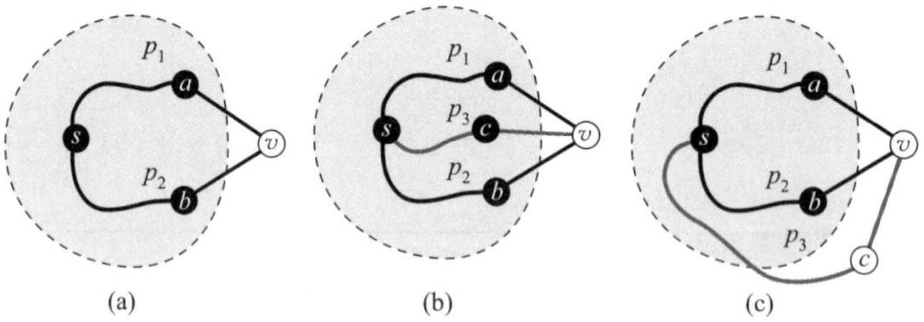

图 6-11　路径经过的节点

如果这条路径不经过 Q 中的节点，那么这条路径就是 s 和 v 之间真正的最短路径。读者可能会怀疑：还没有扫描完所有的边，怎么能这么早就下结论呢? 为了证明这一点，我们用图 6-11 进行解释，其中的黑色节点表示被踢出的节点，白色节点表示在 Q 中的节点，虚线内的区域包含所有被踢出的节点，曲线表示路径（为了保持画面简单，路径上的节点被省略了)，直线表示一个边。图 6-11(a) 符合我们假设的情况，s 和 v 之间存在至少一条路径，准确地说是两条：p_1 和 p_2。而且这两条路径不经过 Q 中的节点。假设 p_2 路径更短。如果 s 和 v 之间真正的最短路径比 p_2 更短，我们将真正的最短路径记为 p_3。我们将注意力放到路径的最后一条边（连接 v 的边）上。根据最后一条边上节点 c 的位置，路径 p_3 可以分为两种，即 c 要么不在 Q 中，要么在 Q 中，分别如图 6-11(b)、(c) 所示。我们还是分情况讨论：

第一种情况：如果 c 不在 Q 中［图 6-11(b)］，说明它已经被处理完了。根据第二步最开始的假设可知 $d(c)=\delta(c)$，而且 v 作为 c 的邻居必然被松弛了，松弛后 $d(v)$ 已经达到最小了。既然 $d(v)$ 已经是最小值了，那前面为什么还要选择更长的路径 p_2 呢? 这不是矛盾的吗? 所以不能有比 p_2 更短的路径，否则应该选择更短的路径，不会轮到 p_2。

第二种情况：如果 c 在 Q 中［图 6-11(c)］，那么应该有 $d(c)<d(v)$。这是因为 c 是 v 的母节点，而且边长 $l(c,v)>0$［如果边长 $l(c,v)=0$，就找 c 的前一个节点；如果一直找不到，就回到第一种情况了］。可是 v 因为值最小才被从 Q 中踢出，既然 $d(c)<d(v)$，应该踢出 c 而不是 v，这又是矛盾的。

综上所述，这两种情况都不成立，所以目前找到的这条路径就是 s 和 v 之间真正的最短路径。

如果这条路径经过 Q 中的节点，证明过程与上面的第二种情况一样，应该有一个节点 c 在 Q 中，所以 $d(c)<d(v)$。应该踢出 c 而不是 v。所以这条路径不能经过 Q 中的节点。

6.3 路线搜索的具体实现

本节分析 Apollo 项目的路线搜索实现方案。在 Apollo 项目中，路线搜索功能由路线搜索（Routing）模块提供。Routing 模块的输入包括高精地图、路线地图、路线查询请求，输出包括路线查询的结果。Routing 模块的下游是规划模块，规划模块根据路线查询的结果生成合理的行车轨迹。

6.3.1 高精地图

高精地图的全称是高精度地图（high definition map），与之相对的是标精地图（standard definition map）。标精地图是人们最熟悉的地图形式，我们在出行时经常会使用手机或者汽车中的导航软件来规划到目的地的路线，其中的电子地图就是一种标精地图。标精地图主要用于有人驾驶车辆的导航，其中包含的元素相对较少，并且只有道路间的连接关系，其元素的位置精度通常在米级。高精地图则是专门用于无人驾驶场景的电子地图，相对于标精地图，其不仅精度更高，而且包含更丰富的元素。高精地图与标精地图的区别可见表 6-1。

表 6-1　高精地图与标精地图的区别

项目	标精地图	高精地图
包含元素	道路、路口、红绿灯等	车道宽度、车道中心线、车道左右边界线、车道限速、路口停止线、红绿灯、停车位等
位置精度	5～10m	≤10cm
元素关联关系	道路与道路	车道与车道

高精地图提供的数据精确、丰富，但是在使用中高精地图仍然存在一些严重的缺点。首先，高精地图的制作成本较高，一般需要专业的图商或者团队采集道路数据并通过后期人工加工的方式制作。其次，高精地图的更新周期长，在临时施工、人为或自然因素导致道路破坏等情况下难以反映真实的道路状况。由于存储的数据量比较大，高精地图的存储和传播代价也比较高。由于这些缺点，目前自动驾驶行业的发展趋势是“去高精地图”或者“重感

知、轻地图”，即减少对高精地图的依赖，而将所需的信息来源转向由感知系统提供的数据。即便如此，在封闭环境等变化相对较小的场景中，使用高精地图能减少对感知资源的消耗。而且感知很容易受到传感器精度、探测距离、遮挡和天气等因素的限制，导致提供的信息不完整或者不准确。高精地图对感知能起到辅助作用。因此，这些场景仍然高度依赖于高精地图。很多模块，包括定位、感知、规划和本节介绍的路线搜索模块都用到了高精地图。

目前常用的高精地图格式都是各大车企或自动驾驶公司根据自身的需求制定的，例如OpenDrive、NDS、Lanelet 等。自动驾驶项目 Apollo 在 OpenDrive 标准的基础上进行扩展，形成了自己的一套地图规范，被称为 Apollo OpenDrive。而自动驾驶项目 Autoware 则使用了 Lanelet 地图格式。

在介绍 Apollo OpenDrive 规范之前，先引入传统的 OpenDrive 高精地图规范。OpenDrive 支持 xml 格式存储。

文件标题中的 OpenDRIVE 表明了地图采用的规范，header 中存储了 OpenDrive 的版本号、制作时间、地图范围等信息。地图坐标系采用 WGS84 坐标系。随后是地图中的道路元素：首先是人行横道（crosswalk），地图中存储了人行横道区域的角点坐标；然后是车道（lane）元素，地图文件中存储了车道的左右边界上离散点的坐标以及中心线上离散点的坐标。

```
<? xml version="1.0"encoding="UTF-8"?>
<OpenDRIVE xmlns="http://www.opendrive.org">
    <header revMajor="1"revMinor="0"name="sunnyvale_loop"version="1.0"date="2017-12-24T00:40:04"north="3.741827588e+01"south="3.740239272e+01"east="-1.219960209e+02" west="-1.220307649e+02"vendor="Baidu">
      <geoReference>
      <![CDATA[+proj=longlat+ellps=WGS84+datum=WGS84+no_defs]]>
</geoReference>
    </header>
    <road id="99a"junction="1181">
        <link>
            <predecessor elementType="road"elementId="210"contactPoint="start"/>
            <successor elementType="road" elementId="49" contactPoint="end"/>
        </link>
        <objects>
            <object id="2165" type="crosswalk">
                <outline>
                    <cornerGlobal x="-1.2202e+02"y="3.7416e+01"z="0.0e+00"/>
                    <cornerGlobal x="-1.2202e+02"y="3.7416e+01"z="0.0e+00"/>
                    <cornerGlobal x="-1.2202e+02"y="3.7416e+01"z="0.0e+00"/>
                    <cornerGlobal x="-1.2202e+02"y="3.7416e+01"z="0.0e+00"/>
                </outline>
            </object>
        </objects>
        <signals/>
```

```
        <lanes>
            <laneSection singleSide="true">
                <boundaries>
                    <boundary type="leftBoundary">
                        <geometry>
                            <pointSet>
                                <point x="-1.2202e+02"y="3.7416e+01"z="0.0e+00"/>
                                <point x="-1.2202e+02"y="3.7416e+01"z="0.0e+00"/>
                                <point x="-1.2202e+02"y="3.7416e+01"z="0.0e+00"/>
```

Apollo 项目中使用的地图有三种，分别如下。

① base_map 是最完整的高精地图，包含所有的道路元素及其坐标，例如车道、交通灯、人行道等。

② routing_map 是从 base_map 提取出来的机动车车道及其连接关系，每个车道作为一个节点，车道之间如果可以通行，则用边进行描述。其他元素，例如人行道等都不存储。

③ sim_map 也是从 base_map 提取出来的，包含密度较低的道路元素坐标，用于可视化的目的。

Apollo 支持导入的地图格式有三种，分别是 xml、txt 和 bin 格式。其中，xml 格式的文件保存的是符合 OpenDrive 规范的地图。txt 和 bin 格式保存的地图则是 Apollo 自定义的标准地图。xml 和 txt 格式用普通的文本编辑器就可以打开并编辑。bin 格式是二进制（binary）格式，不支持用文本编辑器编辑。Apollo 项目提供了工具，可以将三种地图格式相互转换。图 6-12 所示的是高精地图的实例。

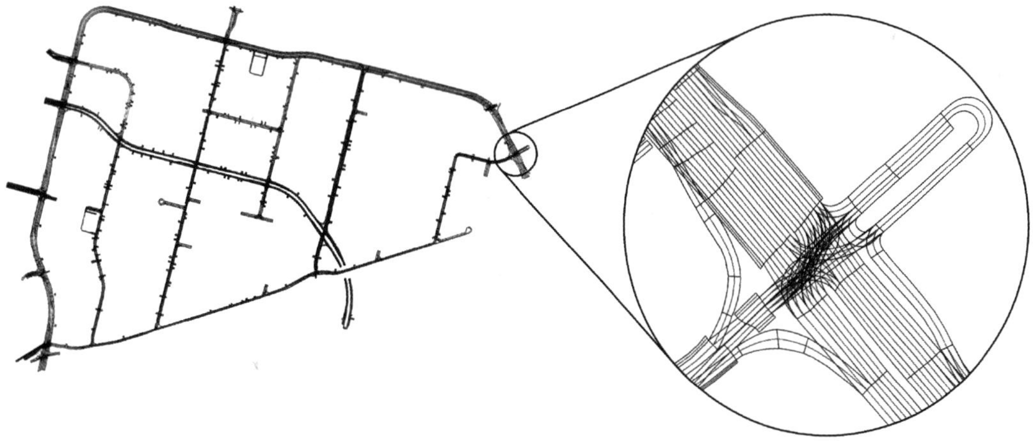

图 6-12　高精地图实例

6.3.2 消息格式

作为一个独立的模块，Routing 模块的代码行数只有 Planning 模块的 2%。因此，Routing 是一个功能单一、相对独立的小功能模块，甚至可以直接融入 Planning 模块。

Routing 模块只与 Planning 模块交互，它们的关系如图 6-13 所示。乘客想要去往某地时，Planning 模块将无人车当前的位置坐标和目的地坐标通过名为 RoutingRequest 的消息发送给 Routing 模块。随后，Routing 模块在地图中搜索找到一条最优的路线，并通过名为 RoutingResponse 的消息反馈给 Planning 模块。Planning 模块收到路线后，在 pnc_map 中将其转换为车辆附近一定范围内的车道中心线，然后利用平滑算法生成光滑的参考线，最后在参考线上规划出路径和不同时刻的速度，进而交由控制模块驱动车辆沿最优路线行驶。

图 6-13　Routing 与 Planning 模块之间的消息交互

RoutingRequest 和 RoutingResponse 消息的定义在 routing.proto 文件中。RoutingRequest 中最主要的信息是航路点（waypoint）。一个 RoutingRequest 消息中至少包含两个航路点。其中，第一个点是起点，其坐标一般是无人车当前所在的位置；第二个点是无人车到达的最终目的地。如果有超过两个航路点，那么剩余的中间点表示无人车需要途经的点。

<table>
<tr><th>路线查询请求消息</th><th>路线搜索结果消息</th></tr>
<tr><td>message RoutingRequest{
  optional apollo.common.Header header=1;
  //at least two points. The first is start point,the end is final point.
  //The routing must go through each point in waypoint.
  repeated LaneWaypoint waypoint=2;
  repeated LaneSegment blacklisted_lane=3;
  repeated string blacklisted_road=4;
  optional bool broadcast=5;
  optional apollo.hdmap.ParkingSpace parking_space=6;
  optional ParkingInfo parking_info=7;
  optional DeadEndInfo dead_end_info=8;
}</td><td>message RoutingResponse{
  optional apollo.common.Header header=1;
  repeated RoadSegment road=2;
  optional Measurement measurement=3;
  optional RoutingRequest routing_request=4;
  optional bytes map_version=5;
  optional apollo.common.StatusPb status=6;
}</td></tr>
</table>

航路点并不是简单的位置坐标，其类型 LaneWaypoint 的定义如下。

```
message LaneWaypoint{
  optional string id=1                          ;//所在车道的 id 编号
  optional double s=2                           ;//在其所在车道内的纵向投影距离,单位是米
  optional apollo.common.PointENU pose=3        ;//UTM 坐标系中的坐标
  optional double heading=4                     ;//朝向角
}
```

其中，id 存储该航路点所在车道的编号，类型是字符串；实数 s 表示航路点坐标在车道上的纵向投影距离；PointENU 类型的 pose 是航路点的（x,y,z）三维位置坐标，表示在 UTM 坐标系中，除了位置，pose 也可以表示朝向；实数 heading 是航路点的朝向角，在起

点的航路点的 heading 表示无人车的朝向，其他航路点的 heading 实际没有用到。因此，除了 heading 外，id、s、pose 三者是必须要有明确值的。

一个问题是：航路点为什么定义为以上类型的数据？在介绍 A^* 算法时，我们将一个位置点视为一个节点，于是连接两个节点的边可以视为道路。节点与节点之间的连接关系整体构成一个“图”结构。在这样的图结构中搜索得到的路线自然是从一个位置（节点）到达另一个位置（节点），这也符合我们的直观认识。然而这样的定义，在高精地图的表示方法中存在问题。在高精地图中只存储了车道而没有位置点，体现“图”结构的连接关系是车道与车道之间的关联关系。例如，从 A 车道可以直行或变道到达 B 车道，则“A 车道”作为一个节点可以到达“B 车道”节点。因此，在高精地图中，节点不再是位置点，而是车道；边也不再是道路，而是车道之间的连接关系。在高精地图中，每个车道的编号（id）是唯一的，因此将车道作为节点也是唯一的。节点中存储了可以到达的所有车道（节点），因此给定节点，边也可以完全确定。这样，可以在由车道构成的网络中搜索一个车道到另一个车道的路线。

由于 Routing 模块以车道为单元进行搜索，所以需要将航路点的坐标数据转换到具体的车道上。当然，仅指定到某一个车道不足以确定唯一的位置，还需要知道在该车道的何处。在每条车道上，只要确定了纵向距离 s，也就能确定一个具体的坐标点。在 Routing 模块中，不考虑车道的宽度，因此这里没有存储无人车在车道上的横向投影距离。在后面的搜索过程中，主要利用的也是 id、s 这两个数据。

6.3.3 整体架构

Routing 模块中主要负责数据处理的类之间的关系如图 6-14 所示。Routing 模块的入口 RoutingComponent 类一旦接收到 Planning 模块发送的路线查询请求消息 RoutingRequest，就会传递给 Routing 类。Routing 类负责对接收到的消息进行检查，并尝试填补缺失的字段，然后将补全的消息传递给 Navigator 类。Navigator 类是整个 Routing 模块的枢纽，它负责根据输入消息中的黑名单道路列表生成子图，然后调用图搜索算法查找最优的初始路线，最后对初始路线进行后处理，从而得到最终的输出路线消息。Routing 类对输出消息进行筛选，将最短的结果反馈给 RoutingComponent 类，后者将最终结果发送出去，从而完成整个路线搜索过程。

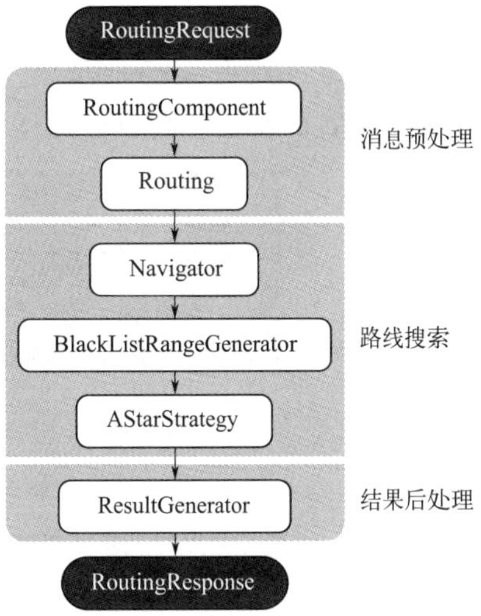

图 6-14　Routing 模块中类之间的关系

Routing 类的入口则是 Process 函数。Planning 模块发送的查询请求消息一般只指定位置坐标点，而该点所在的车道编号（id）通常不会指定。因此，在 Routing 类的 Process 函数中，设计了 FillLaneInfoIfMissing 函数用于填补缺失的车道编号（id）数据。FillLaneInfoIfMissing 函数首先对航路点进行检查：如果航路点的车道 id 信息不为空，说明已经指定了车道信息，则跳过；如果为空，则会以该航路点的位置为中心，以一定的半径搜索邻近。如果搜索不到，则扩大搜索半径（从 0.3m 到 6m），直到在高精地图中找到附近的车道。一般的车道宽度不超过 6m，如果最后没有搜索到车道，说明该航路点不在任何车道内，此时函数直接返回。为避免找不到相邻车道导致的路线搜索失败，读者可以尝试增大搜索半径。如果搜索到不止一条车道，则将每一个车道都作为一个路线查询请求消息 RoutingRequest，最后只挑选路线总长度最短的那一个作为结果。搜索得到车道后，将位置点向车道进行投影，得到纵向距离 s。

FillLaneInfoIfMissing 函数在搜索车道时调用了高精地图的 GetLanes 接口函数，使用方式如下。

```
const auto point=common::util::PointFactory::ToPointENU(lane_waypoint.pose());
std::vector<std::shared_ptr<const hdmap::LaneInfo>>lanes;
//look for lanes with bigger radius if not found
constexpr double kRadius=0.3;
for(int i=0;i <20;++i){
  hdmap_->GetLanes(point,kRadius+i * kRadius,&lanes);
  if(lanes.size()>0){
    break;
  }
}
```

GetLanes 函数的第一个输入参数是查询的二维坐标点 point；第二个参数是搜索范围，即在多大半径内搜索，超出半径的不会返回；第三个参数是搜索到的车道，其形式是指针。GetLanes 函数采用了 KDTree 实现对车道的查找。

GetLanes 函数对车道进行搜索时只考虑欧氏距离，即航路点到车道中心线的距离。由于没有考虑航路点的朝向，所以搜索得到的车道可能与车辆朝向不同，如图 6-15(a) 所示，此时车辆恰好停靠在一个包含转弯和直行的路口，以车辆参考点作为中心搜索可能找到的最近车道是左转的车道。高精地图还提供了 GetLanesWithHeading 接口，即在搜索附近车道

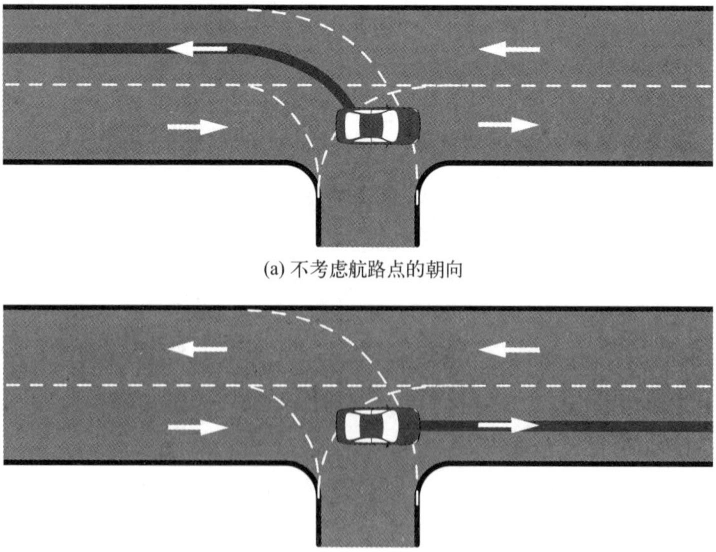

(a) 不考虑航路点的朝向

(b) 考虑航路点的朝向

图 6-15　FillLaneInfoIfMissing 函数中搜索近邻车道时考虑/不考虑航路点朝向的区别

时考虑朝向，只搜索与航路点朝向夹角小于给定阈值的车道，从而得到更合理的车道，如图 6-15(b) 所示。

6.3.4 基本概念

Routing 模块中涉及一系列与地图中道路元素有关的概念，为了便于后面理解，这里先对其进行解释。以如图 6-16(a) 所示的双车道道路为例，其中包含三段道路（Road）。由于该道路是双车道，每个道路段由两条车道（Lane）组成。

接下来，我们以 Lane-1 车道为例，Lane-1 可以通过变道到达 Lane-2，直行可以到达 Lane-3。Lane-1 无法直接到达 Lane-4 或者 Lane-5。因此 Lane-1 作为一个节点，只与 Lane-2 和 Lane-3 有相邻关系。

直行的车道可以组成一个通道（称为 Passage），例如 Lane-1、Lane-3、Lane-5 可以形成一个 Passage，而 Lane-1、Lane-3、Lane-4 不能形成一个 Passage，因为需要经过一次变道。

多个 Passage 可以组成一个路段（RoadSegment），例如 Lane-1、Lane-3、Lane-5 再加上 Lane-2、Lane-4、Lane-6 可以视为一个 RoadSegment。

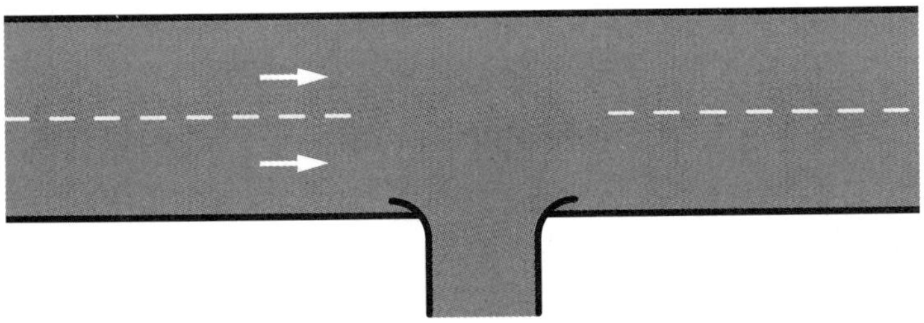

(a) 行车道路

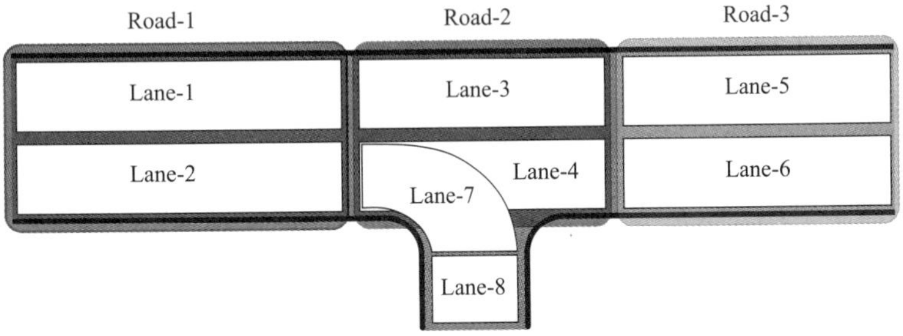

(b) 车道划分

图 6-16 Routing 模块中涉及的道路基本概念

“图”（Graph）是路线搜索中使用的数据结构。在代码中，实现“图”的是 TopoGraph 类。前缀 Topo 是拓扑（topology）的缩写。拓扑学关注的是元素的连接关系，对于元素间的距离则不关心。例如，Lane-1 与 Lane-3 有相邻关系，但是 Lane-1 和 Lane-3 的长度不重要。当然，为了找到最优路线，我们还是需要关注距离的。

“图”由节点和边组成，因此又分别定义了 TopoNode 和 TopoEdge 类。这两个类是主要的操作对象，因此值得重点分析。TopoNode 类表示一个车道，但是车道的粒度有些粗。高精地图对于车道的长度没有明确的规定，假如我们想表示车道上某个位置，如何实现呢？

为此，TopoNode 类设计了纵向范围，即 start_s 和 end_s。这样，即便在同一个 id 的车道上，我们也能将其表示成不同的节点。

6.3.5 黑名单路段

在现实中，可能出现某些道路、车道拥堵或被占用的情况，我们希望无人车的路线可以避开这些区域。黑名单功能就是为达到该目的而设计的。用户可以在发送请求消息 RoutingRequest 时设置黑名单路段。黑名单可以细分为以下两类。

① 整个道路都是黑名单，路线不可以通过该道路。

② 车道的某一区间范围为黑名单，路线不能驶入该车道区间。这一划分的粒度较细，在航路点处设置的黑名单也属于此类。

BlackListRangeGenerator 类负责更新黑名单道路对应的数据结构，该数据由 TopoRangeManager 类实现。

以车道区间的黑名单为例，其处理函数如下。

```
void AddBlackMapFromLane(const RoutingRequest& request,
  const TopoGraph* graph,TopoRangeManager* const range_manager){
  for(const auto & lane :request.blacklisted_lane()){
    const auto* node=graph->GetNode(lane.id());
    if(node){
      range_manager->Add(node,lane.start_s(),lane.end_s());
    }
  }
}
```

首先根据黑名单车道的 id 获得对应的图节点，然后将节点连同区间的左右边界加入到 TopoRangeManager 中（的 range_map_ 成员变量）。对道路黑名单的处理方式相同，不再赘述。

完成输入消息中的黑名单处理后，BlackListRangeGenerator 还将航路点加入黑名单，由函数 AddBlackMapFromTerminal 完成。对于起点，将起点对应的纵向投影位置 start_s 向后（即 s 减小的方向）移动 S_GAP_FOR_BLACK 距离（设置为 1cm），得到 start_cut_s 位置，如图 6-17 所示。设置区间（start_cut_s，start_cut_s）为黑名单，即黑名单区间长度为零。同理，将终点对应的纵向位置 end_s 向前（即 s 增大的方向）移动 S_GAP_FOR_BLACK 距离，得到 end_cut_s 位置。设置区间（end_cut_s，end_cut_s）为黑名单。在起点

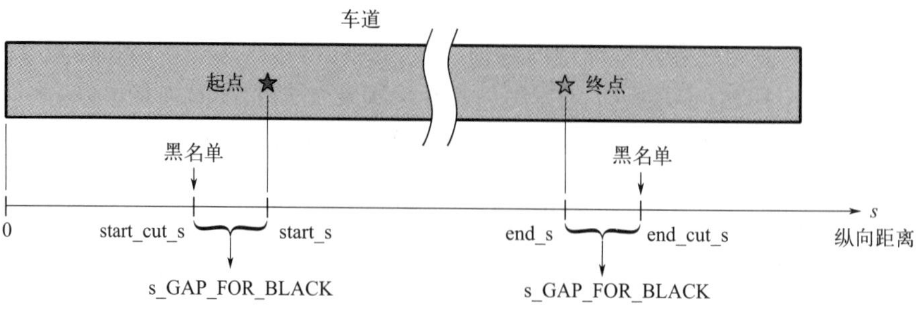

图 6-17　在起点和终点处设置的黑名单

后方和终点前方设置黑名单车道的目的是不让路线超出起点与终点之间的范围。

设置完起点和终点所在车道的黑名单后，还需要考虑两侧相邻的车道。调用函数 AddBlackMapFromOutParallel 在起点所在的车道左右相邻的车道上也等比例地设置一段长度为零的黑名单。这样做也是为了防止变道后的路线超出起点与终点之间的范围。

每添加完一些黑名单后，都需要调用 SortAndMerge 函数将相同车道上的黑名单区间按照区间的左边界进行从小到大排序，然后合并有重叠部分的区间，这样能减少黑名单区间的数量。

最后所有的黑名单车道区间都存储在 TopoRangeManager 类中的 range_map_ 成员变量中。给定一个车道节点的指针，就能查找到这条车道上的所有黑名单区间。使用 range_map_ 变量初始化“子图”（SubTopoGraph）。

“子图”（SubTopoGraph）与“母图”（TopoGraph）有相似的形式。设计子图的目的是排除黑名单车道区间，如图 6-18 所示。对黑名单路段的处理，一种简单直接的方式是将黑名单车道对应的节点以及与其有连接关系的边全部删除。这样的处理方式对于规模较小的地图网络还可以接受，但是对于节点众多的大型地图，遍历并更新所有的节点将会非常耗时。Apollo 项目中采用的方式是“重建”黑名单车道附近节点之间的图。

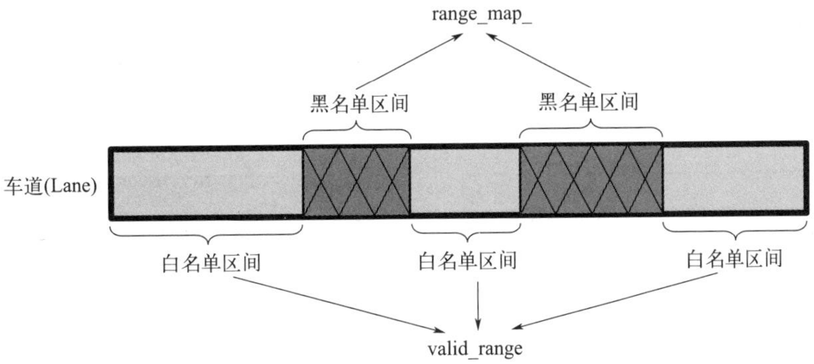

图 6-18　黑名单与白名单车道区间

重建局部图这一过程在 SubTopoGraph 类的构造函数中完成。首先，调用 GetSortedValidRange 函数生成白名单。所谓“白名单”就是去除黑名单后剩余的车道区间，对应实际可以正常行驶的车道区间。然后，调用 InitSubNodeByValidRange 函数生成白名单对应的节点，这样的节点被称为子节点（SubNode）。虽然子节点听上去与原始的节点（TopoNode）不一样，但是它们的类型都是 TopoNode。子节点与原始节点的区别在于它们的构造函数不同。

原始节点由以下构造函数生成：

```
TopoNode::TopoNode(const Node & node):pb_node_(node),
    start_s_(0.0),end_s_(pb_node_.length()){
  origin_node_=this;
  Init();
}
```

子节点使用了不同的构造函数，如下：

```
TopoNode::TopoNode(const TopoNode* topo_node,
  const NodeSRange& range):TopoNode(topo_node->PbNode()){
  origin_node_=topo_node;
  start_s_=range.StartS();
  end_s_=range.EndS();
  Init();
}
```

通过对比，我们发现原始节点的 origin_node_指向自身，并且其长度区间（start_s，end_s）是一条车道完整的长度，即（0，lane_length）。子节点的 origin_node_指向原始节点，而且长度区间由白名单决定，不再是一条完整的车道。

InitSubNodeByValidRange 函数还新建了边，将前后相邻的子节点连接起来（注意：这里不包括变道的边）。变道的边由 InitSubEdge 函数负责添加。以两条相邻的车道为例，如图 6-19(a) 所示。没有黑名单的两条车道各为节点。它们之间有边连接。假设 Lane-2 上被设置了一个黑名单路段，此时 Lane-2 被分成两个不相邻的部分，它们都被定义为子节点。子节点与原始的车道 Lane-1 重新建立连接关系，得到如图 6-19(b) 所示的边。而原来的边仍然存在，但是在搜索时不再使用。

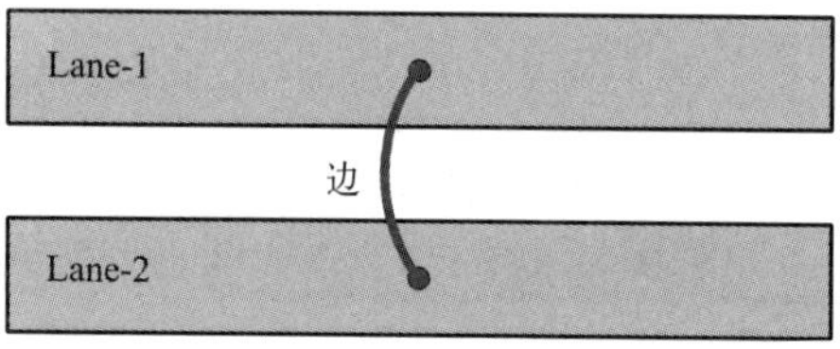

(a) 原始节点及边

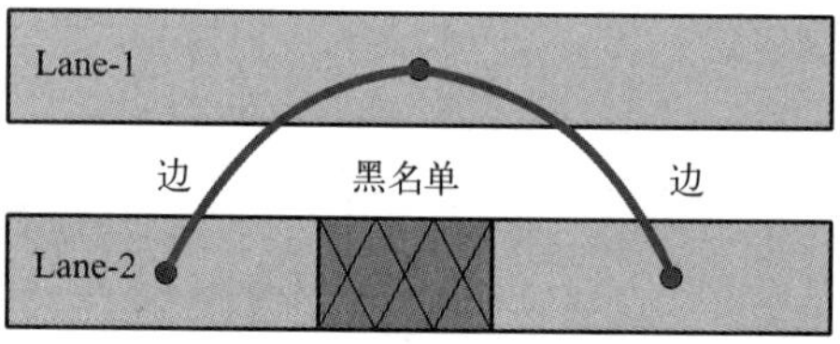

(b) 子节点及边

图 6-19　包含黑名单的车道生成的子节点与边

6.3.6 A* 搜索算法

完成子图构建以后，Navigator 开始调用搜索算法对图进行搜索。Apollo 项目中采用了 A* 算法搜索最优路线，具体的实现代码如下。

```
bool AStarStrategy::Search(const TopoGraph* graph,
                           const SubTopoGraph* sub_graph,
                           const TopoNode* src_node,
                           const TopoNode* dest_node,
                           std::vector<NodeWithRange>*
                           const result_nodes){
  AINFO<<"Start A* search algorithm.";
  std::priority_queue<SearchNode>open_set_detail;
  SearchNode src_search_node(src_node);
  src_search_node.f=HeuristicCost(src_node,dest_node);
  open_set_detail.push(src_search_node);
  open_set_.insert(src_node);
```

```
g_score_[src_node]=0.0;
SearchNode current_node;

while (!open_set_detail.empty()){
  current_node=open_set_detail.top();
  const auto * from_node=current_node.topo_node;
  if (current_node.topo_node==dest_node){
    if (!Reconstruct(came_from_,from_node,result_nodes)){
      AERROR<<"Failed to reconstruct route.";
      return false;
    }
    return true;
  }
  open_set_.erase(from_node);
  open_set_detail.pop();

  if (closed_set_.count(from_node)!=0){
    //if showed before,just skip...
    continue ;
  }
  closed_set_.emplace(from_node);

  const auto & neighbor_edges=from_node->OutToAllEdge();
  double tentative_g_score=0.0;
  std::unordered_set<const TopoEdge * >next_edge_set;
  for (const auto * edge:neighbor_edges){
    std::unordered_set<const TopoEdge * >sub_edge_set;
    sub_graph->GetSubInEdgesIntoSubGraph(edge,&sub_edge_set);
    next_edge_set.insert (sub_edge_set.begin(),
                          sub_edge_set.end());
  }

  for (const auto * edge:next_edge_set){
    const auto * to_node=edge->ToNode();
    if (closed_set_.count(to_node)==1){
      continue ;
    }
    tentative_g_score =g_score_[current_node.topo_node]+
                       GetCostToNeighbor(edge);
    double f=tentative_g_score+
                       HeuristicCost(to_node,dest_node);
    if (open_set_.count(to_node)!=0 && f>=g_score_[to_node]){
      continue ;
```

```
        }
        g_score_[to_node]=f;
        SearchNode next_node(to_node);
        next_node.f=f;
        open_set_detail.push(next_node);
        came_from_[to_node]=from_node;
        if(open_set_.count(to_node)==0){
          open_set_.insert(to_node);
        }
      }
    }
  return false;
}
```

Search 函数的输入为：原图（graph）、子图（sub_graph）、起始节点（src_node）和目标节点（dest_node）。但是原图在搜索时没有用到。输出为从起始节点到目标节点的一系列节点（即车道），该结果保存在 result_nodes 变量中。

函数在开始部分对一些变量进行定义和初始化，接下来是一个 while 循环，在这里完成路线的搜索。下面着重分析这个循环，它可以分成三步。

第一步：查找代价最小的节点，将其记为 current_node，这里的代价指的是总的代价，其由已经历的路径长度（g）和启发函数值（h）之和得到：$f=g+h$。对每次循环中查找到的 current_node 都判断其是否为目标节点，如果是，则说明搜索到目的地了，可以停止搜索，并提取路线。注意：输入的目标节点是子节点的指针（TopoNode * dest_node）。这里判断的标准是，current_node 与目标节点是同一个节点（指针相同），而不是节点（车道）的 id 相同。

第二步：获取相邻节点的边。每个节点都有自己的邻居，而在这一步我们关心的是代价最小的节点，我们想知道 current_node 的邻居都是谁。节点的数据类型是 TopoNode，这个类中定义了相邻节点的边的信息，找到连接邻居的边就等于找到了邻居。但是，由于黑名单车道的存在，我们想找的不仅是原节点，还有子节点。这时就要用到子图提供的功能了。

对于 current_node 节点，它可能是原节点，也可能是子节点，那如何得到所有相邻节点的边呢？回顾黑名单车道中子节点的定义方式可知，任何子节点都依附于一个原节点。如果一个相邻节点是子节点，通过它的原节点肯定能找到它。所以，先使用 OutToAllEdge() 成员函数得到 current_node 节点连接其他节点的边。然后对每条边进行判断，由子图的 GetSubInEdgesIntoSubGraph 函数完成，其实现代码如下。

```
void SubTopoGraph::GetSubInEdgesIntoSubGraph(
    const TopoEdge * edge,
    std::unordered_set<const TopoEdge * > * const sub_edges)const{
  const auto * from_node=edge->FromNode();
  const auto * to_node=edge->ToNode();
```

```
  std::unordered_set<TopoNode * >sub_nodes;
  if (from_node->IsSubNode() || to_node->IsSubNode() ||
      !GetSubNodes(to_node,&sub_nodes)){
    sub_edges->insert(edge);
    return ;
  }
  for (const auto * sub_node :sub_nodes){
    for (const auto * in_edge:sub_node->InFromAllEdge()){
      if (in_edge->FromNode()==from_node){
        sub_edges->insert(in_edge);
      }
    }
  }
}
```

如果一条边两端的节点中有任何一个是子节点［IsSubNode()为 true］，那这条边必然与子节点相连，直接返回这条边。如果一条边两端的节点都是原节点［IsSubNode()为 false］，而且原节点上不存在黑名单，那这条边与子节点无关，也直接返回这条边。如果一条边两端的节点都是原节点，而且其中一个（to_node）包含黑名单路段，那么就检查依附在这个原节点上的所有子节点，看看它是否与 from_node 相连，如果相连就考虑这个边。通过这种方式就能找到 current_node 节点的所有相邻节点，不管是原节点还是子节点。

第三步：对每个邻居节点，更新它的代价值（f 和 g），以及它们的父子关系。我们将第一步中得到一个 current_node 称为访问这个节点一次。如果启发函数是一致的，那么每个节点最多只会被访问一次，这时可以定义 closed 集合：每访问一次 current_node，就将其放进 closed 集合，也就是说我们不会再访问它了。如果启发函数不具有一致的性质，那 current_node 有可能会被访问不止一次，此时不应该使用 closed 集合。

节点的启发代价由 HeuristicCost 函数计算，其采用了节点到终点的曼哈顿距离启发代价，如下。

```
double AStarStrategy::HeuristicCost(const TopoNode * src_node,
    const TopoNode * dest_node){
  const auto& src_point=src_node->AnchorPoint();
  const auto& dest_point=dest_node->AnchorPoint();
  double distance= std::fabs(src_point.x()-dest_point.x())+
                   std::fabs(src_point.y()-dest_point.y());
  return distance;
}
```

前面提到，启发值不应超过两点之间真实的最短距离。在城市道路中，可能存在直接连接两点的道路，其长度会小于坐标分量之差的绝对值。因此，更合理的启发函数应该采用欧几里得距离，即

```
double distance= std::hypot(src_point.x()-dest_point.x(),
                            src_point.y()-dest_point.y());
```

在现实世界中，人们在开车时往往会遵守交通规则或者考虑安全因素。例如，转向时选择半径最小的车道，如图 6-20 所示；同向有两条机动车道并且右侧有非机动车道时尽量选择最左侧的快车道行驶，如图 6-21 所示。这些因素都应该体现在路线搜索的结果中。以图 6-21 中的情况为例，可以将与非机动车道相邻的车道代价加大，使路线搜索倾向于选中快车道。

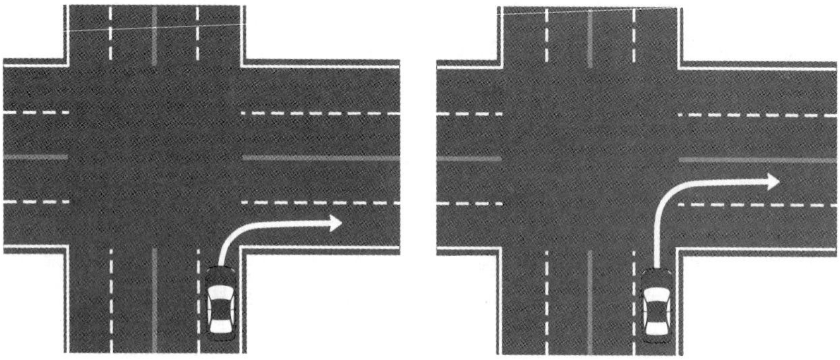

(a) 建议　(b) 不建议

图 6-20　转向时车道的选择

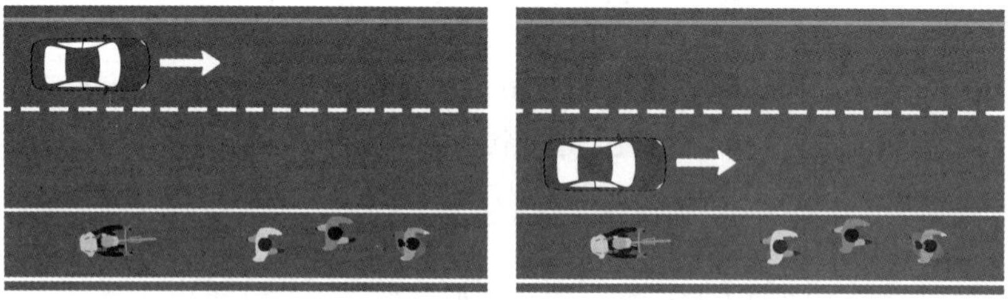

(a) 建议　(b) 不建议

图 6-21　与非机动车及行人同向行驶时车道的选择

将车道视为节点时应该如何计算两个节点之间的距离呢？车道有中心线，将车道中心线上的中间点作为基准点（anchor point）。计算两个车道之间的距离或者启发代价也就转换成求其两个基准点之间的距离。

6.3.7　后处理

A^* 搜索得到的节点序列经过 ResultGenerator 类的处理，得到最终的 RoutingResponse 消息。ResultGenerator 类对外的接口是 GeneratePassageRegion 函数，该函数调用自身的三个函数 ExtractBasicPassages、ExtendPassages、CreateRoadSegments。这三个函数主要是为变道而设计的。

A^* 搜索的结果是一条连续的路线，其由一系列节点（即车道）组成。如图 6-22 所示的例子，从起点到终点行驶的车道依次为：Lane-1、Lane-3、Lane-5、Lane-6、Lane-8、Lane-10。这些车道存储在有序向量 std::vector<NodeWithRange>nodes 中。这些车道中，有些车道之间是前后连接的（例如 Lane-1 与 Lane-3），车辆可以直接驶入；而有些车道是左右连接的（例如 Lane-5 与 Lane-6），车辆需要经过变道才能驶入。车道之间的连接关系在高精地图、Routing 地图和节点类型定义中都有表示。

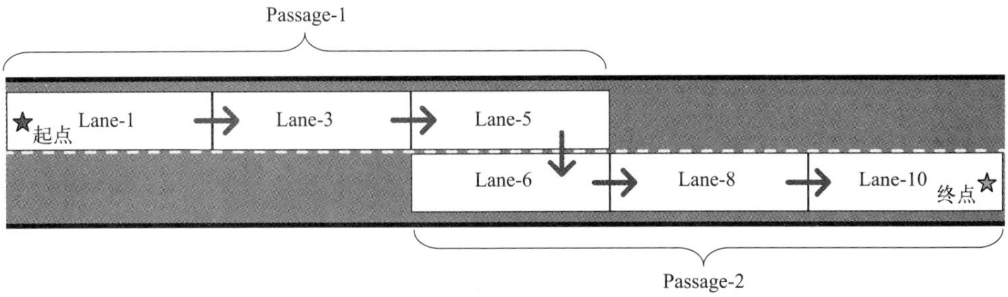

图 6-22　A* 搜索的结果

ExtractBasicPassages 函数的功能是对路线上的节点向量进行拆分。根据相邻节点之间边的类型可以判断出是否存在变道情况。如果边的类型是左或者右（例如 Lane-5 与 Lane-6），说明存在变道，否则就是直行。然后，在变道处对路线截断，分开存储。以图 6-22 所示的路线为例，Lane-1、Lane-3、Lane-5 将被存储到一个 Passage（通道）中，而 Lane-6、Lane-8、Lane-10 会被存储到另一个 Passage 中。节点序列 std::vector<NodeWithRange> nodes 被拆分存储为 std::vector<PassageInfo>passages。结构体 PassageInfo 的定义如下，可见它是对节点序列 vector<NodeWithRange>nodes 的一层封装。

```
struct PassageInfo {
    std::vector<NodeWithRange>nodes;
    ChangeLaneType change_lane_type;
    PassageInfo()=default;
    PassageInfo(const std::vector<NodeWithRange>& _nodes,
                ChangeLaneType_change_lane_type)
        :nodes(_nodes),change_lane_type(_change_lane_type){}
}
```

将路线拆分成一系列 Passage 后，会交给 ExtendPassages 函数对这些 Passage 尝试进行延长。以图 6-22 所示的路线为例，无人车需要在 Lane-5 和 Lane-6 之间完成变道。如果 Lane-6 上有其他车辆正在行驶，导致无人车无法在 Lane-5 所在的范围中完成变道，那么无人车只能选择停车，否则将会驶入无 Routing 路线的车道（例如 Lane-7）。如果无人车停车，可能会阻塞道路，影响后方的其他车辆正常通行，而不停车则无法生成参考线或者生成的参考线不在自身附近，从而影响 Planning 模块正常执行。为了避免出现这些问题，在不影响全局路线的情况下可以适当延长变道区域。例如，Passage-1 的最后一个节点由 Lane-5 向前延长到 Lane-7，让无人车能够延后变道；Passage-2 的第一个节点由 Lane-6 向后延长到 Lane-4，让无人车能够提早变道。延长后的变道区域由 Lane-3、Lane-4、Lane-5、Lane-6、Lane-7、Lane-8 六个车道组成（如图 6-23 所示），给无人车预留了足够的纵向距离进行变道。在 Apollo 项目代码中对延长的具体长度没有限制，采取的是能延长则尽量延长的策略，最大限度提高变道的成功率，防止出现变道失败。

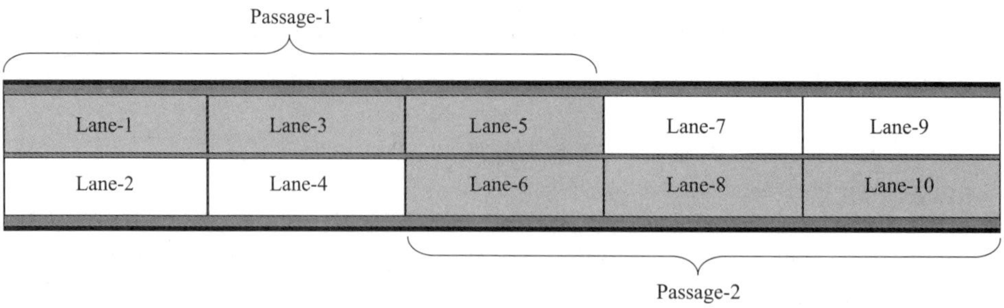

(a) 路线上的车道

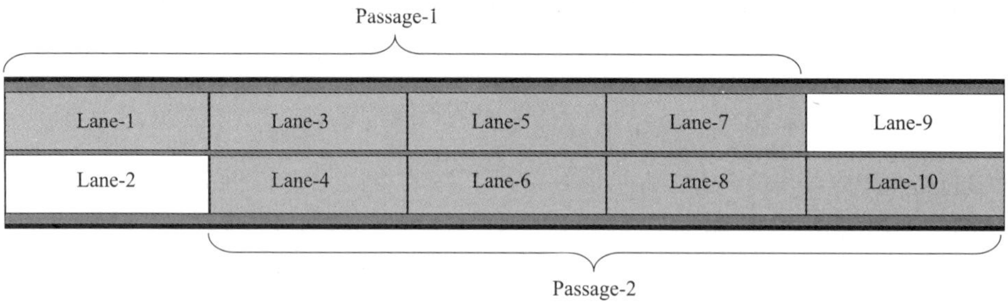

(b) 延长后的路线

图 6-23　对变道路线的延长

ExtendPassages 函数的功能具体由 ExtendForward 和 ExtendBackward 两个函数实现，它们的原理相似。ExtendForward 函数负责向前延长一个 Passage，例如 Passage-1。这里的“前”和“后”是指 Routing 路线的方向，沿着 Routing 路线的方向延长即向前延长（如图 6-22 中的箭头所示），沿着 Routing 路线的反方向延长即向后延长。ExtendBackward 函数负责向后延长一个 passage，例如 Passage-2。

以 ExtendBackward 函数为例，首先检查当前 Passage 的第一个节点（车道）。如果其区间的开始端点不是零（StartS≠0），则需要将其移动，当这个 Passage 包含一个航路点时会出现这种情况。移动的位置取决于前一个 Passage 的第一个节点：

如果前一个 Passage 的第一个节点（车道）区间从零开始（StartS＝0），则将当前 Passage 的第一个节点（车道）区间的开始端点移动到零，如图 6-24 所示。

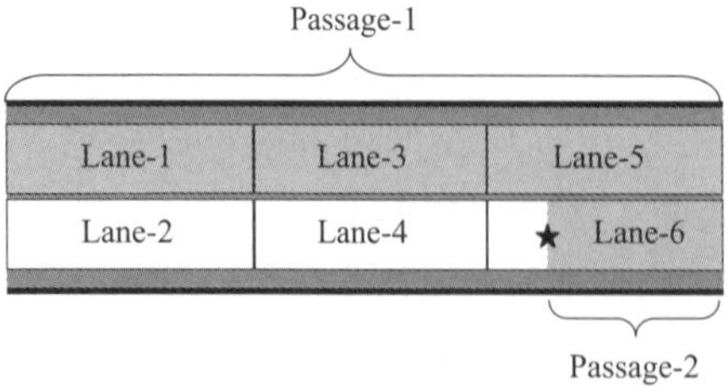

(a) 延长前

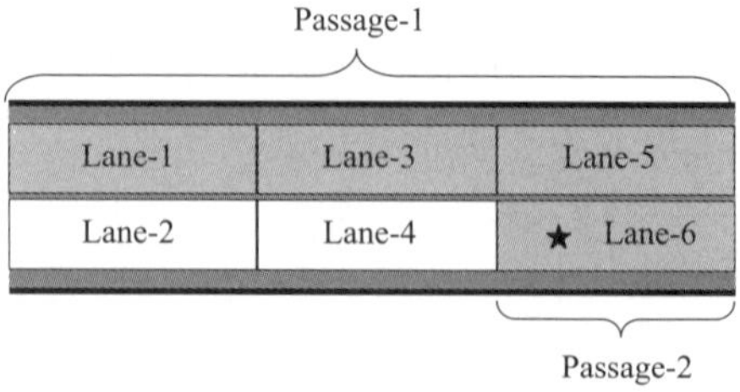

(b) 延长后

图 6-24　向后延长节点区间（一）

如果前一个 Passage 的第一个节点（车道）区间从中间某处开始（StartS≠0），则将当前 Passage 的第一个节点（车道）区间的开始端点移动到等比例的位置，如图 6-25 所示。

如果当前 Passage 的第一个节点（车道）区间的开始端点从零开始，考虑加入其前方相

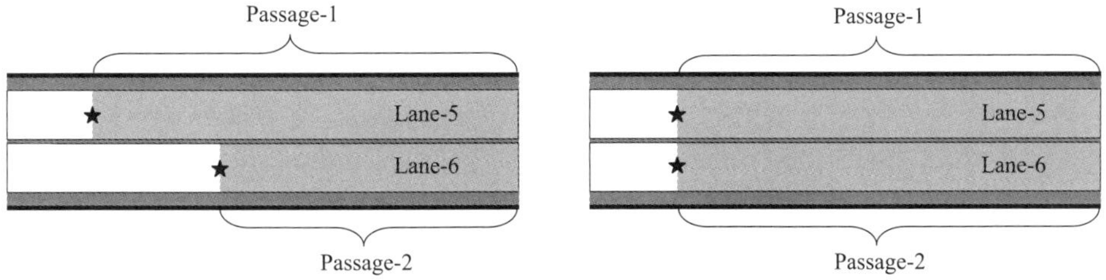

(a) 延长前　　(b) 延长后

图 6-25　向后延长节点区间（二）

邻的车道。首先，根据连接关系找出所有的前方相邻的车道（调用 InFromPreEdge 成员函数）。不是所有的前方相邻的车道都要加入，只考虑那些可以变道到前一个 Passage 的车道，找到纵向距离最长的那个车道加入。

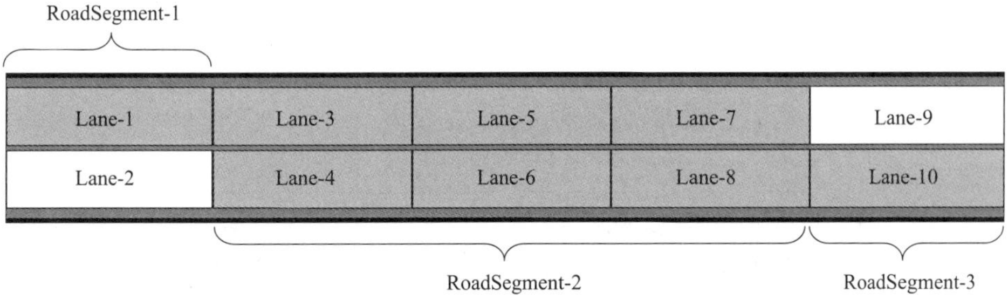

图 6-26　Routing 结果类型转换

经过延长的路线已经可以发给 Planning 模块进行规划了，但是在这之前还要将其转换为满足 RoutingResponse 格式的消息。这一功能由 CreateRoadSegments 函数实现。CreateRoadSegments 函数将可以变道的部分单独作为一个单元，存储为一个 RoadSegment，无变道的车道自己构成一个 RoadSegment。例如图 6-26 所示的例子，整个路线被分为 3 个 RoadSegment。RoadSegment-1 由一个车道 Lane-1 组成，RoadSegment-3 也由一个车道 Lane-10 组成。RoadSegment-2 由两个 Passage 构成，分别是 Passage-1＝{Lane-3，Lane-5，Lane-7}和 Passage-2＝{Lane-4，Lane-6，Lane-8}。注意：此处的 Passage 属于 RoadSegment，与 ExtractBasicPassages 函数输出的 Passage 不同。

CreateRoadSegments 函数实现代码如下：

```
for(std::size_t i=0;i<passages.size();++i){
  const auto& curr_nodes=passages[i].nodes;
      for(std::size_t j=0;j<curr_nodes.size();++j){
        if((i+1<passages.size()&&
           IsReachableToWithChangeLane(curr_nodes[j].GetTopoNode(),
               passages[i+1],&fake_node_range))||(i>0 &&
          IsReachableFromWithChangeLane(curr_nodes[j].
               GetTopoNode(),passages[i-1],&fake_node_range))){
      if(!in_change_lane){
        start_index={i,j};
```

```
        in_change_lane=true;
      }
    } else {
      if(in_change_lane){
        AddRoadSegment(passages,start_index,{i,j-1},
                          result);//生成变道区域的 RoadSegment
      }
      AddRoadSegment(passages,{i,j},{i,j},result);
      in_change_lane=false;  //生成非变道的 RoadSegment
    }
  }
}
```

一个 RoadSegment 中的 Passage 不一定具有相近的长度，例如图 6-27 所示的例子。Routing 路线先从 Lane-1 车道并道至 Lane-2，再由 Lane-2 驶入 Lane-3。Lane-1 和 Lane-2 都连接了 Lane-3，这样的 RoadSegment 包含两个 Passage，可见其长度并不相等。

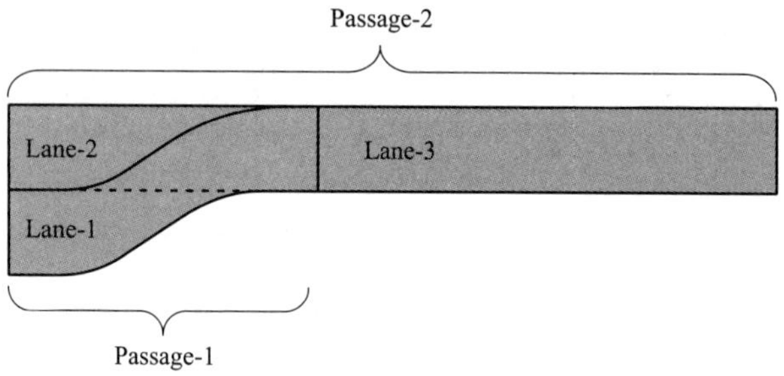

图 6-27　RoadSegment 中不等长 Passage 的实例

最后，路线结果会以 RoutingResponse 格式的消息发送给 Planning 模块。

第7章

规划决策技术

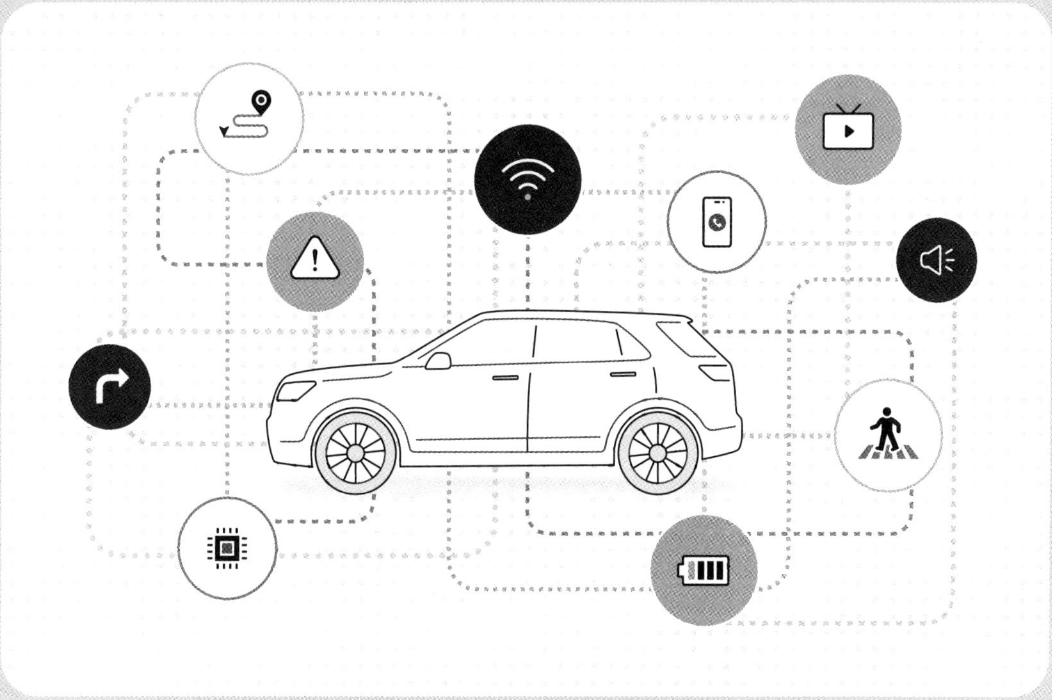

7.1 规划决策系统概述

规划决策系统负责生成无人车的运动轨迹，因此它是最能体现无人车智能行为的模块。规划决策系统处于整个自动驾驶功能软件系统的核心。

机器人领域的轨迹规划方法可以分为基于采样的方法、基于搜索的方法和基于优化的方法三类，这三类方法适用于不同的问题类型。

基于采样的方法（sampling-based method）适用于约束条件比较复杂的场景，在7.3节开放场地规划采用的混合 A^* 方法属于采样法，其对无人车的运动控制量进行采样并使用运动学模型递推生成一系列的轨迹片段。

基于搜索的方法（searching-based method）适用于边界定义明确的问题，例如路线规划（routing），在由一系列边和节点组成的图中扩展搜索节点，得到最优的路线。

基于优化的方法（optimization-based method）适用于对轨迹的质量有较高要求的场合。在行车时，无人车的轨迹不能出现加加速度和曲率突变，通常采用数值优化方法对原始轨迹进行平滑，提高其质量。因此，基于优化的方法通常被放在后处理部分。

7.2 车道行车规划

无人车在道路上行驶时会自然而然地遵循道路规定的曲率和横向宽度。为了将这一现象用数学形式描述，引入了Frenet坐标系这一概念。基于这一概念，可以将车辆的运动分解为沿着车道的纵向方向和垂直于车道的横向方向，通过分解可以将规划问题简化，从而实现快速高效求解。

7.2.1 Frenet坐标系

参考曲线是图7-1中的曲线。对于平面上一点 p，其直角坐标系下的坐标确定方式是将点分别向 X、Y 轴投影，得到的投影长度即 x、y。同样地，点 p 在Frenet坐标系中的坐标也采用投影的方式确定，点 p 向参考曲线投影得到参考曲线上与 p 最近的点，记为 p'。点 p 与点 p' 之间的距离 l 就是Frenet坐标系的横坐标，点 p' 与参考线起点之间的参考线长度 s

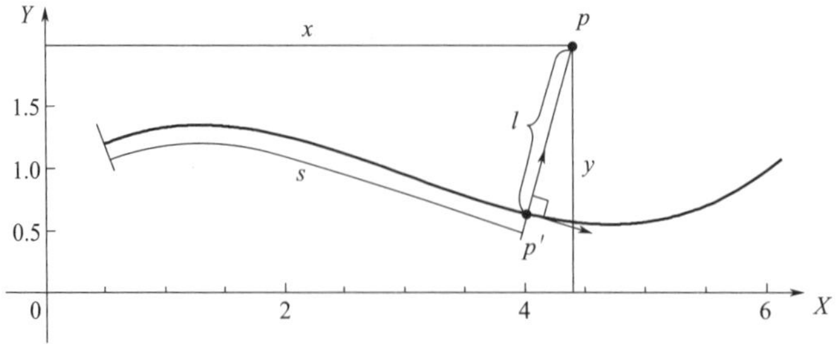

图7-1　点在直角坐标系和Frenet坐标系中的坐标

就是 Frenet 坐标系的纵坐标。

我们发现，Frenet 坐标系的坐标依赖参考曲线的形状。当参考曲线是一条起点在原点，且平行于 X 轴的直线时，点的 Frenet 坐标与直角坐标相同。点在向直线投影时投影点只有一个，但是在向曲线投影时，最近的投影点可能会有不止一个，此时 Frenet 坐标也存在多个，如图 7-2 所示，这种情况下就会产生歧义。为了避免出现这个问题，无人车到参考线的横向距离 l 应小于参考线上最小的曲率半径。只要在设计参考线时考虑这一点，就能防止出现歧义。由于直线的曲率半径为无穷大，因此直线投影不会出现该问题。

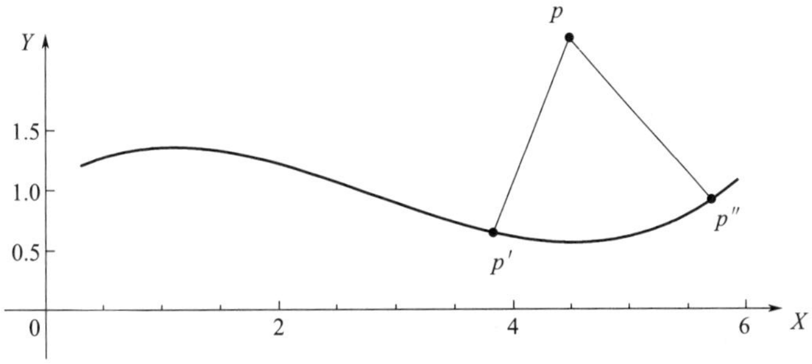

图 7-2　同一点对应两个 Frenet 坐标

7.2.2　参考线平滑

在 Frenet 坐标系中进行轨迹规划，首先需要一条用于构造 Frenet 坐标系的曲线。在 Apollo 项目中这样的曲线被称为参考线（reference line），下面我们介绍如何构造参考线。

给定目的地之后，Routing 模块会输出给 Planning 模块一系列能够将无人车引导到目的地的车道编号。在高精地图中，根据这些连续的车道编号，我们能够访问到对应车道的详细信息，例如它的左右边界宽度、车道中心线上的坐标点等。可以使用车道中心线的坐标点来制作参考线。车道中心线由高精地图厂家对实际道路测绘得到，它可能不够光滑，如图 7-3 所示。图中点为车道中心线的离散点。这个例子清楚地展示了车道中心线在弯道处的尖角。因此，我们拿到车道中心线上的坐标点之后，需要对其进行平滑处理。

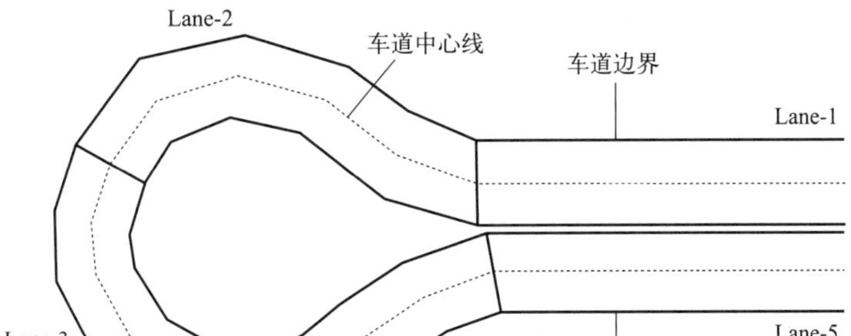

图 7-3　高精地图中的车道中心线

很多时候，已知的只有一些离散的数据点，而关心的是这些点的分布特征或者变化规律。具体来说，希望得到一个函数（或者说曲线），这个函数能够反映数据点的特征和规律，实现这个目标的方式就是曲线插值和拟合。插值（interpolation）和拟合（fit）是两个相似的概念。它们的区别在于：插值要求曲线经过每一个数据点，如图 7-4 所示；而拟合不要求曲线经过数据点，它的目标是在接近数据点的同时满足其他的要求，例如平滑。

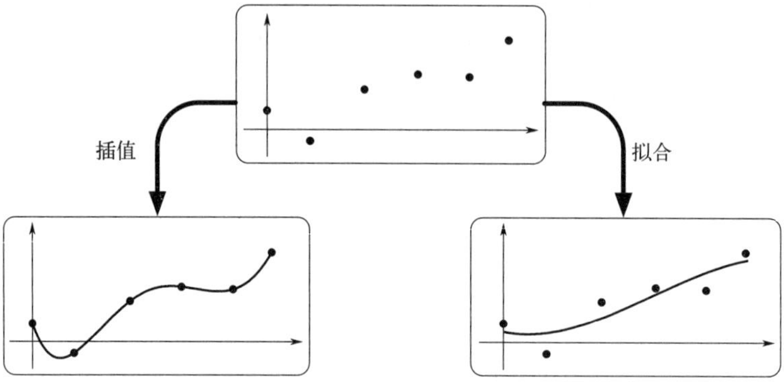

图 7-4　插值与拟合的区别

我们希望参考线尽量平滑，同时又不能偏离车道中心太远，但是不要求参考线必须通过中心线上的每个点。因此，这里使用曲线拟合的方法制作参考线。曲线拟合有一些常用方法，可以根据已知条件选择。如果事先知道生成离散点的分布函数，可以采用最小二乘法（least squares method）。如果事先不知道离散点的分布函数，可以采用移动最小二乘法（moving least squares method）。如果不要求得到解析形式的函数，但是需要对点进行平滑，可以使用优化的方法。

7.2.2.1　最小二乘法

多项式函数是通过多个幂函数乘以系数后相加或相减所得到的函数，例如三次多项式 $f(x)=ax^3+bx^2+cx+d$。多项式有一系列优点，例如形式简单、计算方便、求任意次导数都很容易。通过泰勒展开，任何函数都能用多项式函数对其进行逼近。

给定 n 个数据点：(x_1,y_1)，(x_2,y_2)，…，(x_n,y_n)。假设这些数据点的分布符合三次多项式函数。我们的目标是找到一个 $f(x)$ 满足数据点的分布。对于多项式函数，一旦系数 (a,b,c,d) 确定，多项式 $f(x)$ 也就唯一确定了。因此，我们的目标变成求多项式的系数，使以下方程组成立。

$$\begin{cases} ax_1^3+bx_1^2+cx_1+d=y_1 \\ ax_2^3+bx_2^2+cx_2+d=y_2 \\ \qquad\vdots \\ ax_n^3+bx_n^2+cx_n+d=y_n \end{cases} \tag{7.1}$$

式(7.1) 可以写成矩阵与向量相乘的形式，如下。

$$\underbrace{\begin{bmatrix} x_1^3 & x_1^2 & x_1 & 1 \\ x_2^3 & x_2^2 & x_2 & 1 \\ \vdots & \vdots & \vdots & \vdots \\ x_n^3 & x_n^2 & x_n & 1 \end{bmatrix}}_{\boldsymbol{A}} \underbrace{\begin{bmatrix} a \\ b \\ c \\ d \end{bmatrix}}_{\boldsymbol{X}} = \underbrace{\begin{bmatrix} y_1 \\ y_2 \\ \vdots \\ y_n \end{bmatrix}}_{\boldsymbol{Y}} \tag{7.2}$$

上式可记为 $\boldsymbol{AX}=\boldsymbol{Y}$，其中矩阵 $\boldsymbol{A}$ 被称为范德蒙矩阵（Vandermonde matrix）。未知系数 $\boldsymbol{X}=(a,b,c,d)^{\mathrm{T}}$ 可以通过解线性方程 $\boldsymbol{AX}=\boldsymbol{Y}$ 得到。

然而，实际情况中数据点通常含有噪声，找不到系数（a,b,c,d）使等式 $ax_i^3+bx_i^2+cx_i+d=y_i,i=1,2,\cdots,n$ 都成立。这时我们退而求其次，寻找使式(7.3)最小的系数。

$$\sum_{i=1}^{n}(y_i-ax_i^3+bx_i^2+cx_i+d)^2 \tag{7.3}$$

最小化式(7.3)是一个无约束的最优化问题。我们直接对其求导，然后找到使导数等于零的点，就能得到我们想要的系数。

为了使后面的推导过程方便描述，记系数向量 $\boldsymbol{c}=(a,b,c,d)^{\mathrm{T}}$，以及各阶单项式 $\boldsymbol{x}_i=(x_i^3,x_i^2,x_i,1)^{\mathrm{T}}$。

式(7.3)可以写成向量点乘的形式：

$$g(\boldsymbol{c})=\sum_{i=1}^{n}(y_i-\boldsymbol{c}^{\mathrm{T}}\boldsymbol{x}_i)^2$$

计算函数 $g(\boldsymbol{c})$ 对向量 $\boldsymbol{c}$ 的导数，即

$$\frac{\partial g(\boldsymbol{c})}{\partial \boldsymbol{c}}=\sum_{i=1}^{n}2(y_i-\boldsymbol{c}^{\mathrm{T}}\boldsymbol{x}_i)(-\boldsymbol{x}_i) \tag{7.4}$$

令式(7.4)等于零，并消去常系数，可以得到

$$\sum_{i=1}^{n}[y_i\boldsymbol{x}_i-(\boldsymbol{c}^{\mathrm{T}}\boldsymbol{x}_i)\boldsymbol{x}_i]=\boldsymbol{0} \tag{7.5}$$

通过移项，进一步可得

$$\sum_{i=1}^{n}y_i\boldsymbol{x}_i=\sum_{i=1}^{n}(\boldsymbol{c}^{\mathrm{T}}\boldsymbol{x}_i)\boldsymbol{x}_i \tag{7.6}$$

式(7.6)中，等号左边可以写成矩阵与向量相乘的形式，如下：

$$\begin{aligned}
&\sum_{i=1}^{n}y_i\boldsymbol{x}_i\\
&=y_1\boldsymbol{x}_1+y_2\boldsymbol{x}_2+\cdots+y_n\boldsymbol{x}_n\\
&=y_1\begin{bmatrix}x_1^3\\x_1^2\\x_1\\1\end{bmatrix}+y_2\begin{bmatrix}x_2^3\\x_2^2\\x_2\\1\end{bmatrix}+\cdots+y_n\begin{bmatrix}x_n^3\\x_n^2\\x_n\\1\end{bmatrix}\\
&=\underbrace{\begin{bmatrix}x_1^3 & x_2^3 & \cdots & x_n^3\\x_1^2 & x_2^2 & \cdots & x_n^2\\x_1 & x_2 & \cdots & x_n\\1 & 1 & \cdots & 1\end{bmatrix}}_{\boldsymbol{A}^{\mathrm{T}}}\begin{bmatrix}y_1\\y_2\\\vdots\\y_n\end{bmatrix}\\
&=\boldsymbol{A}^{\mathrm{T}}\boldsymbol{Y}
\end{aligned}$$

同样地，式(7.6)的右边也可以写成矩阵与向量相乘的形式，如下：

$$\begin{aligned}
&\sum_{i=1}^{n}(\boldsymbol{c}^{\mathrm{T}}\boldsymbol{x}_i)\boldsymbol{x}_i\\
&=(\boldsymbol{c}^{\mathrm{T}}\boldsymbol{x}_1)\boldsymbol{x}_1+(\boldsymbol{c}^{\mathrm{T}}\boldsymbol{x}_2)\boldsymbol{x}_2+\cdots+(\boldsymbol{c}^{\mathrm{T}}\boldsymbol{x}_n)\boldsymbol{x}_n
\end{aligned}$$

$$=[\boldsymbol{x}_1,\boldsymbol{x}_2,\cdots,\boldsymbol{x}_n]\begin{bmatrix}\boldsymbol{c}^{\mathrm{T}}\boldsymbol{x}_1\\\boldsymbol{c}^{\mathrm{T}}\boldsymbol{x}_2\\\vdots\\\boldsymbol{c}^{\mathrm{T}}\boldsymbol{x}_n\end{bmatrix}$$

$$=[\boldsymbol{x}_1,\boldsymbol{x}_2,\cdots,\boldsymbol{x}_n]\begin{bmatrix}\boldsymbol{x}_1^{\mathrm{T}}\boldsymbol{c}\\\boldsymbol{x}_2^{\mathrm{T}}\boldsymbol{c}\\\vdots\\\boldsymbol{x}_n^{\mathrm{T}}\boldsymbol{c}\end{bmatrix}$$

$$=[\boldsymbol{x}_1,\boldsymbol{x}_2,\cdots,\boldsymbol{x}_n]\begin{bmatrix}\boldsymbol{x}_1^{\mathrm{T}}\\\boldsymbol{x}_2^{\mathrm{T}}\\\vdots\\\boldsymbol{x}_n^{\mathrm{T}}\end{bmatrix}\boldsymbol{c}$$

$$=\underbrace{\begin{bmatrix}x_1^3 & x_2^3 & \cdots & x_n^3\\x_1^2 & x_2^2 & \cdots & x_n^2\\x_1 & x_2 & \cdots & x_n\\1 & 1 & \cdots & 1\end{bmatrix}}_{\boldsymbol{A}^{\mathrm{T}}}\underbrace{\begin{bmatrix}x_1^3 & x_1^2 & x_1 & 1\\x_2^3 & x_2^2 & x_2 & 1\\\vdots & \vdots & \vdots & \vdots\\x_n^3 & x_n^2 & x_n & 1\end{bmatrix}}_{\boldsymbol{A}}\boldsymbol{c}$$

$$=\boldsymbol{A}^{\mathrm{T}}\boldsymbol{A}\boldsymbol{c}$$

于是式(7.6)可表示为

$$\boldsymbol{A}^{\mathrm{T}}\boldsymbol{Y}=\boldsymbol{A}^{\mathrm{T}}\boldsymbol{A}\boldsymbol{c}$$

这个方程的解如下：

$$\boldsymbol{c}=(\boldsymbol{A}^{\mathrm{T}}\boldsymbol{A})^{-1}\boldsymbol{A}^{\mathrm{T}}\boldsymbol{Y}$$

以上推导过程不只适用于三次多项式函数，也可用于任意次数多项式函数。

在随书代码中给出了用最小二乘法拟合多项式函数数据的例子，如图 7-5 所示。图中，

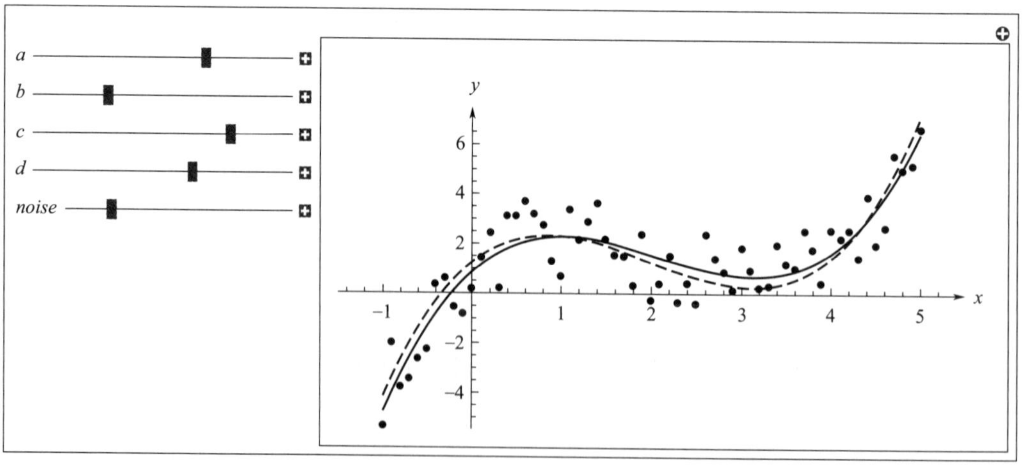

图 7-5 使用最小二乘法拟合数据

点为数据点，是对初始三次多项式采样后加入随机数得到的；虚线是初始三次多项式函数图像；实线是用最小二乘法对数据点拟合得到的三次多项式函数图像。读者可以改变初始三次多项式的系数，并观察拟合结果。

最小二乘法可以看成以误差的平方项为代价函数的优化方法。如果数据中存在离群点（即远离其他数据的点），其误差将会以平方项的形式被放大，严重影响拟合结果。读者可以在代码中加入离群点，并观察离群点对拟合结果的影响程度，如图 7-6 所示。由于最小二乘法对离群点比较敏感，因此如果确认数据中的离群点属于异常值，在拟合之前应该将其剔除。

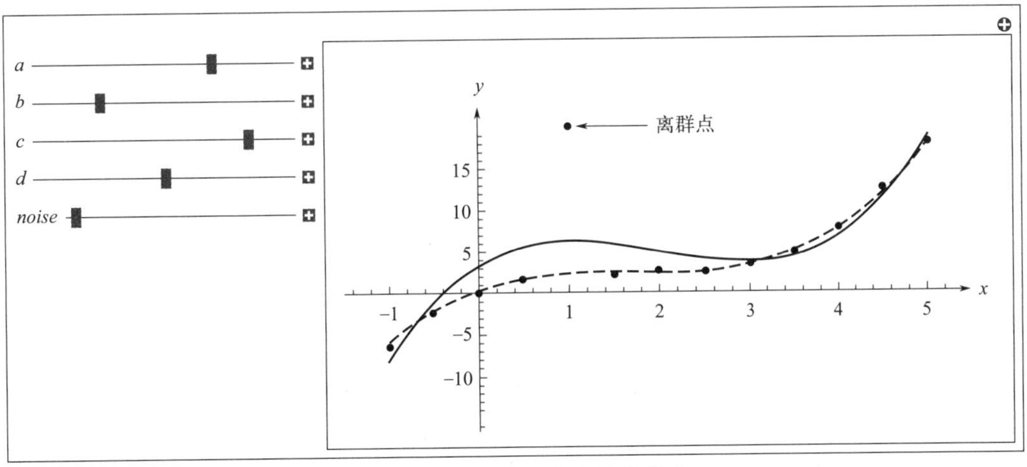

图 7-6　离群点对拟合结果的影响

7.2.2.2　移动最小二乘法

移动最小二乘法也是一种曲线拟合方法。有时候，数据点的分布形状比较复杂，难以用一个函数进行全局拟合。一种解决方法是将数据切分为几个部分，使每个部分的形状相对简单，然后分别针对各部分单独进行拟合。这种分段拟合方法的缺点是，在切分点附近难以保证相邻函数的连续性或者光滑性。在这种情况下，移动最小二乘法提供了一种比较好的解决方案。

移动最小二乘法是对传统最小二乘法的改进。在传统最小二乘法的代价函数［式(7.3)］中，每个点对代价的贡献是相同的。如果各点的贡献是不同的，优化的结果也必然有所区别。每个点的贡献可以用权重 w 来表示，于是代价函数［式(7.3)］就变成了式(7.7) 的形式。

$$\sum_{i=1}^{n} w_i (y_i - ax_i^3 + bx_i^2 + cx_i + d)^2 \tag{7.7}$$

因此，传统最小二乘法可以看成移动最小二乘法的特例，即所有点的权重 w_i 都相同。除此以外，移动最小二乘法的推导过程与传统最小二乘法相同，因此这里不再赘述。

如何选择权重是移动最小二乘法中唯一需要考虑的。首先，权重应该是非负的。一种权重函数设计见式(7.8)，其中 s 表示数据点相对于拟合区间中心的距离。权重函数的图像如图 7-7 所示，式(7.8) 仅给出了 $s \geqslant 0$ 的那一半，$s < 0$ 的部分与其对称。根据定义，权重函数仅在［−1，+1］之间的部分起作用，对于 $s \geqslant 1$ 的部分不起作用。这体现了分段拟合的

思想，通过选择不同的拟合中心，可以让函数拟合不同的数据部分。区间 [−1，+1] 被称为支撑域。在实际问题中，可以根据数据范围改变支撑域的大小。

$$w(s)=\begin{cases}\dfrac{2}{3}-4s^2+4s^3, & 0\leqslant s<\dfrac{1}{2}\\ \dfrac{4}{3}-4s+4s^2-\dfrac{4}{3}s^3, & \dfrac{1}{2}\leqslant s<1\\ 0, & s\geqslant 1\end{cases} \tag{7.8}$$

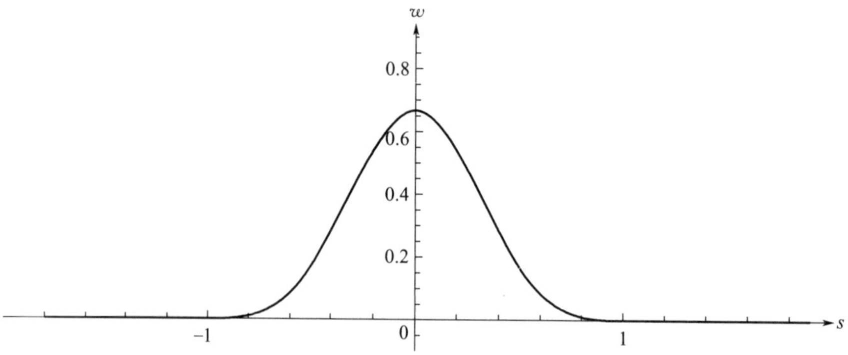

图 7-7 权重函数

下面用移动最小二乘法拟合由函数 $f(x)=\sin x^2$ 生成的离散数据。采用二次多项式进行拟合，结果如图 7-8 所示，其中点表示添加随机噪声的数据点，虚线表示 $f(x)$ 函数，曲线表示拟合结果。读者可以改变权重函数的支撑域，并观察拟合结果的区别。

7.2.2.3 优化方法

另一种求解方法是将问题表述为优化问题。我们关心参考线是否光滑，同时要求其不会远离原始车道中心，并且参考线不能太长。如果使用优化方法求解，需要将这些要求表示为代价函数或者约束的形式。

选择优化变量为参考线上离散点的坐标 $\boldsymbol{p}=(x,y)$。高精地图中车道中心线上的点记为 $\boldsymbol{p}^{\mathrm{r}}=(x^{\mathrm{r}},y^{\mathrm{r}})$，为了与优化变量区分，我们叫它们原始点。

点的光滑性代价可以用相邻点之间向量朝向的变化来表示。我们以三个点为例进行说明，如图 7-9 所示。从 p_1 出发指向 p_2 的向量可表示为 $\boldsymbol{v}_{12}=\boldsymbol{p}_2-\boldsymbol{p}_1$。同理，从 p_2 出发指向 p_3 的向量可表示为 $\boldsymbol{v}_{23}=\boldsymbol{p}_3-\boldsymbol{p}_2$。向量 $\boldsymbol{v}_{23}-\boldsymbol{v}_{12}$ 的长度可以反映出三个点的光滑度。如果三个点在一条直线上且间距相等，则向量 $\boldsymbol{v}_{23}-\boldsymbol{v}_{12}$ 的长度是 0。如果三个点不在一条直线上，那么夹角越大，向量 $\boldsymbol{v}_{23}-\boldsymbol{v}_{12}$ 的长度越长。因此，向量 $\boldsymbol{v}_{23}-\boldsymbol{v}_{12}$ 的长度可以作为光滑性代价。而 $\boldsymbol{v}_{23}-\boldsymbol{v}_{12}=(\boldsymbol{p}_3-\boldsymbol{p}_2)-(\boldsymbol{p}_2-\boldsymbol{p}_1)=(\boldsymbol{p}_3+\boldsymbol{p}_1-2\boldsymbol{p}_2)$。因此，光滑性代价（smoothness cost）函数为

$$c_s=\sum_{i=2}^{n-1}\|\boldsymbol{p}_{i-1}+\boldsymbol{p}_{i+1}-2\boldsymbol{p}_i\|^2$$

将相邻点之间的距离作为代价（length cost），可以表示为

$$c_l=\sum_{i=1}^{n-1}\|\boldsymbol{p}_{i+1}-\boldsymbol{p}_i\|^2$$

相对于原始点的偏离代价（deviation cost）可以表示为

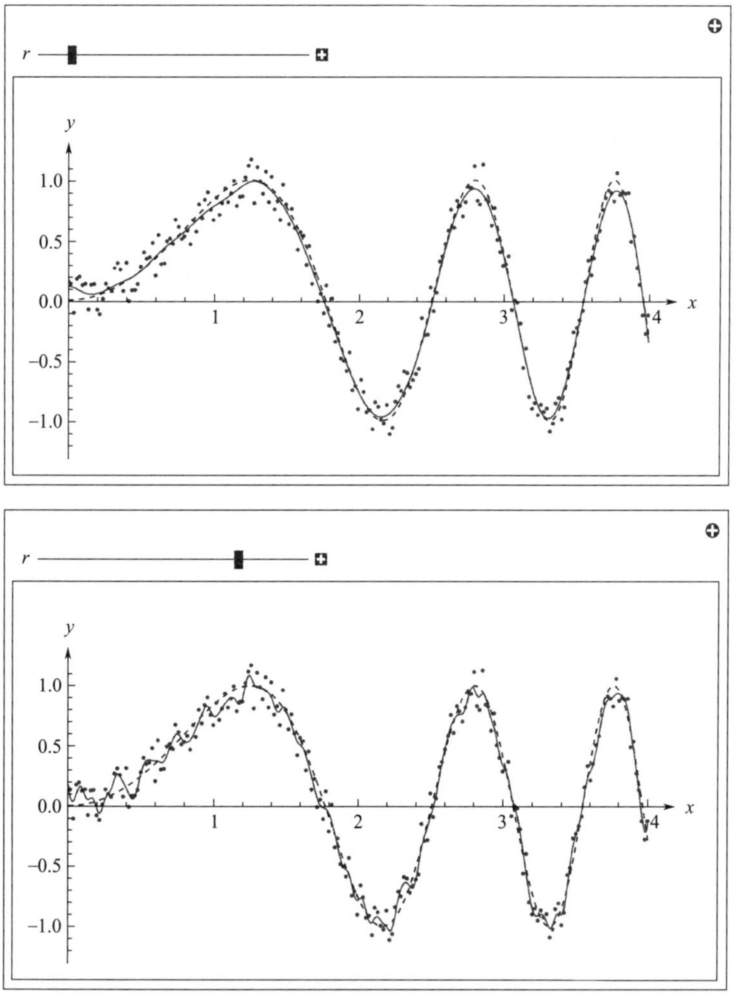

图 7-8　移动最小二乘法拟合

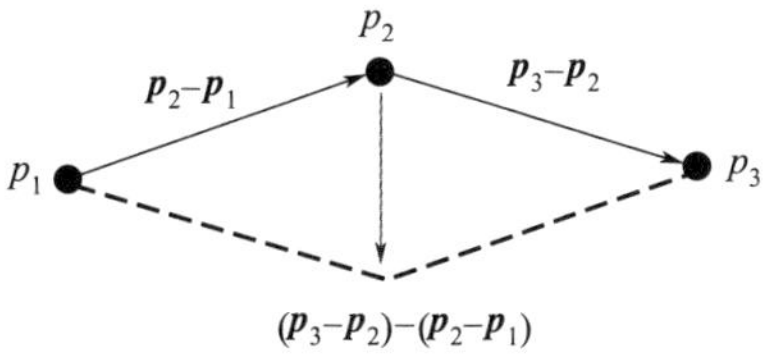

图 7-9　光滑性的几何表示

$$c_d=\sum_{i=1}^{n}\|\boldsymbol{p}_i-\boldsymbol{p}_i^{\mathrm{r}}\|^2$$

总的代价 c 是上述代价之和。为了调节不同代价的重要程度，给每个代价分配一个权重系数 w，系数越大表明我们越关注该项，从而得到了优化问题的目标函数：

$$c=w_s c_s+w_l c_l+w_d c_d$$

虽然在代价项中加入了偏离原始点的距离代价，但是有时我们想将优化后的点与原始点的偏离控制在一个范围 $b\in\mathbf{R}$ 内，这可以通过添加不等式约束实现，如下。

$$\begin{cases} -b \leqslant x_i - x_i^{\mathrm{r}} \leqslant b \\ -b \leqslant y_i - y_i^{\mathrm{r}} \leqslant b \end{cases}$$

这个约束将优化点限制在以原始点为中心，边长为 $2b$ 的正方形中。当然，我们可以要求 x 和 y 方向有不同的限制范围。

在随书代码中提供了示例程序，读者可以改变各个权重（w_s、w_l、w_d）的值，并观察不同权重下优化得到的曲线形状，如图 7-10 所示。为了进一步展示优化的效果，我们在原始点中还加入了随机噪声。可以看到优化前的原始点分布非常不平滑，而优化得到的点分布更均匀、平滑。由于建立的优化问题有高效的求解算法（基于 ADMM 的 OSQP），因此这个例子的响应很快。读者可以通过增大 n 的值来增加点的数量，即便在 $n=200$（优化变量的个数是 400）时我们也几乎感觉不到计算延迟。后面，我们会详细介绍这个高效的求解算法。

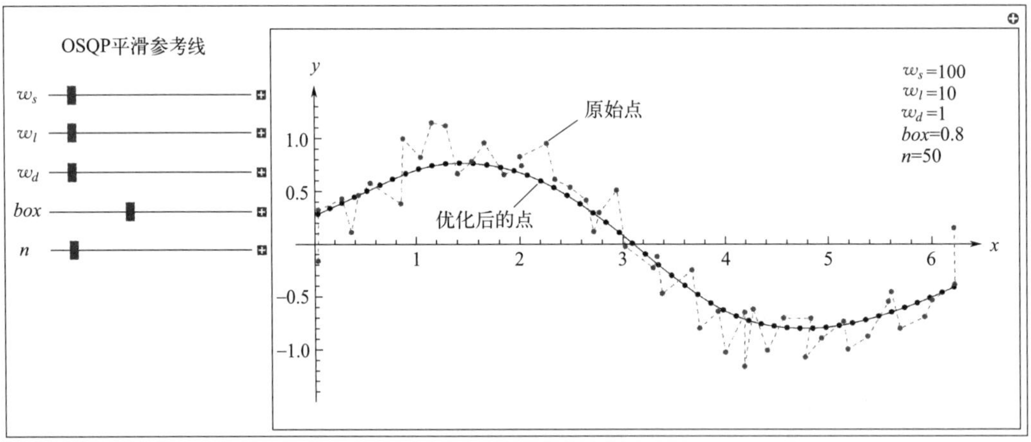

图 7-10　参考线平滑的交互式界面

如果减小平滑性代价的权重 w_s，并增大与原始点偏离代价的权重 w_d，得到的曲线如图 7-11 所示。可以看到，优化后的曲线平滑性变差，但是离原始点更近了，这与我们改变的代价权重项吻合。

如果我们增大距离代价的权重 w_l，可以看到优化后的曲线变短了，并且与原始点的距

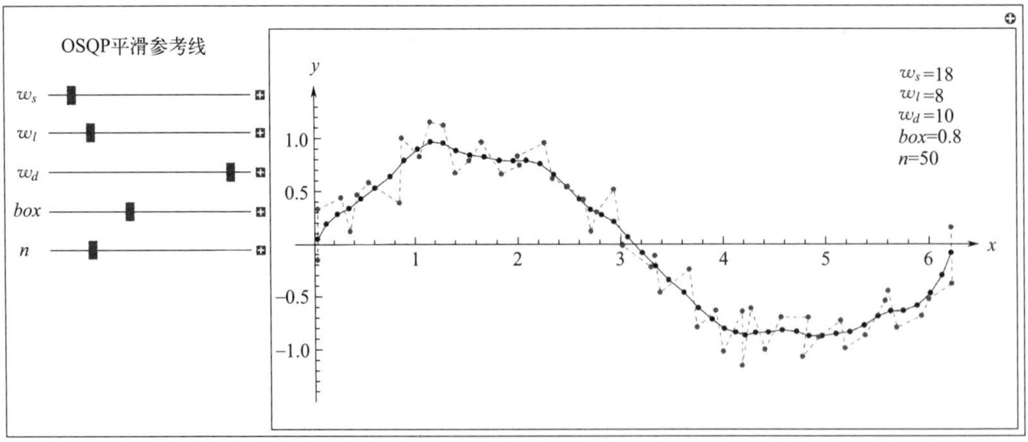

图 7-11　减小平滑性代价的权重

离也拉大了，如图 7-12 所示。

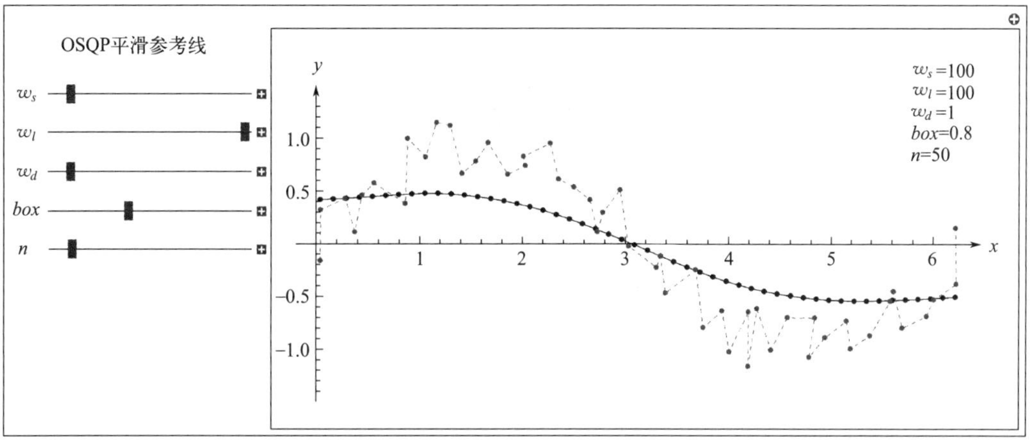

图 7-12　增大距离代价的权重

读者还可以改变优化点与原始点的距离约束 b，如图 7-13 中的小正方形所示。注意：正方形的边长是 $2b$。可以看到，优化后的点都被限制在了正方形的范围内，说明满足约束条件。

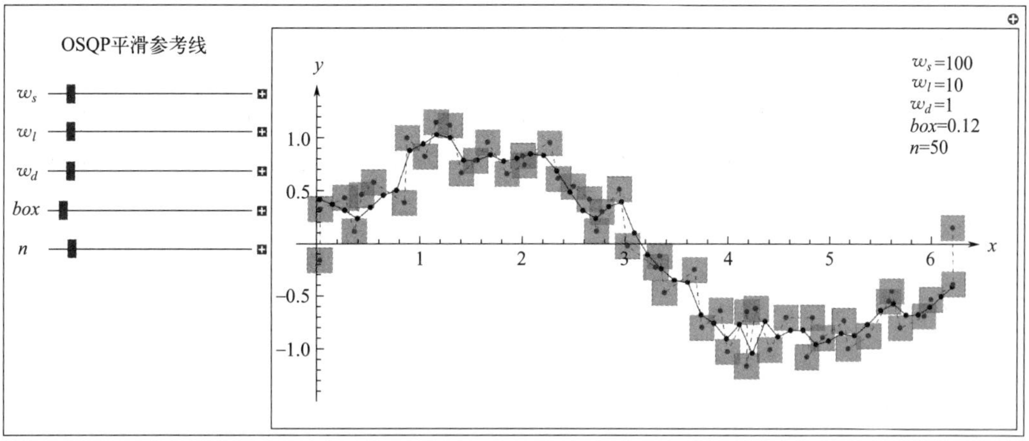

图 7-13　正方形表示相对于原始点的距离约束

7.2.3　横向规划

横向指参考线的法向，即垂直于参考线的方向。横向的运动代表无人车偏离参考线，在无人车避让障碍物或者变道、超车时需要产生横向的运动，如图 7-14 所示。

横向规划的目标与总体目标相同，即产生一条安全、舒适的路径。安全取决于无人车相对于障碍物的横向距离。舒适则受路径平滑性影响。将横向规划问题转化为优化问题，为此，定义目标函数和约束条件。由于表示横向偏移的符号 l 容易与数字 1 混淆，后面改用 x 表示。

纵向坐标 s_i 总是等间隔分布的，不参与优化，所以优化量只有 x_i 及其导数。将 n 个横向偏移量（$x_0 \sim x_{n-1}$）、n 个横向偏移量的一阶导数（$x'_0 \sim x'_{n-1}$）和 n 个横向偏移量的二阶导数（$x''_0 \sim x''_{n-1}$）拼接组成一个 $3n$ 维的向量 $\boldsymbol{x}$，如下。

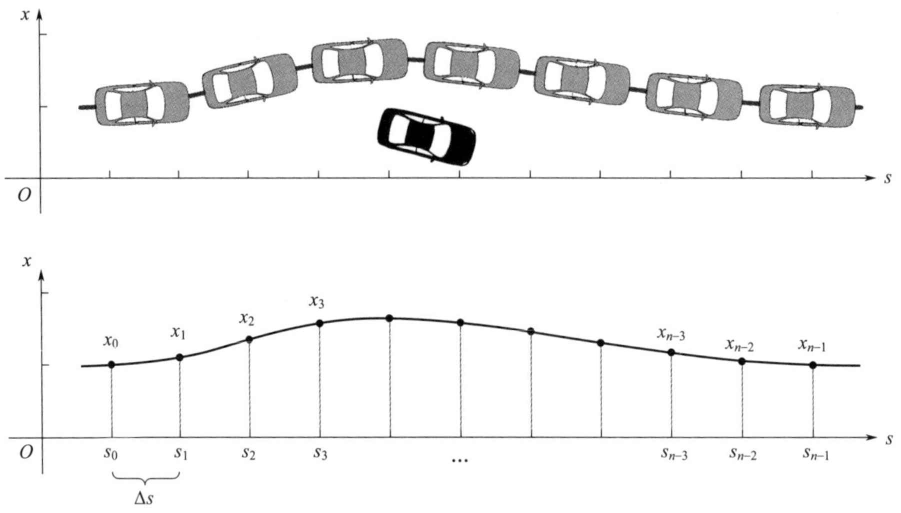

图 7-14 横向偏移离散化

$$\boldsymbol{x}=(x_0,x_1,x_2,\cdots,x_{n-1},x'_0,x'_1,x'_2,\cdots,x'_{n-1},x''_0,x''_1,x''_2,\cdots,x''_{n-1})^{\mathrm{T}}$$

为了与代码中保持一致，这里从 0 开始编号。

假设每个间隔 Δs 中，x 的三阶导数 x''' 为常量。例如第 i 到 $i+1$ 个点之间的 $x'''_i(s)$ 不随 s 变化，这里的 $s\in(s_i,s_{i+1})$。三阶导数称为加加速度（jerk），因此这个问题又被称为分段恒加加速度路径规划问题（piecewise jerk path problem）。

根据 x'''_i 可以得到 $\boldsymbol{x}$ 在 $i+1$ 点的二阶导数 x''_{i+1}。如果将第 i 个节点二阶导数视为已知，则第 $i+1$ 个点处的二阶导数可以用积分得到。在第 i 到 $i+1$ 之间的部分，二阶导数是 $s\in(0,\Delta s)$ 的一次函数：

$$x''_i(s)=x''_i+x'''_i s$$

$$x''_{i+1}=x''_i+\int_0^{\Delta s}x'''_i(s)\mathrm{d}s$$

$$=x''_i+x'''_i\Delta s$$

上式也可以写成

$$x'''_i=\frac{x''_{i+1}-x''_i}{\Delta s}$$

类似地，可计算一阶导数 x'_{i+1}，如下：

$$x'_{i+1}=x'_i+\int_0^{\Delta s}x''_i(s)\mathrm{d}s$$

$$=x'_i+\int_0^{\Delta s}(x''_i+x'''_i s)\mathrm{d}s$$

$$=x'_i+x''_i\Delta s+\frac{1}{2}x'''_i(\Delta s)^2$$

可得横向偏移量 x_{i+1}：

$$x_{i+1}=x_i+\int_0^{\Delta s}x'_i(s)\mathrm{d}s$$

$$=x_i+\int_0^{\Delta s}(x'_i+x''_i s+\frac{1}{2}x'''_i s^2)\mathrm{d}s$$

$$=x_i+x_i'\Delta s+\frac{1}{2}x_i''(\Delta s)^2+\frac{1}{6}x_i'''(\Delta s)^3$$

行车规划必须满足一定的实时性要求，即计算时间应该保证在给定的范围内。在实际使用时，规划频率通常选择 10～20Hz，对应的规划计算时间不能超过 50ms。在如此短的时间内完成求解，需要选择能够高效求解的优化问题表达形式。其中，二次规划（quadratic programming）存在高效的求解算法，因此采用二次规划的形式，即代价函数最高次数是二次。

离散后的代价函数如下。

$$\begin{aligned}f(\boldsymbol{x})=&w_x\sum_{i=0}^{n-1}x_i^2+w_{x'}\sum_{i=0}^{n-1}x_i'^2+w_{x''}\sum_{i=0}^{n-1}x_i''^2+w_{x'''}\sum_{i=0}^{n-2}x_i'''^2\\&+w_x^{\text{ref}}\sum_{i=0}^{n-1}(x_i-x_i^{\text{ref}})^2\\&+w_x^{\text{end}}(x_{n-1}-x_{\text{end}})^2\\&+w_{x'}^{\text{end}}(x_{n-1}'-x_{\text{end}}')^2\\&+w_{x''}^{\text{end}}(x_{n-1}''-x_{\text{end}}'')^2\end{aligned}$$

式中，x_i^{ref} 表示参考路径点，在实际问题中可以选择参考线上的离散点作为参考路径点；w_x^{ref} 表示优化的路径点偏离参考路径点的权重；x_{end} 表示路径终点（即最后一个点）的横向位置；x'_{end} 和 x''_{end} 表示路径终点的横向速度和加速度；w_x^{end} 表示路径终点偏离参考路径终点的权重。

首先看包含横向偏移 $\boldsymbol{x}$ 的项：

$$\begin{aligned}f(\boldsymbol{x})&=w_x\sum_{i=0}^{n-1}x_i^2+w_x^{\text{ref}}\sum_{i=0}^{n-1}(x_i-x_i^{\text{ref}})^2+w_x^{\text{end}}(x_{n-1}-x_{\text{end}})^2\\&=w_x\sum_{i=0}^{n-1}x_i^2+w_x^{\text{ref}}\sum_{i=0}^{n-1}[x_i^2+(x_i^{\text{ref}})^2-2x_i^{\text{ref}}x_i]\\&\quad+w_x^{\text{end}}(x_{n-1}^2+x_{\text{end}}^2-2x_{n-1}x_{\text{end}})\\&=w_x\sum_{i=0}^{n-2}x_i^2+w_xx_{n-1}^2\\&\quad+w_x^{\text{ref}}\sum_{i=0}^{n-2}[x_i^2+(x_i^{\text{ref}})^2-2x_i^{\text{ref}}x_i]\\&\quad+w_x^{\text{ref}}[x_{n-1}^2+(x_{n-1}^{\text{ref}})^2-2x_{n-1}^{\text{ref}}x_{n-1}]\\&\quad+w_x^{\text{end}}(x_{n-1}^2+x_{\text{end}}^2-2x_{\text{end}}x_{n-1})\\&=(w_x+w_x^{\text{ref}})\sum_{i=0}^{n-2}x_i^2+(w_x+w_x^{\text{ref}}+w_x^{\text{end}})x_{n-1}^2\\&\quad-\sum_{i=0}^{n-2}(2w_x^{\text{ref}}x_i^{\text{ref}}x_i)-(2w_x^{\text{ref}}x_{n-1}^{\text{ref}}x_{n-1})-(2w_x^{\text{end}}x_{\text{end}})x_{n-1}\\&\quad+w_x^{\text{ref}}\sum_{i=0}^{n-2}(x_i^{\text{ref}})^2+w_x^{\text{ref}}(x_{n-1}^{\text{ref}})^2+w_x^{\text{end}}x_{\text{end}}^2\end{aligned}\tag{7.9}$$

$$=\underbrace{(w_x+w_x^{\text{ref}})\sum_{i=0}^{n-2}x_i^2+(w_x+w_x^{\text{ref}}+w_x^{\text{end}})x_{n-1}^2}_{\text{关于}x_i\text{的二次项}}$$

$$\underbrace{+\sum_{i=0}^{n-1}(-2w_x^{\text{ref}}x_i^{\text{ref}})x_i+(-2w_x^{\text{end}}x_{\text{end}})x_{n-1}}_{\text{关于}x_i\text{的一次项}}$$

$$\underbrace{+w_x^{\text{ref}}\sum_{i=0}^{n-1}(x_i^{\text{ref}})^2+w_x^{\text{end}}x_{\text{end}}^2}_{\text{与}x_i\text{无关的常数项}}$$

由于常数项不影响优化求解，可以将其忽略，因此我们只关心二次项和一次项。Apollo 项目中横向规划的实现代码在文件 piecewise_jerk_path_problem. cc 中。其中包含两个函数：CalculateKernel 和 CalculateOffset。其中，CalculateKernel 用于生成二次项的系数。在数学中，加权函数或者加权和有时被称为“核”（kernel）。式(7.9）中的二次项就是关于 x_i^2 加权求和的形式。计算 CalculateOffset 用于生成一次项的系数。

二次项系数的生成代码如下：

```
//x(i)^2*(w_x+w_x_ref[i])
for(int i=0;i<n-1;++i){
  columns[i].emplace_back(i,(weight_x_+weight_x_ref_vec_[i]);
}
//x(n-1)^2*(w_x+w_x_ref[n-1]+w_end_x)
columns[n-1].emplace_back(n-1,(weight_x_
+weight_x_ref_vec_[n- 1]+weight_end_state_[0]));
```

一次项系数设置：

```
for(int i=0;i<n;++i){
  q->at(i)+=-2.0*weight_x_ref_vec_.at(i)*x_ref_[i];
}
q->at(n-1)+=-2.0*weight_end_state_[0]*end_state_ref_[0];
```

然后求包含横向偏移一阶导数 $\boldsymbol{x}'$ 的项：

$$f(\boldsymbol{x}')=w_{x'}\sum_{i=0}^{n-1}x_i'^2+w_{x'}^{\text{end}}(x_{n-1}'-x_{\text{end}}')^2$$

$$=w_{x'}\sum_{i=0}^{n-2}x_i'^2+w_{x'}x_{n-1}'^2+w_{x'}^{\text{end}}(x_{n-1}'^2+x_{\text{end}}'^2-2x_{\text{end}}'x_{n-1}')$$

$$=\underbrace{w_{x'}\sum_{i=0}^{n-2}x_i'^2+(w_{x'}+w_{x'}^{\text{end}})x_{n-1}'^2}_{\text{关于}x_i'\text{的二次项}}\underbrace{+(-2w_{x'}^{\text{end}}x_{\text{end}}'x_{n-1}')}_{\text{关于}x_i'\text{的一次项}}\underbrace{+w_{x'}^{\text{end}}x_{\text{end}}'^2}_{\text{常数项}}$$

Apollo 项目中实现代码如下。

二次项系数设置如下：

```
//x(i)'^2 * w_dx
for (int i=0;i<n-1;++i){
  columns[n+i].emplace_back(n+i,weight_dx_);
}
//x(n-1)'^2 * (w_dx+w_end_dx)
columns[2 * n-1].emplace_back(2 * n-1,(weight_dx_+weight_end_state_[1]));
```

一次项系数设置如下：

```
q->at(2 * n-1)+=-2.0 * weight_end_state_[1] * end_state_ref_[1];
```

再看包含横向偏移二阶导数（$\boldsymbol{x}''$）的代价项 $f(\boldsymbol{x}'')$：

$$
\begin{aligned}
f(\boldsymbol{x}'') &= w_{x''}\sum_{i=0}^{n-1}x''^2_i + w_{x'''}\sum_{i=0}^{n-2}x'''^2_i + w_{x''}^{\text{end}}(x''_{n-1}-x''_{\text{end}})^2 \\
&= w_{x''}\sum_{i=0}^{n-1}x''^2_i + w_{x'''}\sum_{i=0}^{n-2}\left(\frac{x''_{i+1}-x''_i}{\Delta s}\right)^2 \\
&\quad + w_{x''}^{\text{end}}(x''^2_{n-1}+x''^2_{\text{end}}-2x''_{\text{end}}x''_{n-1}) \\
&= w_{x''}\sum_{i=0}^{n-1}x''^2_i + \frac{w_{x'''}}{\Delta s^2}\left(\sum_{i=0}^{n-1}x''^2_i - x''^2_0 + \sum_{i=0}^{n-1}x''^2_i - x''^2_{n-1}\right) \\
&\quad + \frac{-2w_{x'''}}{\Delta s^2}\sum_{i=0}^{n-2}x''_i x''_{i+1} + w_{x''}^{\text{end}}(x''^2_{n-1}+x''^2_{\text{end}}-2x''_{\text{end}}x''_{n-1}) \\
&= \left(w_{x''}+\frac{2w_{x'''}}{\Delta s^2}\right)\sum_{i=0}^{n-1}x''^2_i + \frac{-w_{x'''}}{\Delta s^2}(x''^2_0+x''^2_{n-1}) + w_{x''}^{\text{end}}x''^2_{n-1} \\
&\quad + \frac{-2w_{x'''}}{\Delta s^2}\sum_{i=0}^{n-2}x''_i x''_{i+1} \\
&\quad + (-2w_{x''}^{\text{end}}x''_{\text{end}})x''_{n-1} + w_{x''}^{\text{end}}x''^2_{\text{end}} \\
&= \left(w_{x''}+\frac{2w_{x'''}}{\Delta s^2}\right)\sum_{i=1}^{n-2}x''^2_i \\
&\quad + \left(w_{x''}+\frac{2w_{x'''}}{\Delta s^2}\right)x''^2_0 + \frac{-w_{x'''}}{\Delta s^2}x''^2_0 \\
&\quad + \left(w_{x''}+\frac{2w_{x'''}}{\Delta s^2}\right)x''^2_{n-1} + \frac{-w_{x'''}}{\Delta s^2}x''^2_{n-1} \\
&\quad + w_{x''}^{\text{end}}x''^2_{n-1} + \frac{-2w_{x'''}}{\Delta s^2}\sum_{i=0}^{n-2}x''_i x''_{i+1} \\
&\quad + (-2w_{x''}^{\text{end}}x''_{\text{end}})x''_{n-1} + w_{x''}^{\text{end}}x''^2_{\text{end}} \\
&= \underbrace{\left(w_{x''}+\frac{w_{x'''}}{\Delta s^2}\right)x''^2_0 + \left(w_{x''}+\frac{2w_{x'''}}{\Delta s^2}\right)\sum_{i=1}^{n-2}x''^2_i}_{\text{关于}x''_i\text{的二次项}}
\end{aligned}
$$

$$+\underbrace{\left(w_{x''}+\frac{w_{x'''}}{\Delta s^2}+w_{x''}^{\text{end}}\right)x''^2_{n-1}+\frac{-2w_{x'''}}{\Delta s^2}\sum_{i=0}^{n-2}x''_i x''_{i+1}}_{\text{关于}x''_i\text{的二次项}}$$

$$+\underbrace{(-2w_{x''}^{\text{end}}x''_{\text{end}})x''_{n-1}}_{\text{关于}x''_i\text{的一次项}}+\underbrace{w_{x''}^{\text{end}}x''^2_{\text{end}}}_{\text{常数项}}$$

Apollo 项目中的实现代码如下。

二次项系数设置分为四步：

```
//x(0)"^2 *(w_ddx+2*w_dddx/delta_s^2)
auto delta_s_square=delta_s_*delta_s_;
columns[2*n].emplace_back(2*n,
    weight_ddx_+weight_dddx_/delta_s_square);
for(int i=1;i<n-1;++i){
    columns[2*n+i].emplace_back(2*n+i,
    weight_ddx_+2.0*weight_dddx_/delta_s_square);
}
//x(n-1)"^2*(w_ddx+w_dddx/delta_s^2+w_end_state)
columns[3*n-1].emplace_back(3*n-1,weight_ddx_
    +weight_dddx_/delta_s_square+weight_end_state_[2]);
//-2*w_dddx/delta_s^2*x(i)"*x(i+1)"
for(int i=0;i<n-1;++i){
    columns[2*n+i].emplace_back(2*n+i+1,
      -2.0*weight_dddx_/delta_s_square);
}
```

一次项系数设置如下：

```
q->at(3*n-1)+=-2.0*weight_end_state_[2]*end_state_ref_[2];
```

至此，我们完成了目标函数的设计，下面设计优化中的约束条件。

① 根据前面推导得到的各阶导数之间的关系。可以得到相邻离散点处一阶导数和二阶导数之间的关系：

$$\begin{aligned}x'_{i+1}&=x'_i+x''_i\Delta s+\frac{1}{2}x'''_i(\Delta s)^2\\&=x'_i+x''_i\Delta s+\frac{1}{2}\times\frac{x''_{i+1}-x''_i}{\Delta s}(\Delta s)^2\\&=x'_i+x''_i\Delta s+\frac{1}{2}(x''_{i+1}-x''_i)\Delta s\\&=x'_i+\frac{1}{2}x''_i\Delta s+\frac{1}{2}x''_{i+1}\Delta s\end{aligned}$$

类似地，可得相邻离散点处偏移量与其一阶导数的关系为

$$\begin{aligned} x_{i+1} &= x_i + x_i'\Delta s + \frac{1}{2}x_i''(\Delta s)^2 + \frac{1}{6}x_i'''(\Delta s)^3 \\ &= x_i + x_i'\Delta s + \frac{1}{2}x_i''(\Delta s)^2 + \frac{1}{6}\times\frac{x_{i+1}''-x_i''}{\Delta s}(\Delta s)^3 \\ &= x_i + x_i'\Delta s + \frac{1}{2}x_i''(\Delta s)^2 + \frac{1}{6}(x_{i+1}''-x_i'')(\Delta s)^2 \\ &= x_i + x_i'\Delta s + \frac{1}{3}x_i''(\Delta s)^2 + \frac{1}{6}x_{i+1}''(\Delta s)^2 \end{aligned}$$

② 曲率约束。汽车前轮的最大转角决定了车辆能转过的最小半径 $R_{\min}$，对应的最大曲率为 $\kappa_{\max}=1/R_{\min}$。

文献［35］中给出了横向偏移量的二阶导数 x''与路径曲率的关系：

$$x''=-(\kappa_r'x+\kappa_r x')\tan\Delta\theta+\frac{1-\kappa_r x}{\cos^2\Delta\theta}\left(\kappa_x\frac{1-\kappa_r x}{\cos\Delta\theta}-\kappa_r\right) \tag{7.10}$$

式中，κ_r 是参考线在 s 点处的曲率；κ_x 是无人车的参考路径在 s 点处的曲率；$\Delta\theta$ 是无人车路径在 s 点处的切线角度与参考线在 s 点处切线角度之差。

式(7.10）有些复杂。在实际应用中，角度差 $\Delta\theta$ 通常很小，所以式(7.10）可以简化为

$$x''=(1-\kappa_r x)[\kappa_x(1-\kappa_r x)-\kappa_r] \tag{7.11}$$

假设参考线的曲率 κ_r 较小，而且无人车的横向偏移量 x 通常也较小，此时二者的乘积 $\kappa_r x$ 更小。我们将其忽略，所以式(7.10）可以进一步化简为

$$x''=\kappa_x-\kappa_r \tag{7.12}$$

参考路径的曲率（即 κ_x）不应该超出车辆的最大曲率，否则车辆将无法精确地跟踪参考路径，因此建立以下约束条件：

$$-\kappa_{\max}\leqslant\kappa_x\leqslant\kappa_{\max} \tag{7.13}$$

将式(7.12）代入式(7.13)，可得关于 x''的约束为

$$-\kappa_{\max}-\kappa_r\leqslant x''\leqslant\kappa_{\max}-\kappa_r$$

在 Apollo 项目中，约束条件的实现代码在文件 piecewise_jerk_problem. cc 中。其中，函数 CalculateAffineConstraint 用于生成约束的上下界。因为二次规划的约束条件是优化变量 $\boldsymbol{x}$ 的仿射函数（affine function)，所以约束条件也被称为仿射约束（affine constraint)。

7.2.4 纵向规划

纵向指沿着参考线的方向。纵向的运动代表无人车的速度。

与横向规划类似，定义代价函数，见下式。

$$\begin{aligned} f(\boldsymbol{x}) = & w_x^{\text{ref}}\sum_{i=0}^{n-1}(x_i-x_i^{\text{ref}})^2+w_{x'}^{\text{ref}}\sum_{i=0}^{n-1}(x_i'-x_{i,\text{ref}}')^2+w_{x'}^{\text{pen}}\sum_{i=0}^{n-1}x_i'^2 \\ & +w_{x''}\sum_{i=0}^{n-1}x_i''^2+w_{x'''}\sum_{i=0}^{n-2}x_i'''^2 \\ & +w_x^{\text{end}}(x_{n-1}-x_{\text{end}})^2 \\ & +w_{x'}^{\text{end}}(x_{n-1}'-x_{\text{end}}')^2 \\ & +w_{x''}^{\text{end}}(x_{n-1}''-x_{\text{end}}'')^2 \end{aligned}$$

下面，逐项分析其含义并给出实现过程。

第一项中，$(x_i - x_i^{\text{ref}})^2$ 是轨迹点上位移的分量与提前设置的参考位移（x_i^{ref}）之间的偏离量。

第二项中，$(x_i' - x_{i,\text{ref}}')^2$ 是轨迹点上速度的分量与参考速度（$x_{i,\text{ref}}'$）之间的偏离量。

第三项 $w_{x'}^{\text{pen}} \sum_{i=0}^{n-1} x_i'^2$ 是对速度的惩罚项（pen 表示 penalty，即惩罚），加入该项是为了限制速度，以免其过大，例如在路口转弯或者掉头时如果车速过快会导致翻车。

第四项和第五项，即 $w_{x''} \sum_{i=0}^{n-1} x_i''^2 + w_{x'''} \sum_{i=0}^{n-2} x_i'''^2$，是加速度和加加速度的代价项，加入该项也是为了让加速度和加加速度尽量小，使轨迹对应的乘坐体感更舒适。在纵向规划中，也假设等分时间间隔内的加加速度是常量。所以纵向规划与横向规划类似，是一个分段恒加加速度规划问题（piecewise jerk speed problem）。

最后三项，即 $w_x^{\text{end}}(x_{n-1} - x_{\text{end}})^2$、$w_{x'}^{\text{end}}(x_{n-1}' - x_{\text{end}}')^2$、$w_{x''}^{\text{end}}(x_{n-1}'' - x_{\text{end}}'')^2$，表示轨迹末端最后一个点与目标参考点（位移、速度、加速度）的偏差。

首先，分析只包含位移（$\boldsymbol{x}$）的代价项 $f(\boldsymbol{x})$：

$$
\begin{aligned}
f(\boldsymbol{x}) &= w_x^{\text{ref}} \sum_{i=0}^{n-1} (x_i - x_i^{\text{ref}})^2 + w_x^{\text{end}} (x_{n-1} - x_{\text{end}})^2 \\
&= w_x^{\text{ref}} \sum_{i=0}^{n-1} [x_i^2 + (x_i^{\text{ref}})^2 - 2x_i x_i^{\text{ref}}] \\
&\quad + w_x^{\text{end}} (x_{n-1}^2 + x_{\text{end}}^2 - 2x_{n-1} x_{\text{end}}) \\
&= \underbrace{w_x^{\text{ref}} \sum_{i=0}^{n-2} x_i^2 + (w_x^{\text{ref}} + w_x^{\text{end}}) x_{n-1}^2}_{\text{关于}x_i\text{的二次项}} \\
&\quad \underbrace{+ \sum_{i=0}^{n-1} (-2w_x^{\text{ref}} x_i^{\text{ref}}) x_i + (-2w_x^{\text{end}} x_{\text{end}}) x_{n-1}}_{\text{关于}x_i\text{的一次项}} \\
&\quad \underbrace{+ w_x^{\text{ref}} \sum_{i=0}^{n-1} (x_i^{\text{ref}})^2 + w_x^{\text{end}} x_{\text{end}}^2}_{\text{常数项}}
\end{aligned}
$$

Apollo 项目中的实现代码如下。

二次项系数为：

```
//x(i)^2 * w_x_ref
for (int i=0;i<n-1;++i){
  columns[i].emplace_back(i,weight_x_ref_);
}
//x(n-1)^2 * (w_x_ref+w_end_x)
columns[n-1].emplace_back(n-1,
  (weight_x_ref_+weight_end_state_[0]));
```

一次项系数为：

```
for(int i=0;i<n;++i){
    q->at(i)+=-2.0*weight_x_ref_*x_ref_[i];
}
q->at(n-1)+=-2.0*weight_end_state_[0]*end_state_ref_[0];
```

然后计算只含速度（$\boldsymbol{x}'$）的代价项 $f(\boldsymbol{x}')$：

$$
\begin{aligned}
f(\boldsymbol{x}') &= w_{x'}^{\text{ref}}\sum_{i=0}^{n-1}(x'_i - x'_{i,\text{ref}})^2 + w_{x'}^{\text{pen}}\sum_{i=0}^{n-1}x'^2_i + w_{x'}^{\text{end}}(x'_{n-1} - x'_{\text{end}})^2 \\
&= w_{x'}^{\text{ref}}\sum_{i=0}^{n-1}(x'^2_i + x'^2_{i,\text{ref}} - 2x'_{i,\text{ref}}x'_i) + w_{x'}^{\text{pen}}\sum_{i=0}^{n-1}x'^2_i \\
&\quad + w_{x'}^{\text{end}}(x'^2_{n-1} + x'^2_{\text{end}} - 2x'_{\text{end}}x'_{n-1}) \\
&= \underbrace{(w_{x'}^{\text{ref}} + w_{x'}^{\text{pen}})\sum_{i=0}^{n-2}x'^2_i + (w_{x'}^{\text{ref}} + w_{x'}^{\text{pen}} + w_{x'}^{\text{end}})x'^2_{n-1}}_{\text{关于}x'_i\text{的二次项}} \\
&\quad \underbrace{+\sum_{i=0}^{n-1}(-2w_{x'}^{\text{ref}}x'_{i,\text{ref}})x'_i + (-2w_{x'}^{\text{end}}x'_{\text{end}})x'_{n-1}}_{\text{关于}x'_i\text{的一次项}} \\
&\quad \underbrace{+\sum_{i=0}^{n-1}w_{x'}^{\text{ref}}x'^2_{i,\text{ref}} + w_{x'}^{\text{end}}x'^2_{\text{end}}}_{\text{常数项}}
\end{aligned}
$$

Apollo 项目中的实现代码如下。

二次项系数为：

```
//x(i)'^2*(w_dx_ref+ penalty_dx)
for(int i=0;i<n-1;++i){
  columns[n+i].emplace_back(
      n+i,(weight_dx_ref_+penalty_dx_[i]));
}
//x(n-1)'^2*(w_dx_ref+penalty_dx+w_end_dx)
columns[2*n-1].emplace_back(2*n-1,
    (weight_dx_ref_+penalty_dx_[n-1]+weight_end_state_[1]));
```

一次项系数为：

```
for(int i=0;i<n;++i){
  q->at(n+i)+=-2.0*weight_dx_ref_*dx_ref_;
}
q->at(2*n-1)+=-2.0*weight_end_state_[1]*end_state_ref_[1];
```

最后，计算只含加速度（$\boldsymbol{x}''$）的代价项 $f(\boldsymbol{x}'')$：

$$
\begin{aligned}
f(\boldsymbol{x}'') &= w_{x''}\sum_{i=0}^{n-1}x''^2_i + w_{x'''}\sum_{i=0}^{n-2}x'''^2_i \\
&\quad + w_{x''}^{\text{end}}(x''_{n-1} - x''_{\text{end}})^2 \\
&= w_{x''}\sum_{i=0}^{n-1}x''^2_i + w_{x'''}\sum_{i=0}^{n-2}\left(\frac{x''_{i+1} - x''_i}{\Delta s}\right)^2 \\
&\quad + w_{x''}^{\text{end}}(x''^2_{n-1} + x''^2_{\text{end}} - 2x''_{\text{end}}x''_{n-1}) \\
&= w_{x''}\sum_{i=0}^{n-1}x''^2_i + \frac{w_{x'''}}{\Delta s^2}\sum_{i=0}^{n-2}(x''^2_{i+1} + x''^2_i - 2x''_i x''_{i+1}) \\
&\quad + w_{x''}^{\text{end}}x''^2_{n-1} + (-2w_{x''}^{\text{end}}x''_{\text{end}})x''_{n-1} + w_{x''}^{\text{end}}x''^2_{\text{end}} \\
&= w_{x''}\sum_{i=0}^{n-1}x''^2_i + \frac{w_{x'''}}{\Delta s^2}\left(\sum_{i=0}^{n-1}x''^2_i - x''^2_0 + \sum_{i=0}^{n-1}x''^2_i - x''^2_{n-1}\right) \\
&\quad + \frac{-2w_{x'''}}{\Delta s^2}\sum_{i=0}^{n-2}x''_i x''_{i+1} + w_{x''}^{\text{end}}x''^2_{n-1} + (-2w_{x''}^{\text{end}}x''_{\text{end}})x''_{n-1} + w_{x''}^{\text{end}}x''^2_{\text{end}} \\
&= \left(w_{x''} + \frac{2w_{x'''}}{\Delta s^2}\right)\sum_{i=0}^{n-1}x''^2_i + \frac{-w_{x'''}}{\Delta s^2}x''^2_0 + \frac{-w_{x'''}}{\Delta s^2}x''^2_{n-1} \\
&\quad + \frac{-2w_{x'''}}{\Delta s^2}\sum_{i=0}^{n-2}x''_i x''_{i+1} + w_{x''}^{\text{end}}x''^2_{n-1} + (-2w_{x''}^{\text{end}}x''_{\text{end}})x''_{n-1} + w_{x''}^{\text{end}}x''^2_{\text{end}} \\
&= \underbrace{\left(w_{x''} + \frac{w_{x'''}}{\Delta s^2}\right)x''^2_0 + \left(w_{x''} + \frac{2w_{x'''}}{\Delta s^2}\right)\sum_{i=1}^{n-2}x''^2_i}_{\text{关于}x''_i\text{的二次项}} \\
&\quad + \underbrace{\left(w_{x''} + \frac{w_{x'''}}{\Delta s^2} + w_{x''}^{\text{end}}\right)x''^2_{n-1} + \frac{-2w_{x'''}}{\Delta s^2}\sum_{i=0}^{n-2}x''_i x''_{i+1}}_{\text{关于}x''_i\text{的二次项}} \\
&\quad + \underbrace{(-2w_{x''}^{\text{end}}x''_{\text{end}})x''_{n-1}}_{\text{关于}x''_i\text{的一次项}} + \underbrace{w_{x''}^{\text{end}}x''^2_{\text{end}}}_{\text{常数项}}
\end{aligned}
$$

Apollo 项目中的实现代码如下。

二次项系数为：

```
auto delta_s_square=delta_s_ * delta_s_;
//x(i)"^2 * (w_ddx+2 * w_dddx/delta_s^2)
columns[2 * n].emplace_back(
    2 * n,(weight_ddx_+weight_dddx_/delta_s_square));
for(int i=1;i<n-1;++i){
```

```
  columns[2*n+i].emplace_back(2*n+i,
    (weight_ddx_+2.0*weight_dddx_/delta_s_square));
}
columns[3*n-1].emplace_back(    3*n-1,(weight_ddx_+
    weight_dddx_/delta_s_square+weight_end_state_[2]));
//-2*w_dddx/delta_s^2*x(i)"*x(i+1)"
for(int i=0;i<n-1;++i){
  columns[2*n+i].emplace_back(2*n+i+1,
    -2.0*weight_dddx_/delta_s_square);
}
```

一次项系数为：

```
q->at(3*n-1)+=-2.0*weight_end_state_[2]*end_state_ref_[2];
```

至此，我们完成了速度规划的代价函数的计算。

在 Apollo 项目中，横向规划和纵向规划的代码实现文件分别是 piecewise_jerk_path_problem.cc 和 piecewise_jerk_speed_problem.cc。这两个文件中的类都继承自 piecewise_jerk_problem.cc 中的类。在基类 piecewise_jerk_problem.cc 中通过调用 OSQP 库的接口函数 osqp_solve() 完成求解。

7.2.5 仿真结果

将横、纵向规划结合即可得到完整的规划轨迹。下面我们对几种场景进行仿真验证。

首先是大曲率道路场景，车辆的规划轨迹如图 7-15 中的粗线条所示。可以看到，轨迹光滑无突变，并始终保持在道路中间行驶。

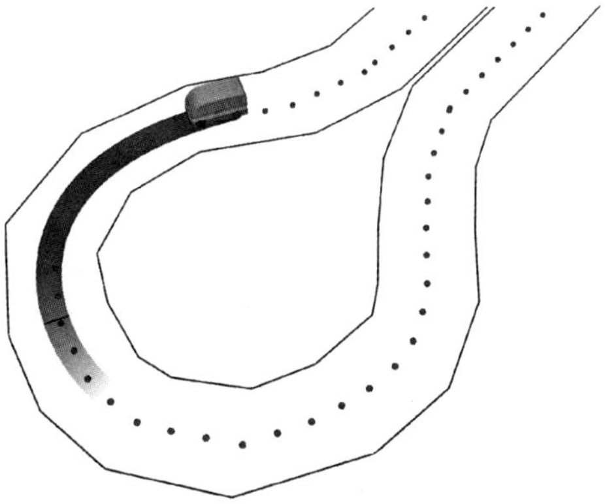

图 7-15　大曲率道路场景中的轨迹规划

图 7-16 所示的案例是无人车对道路边缘静止的障碍物（行人或机动车）进行避让。无人车的轨迹产生了横向偏移，与障碍物拉开了安全距离，在让过行人后轨迹又回到了道路中间。

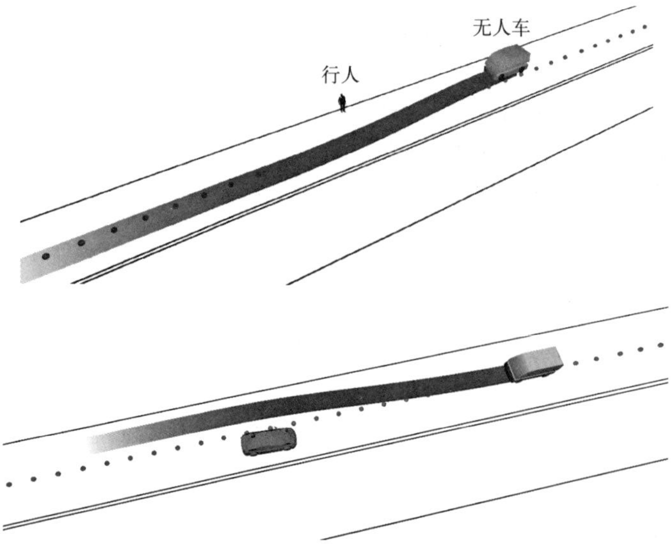

图 7-16　横向避让静止障碍物

7.3 开放场地规划

7.3.1　混合 A* 算法

对无人车的控制量进行采样并使用运动模型仿真，得到一系列的基本路径，如图 7-17 所示。在仿真时间内，控制量不变，因此最终得到的路径类型只有直线和圆弧两种基本类型。这样得到的路径称为基本运动元（motion primitives），因为它们由基本的前进和转向组合而成。图 7-17(a) 展示了六个运动元，其转角和速度均取极限值或 0。图 7-17(a) 中转角的分辨率是 ϕ_{max}，如果读者觉得这一分辨率过于粗糙，可以进一步细分，例如取 $\phi_{max}/2$、$\phi_{max}/4$ 等。读者可以在随书代码中改变仿真时间和角度分辨率，并观察基本运动元的数量和形状。

初始时刻的起点位于图像中的左下角（图 7-18 中的点）。我们可以反复利用基本运动元，将每个运动元的末端当作下一个运动元的起点。这样不断扩展的结果是什么呢？我们对其进行仿真试验，如图 7-18 所示。其中，变量 n 是生成运动元的次数。假设每个运动元由六段组成，三个代表前进，三个代表倒车。由图可见，随着仿真迭代次数 n 的增加，得到了一系列的运动元。后面生成的运动元是在前面运动元的末端生长出来的，所以整个图形犹如一棵树。我们还发现，这些运动元对起点附近的覆盖相对密集，但是未被覆盖的空间较大。如果想实现对空间的探索和覆盖，我们需要采取一些策略。

设想空间中存在一张网格，一旦有运动元的末端位姿点进入某个网格单元，这个单元就不能再容纳其他运动元的末端点。按照这个思路，再次进行仿真试验。结果如图 7-19 所示。让我们欣喜的是，只需要不到 2000 次迭代，这些运动元就覆盖了整个搜索平面，而不对运动元做约束时即使在 $n=10000$ 的情况下，仍然只能覆盖空间的一小部分。

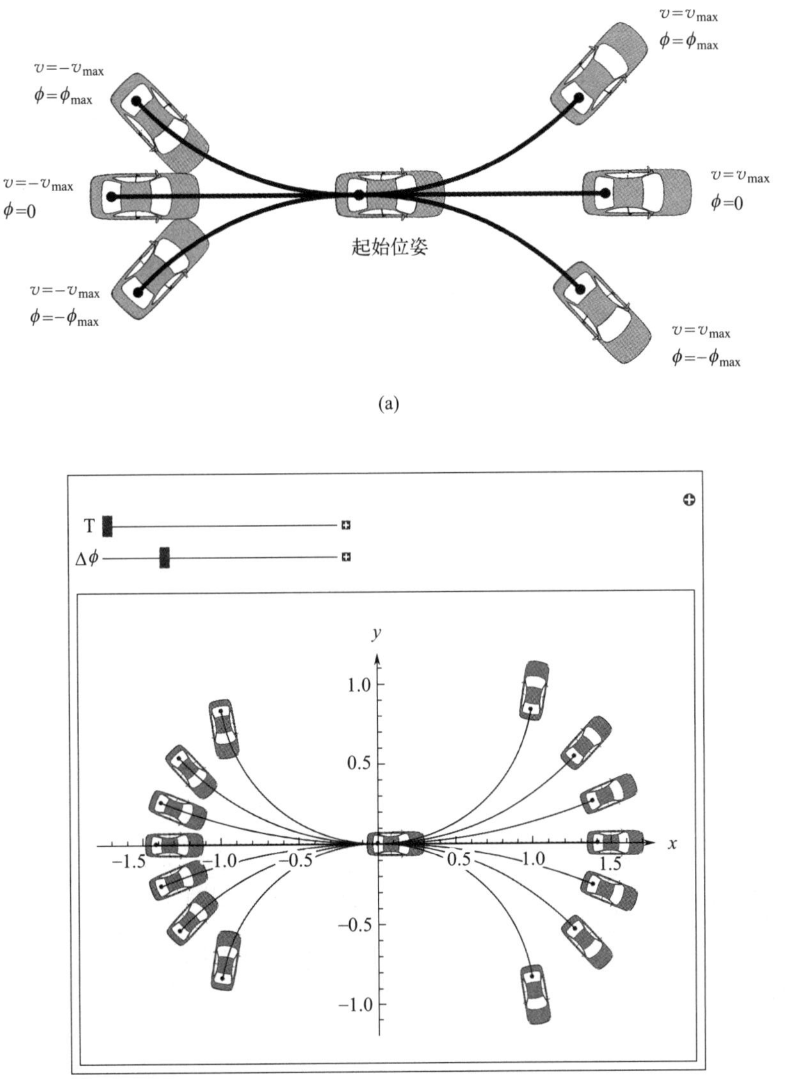

图 7-17　对控制量采样并仿真得到的路径

在实现对空间的覆盖后，现在来考虑障碍物。实际环境中很少情况下是不存在任何障碍物的，而轨迹规划中最困难的也是对各种障碍物的处理。由于泊车时的速度相对较低，我们暂时只考虑静止的障碍物（static obstacle）。

在泊车时，路径上任何一点与障碍物发生接触或者碰撞都是不允许的。如果在运动元的生长过程中加入障碍物的信息，使其能够避开障碍物呢？对障碍物的表示方式决定了环境建模的方式。目前存在各种不同的环境建模方式：有些考虑精确的障碍物形状，用数学中的多边形表示障碍物轮廓；有些建模采用近似的方式，将空间离散成二维网格或者三维栅格，那些与障碍物占据的空间相交的网格或者栅格将被标记为占据，没有被占据的栅格还可以存储到障碍物的最近距离。

下面用精确的障碍物表示方式，也就是采用多边形的形式描述障碍物。因此，避障任务被表述为多边形围成的空间不能与路径点相交。为简单起见，我们暂时先不考虑无人车自身

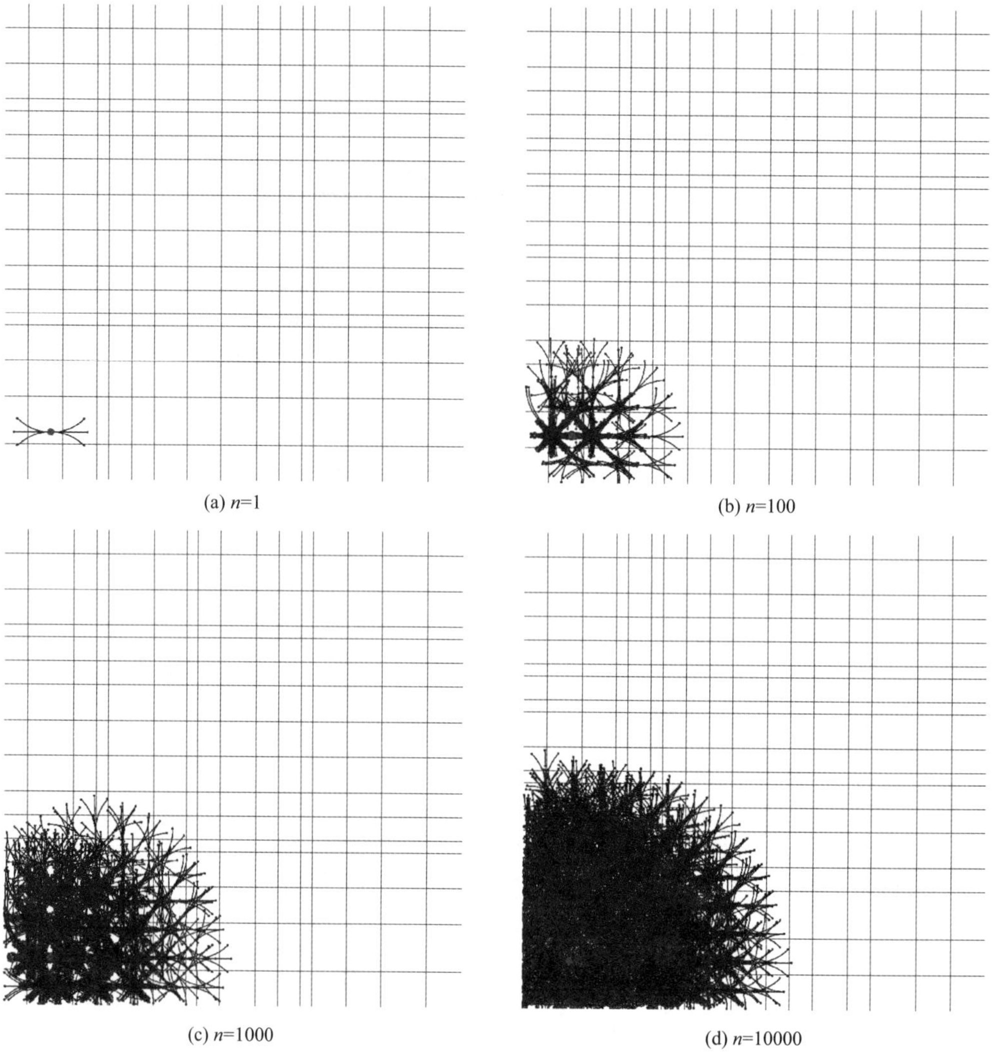

图 7-18　节点扩展

的形状。如果运动元与障碍物多边形相交，就被判定为非法的运动。只有合法的运动保留下来，非法的运动将被丢弃。仿真试验结果如图 7-20(a) 所示。我们看到的路径都与障碍物没有交集，说明它们都是合法的。

下面加入无人车的形状，这里用长方形表示无人车轮廓，运动元的覆盖如图 7-20(b) 所示，同样可以验证无人车的形状与障碍物没有产生交叉。

在探索空间的前提下，可以为其设置不同的目标位姿，例如图 7-20(c) 中的目标在右上角。如果有运动元的末端进入目标网格，说明找到了到达目标的路径，此时我们从这个运动元出发反向追踪其母节点，直到到达起始节点，就能得到一条路径，如图 7-20(c)、(d) 所示。因为路径由运动元连接组成，相邻两段运动元的控制量不连续，因此图中给出的路径只能保证一阶连续，其曲率不能保证连续。曲率的突变对应无人车方向盘的角度突变，对于跟踪精度和车辆寿命都有害。因此，后面会介绍路径平滑的方法，以进一步提高路径的质量。采样的运动元可能无法精确到达目标位姿，为此，需要使用 Dubins 或 RS 曲线。

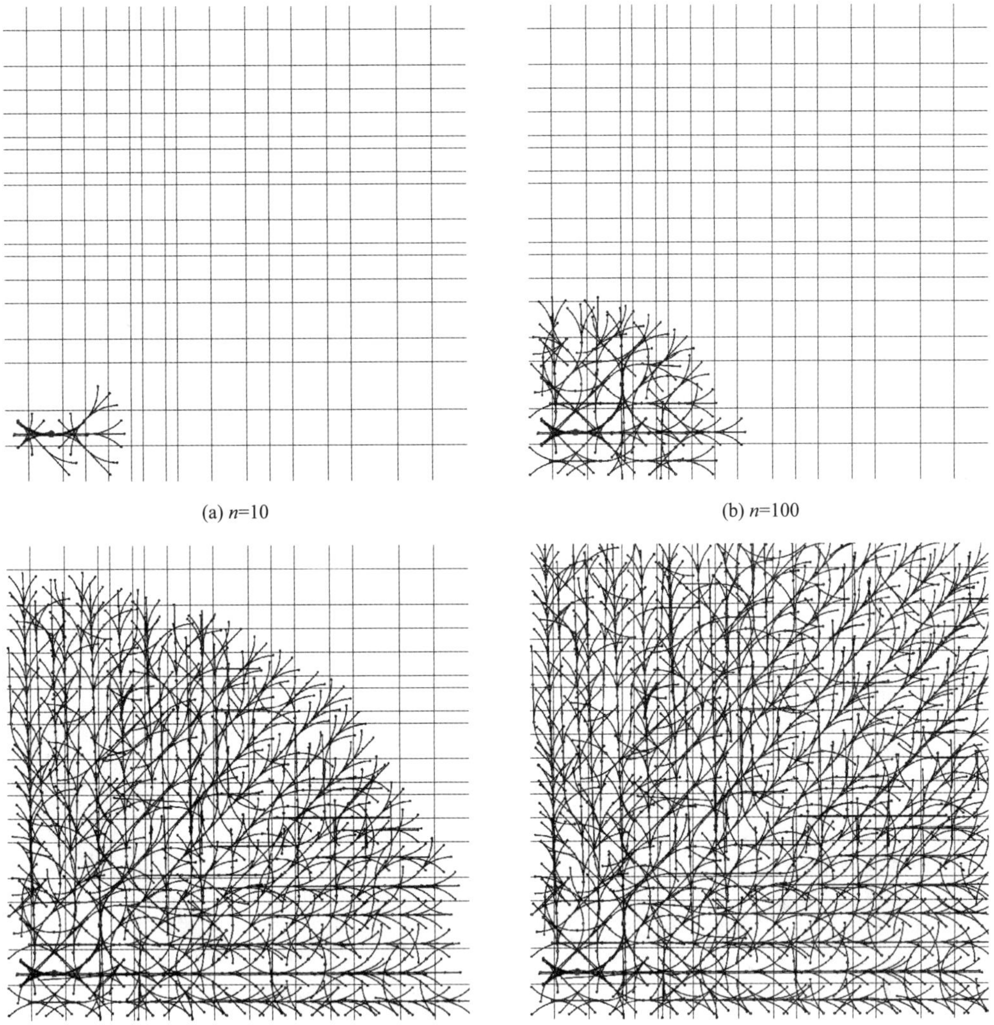

(a) n=10　(b) n=100

(c) n=1000　(d) n=2000

图 7-19　网格限制下的节点扩展

7.3.2　Dubins 曲线与 Reeds-Shepp 曲线

自古以来，人们就对最优曲线充满好奇。从历史上著名的最速降线到本节要介绍的 Dubins 曲线以及 Reeds-Shepp 曲线，再到航天器最节省燃料的飞行轨迹以及无人车的最小代价行驶轨迹，最优曲线不仅有重要的实际应用价值，其背后也隐藏着深刻的数学原理。

1887 年，俄国数学家 Markov 在为火车设计轨道时遇到了一个难题：在最大曲率约束下，连接任意两个切向量的最短曲线是什么样的［如图 7-21(a) 所示］？如果不对曲率做限制，那么连接两个点的最短曲线就是直线。限制曲线的最大曲率显然有实际意义，因为火车无法以任意小的半径转向，这个条件同样适用于飞机、轮船、自行车和汽车。这个问题更准确的描述是：给定两个点和两点处的切向量（在图中用箭头表示），找到连接这两个点的、长度最短的曲线，并且要求曲线在两个端点处的切线与给定的切向量平行，同时曲线上的最

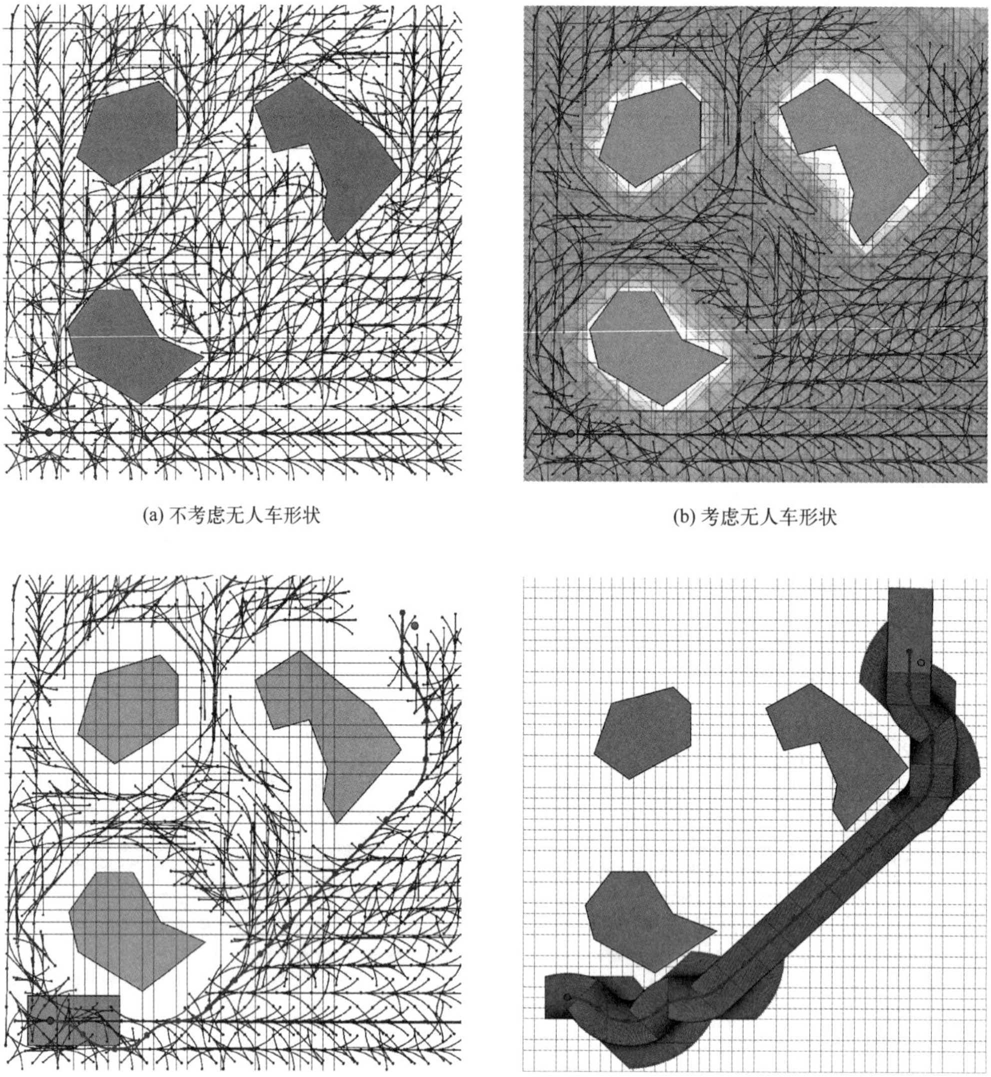

(a) 不考虑无人车形状　　(b) 考虑无人车形状

(c) 无人车路径　　(d) 叠加无人车形状的路径

图 7-20　节点扩展中考虑障碍物

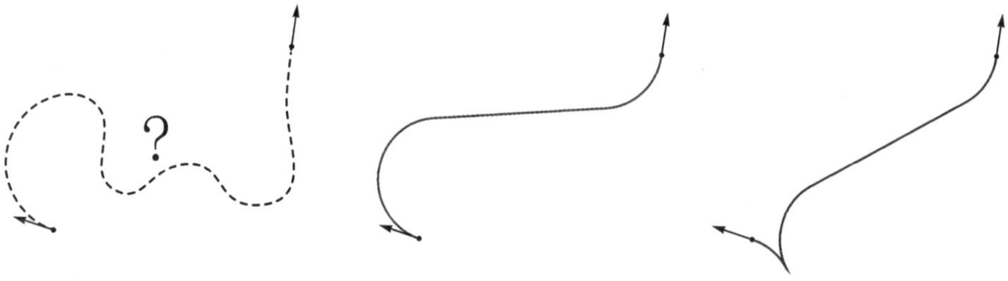

(a) Markov问题　　(b) Dubins曲线　　(c) Reeds-Shepp曲线

图 7-21　Markov 问题及其两种解

大曲率（绝对值）不超过某个给定的值。除了曲率限制以外，通常还要求曲线光滑，即至少一阶导数连续。如果只在平面内寻找这样的曲线，这就是二维最短曲线问题。在高维空间中也存在同样的问题。例如三维空间中，水管的两端接头固定，要求设计水管的走向，使得最节省水管材料，同时水管的弯曲半径在允许范围内。

7.3.2.1 Dubins 曲线

在 Markov 提出最短曲线问题 70 年后，美国数学家 Dubins 在论文 *On Curves of Minimal Length with a Constraint on Average Curvature*，*and with Prescribed Initial and Terminal Positions and Tangents* 中首先给出了答案。论文中构造的曲线被称为 Dubins 曲线。现代推导最短曲线的通常做法是利用极大值原理。Dubins 曲线与极大值原理几乎诞生于同一年。在当时，Dubins 可能不了解极大值原理，因此 Dubins 采用了更原始的分析方法，得到了最短曲线需要满足的必要条件。

首先，Dubins 证明了最短曲线只能由圆弧（circle）和直线段（line segment）组成，并且圆弧的半径只能是车辆的最小转向半径。为了方便表示，我们将圆弧记为 C，将直线段记为 L。Dubins 接着证明了最短曲线最多只能由三段组成，其中每段要么是圆弧，要么是直线段。也就是说最短曲线不会出现四段，但是可以有三段、两段甚至一段。这时，我们可以用字母表示 Dubins 曲线的类型，例如 CLC 表示中间由直线段 L 连接两段圆弧 C 形成的曲线。Dubins 还证明了最短曲线只能是 CLC 或者 CCC 两种组合或者是它们的子路径，除此以外的组合（例如 LCL）一定不是最短的路径。

对于圆弧，具体可以分成两种情况，即左转（left）和右转（right）；直线段只能表示为直线（straight）行驶。为了方便后面描述，分别将其简写为 L、R 和 S。这 3 种简单曲线所有可能的组合一共有 3×3×3＝27 种。但是考虑到相邻的同类曲线可以合并（例如 LLR 可以合并成 LR），因此需要去掉这样的组合，仍然剩余 12 种。前文提到，直线段只能出现在中间，不能出现在两端，因此还要去掉像 SLS 的组合，最终剩余 6 种组合，它们的形式如下：

LRL　RLR　LSL　LSR　RSL　RSR

最终的 Dubins 曲线只能从以上 6 种组合（或者它们的子路径）中选择。因此，找到最短曲线的一种简单直接的方法就是遍历这 6 种组合，计算出所有组合曲线的长度。长度最小的那个就是我们要找的最短曲线。感谢 Dubins 帮我们缩小了搜索范围，使得我们最多只需要尝试 6 次就能找到最短曲线。读者可以在随书代码的运行结果中观察这 6 种曲线组合，如图 7-22 所示。其中较粗的黑色曲线段是最短的。读者也可以用鼠标改变起点和终点的位置及其朝向，还有最小半径。

下面以 LSL 类型为例（如图 7-23 所示），介绍 Dubins 曲线参数的计算方式，其余 5 种曲线的计算过程与之类似。

LSL 类型的曲线即先左转，再直行，再左转的曲线，如图 7-23 所示。为简单起见，假设车辆的最小转向半径为 1，即曲线中圆弧半径为 1。对于圆弧，因为半径已经确定，剩下唯一需要确定的量是弧长（或者圆心角。对于单位圆而言，二者相等）；对于直线段，唯一需要确定的量是长度。求 LSL 曲线也就是计算各段的长度，将其分别记为 t、p、q。一旦参数（t，p，q）确定，曲线随即确定。下面我们计算这组参数。

Dubins 曲线的输入是起点和终点的坐标（包括位置和朝向）。将起点记为 A，其坐标为

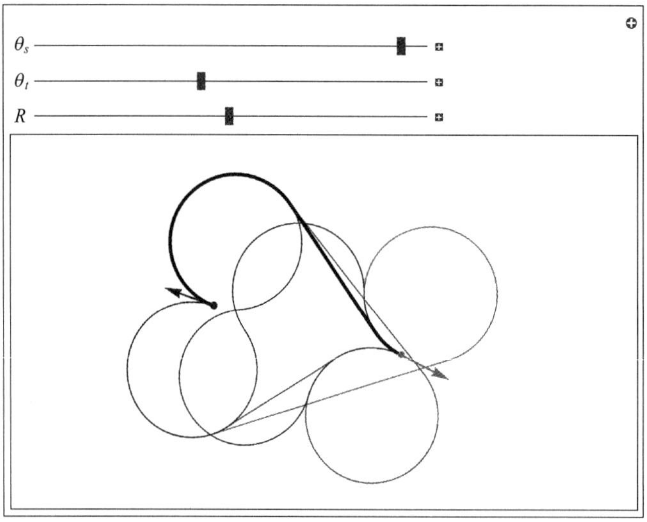

图 7-22　生成 Dubins 曲线的 6 种曲线组合

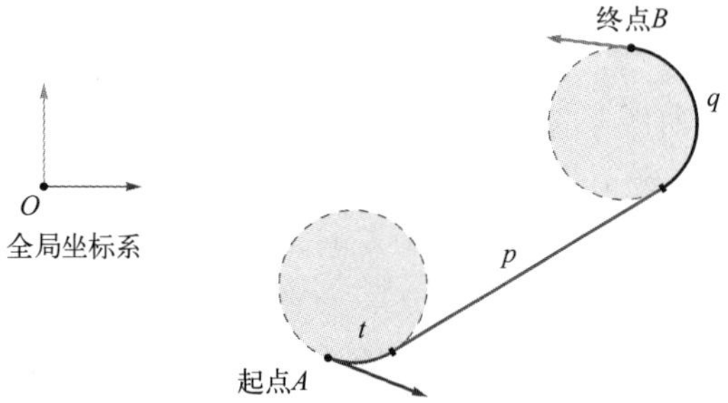

图 7-23　LSL 类型的 Dubins 曲线

(x_A, y_A, θ_A)；终点记为 B，其坐标为 (x_B, y_B, θ_B)。我们假设这些坐标都是相对于同一个固定的全局坐标系的坐标。虽然平面中任意两个点与切线之间都存在 Dubins 曲线，但是读者很容易就能发现 Dubins 曲线的形状和参数只与起点和终点的相对位置及角度有关，这说明 Dubins 曲线具有平移和旋转不变性。利用这个性质，我们不需要计算任意两个点之间的 Dubins 曲线。此外，在计算参数时我们可以任意选择全局坐标系。为了计算方便，我们选择这样的坐标系，其原点在起点 A 处，x 轴的正方向是从起点 A 指向终点 B 的方向，y 轴与 x 轴符合右手坐标系，如图 7-24 所示。这个坐标系就是将全局坐标系的原点移动到 A 点，然后旋转一个角度得到的。这个旋转角度就是线段 $\overline{AB}$ 与全局坐标系 x 轴的夹角，记为 θ，其计算方式为

$$\theta=\arctan\left(\frac{y_A-y_B}{x_A-x_B}\right) \tag{7.14}$$

在变换后的坐标系中，起点 A 的坐标变成了 $(0,0)$，终点 B 的坐标变成了 $(d,0)$。其中，d 是 A、B 两点之间的距离。由于距离不随坐标系的变换而改变，所以可以用原始坐标求得，即

$$d=\sqrt{(x_A-x_B)^2+(y_A-y_B)^2} \tag{7.15}$$

起点 A 处的切线角度（相对于变换后的坐标系 x 轴）变成了 $\alpha=\theta_A-\theta$。同样，终点 B

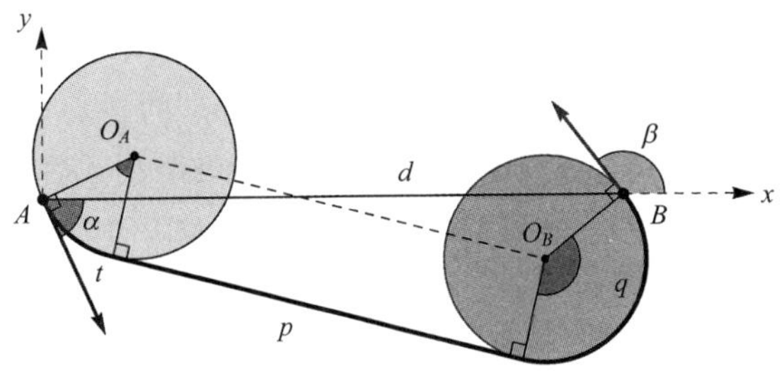

图 7-24　坐标系旋转后的 LSL 曲线

处的切线角度变成了 $\beta=\theta_B-\theta$。

下面确定圆心坐标。由于我们选择的 Dubins 曲线类型是 LSL，即圆弧从起点出发向左转（沿逆时针方向转动），所以第一个圆弧的圆心在 A 处切线的左侧。圆心（向量）可以看成两个向量相加，见下式。因为前面我们假设了单位圆，所以其中圆的半径 R 可以省略。

$$\boldsymbol{O}_A=(0,0)+R\left(\cos\left(\alpha+\frac{\pi}{2}\right),\sin\left(\alpha+\frac{\pi}{2}\right)\right)$$

同理，连接终点 B 的圆弧的圆心坐标是

$$\boldsymbol{O}_B=(d,0)+R\left(\cos\left(\beta+\frac{\pi}{2}\right),\sin\left(\beta+\frac{\pi}{2}\right)\right)$$

读者可能注意到了，圆心距离 $\overline{O_AO_B}$ 等于 Dubins 曲线参数中的 p。我们先计算圆心距离 $\overline{O_AO_B}$ 的平方，如下：

$$\begin{aligned}p^2&=\left[d+\cos\left(\beta+\frac{\pi}{2}\right)-\cos\left(\alpha+\frac{\pi}{2}\right)\right]^2+\left[\sin\left(\beta+\frac{\pi}{2}\right)-\sin\left(\alpha+\frac{\pi}{2}\right)\right]^2\\&=(d-\sin\beta+\sin\alpha)^2+(\cos\beta-\cos\alpha)^2\\&=d^2+\sin^2\beta+\sin^2\alpha-2d\sin\beta+2d\sin\alpha-2\sin\alpha\sin\beta\\&\quad+\cos^2\beta-2\cos\alpha\cos\beta+\cos^2\alpha\\&=2+d^2-2\cos(\alpha-\beta)+2d(\sin\alpha-\sin\beta)\end{aligned}\tag{7.16}$$

因此，LSL 曲线的第二个参数 p 的计算方式如下：

$$p=\sqrt{2+d^2-2\cos(\alpha-\beta)+2d(\sin\alpha-\sin\beta)}\tag{7.17}$$

如果根号下的项 $2+d^2-2\cos(\alpha-\beta)+2d(\sin\alpha-\sin\beta)<0$，则不存在 LSL 类型的 Dubins 曲线。

LSL 曲线的第一个参数 t 是 A 处的切线旋转到与线段 $\overline{O_AO_B}$ 平行所需的角度。线段 $\overline{O_AO_B}$ 与 x 轴的夹角可以计算出来：

$$\gamma=\arctan\left(\frac{\cos\beta-\cos\alpha}{d-\sin\beta+\sin\alpha}\right)\tag{7.18}$$

A 处的切线与 x 轴的夹角 α 已知，因此 t 的值为

$$t=\gamma-\alpha\tag{7.19}$$

类似地，LSL 曲线的第三个参数 q 是线段 $\overline{O_AO_B}$ 旋转到与 B 处的切线平行所需的角度。B 处的切线与 x 轴的夹角是 β，因此 q 的值为

$$q=\beta-\gamma\tag{7.20}$$

到此，得到了 LSL 类型的 Dubins 曲线参数公式，分别是式(7.17)、式(7.19) 和

式(7.20)。LSL 类型的曲线总长度 l 是各段曲线长度之和（假设车辆最小转向半径是 1），即 $l_{\mathrm{LSL}}=t+p+q$。

已知 Dubins 曲线的参数，可以计算出曲线上任意一点的位置坐标和角度。假设车辆从 (x,y,θ) 出发，分别按照左转、右转和直行运动，在运动距离 t 后的位置和角度如下：

$$\begin{cases} L(t)=(x,y,\theta)+(\sin(\theta+t)-\sin\theta,-\cos(\theta+t)+\cos\theta,t) \\ R(t)=(x,y,\theta)+(-\sin(\theta-t)+\sin\theta,\cos(\theta-t)-\cos\theta,-t) \\ S(t)=(x,y,\theta)+(t\cos\theta,t\sin\theta,0) \end{cases} \tag{7.21}$$

如果需要 Dubins 曲线上不同点处的坐标，则针对相应的曲线片段（左转/右转/直行）迭代使用式(7.21) 即可，得到的结果如图 7-25 所示。

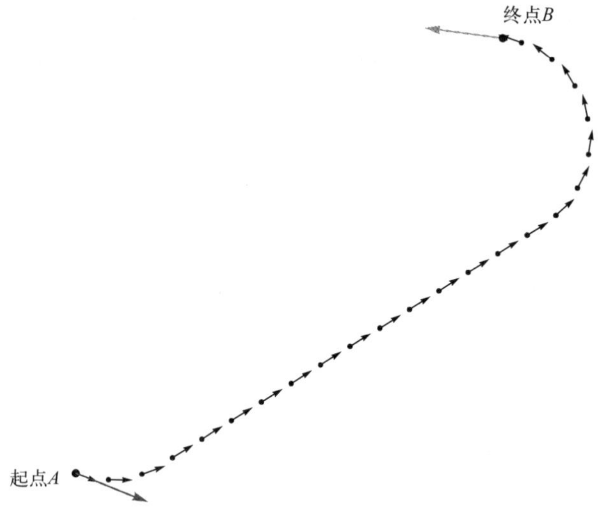

图 7-25　LSL 曲线上固定间距的离散位姿点

最后，总结 Dubins 曲线的特点：

① Dubins 曲线由不超过三段的圆弧和直线段组成，并且圆弧的半径是机器人或车辆的最小转向半径。

② Dubins 曲线的最终形式有 6 种，这 6 种可以分为两类，即 CLC 和 CCC，其中如果有直线段，则只能出现在中间，不会出现在两侧。

为了找到最短的曲线，一种简单的方法是将这 6 种曲线的参数都计算出来，并对参数求和得到总长度，然后两两比较，总长度最小的就是我们想要的曲线。如果有两类曲线长度相等，则它们都是最短曲线，可以使用任何一个。

7.3.2.2　Reeds-Shepp 曲线

1990 年，受到机器人运动问题的启发，美国贝尔实验室的 Reeds 和 Shepp 二人将 Dubins 的结论扩展到允许机器人后退（即倒车）的情况，并发表在论文 *Optimal paths for a car that goes both forwards and backwards* 中。后人将论文中构造的曲线称为 Reeds-Shepp 曲线（简称为 RS 曲线）。

随书代码中给出了 Reeds-Shepp 曲线的实现，如图 7-26 所示。读者可以用鼠标拖动滑块来改变切向量的角度或移动两端点的位置，也可以改变最小半径，观察曲线形状的变化。程序中同时也计算了 Dubins 曲线，读者可以比较 Reeds-Shepp 曲线与 Dubins 曲线的区别。

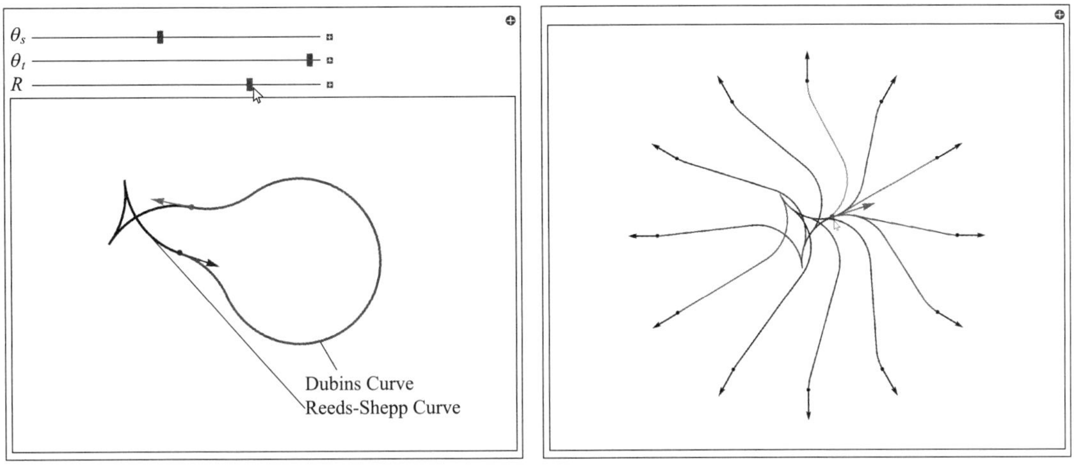

图 7-26 Reeds-Shepp 曲线示例

相比 Dubins 构造的 6 种曲线，允许车辆倒车会产生更多的组合。Reeds 和 Shepp 采用人工推导加计算机筛选的方式逐步缩小范围，最终得到 48 种曲线组合。Reeds 和 Shepp 首先使用排除法去掉那些不可能产生最短曲线的组合，这里以 C|S 曲线[1]为例说明排除过程。

首先给出符号说明和基础的定义。Reeds 和 Shepp 沿用了 Dubins 论文中使用的定义和符号，将机器人或车辆运动分为左转、右转和直行三种基本类型。假设车辆从起点（x, y, θ）出发，按照左转、右转和直行顺序在运动距离 t 后所到达的终点可以根据式(7.21）计算得到。

有了基本运动后，通过先后组合可以得到一系列复杂的曲线类型。假设车辆起点是原点，开始的朝向角为零，即$(x, y, \theta)=(0,0,0)$。以 $L_t R_u S_v L_w$ 曲线类型为例，其中下标表示每段曲线运动的距离。每段曲线的运动距离（t, u, v, w）是带符号的数，正值表示前进，负值表示后退。沿曲线运动到达的终点位姿为式(7.22)。由于这里的计算过程较烦琐，不再写出中间化简过程，读者可以借助符号计算软件得到结果。在随书代码中可以找到计算过程。

$$\begin{cases} X(t,u,v,w)=\sin(w-u+t)+v\cos(u-t)+2\sin(u-t)+2\sin t \\ Y(t,u,v,w)=-\cos(w-u+t)-v\sin(u-t)+2\cos(u-t)-2\cos t+1 \\ \Theta(t,u,v,w)=w-u+t \end{cases} \tag{7.22}$$

假设转向圆的半径是 1，所以曲线的总长度就是弧长加直线段的长度之和。

$L_t R_u S_v L_w$ 曲线的总长度是其各部分运动长度之和，见式(7.23)，其中加绝对值的原因是每段曲线距离可以为负值。

$$l(t,u,v,w)=|t|+|u|+|v|+|w| \tag{7.23}$$

可以定义终点状态（X, Y, Θ）关于运动距离的梯度。仍然以 $L_t R_u S_v L_w$ 类型为例，X 方向的梯度∇X 定义为

[1] “先向前左转然后向前直行”与“先向前左转然后向后直行”都会被表示为 CS。为了区分前进和倒车，在表示前后运动方向不同的字母中间插入一个竖线。例如 C|S 表示转向和直行的方向不同。

$$\nabla X=\left(\frac{\partial X}{\partial t},\frac{\partial X}{\partial u},\frac{\partial X}{\partial v},\frac{\partial X}{\partial w}\right) \tag{7.24}$$

Y、Θ 方向的梯度∇Y、$\nabla\Theta$ 定义与∇X 类似。还可以定义曲线的总长度 l 关于单段曲线距离的梯度∇l。

笔者采用的证明只适用于曲率约束下的最短曲线这个特定的问题。假设 C|S 曲线是 L_tS_v，显然它是前面提到的曲线类型 $L_tR_uS_vL_w$ 的特殊情况，即 $u=w=0$。所以仍然考虑 $L_tR_uS_vL_w$，假设每段曲线的长度（t,u,v,w）都用一个参数 h 进行参数化。对于下面的微分方程组，不管 h 如何改变，终点状态始终不变。

$$\begin{cases}\dot{t}(h)=-\dfrac{1}{2\cos u(h)}\\ \dot{u}(h)=-\dfrac{v(h)+2\sin u(h)}{2v(h)\cos u(h)}\\ \dot{v}(h)=1+\dfrac{2\sin u(h)}{v(h)\cos u(h)}\\ \dot{w}(h)=-\dfrac{\sin u(h)}{v(h)\cos u(h)}\end{cases} \tag{7.25}$$

可以验证，将式(7.25) 代入至式(7.24)，经过化简可得结果为 0［式(7.26)］。这一过程同样比较烦琐，具体计算过程在随书代码中可以找到。

$$\frac{\mathrm{d}X}{\mathrm{d}h}=\frac{\partial X}{\partial t}\frac{\mathrm{d}t}{\mathrm{d}h}+\frac{\partial X}{\partial u}\frac{\mathrm{d}u}{\mathrm{d}h}+\frac{\partial X}{\partial v}\frac{\mathrm{d}v}{\mathrm{d}h}+\frac{\partial X}{\partial w}\frac{\mathrm{d}w}{\mathrm{d}h}=0 \tag{7.26}$$

同样，Y、Θ 方向关于参数h 的导数也为 0。这说明终点位姿不受 h 影响。但是曲线长度 l 关于参数h 的导数$\frac{\mathrm{d}l}{\mathrm{d}h}=-1$，说明随着 h 增加，曲线长度变短。下面用一个具体的例子验证这一结论。

$L_tR_uS_vL_w$ 四段长度取$(t,u,v,w)=\left(\frac{\pi}{3},-\frac{2\pi}{3},-2,-\frac{\pi}{3}\right)$，得到的曲线形状如图 7-27(a) 所示，曲线总长度 $l=6.19$。改变参数 h 的值，从 0 开始单调增加，曲线形状逐渐发生变化，如图 7-27(b) 所示。形状变化导致曲线总长度 l 也随之改变，长度单调递减。注意到不同曲线的终点相同，这也证实了$\frac{\mathrm{d}X}{\mathrm{d}h}=\frac{\mathrm{d}Y}{\mathrm{d}h}=\frac{\mathrm{d}\Theta}{\mathrm{d}h}=0$。

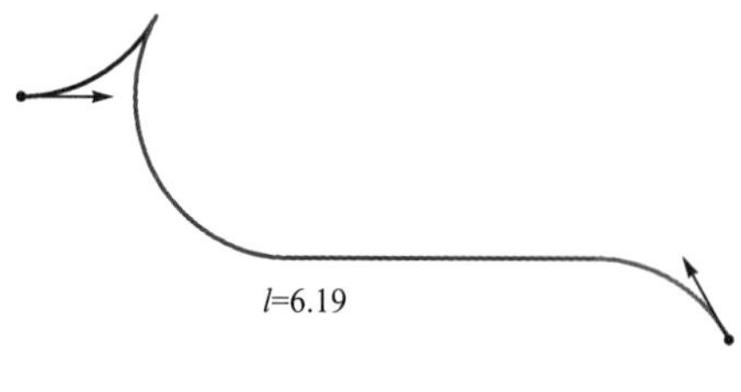

(a) $L_tR_uS_vL_w$曲线类型

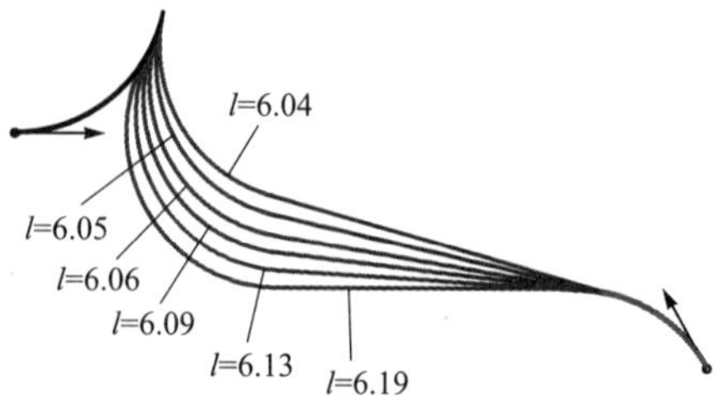

(b) 参数值增加使曲线长度缩短

图 7-27　$L_tR_uS_vL_w$ 曲线形状及其长度随参数的变化情况

下面验证 C|S 类型的曲线不是最短曲线。$L_t R_u S_v L_w$ 四段长度取 $(t, u, v, w) = \left(\frac{\pi}{2}, 0, -2, 0\right)$，得到的曲线如图 7-28(a) 所示。同样地，我们按照式(7.25) 同时改变每段曲线的长度，可以得到更短的曲线，如图 7-28(b) 所示。

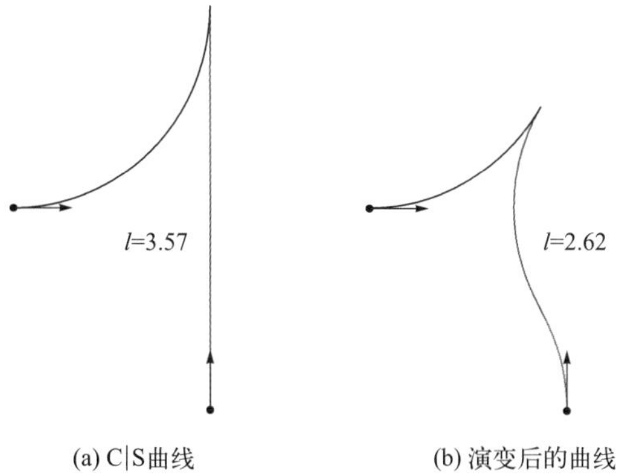

图 7-28 C|S 曲线形状以及演变后更短的曲线

Reeds 和 Shepp 二人证明了 C|C|C|C 类型的曲线也能被进一步缩短，因此也不会是最短的类型。并且，最短曲线中的尖点（cusp，即相邻两段运动方向相反的曲线交点）不会超过两个。最终，他们将范围缩小到 9 类 48 种曲线，这 9 类分别如下：

C|C|C　CC|C　C|CC　CC|CC　C|CC|C

CSC　C|CSC　CSC|C　C|CSC|C

Dubins 曲线和 Reeds-Shepp 曲线满足车辆的运动学约束，因此在基于采样的路径规划方法中可以用于生成连接采样点的局部路径。但是，Dubins 曲线和 Reeds-Shepp 曲线的曲率不连续，曲率在片段衔接点处会跳变，对于下层的跟踪控制模块而言这不是个好性质，会导致跟踪误差变大和控制量超调。并且 Dubins 曲线和 Reeds-Shepp 曲线属于 bang-bang 控制，控制量处于控制约束的边界，这也给跟踪造成了困难。

由于 Dubins 曲线和 Reeds-Shepp 曲线是平面内的最短曲线，因此可以用它们的长度定义距离度量，其应用例如搜索方法中的启发函数。

不管是 Dubins 曲线还是 Reeds-Shepp 曲线，它们都只从距离最优的角度出发，没有考虑障碍物的影响。然而实际上，机器人或车辆的使用环境中不可避免地存在影响通行的障碍物。考虑障碍物的最短曲线与无障碍物条件下的最短曲线并不相同。在泊车时，人类驾驶员往往不会在开始时立刻打满方向盘，而是先近似直线移动一段距离，观察车身相对于车位的角度，然后打方向盘，待大部分车身进入车位后再做小角度的姿态调节。考虑到这一点，可以在原始的 Dubins 曲线或 Reeds-Shepp 曲线中加入 SCS 类型，即“直线-圆弧-直线”。在随书代码中给出了 SCS 类型曲线，如图 7-29 所示。曲线起点设置在原点，读者可以拖动滑块改变目标点朝向角度，也可以用鼠标移动目标点，同时观察曲线形状随目标位姿的变化。

7.3.3 速度规划

无人车的参考轨迹由几何路径和叠加于路径之上的时序速度信息组成，因此路径规划后的一步是速度规划。本小节介绍使用双 S 形速度曲线来生成速度等时序信息。

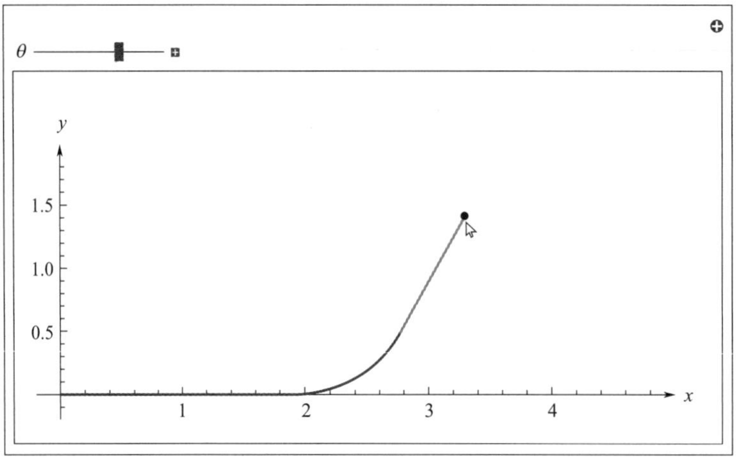

图 7-29　SCS 曲线类型

双 S 形速度曲线（double S-shaped velocity profile）因其加速和减速阶段的速度曲线呈 S 形的特点而得名，如图 7-30 所示。这一形状与神经网络中常用的 Sigmoid 激活函数相似。虽然它被称为速度曲线，但可以同时得到位移、速度、加速度和加加速度等各阶时序量。相比于更简单的曲线（例如梯形速度曲线），双 S 形速度曲线的加加速度受到最大值的限制，不会出现无穷大的情况，振动和冲击小，因此它常用于机械臂和机床的速度规划。双 S 形速度曲线也被称为七段曲线（seven segments profile），因为其由七段加加速度为常量的时间段组成，这一特征从图 7-30 中也容易看出。

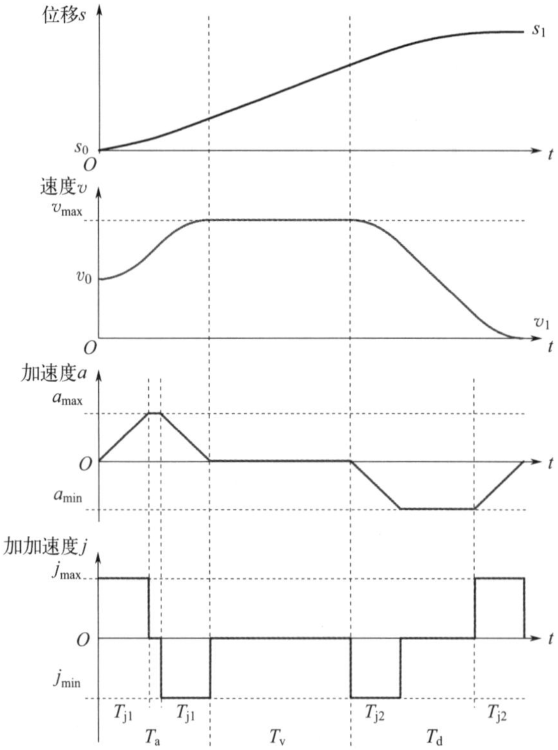

图 7-30　双 S 形速度曲线

在生成双 S 形速度曲线之前，需要确定无人车各阶运动量的约束范围。假设无人车的速度（v）、加速度（a）、加加速度（j）受到以下约束。为简单起见，假设 $v_{\min}=-v_{\max}$，$a_{\min}=-a_{\max}$，$j_{\min}=-j_{\max}$。

$$\begin{cases} v_{\min} \leqslant v \leqslant v_{\max} \\ a_{\min} \leqslant a \leqslant a_{\max} \\ j_{\min} \leqslant j \leqslant j_{\max} \end{cases}$$

由于假设无人车行驶的路径已经规划完成，因此其长度（位移）s 是已知量。为简单起见，假设无人车初始位移 $s_0=0$，最长位移 $s_1=s$。初始时刻无人车的速度、加速度和加加速度分别记为 v_0、a_0、j_0，结束时刻则记为 v_1、a_1、j_1。因为无人车加速需要时间，我们总是假设初始的加速度和加加速度为零，即 $a_0=j_0=0$。求双 S 形速度曲线就是确定各阶段的持续时间间隔以及到达的最大值。

我们的任务是在给定的初始条件（s_1、v_0、a_0、j_0）和约束条件（$v_{\max}$、$a_{\max}$、$j_{\max}$）下，确定双 S 形速度曲线的参数。设计双 S 形速度曲线的目的之一是用尽量短的时间到达目标状态，因此其加加速度在非零的情况下始终取最大或最小值。如果给定的目标位移 s_1 太短，而给定的目标速度 v_1 又太大，则来不及加速到 v_1 就已经到达 s_1，此时双 S 形速度曲线不存在。为此，我们首先求出双 S 形速度曲线存在的判断条件。

根据加速度是否到达最大值 $a_{\max}$，将问题分成以下两种情况。

情况 1：加速度未达到最大值 $a_{\max}$。

只需考虑加速阶段。双 S 形速度曲线的加速度具有对称性，加速度上升阶段的加加速度取恒定的最大值 $j_{\max}$，加速度下降阶段则取恒定的最小值 $-j_{\max}$。因此，加速度变化曲线是从零增加到某个极大值，记为 $a_{\lim}$，然后减小到零，如图 7-31(a) 所示。这种情况下，加速度曲线没有恒定阶段，因为加速度尚未达到最大值（$a_{\lim}<a_{\max}$）。

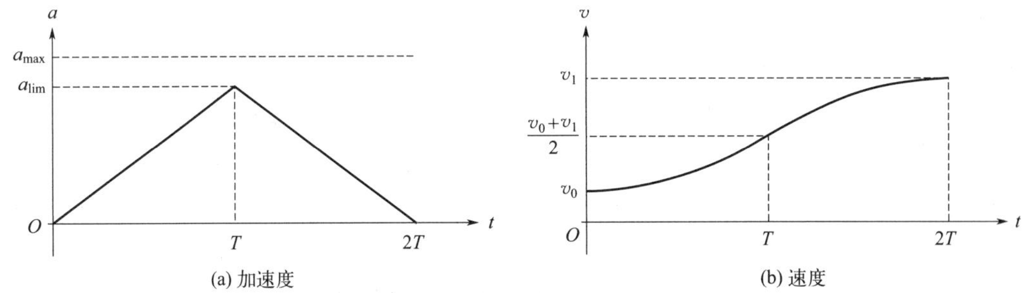

图 7-31　未达到最大加速度 $a_{\max}$ 的情况

加速度函数的形式为

$$a(t)=\begin{cases} j_{\max}t, & t\in[0,T] \\ a_{\lim}-j_{\max}(t-T), & t\in(T,2T] \end{cases} \tag{7.27}$$

根据式(7.27)，可得

$$a_{\lim}=j_{\max}T \tag{7.28}$$

再来看速度曲线。由于速度函数是加速度函数的积分，因此有

$$v(t)=\begin{cases} v_0+\dfrac{j_{\max}t^2}{2}, & t\in\{0,T\} \\ \dfrac{v_0+v_1}{2}+a_{\lim}(t-T)-\dfrac{j_{\max}(t-T)^2}{2}, & t\in\{T,2T\} \end{cases} \tag{7.29}$$

由于加速度函数的对称性，速度函数在中间时刻 T 取中间值$\dfrac{v_0+v_1}{2}$，由此得到

$$\frac{v_0+v_1}{2}=v_0+\int_0^T j_{\max}t\,\mathrm{d}t$$

解以上方程可得（假设 $v_1>v_0$）

$$T=\sqrt{\frac{v_1-v_0}{j_{\max}}} \tag{7.30}$$

再对速度函数进行积分，得到位移的表达式，如下。

$$\begin{aligned} s&=\int_0^T\left(v_0+\frac{j_{\max}t^2}{2}\right)\mathrm{d}t+\int_T^{2T}\left[\frac{v_0+v_1}{2}+a_{\lim}(t-T)-\frac{j_{\max}(t-T)^2}{2}\right]\mathrm{d}t \\ &=Tv_0+\frac{j_{\max}T^3}{2}+T\left(\frac{v_0+v_1}{2}\right) \\ &=T(v_0+v_1) \end{aligned}$$

因此，如果输入的相对位移$(s_1-s_0)<T(v_0+v_1)$，则速度曲线不存在。

情况 2：加速度达到最大值 $a_{\max}$。

这种情况下，加速度能取到最大值 $a_{\max}$，而且可能存在加加速度 $j=0$ 的阶段（即加速度 a 恒定），如图 7-32 所示。

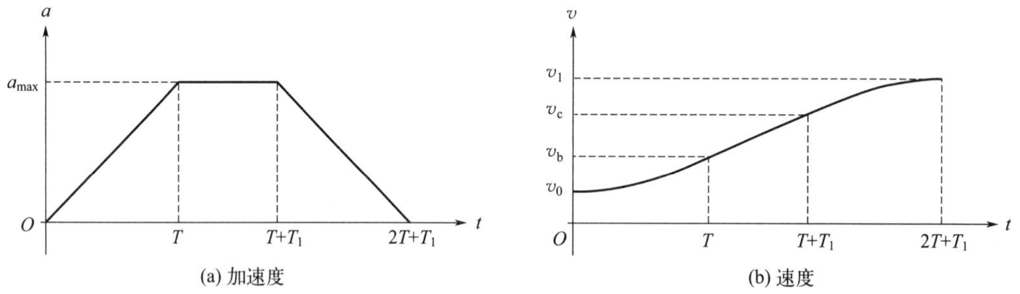

图 7-32　达到最大加速度 $a_{\max}$ 的情况

与情况 1 相比，情况 2 的曲线多出了恒加速度这一段。我们采用同样的方法，分别得出加速度和速度的分段函数，然后对速度进行积分得到位移。

由于加速阶段达到最大加速度，其间加加速度是恒定的（$j_{\max}$），因此达到最大加速度的时间 T 可以很容易确定，即

$$T=\frac{a_{\max}}{j_{\max}} \tag{7.31}$$

将 T 时刻的速度记为 v_b，其可以通过以下积分得到

$$
\begin{aligned}
v_b &= v_0 + \int_0^T j_{\max} t \, \mathrm{d}t \\
&= v_0 + \frac{a_{\max}^2}{2j_{\max}}
\end{aligned}
\tag{7.32}
$$

假设恒加速度持续的时间为 T_1，恒加速度结束时刻的速度记为 v_c，其计算方式为

$$
v_c = v_b + a_{\max} T_1
$$

目标速度 v_1 可以表示为

$$
\begin{aligned}
v_1 &= v_c + \int_0^T (a_{\max} - j_{\max} t) \mathrm{d}t \\
&= v_0 + a_{\max}(T + T_1)
\end{aligned}
\tag{7.33}
$$

将式(7.31) 代入至式(7.33)，可求得 T_1：

$$
T_1 = \frac{j_{\max}(v_1 - v_0) - a_{\max}^2}{a_{\max} j_{\max}}
$$

求出 T 和 T_1 后，我们可以对速度积分，得到位移：

$$
\begin{aligned}
s &= \int_0^T \left(v_0 + \frac{j_{\max} t^2}{2} \right) \mathrm{d}t + \int_0^{T_1} (v_b + a_{\max} t) \mathrm{d}t + \int_0^T \left(v_c + a_{\max} t - \frac{j_{\max} t^2}{2} \right) \mathrm{d}t \\
&= \frac{v_0 + v_1}{2} \left(T + \frac{v_1 - v_0}{a_{\max}} \right)
\end{aligned}
$$

因此，如果输入的相对位移 $(s_1 - s_0) < \frac{v_0 + v_1}{2}\left(T + \frac{v_1 - v_0}{a_{\max}}\right)$，则双 S 形速度曲线不存在。如果双 S 形速度曲线存在，我们接下来的目标就是计算它的时间参数和速度、加速度和加加速度函数的具体形式。

回顾图 7-32，我们可以将整个时间范围分为以下三个阶段：

① 加速阶段，时长 T_a，这一阶段速度持续增加，加速度为正且加速度增加阶段与加速度减少阶段的图像左右对称；

② 恒速阶段，时长 T_v，这一阶段速度保持不变，因为加速度始终为零；

③ 减速阶段，时长 T_d，这一阶段速度持续减小，加速度为负且加速度增加阶段与加速度减少阶段的图像左右对称。

双 S 形速度曲线的总时间长度是三个阶段之和，即 $T_s = T_a + T_v + T_d$。在三个阶段中，还可以进一步划分。首先，恒速阶段中的各个函数的数值都保持不变，没有划分的必要。加速阶段则可以进一步细分成三个子阶段，分别是加速度增加（时长 T_{j1}）、加速度不变（时长 $T_a - 2T_{j1}$）、加速度减少（时长 T_{j1}）三个子阶段。同样地，减速阶段也可以细分成三个子阶段。

根据输入的具体边界条件（即 v_0、v_1、s_0、s_1）和约束条件，三个阶段的时间长度不一定相同，并且有些阶段可能不会出现。例如，当 $a_{\max}$ 很小而 $v_{\max}$ 很大时，可能在速度远未达到 $v_{\max}$ 时就要开始减速，此时不会出现恒定速度阶段（$v = v_{\max}$），即 $T_v = 0$，如图 7-33(a) 所示。再如，如果开始速度 v_0 很接近 $v_{\max}$ 或者 $a_{\max}$ 很大，则可能在加速度没有达到 $a_{\max}$ 时，速度 v 就已经达到 $v_{\max}$。此时，加速度不变（$a = a_{\max}$）的阶段就不存在，即 $T_a - 2T_{j1} = 0$，如图 7-33(b) 所示。由于各阶段的时间长短与输入条件有关，我们需要对各种可能进行分类讨论。

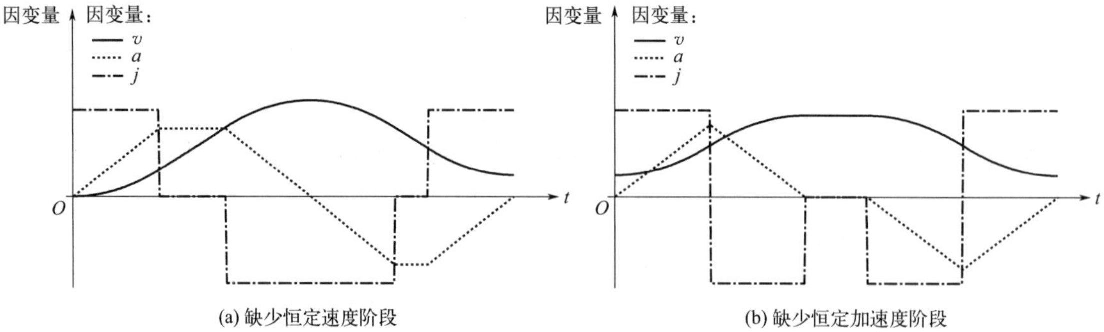

图 7-33　缺少部分阶段的情况

情况 1：存在恒定速度阶段（$T_v>0$）。

这种情况下，还要根据是否达到 a_{max} 和 a_{min} 单独分析。

情况 1-1：没有达到最大加速度 a_{max}。

我们之前分析过这种情况，根据式(7.27)，已知 $a_{lim}=j_{max}T$，而且根据式(7.30)，将 v_1 替换为 v_{max} 可以计算出 a_{lim}，如下：

$$a_{lim}=j_{max}\sqrt{\frac{v_{max}-v_0}{j_{max}}} \tag{7.34}$$

注意到 a_{lim} 的表达式只与输入条件和约束条件有关。所以，我们可以判断 a_{lim} 与 a_{max} 的大小。由于 a_{lim} 的表达式带根号，为了方便，我们判断它们的平方，即

$$\left(j_{max}\sqrt{\frac{v_{max}-v_0}{j_{max}}}\right)^2<a_{max}^2$$

化简后就是

$$j_{max}(v_{max}-v_0)<a_{max}^2 \tag{7.35}$$

如果式(7.35) 成立，说明加速度没有达到最大值 a_{max}，没有加速度不变的时间阶段，即 $T_a-2T_{j1}=0$。而 $T_{j1}=T$，即

$$T_{j1}=\sqrt{\frac{v_{max}-v_0}{j_{max}}}$$

情况 1-2：达到最大加速度 a_{max}。

如果式(7.35) 不成立，意味着达到最大加速度 a_{max}，我们前面分析过类似的情况。根据式(7.31)，加速度上升时间 T_{j1} 为

$$T_{j1}=\frac{a_{max}}{j_{max}}$$

根据式(7.33)，总加速时间为

$$T_a=T_{j1}+\frac{v_{max}-v_0}{a_{max}} \tag{7.36}$$

减速阶段的判断方法与情况 1-1 相似，需要判断以下条件：

$$j_{min}(v_1-v_{max})<a_{min}^2 \tag{7.37}$$

当式(7.37) 成立时，加速度没有达到 a_{min}。此时，$T_d=2T_{j2}$，而 T_{j2} 的计算方式如下：

$$T_{j2}=\sqrt{\frac{v_1-v_{max}}{j_{min}}}$$

式中，T_{j2} 表示减速阶段（$a\leqslant 0$）中加加速度为恒定（$j=j_{min}$ 或 j_{max}）的时间间隔。

当式(7.37) 不成立时，加速度能达到 a_{min}。此时 T_{j2} 的计算方式如下：

$$T_{j2}=\frac{a_{min}}{j_{min}}$$

减速阶段时间 T_d 为

$$T_d=T_{j2}+\frac{v_1-v_{max}}{a_{min}}$$

加速阶段的位移为$\frac{v_0+v_{max}}{2}T_a$，减速阶段的位移为$\frac{v_1+v_{max}}{2}T_d$，恒速阶段的位移为 $v_{max}T_v$。因此，总位移为

$$s=\frac{v_0+v_{max}}{2}T_a+v_{max}T_v+\frac{v_1+v_{max}}{2}T_d$$

而总位移应该等于相对位移 $s_1-s_0=s$。根据这个条件，解出 T_v，如下：

$$T_v=\frac{s_1-s_0}{v_{max}}-\frac{v_0+v_{max}}{2v_{max}}T_a-\frac{v_1+v_{max}}{2v_{max}}T_d$$

如果 $T_v>0$，说明存在恒定速度阶段，双 S 形速度曲线的函数可以按照以上得到的时间间隔建立。如果 $T_v<0$，说明存在恒定速度阶段的前提不成立，此时我们应该按照下面的情况进行分析。

情况 2：不存在恒定速度阶段（$T_v=0$）。

不存在恒定速度阶段意味着速度没有达到 v_{max}，即达到的极限速度 $v_{lim}\neq v_{max}$。

假设加速阶段的加速度达到 a_{max}，并且减速阶段的加速度达到 a_{min}，即加速度（绝对值）都达到了允许的最大值。很容易计算出加速度上升持续的时间，分别是

$$T_{j1}=\frac{a_{max}}{j_{max}}$$

$$T_{j2}=\frac{a_{min}}{j_{min}}$$

相比之下，加速阶段持续的时间 T_a 和减速阶段持续的时间 T_d 则不是一眼就能看出来的。我们需要建立与 T_a 和 T_d 有关的两个方程来求解。

首先，根据位移的计算公式可以列出以下方程：

$$s=\frac{v_0+v_{lim}}{2}T_a+\frac{v_1+v_{lim}}{2}T_d$$

上式中的 v_{lim} 可以根据式(7.36) 计算得到，即由

$$T_a=\frac{a_{max}}{j_{max}}+\frac{v_{lim}-v_0}{a_{max}}$$

可以解得

$$v_{\lim}=\frac{a_{\max}j_{\max}T_a-a_{\max}^2}{j_{\max}}+v_0$$

我们还需要寻找一个 T_a 与 T_d 的关系。加速阶段的末端速度和减速阶段的初始速度是同一个值 $v_{\lim}$。因此，可以建立以下等式(假设 $a_{\min}=-a_{\max}$)：

$$\frac{a_{\max}j_{\max}T_a-a_{\max}^2}{j_{\max}}+v_0=\frac{a_{\max}j_{\max}T_d-a_{\max}^2}{j_{\max}}+v_1$$

这样就得到了第二个 T_a 与 T_d 的方程，联立两个方程可以解出 T_a 和 T_d。这个方程组是二元二次方程组，因此有两组解。由于 T_a 与 T_d 都是时间长度，因此我们只保留大于零的一组，舍去小于零的解，得到的结果如下。这个方程组求解有些烦琐，我们可以使用计算机求解。

$$\begin{cases}T_a=\dfrac{\dfrac{a_{\max}^2}{j_{\max}}-2v_0+\sqrt{\Delta}}{2a_{\max}}\\[2ex]T_d=\dfrac{\dfrac{a_{\max}^2}{j_{\max}}-2v_1+\sqrt{\Delta}}{2a_{\max}}\\[2ex]\Delta=\dfrac{a_{\max}^4}{j_{\max}^2}-2(v_0^2+v_1^2)+a_{\max}\left[4s-\dfrac{2a_{\max}}{j_{\max}}(v_0+v_1)\right]\end{cases}$$

到此为止，所有阶段持续的时间都已经求出。我们能够在各阶段的时间区间内相对容易地计算出位移、速度、加速度、加加速度函数：

- 在加速阶段：

① $t\in[0,T_{j1}]$，该阶段加速度线性上升：

$j(t)=j_{\max}$，即加加速度是恒定的最大值；

$a(t)=j_{\max}t$，加速度是加加速度的积分，初值为零；

$v(t)=v_0+j_{\max}\dfrac{t^2}{2}$，速度是加速度的积分，初值为 v_0；

$s(t)=s_0+v_0t+j_{\max}\dfrac{t^3}{6}$，位移是速度的积分，初值为 s_0。

② $t\in(T_{j1},T_a-T_{j1}]$，该阶段的特点是加速度恒定不变：

$j(t)=0$，即加加速度始终为零；

$a(t)=a_{\max}$，加速度维持在最大值；

$v(t)=v_0+a_{\max}\left(t-\dfrac{T_{j1}}{2}\right)$，可以根据式(7.32) 和 T_{j1} 的定义得到；

$s(t)=s_0+v_0t+\dfrac{a_{\max}}{6}(3t^2-3T_{j1}+T_{j1}^2)$。

③ $t\in(T_a-T_{j1},T_a]$，该阶段加速度线性下降：

$j(t)=j_{\min}$，即加加速度始终为 $j_{\min}=-j_{\max}$；

$a(t)=-j_{\min}(T_a-t)$；

$v(t)=v_{\lim}+j_{\min}\dfrac{(T_a-t)^2}{2}$；

$s(t)=s_0+(v_{\lim}+v_0)\dfrac{T_a}{2}-v_{\lim}(T_a-t)-j_{\min}\dfrac{(T_a-t)^3}{6}$。

• 在恒速阶段：

$t\in(T_a,T_a+T_v]$；

$j(t)=0$；

$a(t)=0$；

$v(t)=v_{\max}$；

$s(t)=s_0+(v_{\max}+v_0)\dfrac{T_a}{2}+v_{\max}(t-T_a)$。

• 在减速阶段：

① $t\in(T-T_d,T-T_d+T_{j2}]$，该阶段加速度线性下降：

$j(t)=j_{\min}$；

$a(t)=-j_{\max}(t-T+T_d)$；

$v(t)=v_{\lim}-j_{\min}\dfrac{(t-T+T_d)^2}{2}$；

$s(t)=s_0-(v_{\lim}+v_1)\dfrac{T_d}{2}+v_{\lim}(t-T+T_d)-j_{\min}\dfrac{(t-T+T_d)^3}{6}$。

② $t\in[T-T_d+T_{j2},T-T_{j2}]$，该阶段加速度不变：

$j(t)=0$；

$a(t)=a_{\min}$，加速度维持在最小值（$a_{\min}=-a_{\max}$）；

$v(t)=v_{\max}+a_{\max}\left(t-T+T_d-\dfrac{T_{j2}}{2}\right)$；

$$s(t)=s_1-(v_{\max}+v_1)\frac{T_d}{2}+v_{\max}(t-T+T_d)+\frac{a_{\max}}{6}[3(t-T+T_d)^2-3T_{j2}(t-T+T_d)+T_{j2}^2]$$。

③ $t\in[T-T_{j2},T]$，该阶段加速度线性上升：

$j(t)=j_{\max}$；

$a(t)=-j_{\max}(T-t)$；

$v(t)=v_1+j_{\max}\dfrac{(T-t)^2}{2}$；

$s(t)=s_1-v_1(T-t)-j_{\max}\dfrac{(T-t)^3}{6}$。

其中各项公式的推导过程比较简单，这里不再展开。

随书代码中给出了双S形速度曲线的实现，读者可以用鼠标拖动滑块来改变目标位移 s、最大速度 v_{max}、最大加速度 a_{max} 和最大加加速度 j_{max} 的值，并观察速度、加速度、加加速度等各阶曲线的同步变化，如图 7-34 所示。读者也可以尝试改变更多的输入条件。

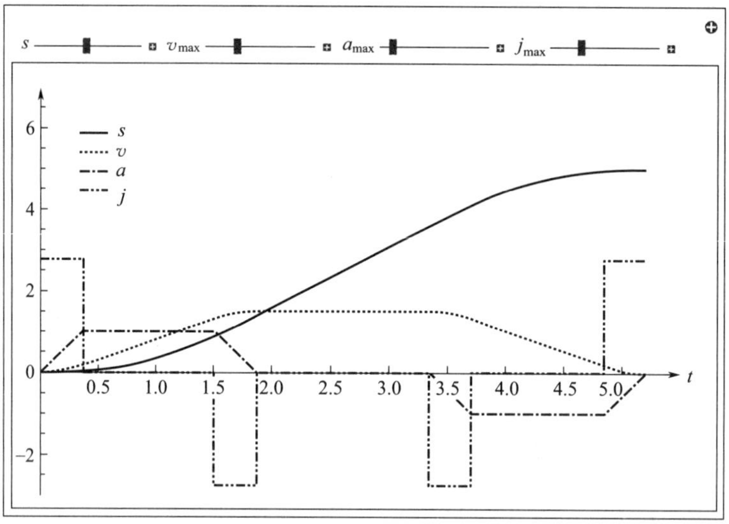

图 7-34 双S形速度曲线示例

7.3.4 曲线平滑

通过混合 A* 算法搜索得到的路径虽然满足车辆运动学要求，但是其曲率仍然不连续，这对于跟踪控制是一个不利因素。Apollo 项目采用了论文 *Optimization-Based Collision Avoidance* 中提出的方法，利用对偶将不可微的障碍物约束转化为可微的约束形式，便于优化求解。

7.3.4.1 凸优化

在数学优化中，有一个重要的方向是专门研究凸优化的。延续解方程的思想，最早人们以为优化问题可以根据条件是否为线性的，分成线性优化和非线性优化，并认为解非线性优化问题比线性优化更困难，但事实并非如此。于是，更合理的划分应该是凸优化和非凸优化。解凸优化问题相对更容易，这是由于凸集所具有的友好特性，下面我们说明为什么是这样。

研究凸优化，首先要了解凸集。在平面中，给定不同的两个点 v_1 和 v_2，向量形式分别为 $\boldsymbol{v}_1=(x_1,y_1)$ 和 $\boldsymbol{v}_2=(x_2,y_2)$，如图 7-35 所示。如果以 v_1 作为起点，以 v_2 作为终点，可以定义一个向量 $\boldsymbol{v}=\boldsymbol{v}_2-\boldsymbol{v}_1$，向量 $\boldsymbol{v}$ 由 v_1 指向 v_2。

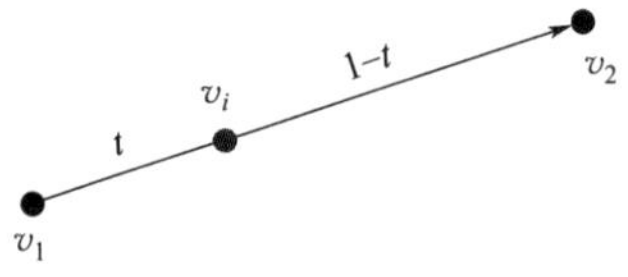

图 7-35 两个点的线性插值

利用向量 $\boldsymbol{v}$，我们可以得到 v_1、v_2 之间连线上的任意点 v_i，见式(7.38)。其中，$t\in[0,1]$。

$$\begin{aligned}\boldsymbol{v}_i &= \boldsymbol{v}_1 + t\boldsymbol{v} \\ &= \boldsymbol{v}_1 + t(\boldsymbol{v}_2 - \boldsymbol{v}_1) \\ &= (1-t)\boldsymbol{v}_1 + t\boldsymbol{v}_2\end{aligned} \tag{7.38}$$

如果 $t=0$，代入式(7.38) 中可知此时 $\boldsymbol{v}_i$ 等于起点 $\boldsymbol{v}_1$；如果 $t=1$，$\boldsymbol{v}_i$ 就等于终点 $\boldsymbol{v}_2$。如果 t 在 0～1 之间连续变化，$\boldsymbol{v}_i$ 会在 v_1、v_2 之间的连线上连续变化。所以，式(7.38) 就是对两个点的（线性）插值。

以上是对于两个点进行的操作。对于任意两个函数，也可以采用同样的方法进行插值。将一个函数视为函数空间中的一个点，例如二次函数 $f(x)$ 和正弦函数 $g(x)$，它们的线性插值函数为

$$h(x)=(1-t)f(x)+tg(x), t\in[0,1]$$

改变参数 t，可以得到一系列的插值函数 $h(x)$。在随书示例代码中给出了一个例子，读者可以用鼠标拖动滑块来改变参数 t 的值，同时观察 $h(x)$ 图像从二次函数逐渐向正弦函数变化的过程，如图 7-36(a) 所示。类似地，两个闭合曲线之间也可以插值，在拓扑学中这被称为线性同伦（linear homotopy），例子如图 7-36(b) 所示。

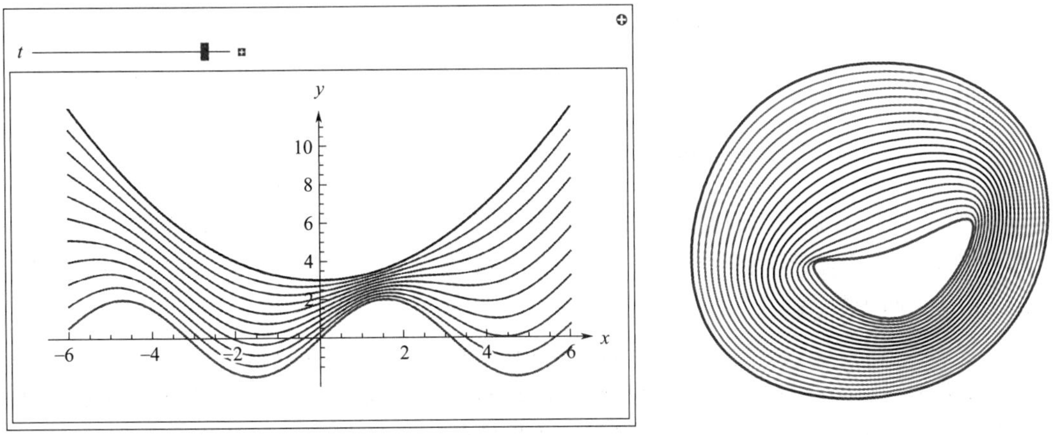

(a) 函数插值　　(b) 闭合曲线的插值

图 7-36　线性插值

凭直觉，我们认为一个图形是凸的，只要它没有凹陷的部分就可以。但是如何在数学上准确地描述这一性质呢？如果用数学语言对其进行定量描述，就要用到刚才介绍的两点线性插值方法。对于包含在图形中的任意两个点 v_1、v_2，如果它们之间的所有线性插值点 $\boldsymbol{v}_3=(1-t)\boldsymbol{v}_1+t\boldsymbol{v}_2$ 也都包含在图形中，就定义这个图形是凸的（convex）。例如图 7-37 所示的两个图形。对于图 7-37(a)，很容易就能找到两个点 v_1、v_2，使得它们至少有一个中间点 v_3 不在图形中。对于图 7-37(b)，任意两个点之间的中间点都包含在图形中。从几何空间中的图形推广到一般的集合，就得到了凸集的概念。在数学中，凸的反义词不是凹，而是非凸（nonconvex）。非凸集可以通过变形变成凸集，将非凸集变成凸集的过程被称为凸化（convexification）。

凸集在数学中的应用很多，例如著名的布劳威尔不动点定理讨论的就是凸集上的连续函数所具有的性质。为了让读者对凸集有更形象的理解，图 7-38 中给出了一些常见的凸集和非凸集图形。

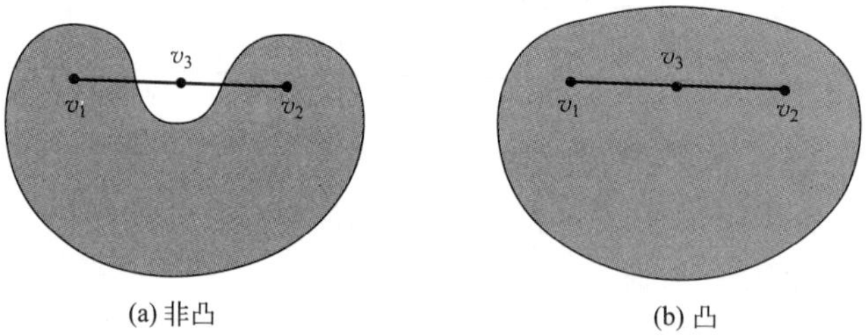

图 7-37　凸与非凸图形的例子

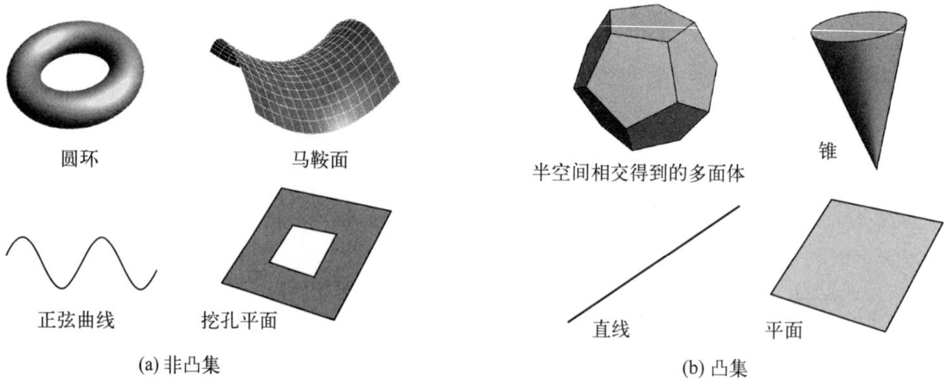

图 7-38　常见的凸集与非凸集图形

理解了凸集，我们可以自然地定义凸函数。对于函数 $f(\boldsymbol{x})$：$X\rightarrow\mathbf{R}$，它的定义域 $X\in\mathbf{R}^n$ 是个凸集，而且对于任意两个点 $\boldsymbol{x}_1$、$\boldsymbol{x}_2$ 和实数 $t\in[0,1]$，都有式(7.39) 成立，我们就称 $f(\boldsymbol{x})$ 是个凸函数。

$$f((1-t)\boldsymbol{x}_1+t\boldsymbol{x}_2)\leqslant(1-t)f(\boldsymbol{x}_1)+tf(\boldsymbol{x}_2) \tag{7.39}$$

如果优化问题中的目标函数和约束函数都是凸函数（或者凸集），这个优化问题就被称为凸优化。人们如此青睐凸集的原因是，如果存在局部最小值点，那么它也是全局最小值点。

一个点如果是全局最小值点，那它肯定也是局部最小值点。反过来，对于一个非凸的集合，局部最小值点不一定是全局最小值点。但是，在凸集中可以证明它们两个是等价的。可以使用反证法来证明：

已知函数 $f(\boldsymbol{x})$：$X\rightarrow\mathbf{R}$ 是个凸函数，并且 $f(\boldsymbol{x})$ 在 $\boldsymbol{x}^*\in X$ 处取到局部极小值，我们称 $\boldsymbol{x}^*$ 是函数的局部最小值点。

假设 $\boldsymbol{x}^*$ 不是 $f(\boldsymbol{x})$ 在 X 上的全局最小值点，那必然存在一个点 $\boldsymbol{x}'$ 使 $f(\boldsymbol{x})$ 的值更小，即 $f(\boldsymbol{x}')<f(\boldsymbol{x}^*)$。我们利用 $f(\boldsymbol{x})$ 是凸函数这一性质，有

$$f((1-t)\boldsymbol{x}^*+t\boldsymbol{x}')\leqslant(1-t)f(\boldsymbol{x}^*)+tf(\boldsymbol{x}') \tag{7.40}$$

把条件 $f(\boldsymbol{x}')<f(\boldsymbol{x}^*)$代入至式(7.40)，得到下式。注意 $0\leqslant t\leqslant1$。

$$\begin{aligned}f((1-t)\boldsymbol{x}^*+t\boldsymbol{x}')&\leqslant(1-t)f(\boldsymbol{x}^*)+tf(\boldsymbol{x}')\\&<(1-t)f(\boldsymbol{x}^*)+tf(\boldsymbol{x}^*)\\&=f(\boldsymbol{x}^*)\end{aligned}$$

上式对于任意的 t 都成立，我们可以改变 t 使插值点 $\boldsymbol{x}=(1-t)\boldsymbol{x}^*+t\boldsymbol{x}'$无限接近 $\boldsymbol{x}^*$，

并且得到的函数值更小，即 $f(\boldsymbol{x})<f(\boldsymbol{x}^*)$。这显然与“$\boldsymbol{x}^*$ 是局部极小值点”这一前提矛盾，所以假设是错误的，也就证明了局部极小值点 $\boldsymbol{x}^*$ 必然也是 $f(\boldsymbol{x})$在 X 上的全局最小值点。对于非凸优化问题，即使找到了局部极小值点，也不能保证它是全局最小值点。例如，深度学习的训练就是一个典型的非凸优化问题，目标函数一般是权重的非凸函数，寻找全局最小值点不是一件容易的事。

7.3.4.2　交替方向乘子法

OSQP（Operator Splitting Quadratic Program）是由牛津大学推出的优化问题求解库，可以求解凸二次优化问题（convex quadratic programs），即式(7.41）的形式。OSQP 由 C 语言编写，但也提供 C++、Python、Matlab 的接口。OSQP 中用到的矩阵计算代码全部在内部实现，不依赖其他第三方库，安装方便。作为一款开源优化器，OSQP 采用 Apache 协议，可以用于商业目的而无须授权或付费。

$$\min_{\boldsymbol{x}}\left(\frac{1}{2}\boldsymbol{x}^{\mathrm{T}}\boldsymbol{P}\boldsymbol{x}+\boldsymbol{q}^{\mathrm{T}}\boldsymbol{x}\right) \tag{7.41}$$
$$\text{s.t. } \boldsymbol{l}\leqslant \boldsymbol{A}\boldsymbol{x}\leqslant \boldsymbol{u}$$

式中，优化变量 $\boldsymbol{x}\in\mathbf{R}^n$，是一个 n 维实数向量；目标函数是一个二次型，由方阵 $\boldsymbol{P}\in\mathbf{R}^{n\times n}$ 和向量 $\boldsymbol{q}\in\mathbf{R}^n$ 定义。约束条件既可以包含等式约束，也可以包含不等式约束，但是只能是线性约束。假设约束的个数是 m，矩阵 $\boldsymbol{A}$ 的维数就是 $m\times n$，即 $\boldsymbol{A}\in\mathbf{R}^{m\times n}$。约束的上下界 $\boldsymbol{l}$ 和 $\boldsymbol{u}$ 都是 m 维向量。$[\boldsymbol{l},\boldsymbol{u}]$可以看成 m 维空间中的边界，所以可行域就是一个 m 维的超立方体。

OSQP 只能解凸二次规划问题。为了保证二次规划问题是个凸优化问题，目标函数和约束条件都要是凸函数。约束函数是线性函数，而线性函数总是凸函数。目标函数中既有二次项，也有一次项。有些读者看到二次项可能首先会联想到抛物线函数 $f(x)=x^2$，然后认为所有的二次项都是凸函数。虽然 $f(x)=x^2$ 是一个凸函数，但是并不是所有的二次项都是凸函数。例如，函数 $f(x,y)=xy$ 也是一个二次函数。它的图像如图 7-39 所示，是一个有点像马鞍面的曲面，很显然这不是一个凸函数（在马鞍面上选择两个点，它们之间的连线可能位于马鞍面的下方）。所以需要对目标函数中的系数 $\boldsymbol{P}$ 做限制，要求它是半正定矩阵（positive semidefinite matrix）。

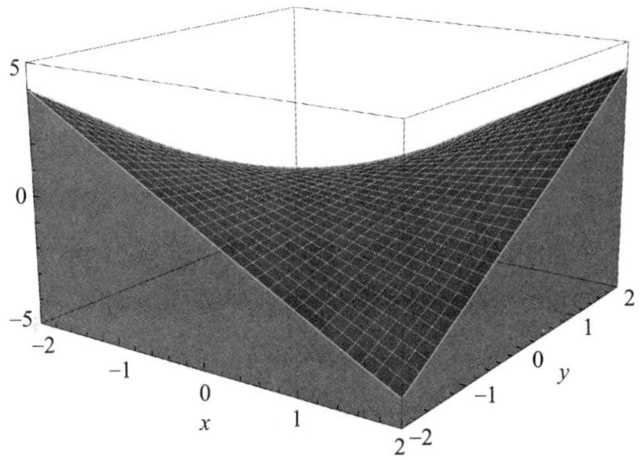

图 7-39　函数 $f(x,y)=xy$ 的图像

OSQP 库采用了交替方向乘子法（alternating direction method of multipliers，ADMM）

求解优化问题。ADMM 适用于求解凸优化问题，尤其在解大规模优化问题上效率较高。ADMM 结合了增广拉格朗日乘子法和对偶上升法两个方法的优点，适用于多变量的最优化问题，例如多机器人任务分配。下面简要介绍 ADMM 的原理。

假设有以下等式约束优化问题。

$$\min_{x} f(x) \quad (7.42)$$
$$\text{s.t.}\ g(x)=0$$

对偶上升法用来求解拉格朗日函数 $L(x,\lambda)=f(x)+\lambda g(x)$。对偶上升法有一个对于计算机实现非常有利的特点：如果目标函数是可分离的，那么每个部分可以独立求解，最后再把解组合到一起。函数可分离的意思是，函数可以写成各部分之和，例如 $f(x,y)=x^2+y$ 可以拆成 x^2 和 y 两项之和，而 $f(x,y)=x^2y$ 就不是可分离的，因为 x^2 和 y 耦合在了一起，在求导时没法分开计算。

针对原始变量和对偶变量，分别使用梯度上升和梯度下降更新，见下式。其中，α 和 β 是更新的步长。

$$\begin{cases} x=x-\alpha \nabla_x L \\ \lambda=\lambda+\beta \nabla_\lambda L \end{cases} \quad (7.43)$$

增广拉格朗日乘子法（augmented Lagrangian method）又叫乘子法（method of multipliers）。注意：不是“拉格朗日乘子法”。如果采用拉格朗日乘子法求解，需要定义拉格朗日函数 $L(x,\lambda)=f(x)+\lambda g(x)$。

如果采用增广拉格朗日乘子法，同样需要定义一个函数［式(7.44)］，它与拉格朗日函数非常相似，唯一的区别就是多了一项，因此叫作增广拉格朗日函数。增加这一项的原因是可以使原问题具有更好的收敛性，对目标函数是严格凸的这种条件也可以放松。

$$L(x,\lambda)=f(x)+\lambda g(x)+\frac{\rho}{2}g(x)^2 \quad (7.44)$$

增广拉格朗日乘子法虽然具有更好的收敛性，但是没办法保持像对偶上升法那种分解的优点。ADMM 同时结合了二者的优点。以下面的优化问题为例，其中目标函数 $f(x)+g(x)$表示是可分离的。

$$\min_{x,y}[f(x)+g(y)]$$
$$\text{s.t.}\ h(x,y)=0 \quad (7.45)$$

首先定义增广拉格朗日函数：

$$L(x,y,\lambda)=f(x)+g(y)+\lambda h(x,y)+\frac{\rho}{2}h(x,y)^2 \quad (7.46)$$

与对偶上升法同时更新所有变量不同，ADMM 采用先更新 x，再更新 y 的方式交替进行，这就是 ADMM 方法中“交替方向”的由来。这个例子只展示了目标函数可分离成两个独立的部分，实际求解的优化问题可能包含成千上万个可分离变量，因此通过并行求解可以获得极大的性能提升。

$$\begin{cases} x^{k+1}=\underset{x}{\arg\min} L(x,y^k,\lambda^k) \\ y^{k+1}=\underset{y}{\arg\min} L(x^{k+1},y,\lambda^k) \\ \lambda^{k+1}=\lambda^k+\rho h(x^{k+1},y^{k+1}) \end{cases} \quad (7.47)$$

7.3.4.3　原始对偶内点法

非凸优化问题的求解可以采用 Ipopt 非凸优化问题求解库。Ipopt 是卡内基·梅隆大学推出的求解库，用 C＋＋语言开发，其采用原始对偶内点法（primal-dual interior-point method）求解优化问题，下面我们对这一方法给出简要介绍。

介绍原始对偶内点法之前先介绍内点法。内点法（interior-point method）又叫障碍函数法，它的思想是：既然处理不等式约束比较困难，那就构造一个惩罚函数，当点在可行域内部时，惩罚函数的值很小，一旦点靠近或试图超出可行域边界，惩罚函数的值变得很大。这样在搜索时既可以不去处理复杂的不等式约束，又能使搜索维持在可行域内部，内点法由此得名。最常用的障碍函数是对数函数 $-c\ln(x)$，它的图像如图 7-40 所示。其中，c 是一个常数，用来调节函数的平滑程度。c 越小，曲线变化越剧烈，越接近原问题。读者可以在随书代码中用鼠标拖动滑块来改变 c 的值，并观察曲线的形状。

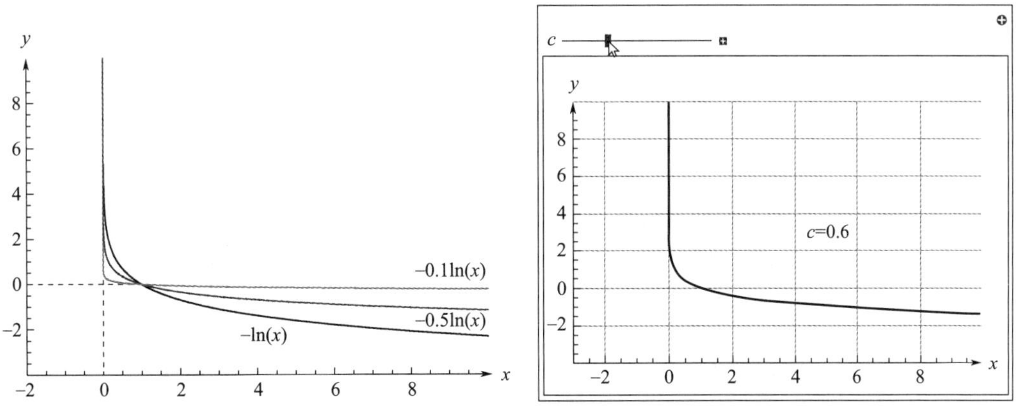

图 7-40　对数障碍函数的图像

数学优化是一个复杂的话题。为了方便理解，我们先从简单的无约束优化问题开始讨论。给定一个一元函数 $f(x)$，我们想知道它的最小值，例如图 7-41 所示的例子。根据高等数学的知识，我们知道导数为零的点对应函数的极值点。所以，对函数求导，然后令其等于零，能够得到一个方程：$f'(x)=0$。通过解这个方程就能够找到对应最值的 x 坐标，再代

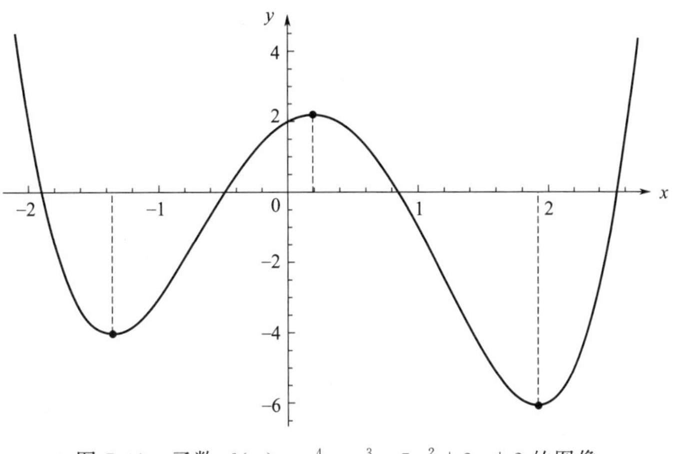

图 7-41　函数 $f(x)=x^4-x^3-5x^2+2x+2$ 的图像

入原函数 $f(x)$，通过简单的比较大小就能得到最小值。图 7-41 所示的例子有 3 个极值点，通过比较很容易发现最小值在 $x=1.917$ 处取得。

没有学习过数学优化的读者对求最值问题往往感到陌生，但是将其转化成解方程这个我们熟悉的问题后就能使用已有的工具解决它。这个思想在复杂优化问题的求解上同样适用。当然，$f'(x)=0$ 这个条件并不一定保证我们得到的都是最小值点。从图 7-41 中可以看出，其中有一个点（$x=0.192$）是函数的局部最大值。还有一些导数为零的点，既不是最大值，也不是最小值。因此，$f'(x)=0$ 只能作为解最小值的必要条件，不能作为充分条件。也就是说，最小值处导数一定为零，但导数为零的点不一定取最小值。

上面这个例子是最简单的一类优化问题，下面我们逐渐增加难度。如果我们想求的函数不能随意取值，只能在给定的范围内取值，这时又该如何求最小值呢？同样用一个例子说明。假设我们想最小化一个二元函数 $f(x,y)=x^2+y^2$，它的图像如图 7-42(a) 所示。这个函数的最小值可以使用计算梯度并令其等于零得到，即 $\nabla f(x,y)=(2x,2y)=(0,0)$。函数最小值出现在原点，最小值是 0。如果我们要求在自变量满足 $y=(x-1)^2$ 关系的前提下求二元函数 $f(x,y)$的最小值，那么原点显然不满足约束，即 $0\neq(0-1)^2$。因此，求导方法失效了。

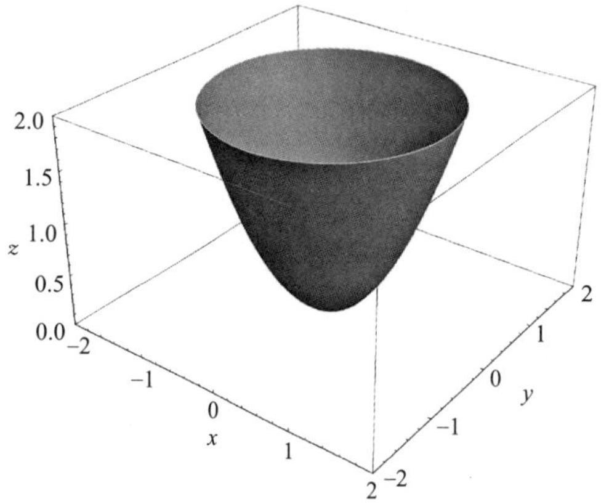

(a) $f(x,y)$函数的图像

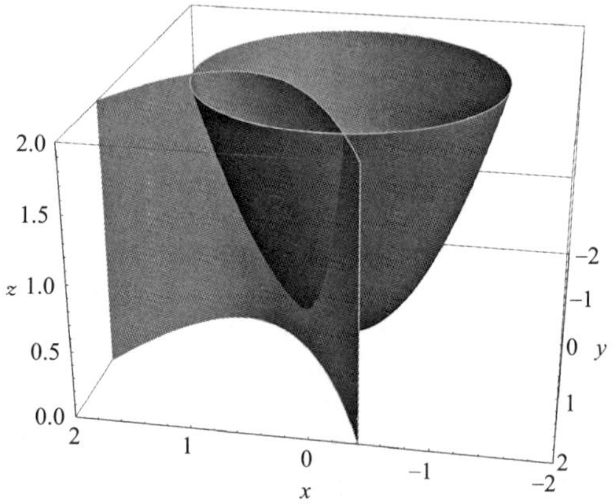

(b) $f(x,y)$以及约束$g(x,y)$

图 7-42　等式约束下的最优化问题

高等数学介绍了用拉格朗日乘子法求解等式约束的最优化问题。增加一个拉格朗日乘子，将约束条件添加到目标函数中。于是约束优化问题变成了无约束优化问题。

$$\begin{aligned}L(x,y,\lambda)&=f(x,y)+\lambda g(x,y)\\&=x^2+y^2+\lambda[y-(x-1)^2]\end{aligned}\tag{7.48}$$

式中，$g(x,y)$ 就是约束函数 $y=(x-1)^2$。组合后的函数 $L(x,y,\lambda)$ 就是拉格朗日函数。

然后，求解拉格朗日函数的导数（这个时候叫梯度），并令其等于零［式(7.49)］，就能得到最值点。

$$\nabla L(x,y,\lambda)=\mathbf{0}\tag{7.49}$$

在拉格朗日乘子法里，最让人困惑的就是拉格朗日乘子的含义了：它是从何而来的？图形能够帮助我们直观地理解其几何含义。图 7-43 画出了 $f(x,y)$的几个等高线，我们可以把 $f(x,y)$相邻的等高线想象成台阶。如果没有约束，我们选择沿着台阶下降最快的方向（也就是圆的半径方向）走，走到最后就到达最低点，该点就是函数的最小值。但是，由于约束的存在，我们不能再选择半径的方向，而只能沿着图中红色的曲线下台阶。图 7-43 中画出了约束曲线 $y=(x-1)^2$ 上不同点处台阶的梯度反方向箭头和约束曲线的法线箭头。我们应该走到什么时候停止呢？对图观察可以发现，当我们走到梯度反方向箭头与法线箭头平行的时候停下来，就到了约束下的最小值点。为什么呢？因为如果我们继续沿着约束曲线前进，那么我们只能上台阶了，这意味着 $f(x,y)$ 的值在增大。

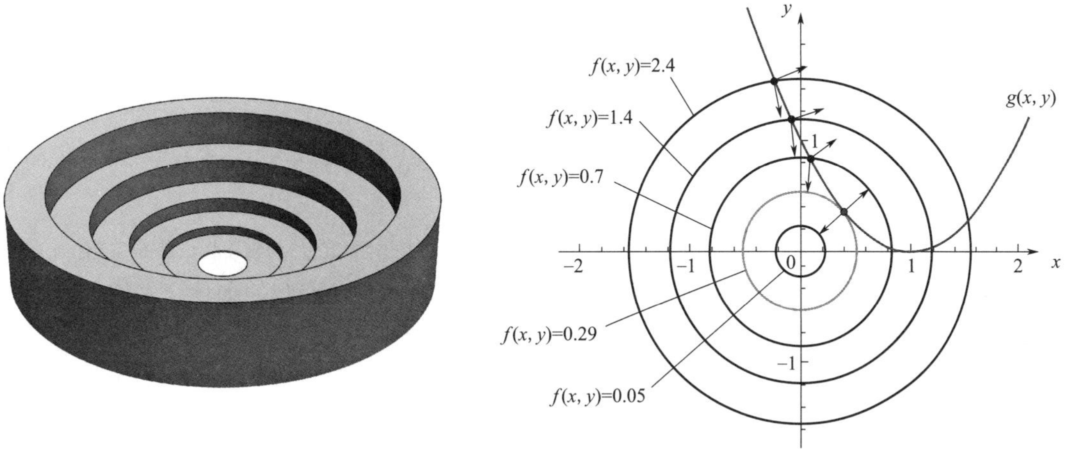

图 7-43 拉格朗日乘子的几何意义

用公式表示梯度反方向箭头与法线箭头平行这个条件，即

$$-\nabla f(x,y)=\lambda \nabla g(x,y) \tag{7.50}$$

读者看到 $\nabla L(x,y,\lambda)=\mathbf{0}$ 这个条件时，可能会联想到无约束优化的条件 $f'(x)=0$，然后将拉格朗日乘子看成一个与 x、y 一样的变量。但是事实比我们想象的要复杂。虽然梯度为零的点让目标函数 $f(x,y)$ 取到最小值，但是拉格朗日函数在这个点上既不是最大值也不是最小值，而是一个鞍点（saddle point）。假如读者把梯度等于零的点误以为是最小点，而使用梯度下降法求，那么不会得到想要的结果。

现在，再次增加难度，如果约束条件不只有等式形式，还有不等式，怎么办？这时用到 KKT 条件。在数学优化领域，KKT 是一个非常重要的结论。

Albert W. Tucker（也就是 KKT 条件中的 T）的博士生导师是传奇数学家莱夫谢茨。Tucker 的儿子和孙子都是数学家，他指导的学生包括电影《美丽心灵》的人物原型纳什、神经网络先驱明斯基。在指导博士生克门尼时，Tucker 发现了这个年轻学生的组织天赋，于是推荐他到达特茅斯学院任教。克门尼大力推广计算机教学，他也是 BASIC 编程语言的发明人。在克门尼任教期间召开的达特茅斯会议标志着人工智能学科的诞生。

这时我们考虑以下优化问题，其中只有不等式约束。假设等式约束是不等式约束的特殊情况，例如 $x=0$ 可以写成 $x\leqslant 0$ 与 $x\geqslant 0$。

$$\min_{x} f(x)$$
$$\text{s.t. } g(x) \leqslant 0 \tag{7.51}$$

使用对数函数，定义障碍函数为

$$B(x)=f(x)-\alpha \ln[-g(x)]$$

考虑扰动的 KKT 条件，其与 KKT 条件唯一的区别是互补松弛条件被扰动了。

$$\begin{cases} \nabla f(x)+\lambda \nabla g(x)=0 \\ \lambda \nabla g(x)=-\alpha \\ \lambda \geqslant 0 \\ g(x) \leqslant 0 \end{cases} \tag{7.52}$$

把扰动的 KKT 条件写成方程组：

$$\begin{cases} \nabla f(x)+\lambda \nabla g(x)=0 \\ \lambda \nabla g(x)+\alpha=0 \end{cases} \tag{7.53}$$

原始对偶内点法使用牛顿法求这个非线性方程组。其与内点法的区别在于其在每一步迭代过程中都满足 KKT 条件，并且同时更新原始优化变量和对偶变量。如此，能够得到比单独优化原始变量更快的收敛速度。

7.3.5 仿真结果

下面针对垂直和平行两种常见的车位进行泊车轨迹规划。垂直车位的尺寸见表 7-1。无人车的轴距为 2.5m，前轮最大转角为 30.75°（0.537rad），最小转向半径为 4.2m。轨迹规划结果如图 7-44 所示。图中阴影区域为禁止驶入的区域。整条泊车轨迹由前进和倒车两段轨迹组成。整条轨迹的前轮转角和速度如图 7-45 所示。无人车的最大前进速度为 1m/s，最大倒车速度为 0.5m/s，最大加速度为 1m/s^2，最大加加速度为 0.5m/s^3。

表 7-1 车辆及车位尺寸

	长/m	宽/m
无人车	4.0	2.0
垂直车位	4.8	2.87
平行车位	6.0	2.5

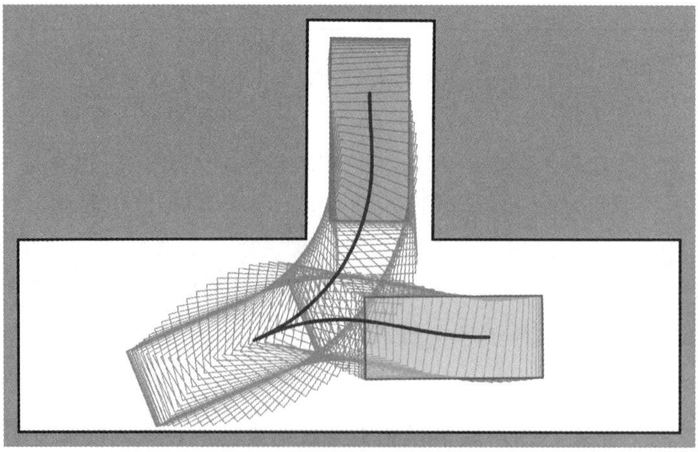

图 7-44 垂直车位的泊车轨迹

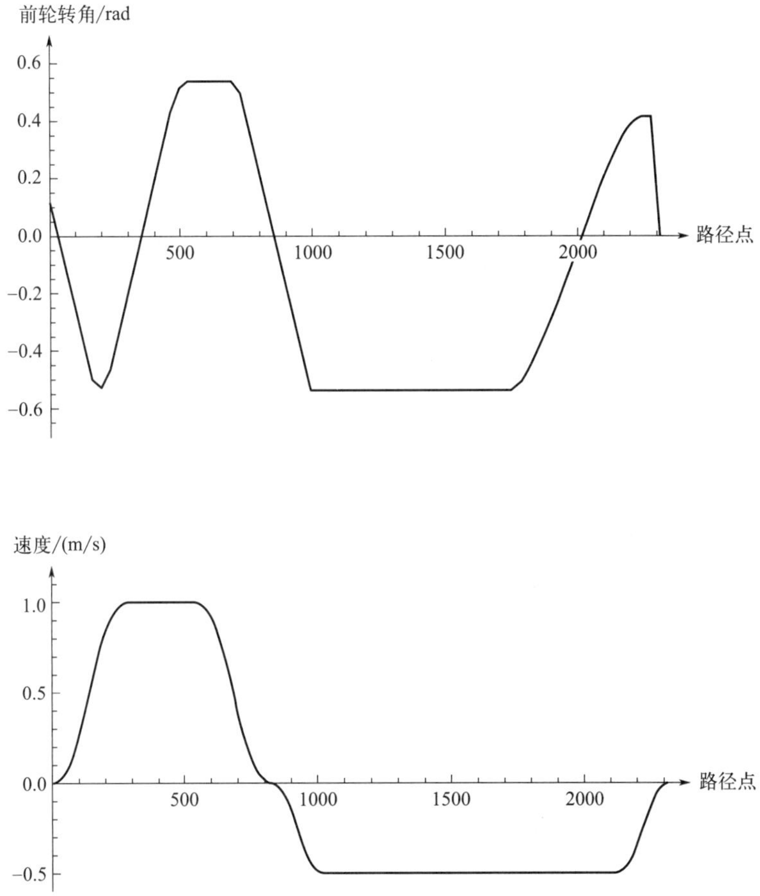

图 7-45　垂直车位泊车轨迹的前轮转角与行驶速度

平行车位的尺寸见表 7-1，车位长度是无人车车长的 1.5 倍。在目标为平行车位的情况下，轨迹规划结果如图 7-46 所示。整条泊车轨迹由三段不同挡位的轨迹组成，对应的挡位分别是前进、倒车、前进。整条轨迹的前轮转角和速度如图 7-47 所示。

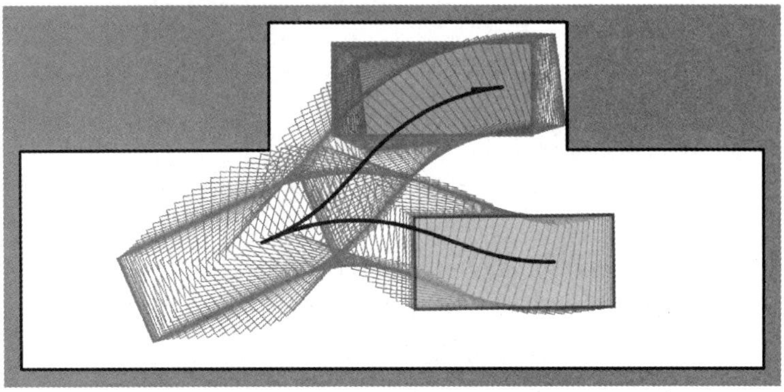

图 7-46　平行车位的泊车轨迹

混合 A* 算法搜索出的原始路径与平滑后的路径如图 7-48 所示。从图中可见平滑路径与混合 A* 路径形状相似。

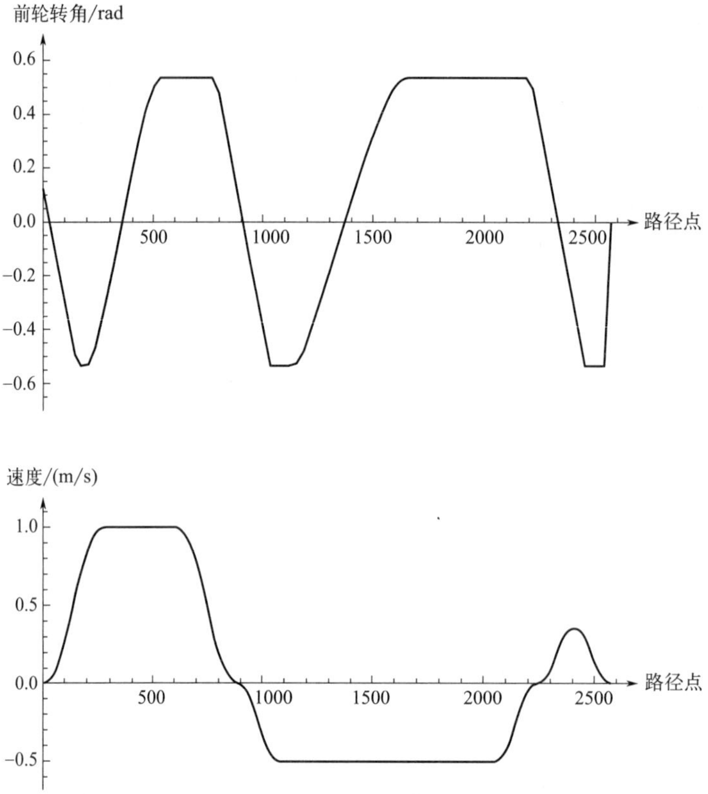

图 7-47　平行车位泊车轨迹的前轮转角与行驶速度

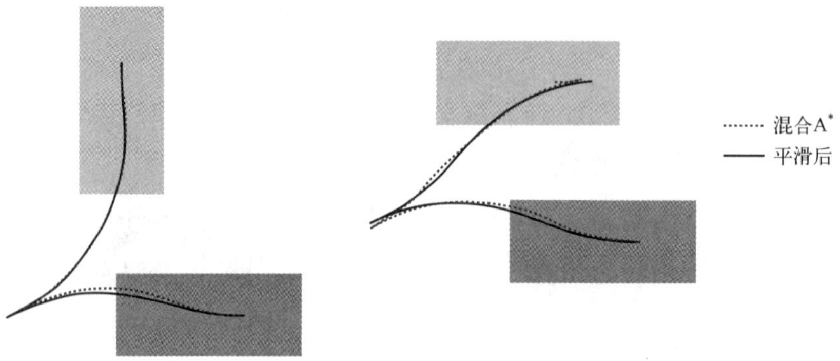

图 7-48　混合 A* 算法搜索出的路径与平滑后的路径

泊车轨迹生成中各阶段的耗时见表 7-2。程序运行在 Intel Core i9-9900K CPU 上，频率为 3.60GHz。其中，路径平滑模块消耗了大部分的时间。在很多时候，路径平滑的效果与原始混合 A* 算法搜索出的路径相差不大，因此可以跳过平滑阶段。如果对混合 A* 算法的耗时单独进行分析，可以发现超过 80% 的时间都用于 A* 启发函数计算和 Reeds-Shepp 曲线生成。因此，如果想提高泊车规划的效率，可以从这两个模块入手进行优化。

表 7-2　泊车轨迹规划耗时统计

模块名称		时间消耗/ms	
		垂直车位	平行车位
混合 A^*	A^* 启发函数计算	63.8	45.3
	Reeds-Shepp 曲线生成	33.7	26.0
	碰撞检测	8.3	4.0
	S 曲线速度规划	0.5	0.6
	其他	10.5	6.7
路径平滑		1064.8	1825.3
轨迹规划总耗时		1181.6	1907.9

在上面的例子中，我们选择从泊车的终点出发开始搜索，垂直车位的泊车规划中混合 A^* 算法探索了 1072 个节点，而在平行车位泊车规划中，混合 A^* 算法探索的节点数为 681 个。如果从车辆的起点出发开始搜索，在垂直车位的泊车规划中探索节点的数量增加到 5214 个，耗时增加到 440.7ms；在平行车位的泊车规划中探索了 12397 个节点，耗时增加到 881.8ms。这说明仅仅改变搜索的出发点，规划效率就能产生最高 10 倍的差距。这与混合 A^* 算法扩张节点的方式有关。

混合 A^* 算法扩张节点的数量是指数式增加的。如果从狭窄区域出发，能从一开始限制混合 A^* 算法扩张节点的数量，如图 7-49(a) 中所示的黑色点；一旦离开狭窄区域，就能快速构造出无碰撞的 Reeds-Shepp 曲线。而如果从开阔的区域出发，则混合 A^* 算法的节点会扩张到很大范围，并且很难得到无碰撞的 Reeds-Shepp 曲线，如图 7-49(b) 所示。因此，混合 A^* 算法搜索的出发点应该选择处于狭窄区域的点。

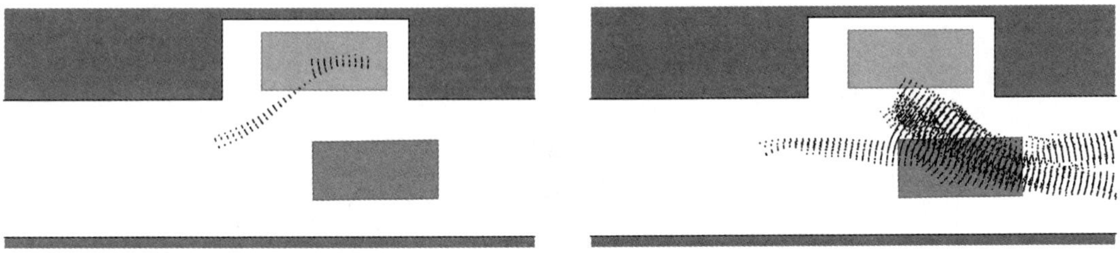

(a) 从泊车终点开始搜索　　(b) 从泊车起点开始搜索

图 7-49　混合 A^* 算法扩张的节点

第8章

运动控制技术

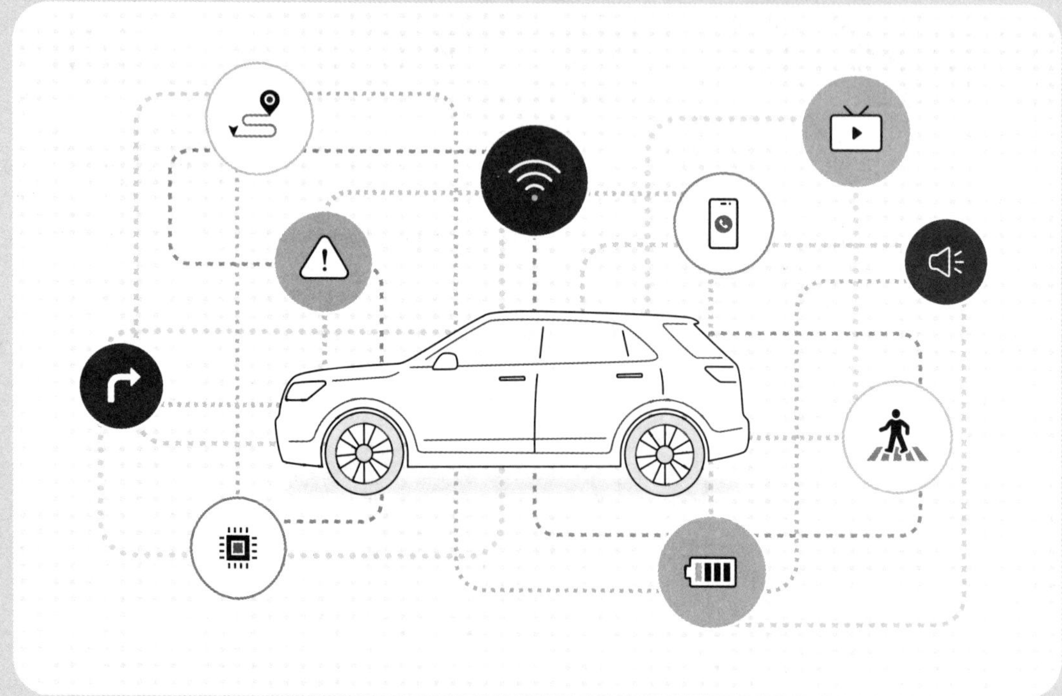

8.1 控制理论

在自动驾驶系统中，控制模块直接指挥车辆底盘完成上游规划模块给定的动作。控制是一个含义相当广泛的词汇，有时人们提到的控制包含了一部分规划的内容。在机器人领域中，控制具体指两个任务：

① 镇定（stabilization）：控制机器人到达并保持在某个静止的状态。实际生活中的例子就是把汽车停到一个指定的车位中。因为目标是单个固定的位姿点，所以也叫点镇定（point stabilization）。

② 跟踪（tracking）：控制机器人跟随某个随时间不断变化的状态（即轨迹）。实际生活中的例子就是让汽车按照设定的速度沿着车道中心线行驶。

车辆的运动特性体现在其模型上，而模型又影响着控制策略的设计。因此，在介绍具体的控制策略之前，我们先研究车辆的运动学模型。

8.1.1 车辆运动学模型

喜欢看古代剧的读者可能会注意到一个现象：古代的车大多数都是两轮形式的，如图 8-1 所示，超过两轮的车不是很常见。这是为什么呢？

图 8-1　古代车辆的形式

当车辆的车轮超过两个时，车辆设计者就要面对一个困难的问题——转向结构应该如何设计。对于两轮共轴的车辆，通过改变两轮的转动速度，使其产生速度差，就能实现转向，甚至能够做到原地转向。扫地机器人、坦克都采用这种转向方式。对于某些特殊的车辆，例如在轨道上行驶的火车，采用特殊设计的车轮和转向架实现转向。但是对于无轨的多轮车辆，如果仍然采用简单的控制车轮速度差的方式，则无法顺利转向。因此，多轮车辆的结构设计和控制不是通过简单的试错就能实现的。一直到近代工业革命以后，多轮车辆才开始得到大规模使用。

本章讨论的控制方法主要针对单刚体轮式车辆，这类车辆是路上最多也是最有代表性的车辆。这类车辆前轮一般采用艾克曼转向机构，用来保证转弯时内外侧车轮角度的不同，使轮胎滚动方向始终与转向中心的连线近似垂直［如图 8-2(a) 所示］，从而减少轮胎磨损。当然除此以外，还有采用其他结构类型的车辆，例如采用后轮转向的叉车或者由铰链连接、前后车体可以转动的清扫车，还有采用全轮转向的车辆。这些车辆的控制策略与本节讨论的有所区别。另外，本节只考虑车辆的运动学模型，不考虑动力学。

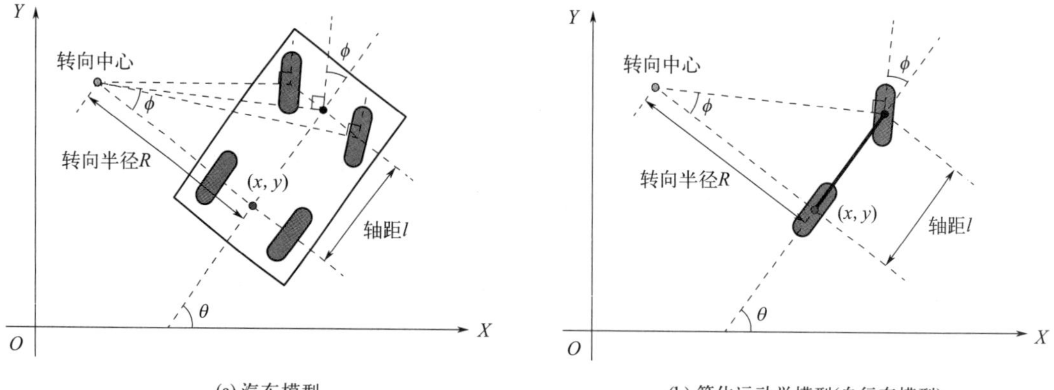

(a) 汽车模型　　(b) 简化运动学模型(自行车模型)

图 8-2　汽车及其简化运动学模型

在大多数文献中，一般把前轮转向的四轮汽车用两轮的自行车模型描述，将汽车两侧的车轮等效到车辆纵向的对称面上，这样仅需要考虑前后两个车轮，如图 8-2(b) 所示。这样的简化不改变问题的本质，而且在数学上处理更方便。这样得到的模型可以用式(8.1) 所示的方程组来描述，称为车辆的简化运动学模型，也被称为自行车模型（bicycle model）或者类车模型（car-like model）。

$$\begin{cases}\dot{x}=v\cos\theta \\ \dot{y}=v\sin\theta \\ \dot{\theta}=\dfrac{v}{l}\tan\phi\end{cases} \tag{8.1}$$

式中，(x,y) 是车辆后轴中心点的位置，θ 是汽车的朝向角，组合后的 (x,y,θ) 称为状态向量（也被称为位姿向量），是我们想改变的；ϕ 表示自行车前轮的转角［单位是度(°) 或者弧度 (rad)］，v 表示后轮的速度（单位是 m/s），组合起来的 (ϕ,v) 称为控制向量（其各个分量称为控制量），是我们能直接改变的。由于机构的限制，控制量一般总是受约束的，例如 $-45°\leqslant\phi\leqslant 45°$，$-1\text{m/s}\leqslant v\leqslant 1\text{m/s}$。转向角 ϕ 有上下限，这导致机器人有一个最小转向半径 $R_{\min}=l/\tan\phi_{\max}$，其中 l 是前后车轮轴之间的距离，如图 8-2(a) 所示。这一特点是自行车模型与其他机器人模型的重要区别。还有一种两轮形式的机器人模型叫差速机器人，它是最常见也是被研究最多的机器人之一。差速机器人没有转向半径的限制，可以原地转向，所以它的控制比自行车模型容易，这也是家用的扫地机器人采用这种形式的原因之一。

可以说移动机器人的控制任务就是通过改变 (ϕ,v) 来改变 (x,y,θ)，以达到期望的状态。这个看起来简单的模型和目标任务其实一点也不简单，为了研究它，我们不得不动用一些数学“军械库”中的“重武器”。

在讨论控制问题之前，我们先分析一下这个模型有什么特点，这样在进入到后面的分析时会有所准备。

① 从函数的角度看，方程中出现了姿态角 θ 的三角函数，所以它是一个非线性系统，而非线性系统的分析和控制比线性系统更困难。

② 从驱动数量的角度看，模型中控制量的个数（2 个）少于状态量的个数（3 个），因

此它是个欠驱动系统（underactuated system），这意味着我们要用少数控制量去影响、干预多数状态量。

③ 从约束的角度看，这个模型还包含非完整约束（nonholonomic constraint）。什么是非完整约束呢？如果我们给式(8.1) 中的第一个等式两边乘以 $sin\theta$，给第二个等式两边乘以 $\cos\theta$，然后将两式相减，就会得到式(8.2)，这个式子表示的就是一个非完整约束。

$$\dot{x}\sin\theta-\dot{y}\cos\theta=0 \tag{8.2}$$

区分“完整约束”与“非完整约束”的标准就是看它能不能积分。如果能将状态的导数项积分得到代数方程，那就是完整约束。例如，$x_1\dot{x}_1+x_2\dot{x}_2=0$ 可以积分成 $\frac{1}{2}x_1^2+\frac{1}{2}x_2^2=c$，其中 c 是一个与初始条件有关的常数。再看式(8.2)，则不能再积分。对于完整约束，由于可以积分得到代数方程（速度约束变成了位置约束，阶数降低），因此可以通过变量替换消去部分状态变量（例如用 x_1 表示 x_2，从而消去 x_2），让问题变得更简单。但是这种方法对于非完整约束就不行了。非完整约束系统总是欠驱动系统。飞机、汽车、轮船都是非完整约束系统，具有类似的性质。如果知道汽车怎么控制，就能比较容易地推广到飞机、轮船。

④ 它还是个无漂移系统（driftless system），这里的“漂移”与赛车无关，它的意思是当控制量为零，即$(\phi,v)=(0,0)$时，状态向量（x,y,θ）不会改变（状态向量的导数为零）。在没有控制输入时系统总是保持静止不动，即系统没有惯性。

⑤ 从动力系统的角度看，这个模型是由一组常微分方程描述的。如果控制量只依赖状态而不依赖时间，那么它还是个自治系统（autonomous system）。自治系统是针对闭环系统的。读者可能会问：自治系统有什么特点？如果一个动力系统是自治系统，那么它在相空间中的轨线永远不会交叉。

⑥ 从输入或者控制量的角度看，经过简单的替换［令 $\omega=(v\tan\phi)/l$］，它还可以变成控制仿射系统（control-affine system），即式(8.1) 虽然关于状态量仍然是非线性的，但是关于新的控制量（ω,v）却是线性的。这时，式(8.1) 可以写成式(8.3) 的形式。后面的一些分析采用式(8.3) 而不是直接用式(8.1)。

$$\begin{cases}\dot{x}=v\cos\theta\\ \dot{y}=v\sin\theta\\ \dot{\theta}=\omega\end{cases} \tag{8.3}$$

⑦ 它也是一个微分平坦（differentially flat）系统。对于微分平坦系统，控制量可以用状态量及其导数来表示，即式(8.4)。式中，$\sigma=\mathrm{sign}[(\dot{x},\dot{y})\cdot(\cos\theta,\sin\theta)]$，表示运动方向，符号・表示两个向量的内积。如果系统是微分平坦的，我们还可以只对部分状态量［例如（x,y）］进行规划，从它们可以得到其他状态量（例如 θ）。

$$\begin{cases}v=\sigma\sqrt{\dot{x}^2+\dot{y}^2}\\ \phi=\arctan\dfrac{l\dot{\theta}}{\sigma\sqrt{\dot{x}^2+\dot{y}^2}}\end{cases} \tag{8.4}$$

通过分析，我们发现一个看似简单的模型居然具有如此丰富的特性。

8.1.2 可控性分析

了解完车辆模型的特性，下面我们最关心的是它的可控性。“可控”就是能通过施加控制使系统到达状态空间中的任意一个状态，反之就是不可控。可控性自然是很重要的，因为如果一个系统是不可控的，也就意味着不管施加怎样的控制量都到不了想要的状态，既然此路不通，那我们就不再费劲去寻找一个控制律了。注意：可控性研究的是模型本身的性质，与控制量无关，它不关心控制量是什么样的。

那么式(8.1)是不是可控的呢？我们最熟悉，也最简单的系统是线性系统。根据自动控制原理等方面的知识，线性系统 $\dot{\boldsymbol{x}}=\boldsymbol{Ax}+\boldsymbol{Bu}$，$\boldsymbol{x}\in\mathbf{R}^n$ 可控的充要条件是可控性矩阵 $\boldsymbol{C}$ 是满秩的，即 $\mathrm{rank}(\boldsymbol{C})=n$。

$$\boldsymbol{C}=(\boldsymbol{B},\boldsymbol{AB},\boldsymbol{A}^2\boldsymbol{B},\cdots,\boldsymbol{A}^{n-1}\boldsymbol{B})$$

式中，$\boldsymbol{x}\in\mathbf{R}^n$ 是状态向量；$\boldsymbol{u}\in\mathbf{R}^n$ 是控制向量。矩阵 $\mathbf{A}$、$\boldsymbol{B}$ 不依赖于 $\boldsymbol{x}$，它们描述了系统的响应。

但是很遗憾，我们面对的模型是一个非线性系统。根据 Chow-Rashevskii 定理，式(8.1)是可控的。这个结论是符合我们的直觉的：汽车总是能到达任意一个位姿，虽然过程可能稍微有点麻烦（开过车的都有体会），否则汽车就得重新设计了。

可控性回答的是“能不能”的问题，可是它没有回答“怎么做”，更没回答这样的控制应该有什么样的限制。显然我们是不满足于止步于此的，还要继续追问。

我们可以设计一个开环的控制律（也就是不依赖系统的实时状态）来到达给定的目标状态吗？即使可以，实际系统总会有各种误差和扰动，可能理论计算得很好，实际一使用就会出现偏差，所以最好找一个闭环的反馈控制律 u，也就是依赖状态的控制律，记成 $\boldsymbol{u}=u(\boldsymbol{x})$ [向量 $\boldsymbol{x}$ 就是机器人的状态向量 (x,y,θ)]。如果还有什么要求的话，我们希望这个控制律最好是状态向量的光滑函数 [$u(\boldsymbol{x})\in\mathbf{C}^{\infty}$]，满足这个性质算是比较基本的要求，毕竟常见的初等函数都是光滑的，方便我们分析、构造。我们想要一个光滑的反馈控制规律，这样的要求算不算太高呢？

哈佛大学教授，也是几何非线性控制之父 Roger Brockett 给出了答案：这样的控制规律不存在。Brockett 让我们的美梦破灭了，他在论文[43] 中给出了系统存在光滑的反馈控制规律的必要条件，这就是著名的 Brockett 定理。很遗憾，我们的模型 [式(8.1)] 不满足条件。此论文使用了微分几何和 Lyapunov 稳定性理论等工具。下面介绍一下此论文的基本思想。

Brockett 考虑的是最一般的自治非线性系统：

$$\dot{\boldsymbol{x}}=f(\boldsymbol{x},\boldsymbol{u}) \tag{8.5}$$

假设这个系统的平衡点是 $\boldsymbol{x}_0$。平衡点就是速度（即状态的导数）等于零的点（$\dot{\boldsymbol{x}}=\mathbf{0}$），速度为零意味着系统到达这个点后就不动了，也就是到达平衡状态了。注意：平衡点与稳定点是两个概念，稳定点是平衡点，但是平衡点不一定是稳定点。一般，我们把想到达的目标状态设为平衡点。

然后，作者描述了这篇论文要解决的唯一的一个问题：能不能找到一个光滑的函数 $u(\boldsymbol{x})$，使系统 [式(8.5)] 在平衡点 $\boldsymbol{x}_0$ 处渐进稳定？注意：$u(\boldsymbol{x})$ 的写法表示控制量 $\boldsymbol{u}$ 只依赖状态 $\boldsymbol{x}$，不依赖其他的东西，比如不依赖时间 t。所以即使找不到一个光滑的 $u(\boldsymbol{x})$，也不意味着找不到一个光滑的 $u(\boldsymbol{x},t)$。有些文献试图把时间引进来，或者牺牲光滑性，找一个不连续的解。

论文第二部分给出了一些基本定义，采用微分几何的语言描述。有一个可微的流形 X [对于式(8.1)来说，X 就是机器人所有位姿 (x,y,θ) 组成的构型空间]。在 X 上可以定

义一个向量丛 $\pi: E \rightarrow X$。这里解释一下向量丛：它是纤维丛（可以把它想象成一把刷子）的一个特例，纤维是向量空间的纤维丛。最常见的向量丛就是切丛。其中，E 是整个向量丛空间（被称为总空间，对应整个刷子），而 X 是 E 的基础（所以又叫基空间，对应刷子的柄），刷子毛就是纤维。纤维丛是微分几何中一个比较重要的概念，虽然比较抽象，但是如果了解了来龙去脉，还是不难理解的。假如我们只考虑欧式空间［比如机器人的位置(x, y)］，则完全不需要使用这些抽象的概念。但是真实世界中很多空间是属于非欧几何的，这就像几千年来人们一直认为地球是平的，后来突然有人发现地球是个球，原来的一些数学理论就得改造了，要是不改，就错误百出。纤维丛、共变导数等很多抽象的东西都是为了改造而出现的。

TX 是 X 上的切丛，切丛就是把 X 上所有点（$\forall \boldsymbol{x} \in X$）处的切空间（$TX$）合起来看成一个整体所构成的空间。每个点 $\boldsymbol{x}$ 处的切空间就是切向量［也就是速度向量 $\dot{\boldsymbol{x}}=(\dot{x}, \dot{y}, \dot{\theta})$］组成的线性空间。也就是说，虽然位姿空间不是线性的，但是速度空间却是线性的。$\pi^* TX$ 是 TX 的拉回（pullback）。$\pi^* TX$ 的一个截面（section）就是给 E 中的每个点分配一个 TX 空间中的速度向量。截面是纤维丛里一个重要概念，这里它就是映射：$\pi^* TX \rightarrow E$。如果给 E 选一个平凡的局部坐标系，那么这个截面就表示为 $\dot{\boldsymbol{x}}=f(\boldsymbol{x}, \boldsymbol{u})$，称这样的截面为一个控制系统。

论文第三部分开始相关证明。在正式证明之前，Brockett 先举了一个众所周知的例子，就是线性系统 $\dot{\boldsymbol{x}}=\boldsymbol{A}\boldsymbol{x}+\boldsymbol{B}\boldsymbol{u}$ 可控的充要条件。然后，对于非线性系统，存在连续可微控制律的必要条件有三个：

① 非线性控制系统线性化后不存在不可控的模式，即不存在实部为正的特征值；

② 平衡点 $\boldsymbol{x}_0$ 附近存在一个邻域 N，使得对于 N 中每个点 $\boldsymbol{\xi}$ 总存在一个控制 u_{ξ} 能够将控制系统 $\dot{\boldsymbol{x}}=f(\boldsymbol{x}, \boldsymbol{u}_{\xi})$ 转移到平衡点 $\boldsymbol{x}_0$；

③ 映射 γ：$(\boldsymbol{x}, \boldsymbol{u}) \rightarrow f(\boldsymbol{x}, \boldsymbol{u})$ 能够覆盖一个包含原点的开集。

最重要的是条件③，Brockett 是这样证明的：

如果 $\boldsymbol{x}_0$ 是控制系统 $\dot{\boldsymbol{x}}=a(\boldsymbol{x})$ 的渐进稳定平衡点，那么一定存在一个 Lyapunov 函数 V 满足这样的性质：

- $V(\boldsymbol{x})>0$（对于所有的 $\boldsymbol{x} \neq \boldsymbol{x}_0$ 都成立）；
- $V(\boldsymbol{x})$ 是连续可微函数；
- $V(\boldsymbol{x})$ 的水平集 V^{-1} 就是一系列的同伦球。

为了直观地展示 Lyapunov 函数和它的水平集，用一个简单的例子进行说明。假设 Lyapunov 函数是 $V(x, y)=(x^2+y^2)/2$，它的图像就是一个抛物面，如图 8-3 所示。$V(x)$ 的水平集就是 $V(x)$ 等于常数的点组成的集合：$\{(x, y) \mid V(x, y)=c\}$。也就是用水平面截抛物面得到的一个个圆圈，即图中的红圈（只画了有限的几个）。这个 Lyapunov 函数是二维的。对于三维的 Lyapunov 函数 $V(x, y, z)=(x^2+y^2+z^2)/2$，它的水平集就是个球了，更高维度的都统一叫球。

存在 α 和 $\varepsilon>0$，使得在 $V^{-1}(\alpha)$ 上，内积 $\frac{\partial V}{\partial \boldsymbol{x}} \cdot a(\boldsymbol{x})<-\varepsilon$。这意味着对于足够小的 $\boldsymbol{\xi}$，向量场 $\dot{\boldsymbol{x}}=a(\boldsymbol{x})+\boldsymbol{\xi}$ 仍然指向同伦球 $V^{-1}(\alpha)$ 的里面。通过求解 $\dot{\boldsymbol{x}}=a(\boldsymbol{x})+\boldsymbol{\xi}$ 可以得到一个到自身的连续映射 $\{\boldsymbol{x} \mid V(\boldsymbol{x}) \leqslant \alpha\}$。根据莱夫谢茨不动点定理，这个映射具有一个不动点，这个不动点一定是 $\dot{\boldsymbol{x}}=a(\boldsymbol{x})+\boldsymbol{\xi}$ 的平衡点。这意味着我们可以求解 $a(\boldsymbol{x})=\boldsymbol{\xi}$，不管 $\|\boldsymbol{\xi}\|$ 多

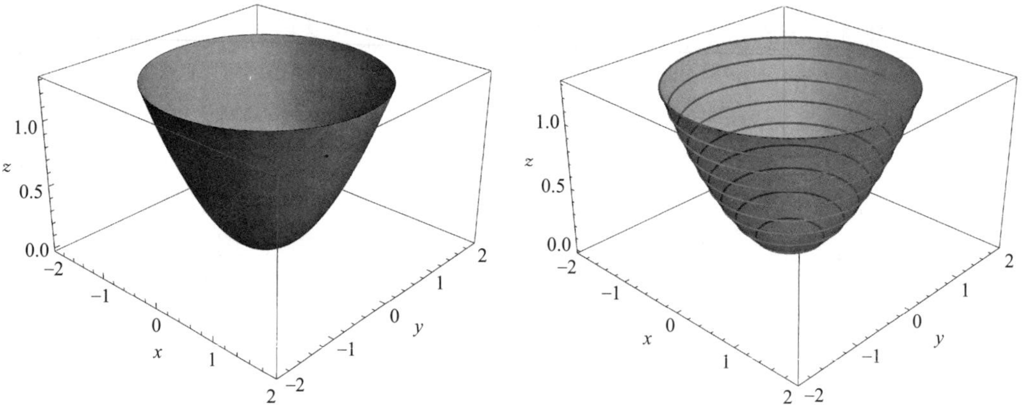

图 8-3　Lyapunov 函数和它的水平集

小。如果 $a(\boldsymbol{x})=f(\boldsymbol{x},u(\boldsymbol{x}))$，那么代数方程$\boldsymbol{\xi}=f(\boldsymbol{x},u(\boldsymbol{x}))$ 必然可解，这样就完成了证明。

对于我们关心的车辆运动模型［式(8.1)］，可以用上面的证明结论检验一下它为什么不存在光滑的反馈控制律。考虑速度$\boldsymbol{\xi}=(0,c,0)$的情况，其中 c 是一个不为零的常数，此时就不存在解。直观地说，汽车不能有相对于车身侧方向的速度，这是符合我们的直觉的。

8.1.3　小时间可控性

经过上一节的分析，我们知道了虽然式(8.1) 可控，但是不存在连续的时不变控制使式(8.1) 稳定到任意目标状态。但是在现实中，某些任务又比较重要。以日常生活中常见的侧方向停车问题为例，如图 8-4 所示。假设目标状态的车辆与前后车的距离相同，都记为 d。对于给定的 d，是否存在一条路径，使无人车能够停靠在目标位姿？为了解决这个问题，首先研究小时间可控性。

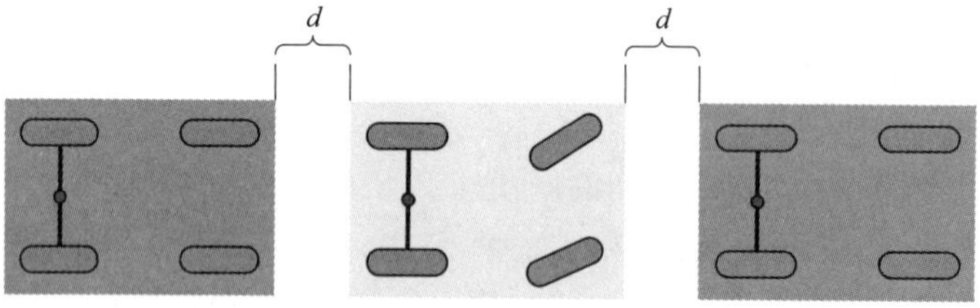

图 8-4　侧方向停车

小时间可控（small-time controllable）是这样定义的：对于某个状态 $\boldsymbol{x}$，如果对于任意一个时间 T，时间 T 内的所有可行路径形成的可达集包含 $\boldsymbol{x}$ 的邻域，就称模型在状态 $\boldsymbol{x}$ 是小时间可控的。如果对于任意一个状态 $\boldsymbol{x}$ 都满足小时间可控的定义，就称模型是小时间可控的。为了理解小时间可控性，下面介绍可达集的概念。

在前文我们定义了车辆的基本运动元。其中，我们将仿真时间 T 视为一个变量。将 T 时间段内车辆所能到达的所有位姿点视为一个集合 R。R 由车辆可以到达的点组成，因此被称为可达集（reachable set）。集合 R 中的元素是三维位姿坐标（x,y,θ）。假设车辆从原点（0,0,0）出发，那么集合 R 中的元素只与时间 T 有关，因此记为 $R(T)$。例如，$R(0)=$

$\{(0,0,0)\}$，即 0 时间长度的可达集只有一个位姿点，也就是原点。

对于非零的时间长度，式(8.1) 的可达集是什么样的呢？有些读者可能认为可达集 R 就是基本运动元，无非是角度分辨率任意小，如果我们将仿真时间设为 1s，即 $T=1$，所有基本运动元上的点就是如图 8-5 所示的区域。但是在基本运动元中，控制量是不变的。

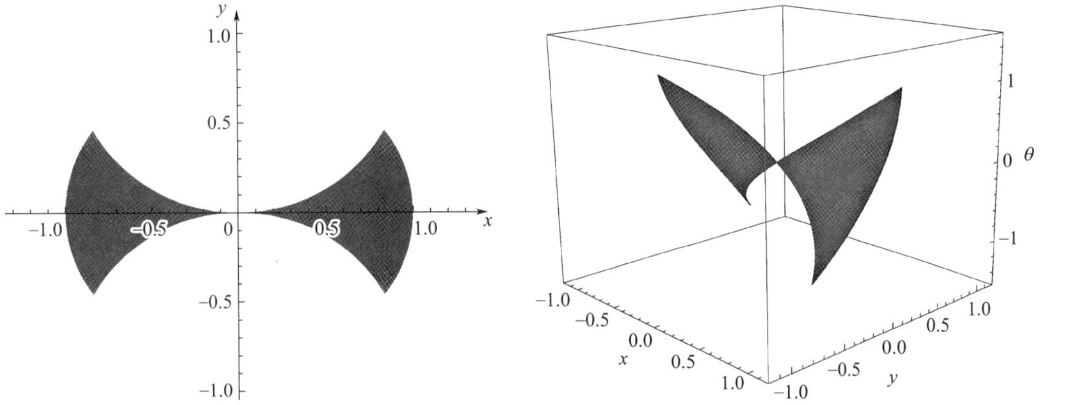

(a) xy平面投影　　(b) (x, y, θ)三维空间

图 8-5　汽车运动模型的所有运动元

可达集并没有要求控制量保持不变，如果允许控制量在时间 T 内变化，那么将得到与基本运动元不同的结果，如图 8-6 所示（同样的仿真时间：$T=1$）。很明显，可达集包含基本运动元的区域，并且还包含一部分车体侧方向的区域。也就是说车辆可以产生侧向的运动，这与我们的开车经验一致。我们还发现，这个区域始终包含状态 $\boldsymbol{x}=(0,0,0)$的领域。我们选择的初始状态 $\boldsymbol{x}=(0,0,0)$并没有特殊性，不管初始状态选在何处，这个区域都会在其附近产生一个邻域，所以式(8.1) 是小时间可控的。

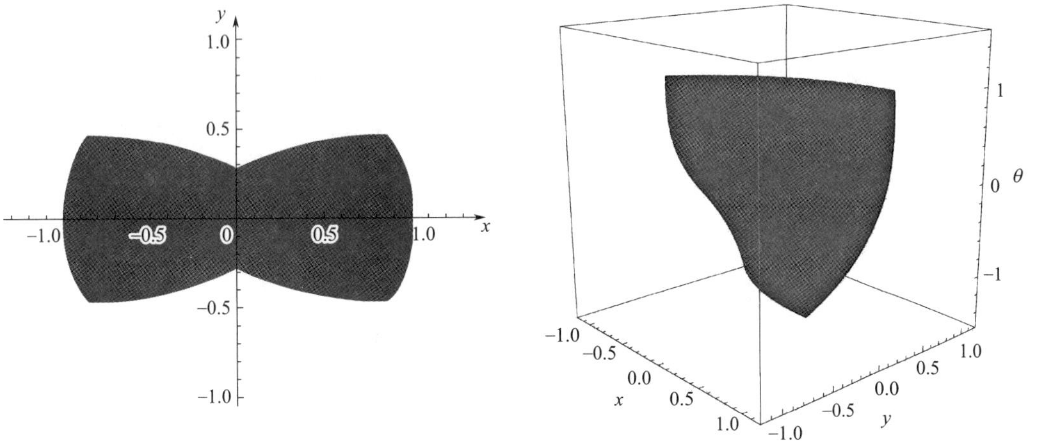

(a) xy平面投影　　(b) (x, y, θ)三维空间

图 8-6　汽车运动模型的可达集

以上对于小时间可控的判别是从定义出发的，是否有其他条件让我们能够知道模型是不是小时间可控的呢？这样的条件是存在的，如下。

李代数秩条件： 对于一个对称的模型，如果控制向量场的李代数空间的维数等于状态空间的维数，那么这个模型就是小时间可控的。这里，对称的意思是控制量（ϕ, v）的允许取值空间是关于原点对称的，显然我们的模型满足这个对称性。由于使用了李代数，因此这个条件被称为李代数秩条件（Lie algebra rank condition）。对于线性系统，其可控性秩条件是李代数秩条件的特例。

在 3.5 节介绍刚体的转动时，我们提到了李代数的概念。下面来检验车辆模型是否满足李代数秩条件。这时我们用仿射形式的模型［式(8.3)］。我们将式(8.3)写成下面的形式：

$$\begin{bmatrix}\dot{x}\\ \dot{y}\\ \dot{\theta}\end{bmatrix}=\begin{bmatrix}\cos\theta\\ \sin\theta\\ 0\end{bmatrix}v+\begin{bmatrix}0\\ 0\\ 1\end{bmatrix}\omega \tag{8.6}$$

根据式(8.6)，我们定义控制向量场 $\boldsymbol{f}$ 和 $\boldsymbol{g}$ 如下。

$$\boldsymbol{f}=\begin{bmatrix}\cos\theta\\ \sin\theta\\ 0\end{bmatrix},\boldsymbol{g}=\begin{bmatrix}0\\ 0\\ 1\end{bmatrix} \tag{8.7}$$

李代数上定义了李括号运算，我们计算向量场 $\boldsymbol{f}$ 和 $\boldsymbol{g}$ 的李括号，如式(8.8) 所示。将状态向量记为 $\boldsymbol{s}=(x, y, \theta)$，因此$\frac{\partial g}{\partial s}$就是向量场 g 的雅可比矩阵。在这里李括号的符号不重要，只关心它的方向。

$$\begin{aligned}[\boldsymbol{f},\boldsymbol{g}]&=\frac{\partial g}{\partial s}f-\frac{\partial f}{\partial s}g\\ &=\begin{bmatrix}0&0&0\\ 0&0&0\\ 0&0&0\end{bmatrix}\begin{bmatrix}\cos\theta\\ \sin\theta\\ 0\end{bmatrix}-\begin{bmatrix}0&0&-\sin\theta\\ 0&0&\cos\theta\\ 0&0&0\end{bmatrix}\begin{bmatrix}0\\ 0\\ 1\end{bmatrix}\\ &=\begin{bmatrix}\sin\theta\\ -\cos\theta\\ 0\end{bmatrix}\end{aligned} \tag{8.8}$$

两个向量的李括号$[\boldsymbol{f},\boldsymbol{g}]$产生了第三个向量，我们将其记为 $\boldsymbol{h}$。无论处于哪个状态，由向量 $\boldsymbol{f}$、$\boldsymbol{g}$ 和 $\boldsymbol{h}$ “张”成的空间都是三维的，即 $\text{rank}(\boldsymbol{f},\boldsymbol{g},\boldsymbol{h})=3$。对于李代数空间维度是三维的，可以这样理解：虽然车辆无法直接沿自身横向运动，只能沿自身纵向运动和转动，但是通过纵向运动和转动组合可以产生横向的运动。这与我们的直觉相符，因为可以通过前后挪动车辆使其产生横向的偏移。李代数空间的维数刚好等于式(8.3) 状态空间（x, y, θ）的维数，所以式(8.3) 是小时间可控的。

对于无人车来说，运动模型满足小时间可控性意味着什么呢？对于对称的小时间可控模型，存在无碰撞（collision-free）的可行路径与存在无碰撞的路径是等价的。也就是说，只要存在一条无碰撞的路径，就一定存在一条无碰撞且可行的路径。这个结论的证明过程可以参考文献［44］的 Theorem 35.2。路径可行（admissible）的意思是满足无人车的运动约束。

很多时候，仅仅想找到一条无碰撞的路径要容易得多。在侧方向停车的例子中，无人车只需要直线前进到与目标平行的位置，然后横向移动到目标即可，如图 8-7 中的加粗折线所示。

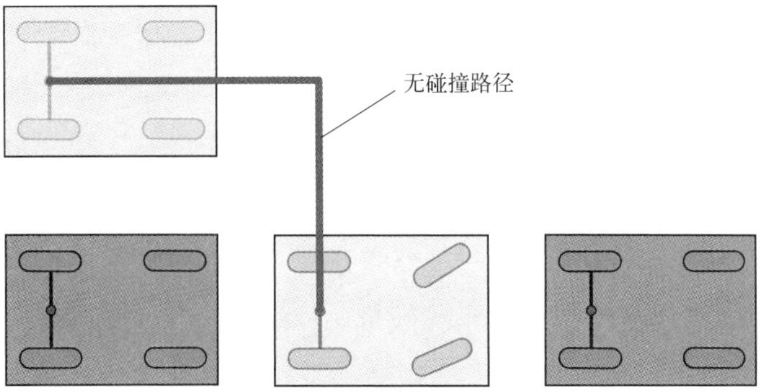

图 8-7　侧方向停车的无碰撞路径

8.2 控制方法

8.2.1　纯跟踪方法

路径跟踪的实现相对于轨迹跟踪而言比较简单，可以理解为轨迹跟踪问题的简化情况。纯跟踪（pure pursuit）是一种经典的路径跟踪方法。

原始的纯跟踪控制只控制车辆的前轮转角，没有考虑车辆速度。首先，在路径上选取一个预瞄点，其坐标为（x_d,y_d），见图 8-8。车辆的参考点仍然选取后轮中心。前轮转角的控制策略比较简单：假设车辆参考点经过一段圆弧到达预瞄点，根据圆弧半径和几何关系能够完全确定前轮的转角，计算方式如下。

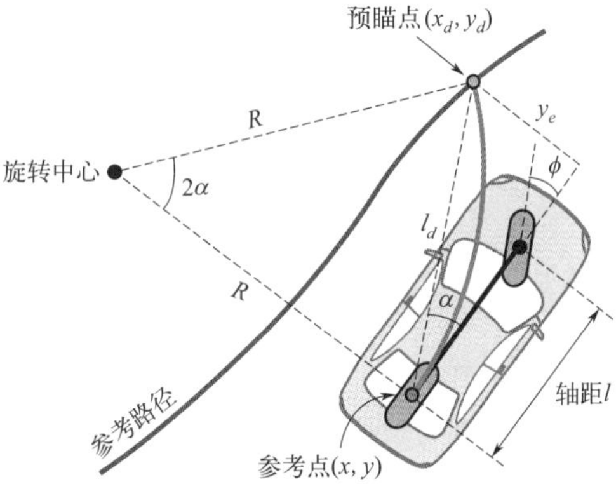

图 8-8　纯跟踪方法的几何关系示意图

图 8-8 中，车辆转向中心、参考点和预瞄点三个点定义了一个等腰三角形。根据正弦定理可得

$$\frac{l_d}{\sin(2\alpha)}=\frac{R}{\sin\left(\frac{\pi}{2}-\alpha\right)} \tag{8.9}$$

式中，l_d 是圆弧对应的弦长，通常被称为前视距离。

从式(8.9)中可以求出车辆的转向半径，如下：

$$R=\frac{l_d}{2\sin\alpha} \tag{8.10}$$

根据自行车运动学模型［式(8.1)］，转向半径与前轮转角存在以下关系：

$$\tan\phi=\frac{l}{R} \tag{8.11}$$

将式(8.10)代入式(8.11)可求出前轮转角：

$$\phi=\arctan\frac{2l\sin\alpha}{l_d} \tag{8.12}$$

式(8.12)就是纯跟踪方法的控制律，也可以改写为由横向误差 y_e 表示的形式，如下：

$$\phi=\arctan\frac{2ly_e}{l_d^2} \tag{8.13}$$

从式(8.13)中可以看到，前视距离 l_d 以平方项的倒数形式出现在控制律中。通过调节 l_d 可以调节前轮转角的幅值，前视距离 l_d 越小则前轮转角越大，车辆姿态变化也越大，也就越容易出现振荡。而且，前轮转角的调节幅值与车速无关：低速时选取的合适的前视距离在高速情况下可能会引起超调；反之，高速下合适的前视距离在低速情况下可能收敛缓慢。可行的改进方法是令前视距离 l_d 随速度 v 改变，简单的策略为采取比例控制，见式(8.14)。其中，比例系数 k_v 是一个需要调节的参数。

$$l_d=k_v v \tag{8.14}$$

在轨迹跟踪场景中，采用PI控制器跟踪参考速度 v_{ref}，定义速度跟踪误差 $e_v=v_{\text{ref}}-v$，可得

$$v=k_p e_v+k_i\int_0^T e_v\,\mathrm{d}t \tag{8.15}$$

式中，k_p 和 k_i 分别是比例系数和积分系数。

在控制器中实现时采用离散形式的控制律，完整的控制策略如下。其中，待调节的控制参数为（k_v,k_i,k_p）。

$$\begin{cases}\phi=\arctan\dfrac{2ly_e}{(k_v v)^2},\phi\in[-\phi_{\max},\phi_{\max}]\\ v=k_p e_v+k_i\sum e_v\end{cases} \tag{8.16}$$

8.2.2 模型预测控制

传统的控制方法没有考虑无人车执行机构的约束、滞后、负载变化等非线性因素，在高速复杂环境中难以通过调节参数达到较好的跟踪性能。模型预测控制（model predictive control）具有系统地考虑预测信息和处理多约束优化问题的能力，因此近年来在无人驾驶领域得到应用。

模型预测控制属于最优控制方法，它将被控任务转化为受约束的优化问题，利用成熟的优化方法求解该优化问题并得到最优的控制量，其流程如图8-9所示。模型预测控制在无人驾驶中的基本运行逻辑是：首先，根据无人车当前的状态和参考轨迹，利用无人车的运动模型和可行范围内的控制量来预测系统未来一段时间的轨迹，建立关于误差和控制量的代价函数，求解代价最小的最优控制量，并将第一组最优控制量应用于无人车的控制；下一时刻无

人车的状态发生改变后，再以更新的无人车状态和参考轨迹计算当前时刻的最优控制量；如此迭代执行，直到无人车到达期望的目标。

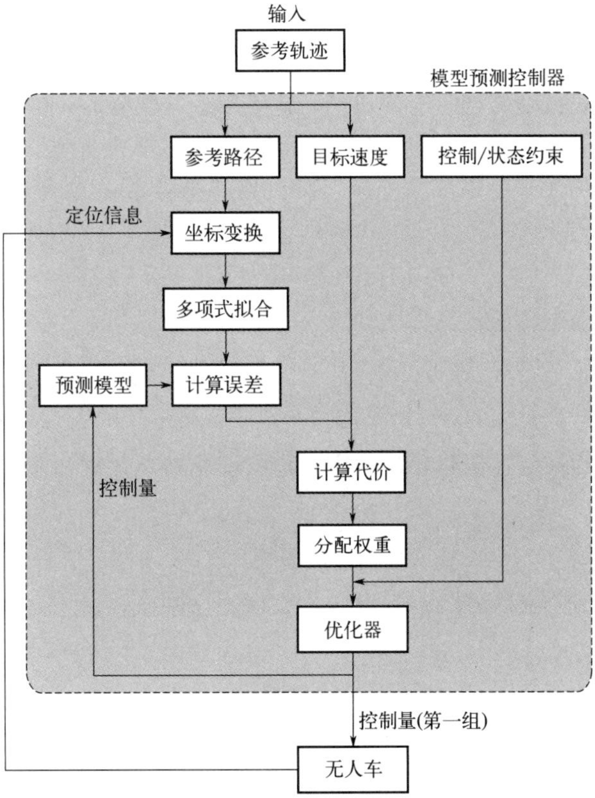

图 8-9　模型预测控制架构

下面给出模型预测控制方案中使用的预测模型和代价函数。

(1) 预测模型

从实时性角度考虑，采用自行车的运动学模型［式(8.1)］作为预测模型。为了增加运动平滑性，在此模型的基础上补充加速度关系：

$$v_{t+1}=v_t+a_t\mathrm{d}t$$

(2) 误差及代价

轨迹跟踪的误差由两部分组成：横向误差和姿态误差。

横向误差（cross track error）定义为无人车当前状态与期望状态的差值在自身局部坐标系中 y 轴方向的投影，即 y_e：

$$y_e=-(x_d-x)\sin\theta+(y_d-y)\cos\theta$$

姿态误差（orientation error）定义为无人车当前偏航角 θ_d 与期望偏航角 θ 的差值：

$$\theta_e=\theta_d-\theta$$

代价函数定义为希望优化的项，由误差项和控制项组成，即希望在较小的控制量下实现最小的代价。

误差项代价就是上述横向误差和姿态误差。

控制项代价包括无人车的控制量 v 和 δ、控制量的导数以及加加速度 J。

由于代价项有多个，而且有些代价项之间是竞争关系，为了综合考虑所有代价项，将总代价定义为加权求和的形式，可见下式。通过调节权重系数可以实现不同的轨迹跟踪性能。

$$\text{costs}=w_{\text{CTE}}y_e^2+w_{\text{OE}}\theta_e^2+w_v v^2+w_\delta \delta^2+w_a a^2+w_{\dot{\delta}}\dot{\delta}^2+w_J J^2$$

纯跟踪方法所需的输入是一个位姿点，MPC 方法的输入则是一组位姿点。为便于计算误差，通常使用多项式拟合得到一个解析的轨迹表示。在实现时，考虑到合理预测时域和控制时域范围内轨迹不会产生过大的扭曲，因此采用三次多项式曲线拟合输入的离散位姿路径点。将路径点转换到无人车的局部坐标系后，以局部坐标系 x 轴为自变量，路径点的 y 坐标是

$$f(x)=ax^3+bx^2+cx+d$$

根据拟合函数，姿态角的计算方法如下：

$$\theta=\arctan[f'(x)]=\arctan(3ax^2+2bx+c)$$

(3) 约束

模型预测控制的约束为控制量边界约束，包括前轮转角约束和驱动加速度约束，即

$$-\delta_{\max}\leqslant\delta\leqslant\delta_{\max}$$
$$-a_{\max}\leqslant a\leqslant a_{\max}$$

8.3 仿真试验

无人车的参考路径如图 8-10 所示，参考路径由直线和不同曲率的曲线光滑拼接而成（曲率连续），曲率最大处对应的最小半径为 3.8m（无人车最小转向半径为 3.5m）。参考路径上的参考速度轮廓如图 8-10(b) 所示，最大速度为 5m/s。控制参数 $l_d=1.0$(m) 时的无人车轨迹跟踪仿真结果同样显示在图 8-10 中。

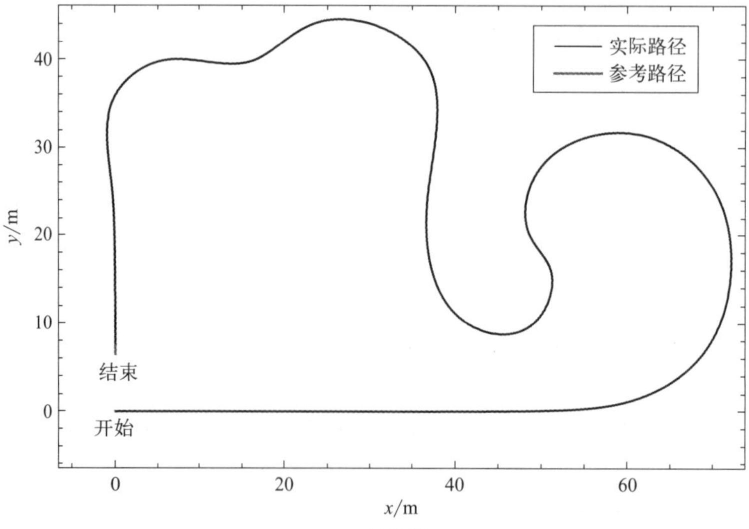

(a) 路径

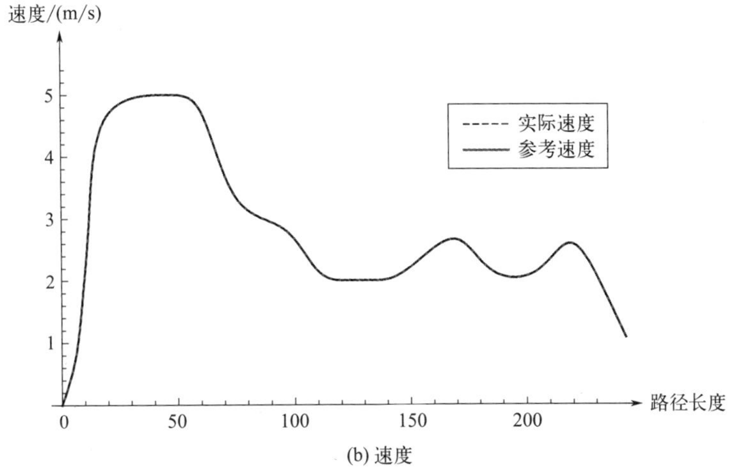

(b) 速度

图 8-10　参考路径、速度与无人车的实际跟踪路径、速度

8.3.1　纯跟踪控制仿真

路径跟踪的实现相对于轨迹跟踪比较简单，可以理解为轨迹跟踪问题的简化情况。

轨迹跟踪误差见图 8-10(a)，跟踪过程中的最大误差为 1.6cm。无人车的前轮转角如图 8-11 所示。

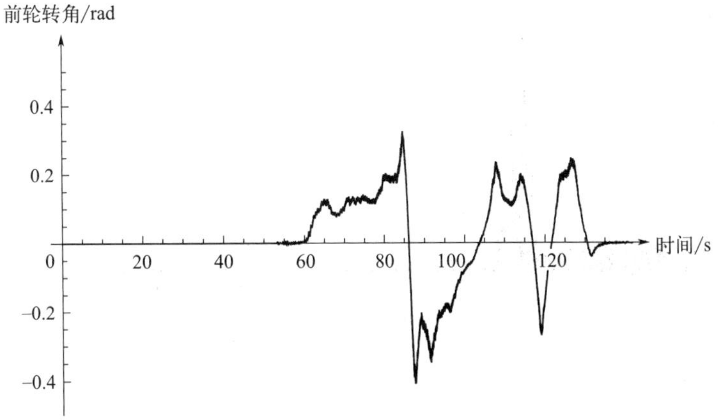

图 8-11　$l_d=1.0$m 时的前轮转角

控制参数 $l_d=0.1$m 时的无人车轨迹跟踪仿真结果如图 8-12 所示，此时无人车发生振荡，无法跟踪参考路径。

控制参数 $l_d=0.5$m 时无人车发生低幅振荡，无人车轨迹跟踪误差如图 8-13(a) 所示，最大误差为 12.6cm。控制参数 $l_d=1.0$m 时轨迹跟踪误差见图 8-13(b)，跟踪过程中的最大误差为 1.6cm。控制参数 $l_d=2.0$m 时的无人车跟踪无振荡，轨迹跟踪误差如图 8-13(c) 所示，最大误差为 10.3cm。控制参数 $l_d=3.0$m 时的无人车跟踪无振荡，跟踪误差如图 8-13(d) 所示，最大误差为 0.284m。无人车前视距离过大容易导致实际路径内切于参考路径，俗称“走小弯”，如图 8-14 所示。

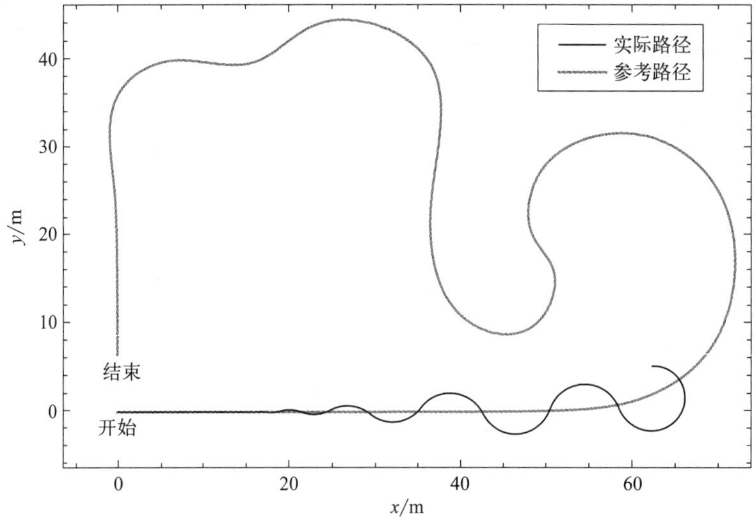

图 8-12 l_d=0.1m 时的跟踪误差

通过仿真试验可得出结论：为满足稳定、准确的跟踪要求，控制参数 l_d 的合理取值区间为 $0.5m \leqslant l_d \leqslant 2.0m$。

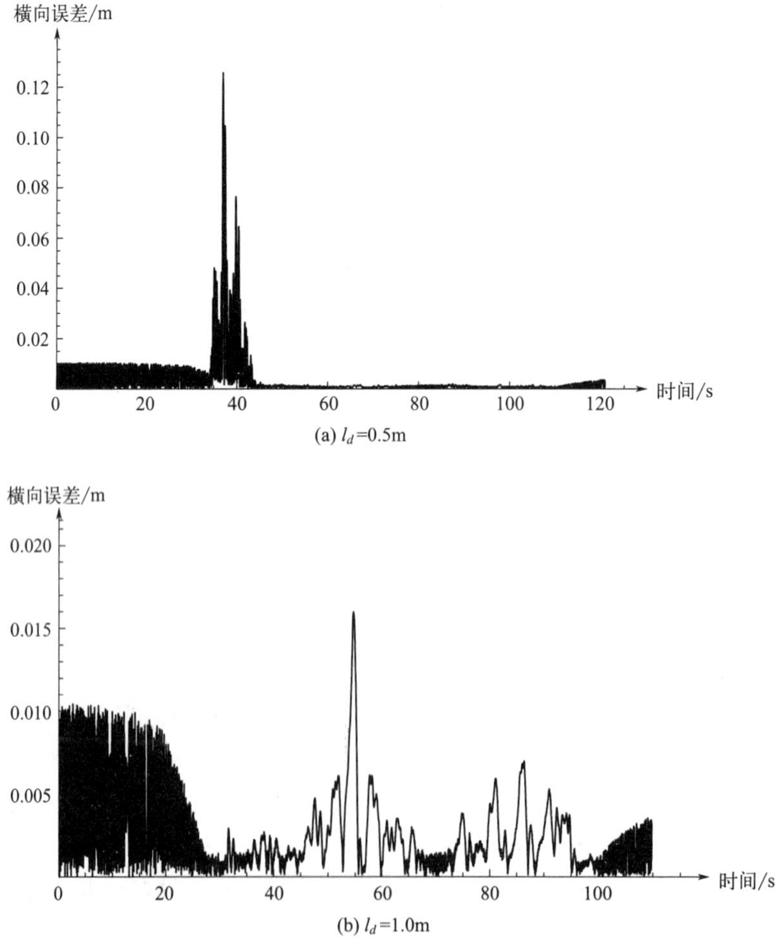

(a) l_d=0.5m

(b) l_d=1.0m

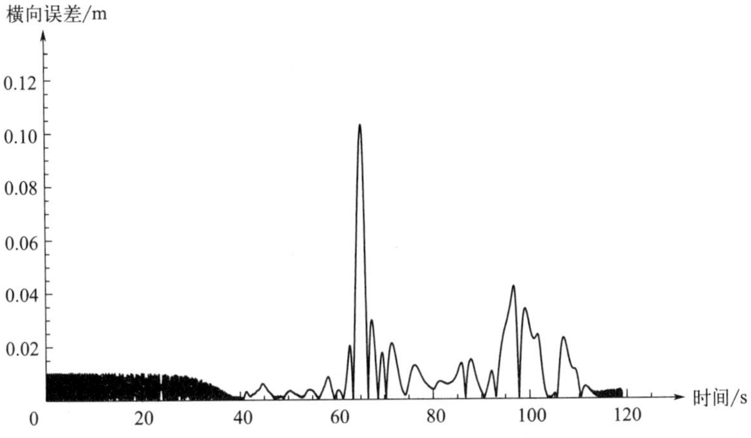

(c) l_d=2.0m

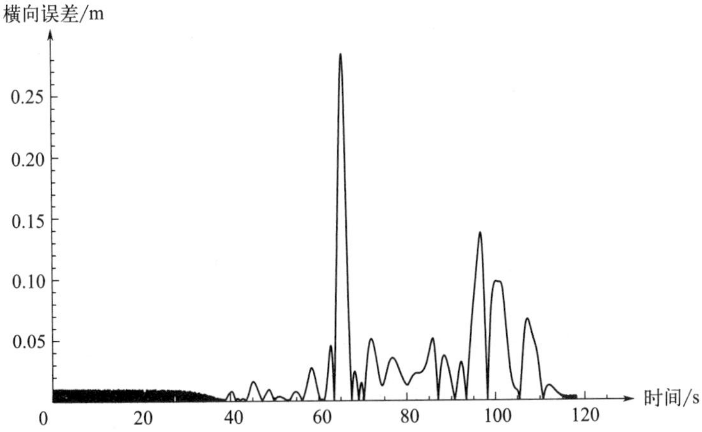

(d) l_d=3.0m

图 8-13　不同 l_d 下的跟踪误差

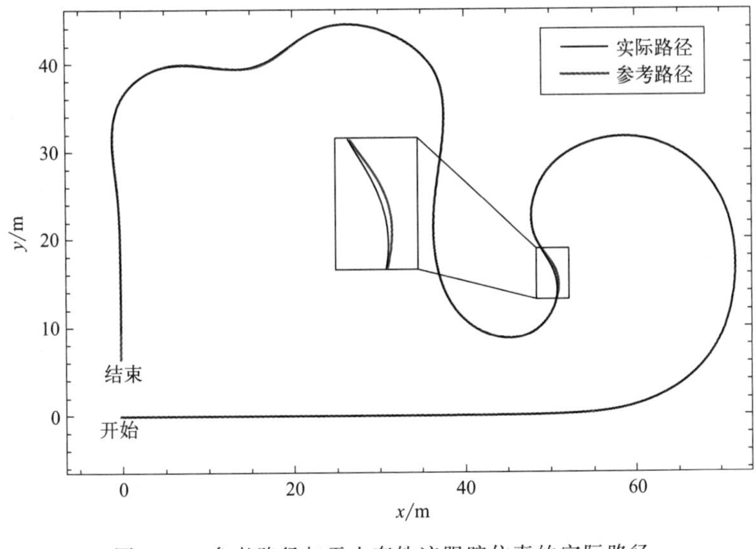

图 8-14　参考路径与无人车轨迹跟踪仿真的实际路径

8.3.2 模型预测控制仿真

模型预测控制的参数为代价权重，通过调节权重的比值能够实现不同的跟踪性能。仿真试验的目的是确定合理的权重比例，本项目参数见表 8-1。由于位置跟踪误差是首要关注项，因此将横向位置误差权重设置较大；此外，前轮转角速度如果变化较大，会造成无人车方向盘抖动，影响控制和乘坐体验，因此也设置为较大的值。其余误差或代价项权重根据重要程度设置。

表 8-1 代价权重

代价权重名称	符号	取值
横向位置误差权重	w_{CTE}	4000
姿态误差权重	w_{OE}	2000
速度误差权重	w_v	2000
前轮转角权重	w_δ	10
加速度权重	w_a	10
前轮转角速度权重	$w_{\dot{\phi}}$	3000
加加速度权重	w_J	10

优化模型的约束条件包括以下约束：前轮转角约束，即 $-0.436\mathrm{rad} \leqslant \phi \leqslant 0.436\mathrm{rad}$；速度约束，即 $-1\mathrm{m/s^2} \leqslant a \leqslant 1\mathrm{m/s^2}$。

无人车仿真路径如图 8-15(a) 所示，跟踪误差如图 8-15(b) 所示，最大误差为 5.1cm。前轮转角如图 8-15(c) 所示，与纯跟踪方法相比，模型预测控制输出的转角更平滑，能够减少滤波等后处理的环节。无人车的速度如图 8-15(d) 所示。

单纯增加横向位置误差权重能够减少跟踪误差，但是到一定程度后误差降低幅度变小。当 $w_{\mathrm{CTE}}=16000$，其他权重不变时，最大跟踪误差为 4.7cm。

前轮转角速度权重超过一定范围后，其影响并不显著。仿真试验发现，当 $w_{\dot{\phi}}=16000$，其他权重不变时，前轮转角及其波动与 $w_{\dot{\phi}}=3000$ 时几乎相同（差别<0.01rad），此时最大跟踪误差为 0.098m。

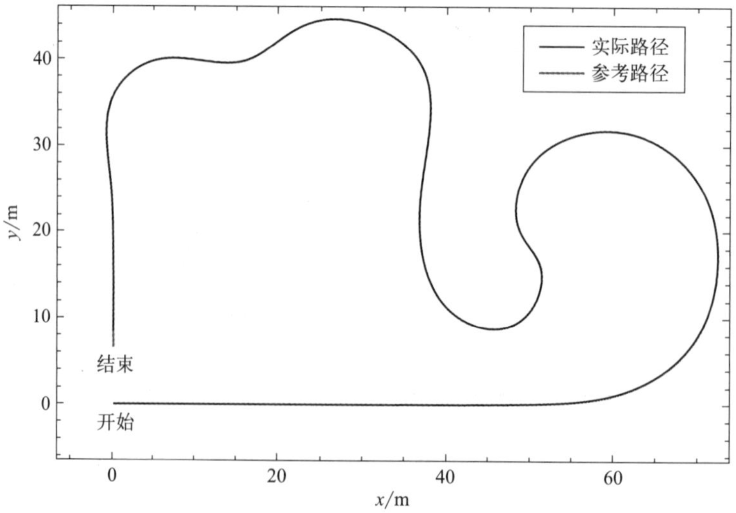

(a) 仿真路径

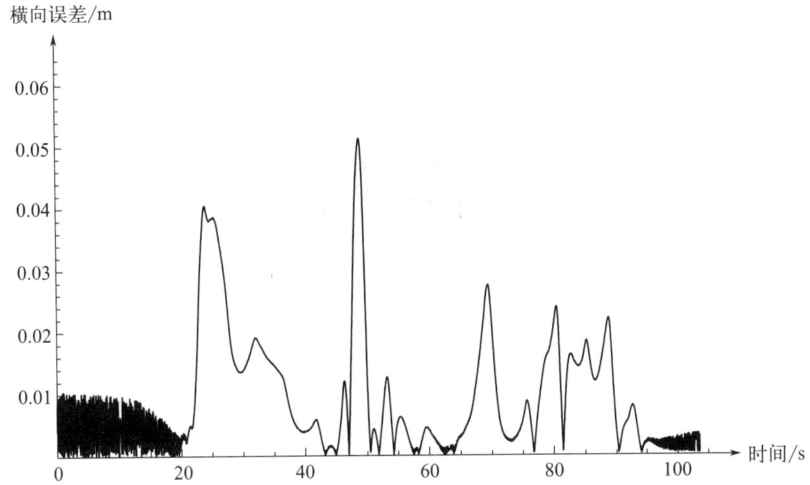

(b) 跟踪误差

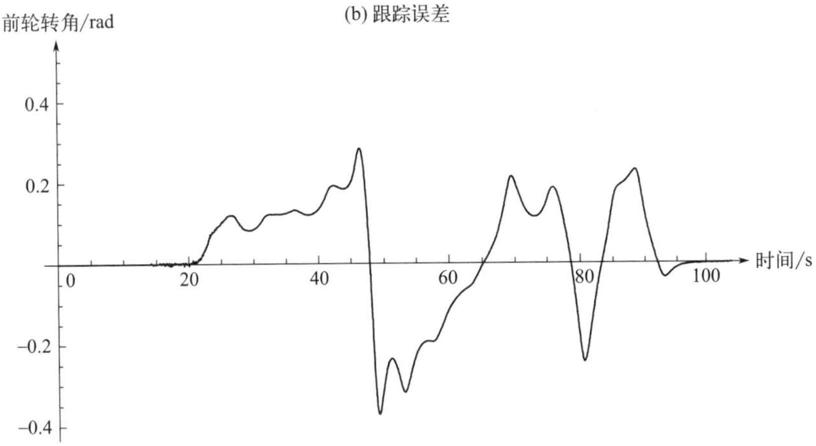

(c) 前轮转角

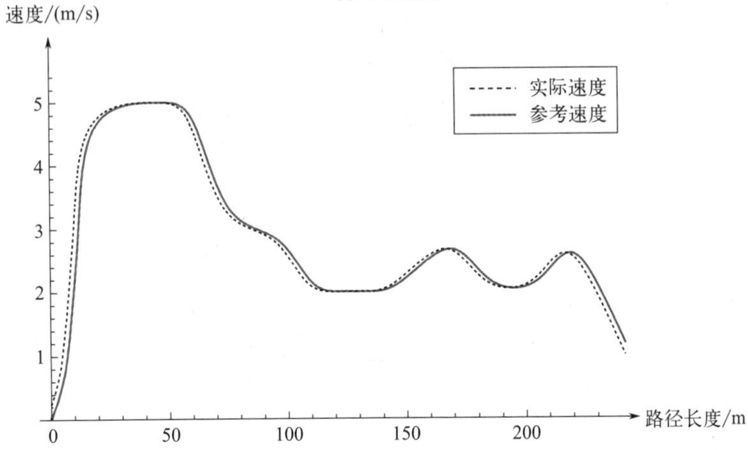

(d) 速度

图 8-15　MPC 轨迹跟踪结果

附录一

随书代码使用方法

(1) 下载方式

扫描二维码，下载随书代码。

(2) 展开代码段

随书程序文件中的代码通常处于折叠状态，读者不可见。显示代码的方法是在标题最右侧的图标»上单击鼠标左键；或者将鼠标移动到代码段最右侧的竖线］，然后双击鼠标左键。

(3) 运行代码

展开代码后，将光标移动到要运行的代码段上，然后按小键盘的 Enter 键或大键盘中的 Shift＋Enter 键可以运行代码。代码运行结果将会显示在代码下方，如图 1 所示。

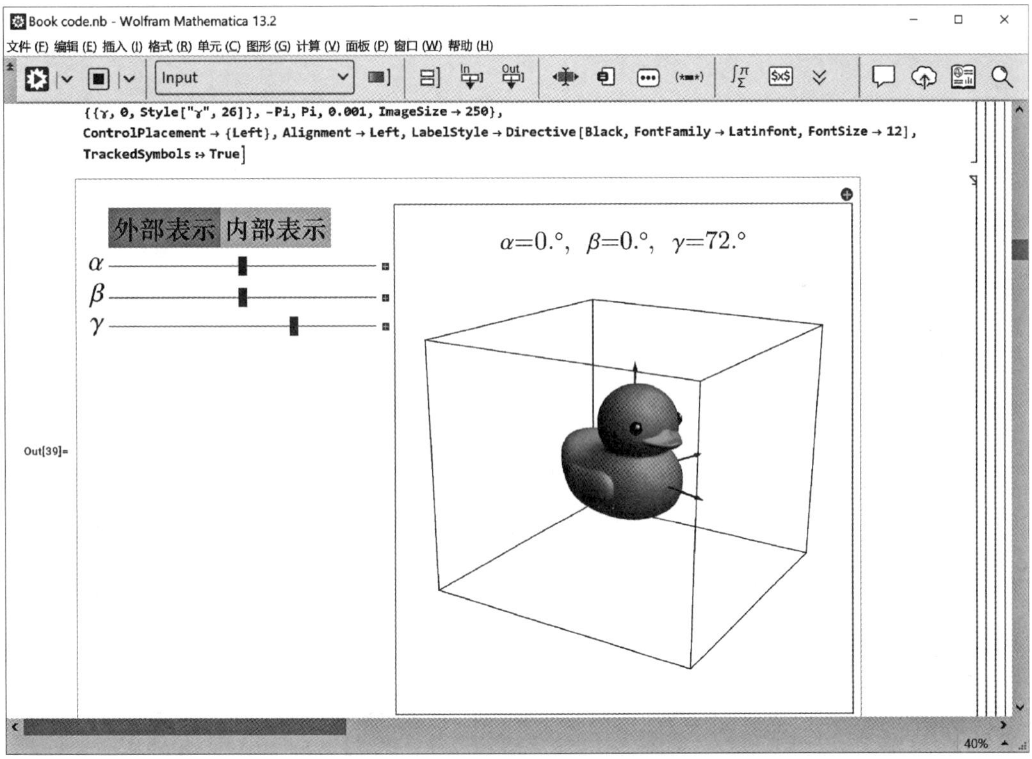

图 1　运行代码

(4) 代码交互

对于带有控件（例如滑块、定位器）的代码段，读者可以在运行结果中用鼠标实时操作控件，相应的输出结果会显示在图形界面中。

附录二

无人驾驶领域常用术语

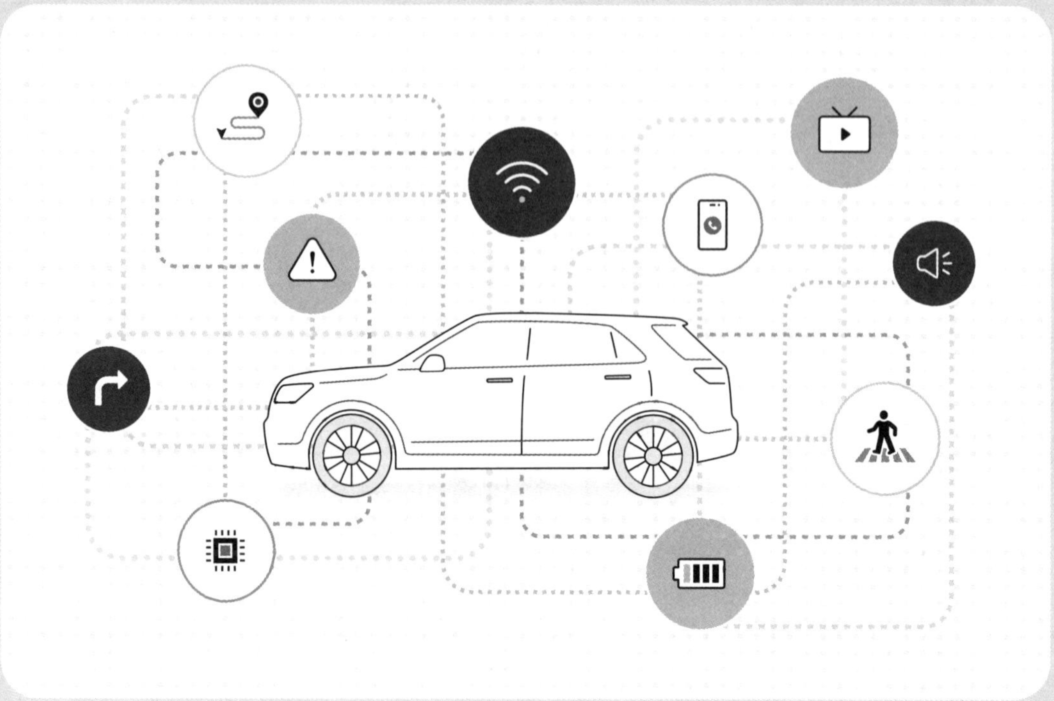

英文	中文	含义
localization	定位	估计无人车相对于外部世界的位置和姿态
perception	感知	无人车理解世界和对世界建模的过程
prediction	预测	推测环境中的运动物体未来的行动轨迹
planning	规划	生成无人车的参考运动轨迹
routing	路线搜索	生成到达目的地的一系列道路组成的线路
ego	本车、自车	专指自动驾驶车辆自身，以区别于其他车辆
obstacle	障碍物	妨碍无人车运动的物体，例如行人、其他车辆，可分为动态、静态、正向（凸出地表）、负向（地表凹陷）
traffic cone	交通锥	也被称为 pylon，是起提醒作用的锥形或柱形物体
VRU (vulnerable road users)	道路弱势群体	行人、自行车、三轮车、摩托车
HD map (high definition map)	高精地图	地图中包含车道、交通灯、路口等元素，车道中心线、边界线的坐标精度达到厘米级
SD map (standard definition map)	标精地图	地图只包含道路，精度在米级
curb	路沿	道路边缘的路缘石，俗称马路牙子
crosswalk	人行横道	又称斑马线
RSU (road side unit)	路侧单元	安装在路侧，具有计算和通信功能的设备
dead end	断头路	不可通行的道路
ramp	匝道	连接高速路和普通道路的、位于中间的过渡部分
junction	路口	不同方向的道路交会的区域
intersection	交叉路口	道路交叉形成的路口区域
bare intersection	无保护路口	没有信号灯的交叉路口
u turn	掉头路	用于车辆驶入反向车道的连接道路，又称 U 形弯
roundabout	环岛	多条道路交会的环形道路结构
engage	启动	例如，park is engaged 的意思是驻车已启动
disengage	接管	终止自动驾驶的操作，由人类驾驶员驾驶车辆
lane change	变道	从之前行驶的车道切换到相邻的车道
lane borrow	借道	从以前行驶的车道驶入相邻车道再回到原来的车道

续表

英文	中文	含义
merge	并道	同向车道数量改变时驶入新的车道
yield	避让	车辆(通过减速或停车的方式)避让其他车辆或行人
side pass	绕行	车辆绕行的目的是超过前方行驶缓慢的车辆或行人
nudge	借道避让	车辆横向避让障碍物的动作。与变道和借道行驶不同,避让完后车辆会回到原来的车道继续行驶,动作幅度较大
cut in	加塞	其他车辆变道插入到自车前方,并且距离自车较近
park	泊车	在停车场或者有泊位的地方将车停入车位
parking lot	停车场	用于停车的场地,地面通常画有停车位
parking spot	停车位	用于停放车辆的地面区域,一般用矩形边线标记
pullover	路边停车	在道路上贴近路边停车
speed bump	减速带	路面上的凸起装置,用于提醒经过的车辆降低速度行驶
parking lock	地锁	一种安装在地面的机械装置,防止车位被其他车辆占用
chock	轮挡	安装在地面上用来防止车辆溜车的凸起物
traffic light	红绿灯	又称交通信号灯
gear	挡位	挡位分成几种:Drive是前进挡,Reverse是倒车挡,Neutral是空挡,Parking是驻车挡
throttle	油门	调节车辆动力输出的装置
brake	刹车	使车辆减速或停止的装置
fallback	备用方案	自动驾驶程序无法正确输出或者崩溃时,为了防止车辆失控,必须设计备用方案输出安全的结果
route	路线	用作动词时表示路线规划,指为无人车生成能够到达目标地的途经道路
path planning	路径规划	生成无人车的行驶坐标,考虑障碍物和车辆特性
trajectory planning	轨迹规划	生成无人车的行驶坐标和速度,包含时间信息
AVP (automated valet parking)	自动代客泊车	在停车场入口司机下车,车辆自动驶入停车场并寻找空闲车位,随后自动泊入车位
APA (auto parking assist)	自动泊车辅助	司机把车辆开到目标车位附近,然后车辆自己规划轨迹并泊入车位中
ACC (adaptive cruise control)	自适应巡航控制	比定速巡航更灵活,能根据前车的速度和车距自动调整自车的行驶速度

续表

英文	中文	含义
AEB (autonomous emergency braking)	自动紧急制动	在车辆前方存在障碍物并且驾驶员未能及时响应的情况下自动刹车，以避免碰撞或降低碰撞的严重性
ALC (auto lane change)	自动变道辅助	驾驶员给出变道指令后车辆根据目标车道和障碍物情况实现变道动作
LDW (lane departure warning)	车道偏离预警	车辆偏离车道时发出警告
LKA (lane keeping assist)	车道保持辅助	使车辆保持在车道中间行驶；也被称为 LCC(lane centering control，车道居中辅助)

参考文献

[1] 上野宣．图解 HTTP [M]. 北京：人民邮电出版社，2014.

[2] 结城浩．数学女孩 5：伽罗瓦理论 [M]. 北京：人民邮电出版社，2021.

[3] Joan Sola. A micro Lie theory for state estimation in robotics [J]. arXiv：1812. 01537，2018.

[4] Sangli Teng，Dianhao Chen. An error-state model predictive control on connected matrix lie groups for legged robot control [J]. arXiv：2203. 08728，2022.

[5] Richard Murray. A mathematical introduction to robotic manipulation [M]. New York：CRC Press，1994.

[6] Michael Bloesch. A primer on the differential calculus of 3D orientations [J]. arXic：1606. 05285，2016.

[7] Jan R Magnus. The Jacobian of the exponential function [J]. Working Papers，2020.

[8] 高翔，张涛．视觉 SLAM 十四讲：从理论到实践 [M]. 北京：电子工业出版社，2017.

[9] Andrea Bonfiglioli，Roberta Fulci. Topics in noncommutative algebra the theorem of campbell，baker，hausdorff and dynkin [J]. Lecture Notes in Mathematic-Springer，2012：2034.

[10] Ji Zhang，Sanjiv Singh. LOAM：Lidar odometry and mapping in real-time [J]. RSS，2014.

[11] Han Wang. F-LOAM：Fast LiDAR Odometry and Mapping [J]. IROS，2021.

[12] Tixiao Shan，Brendan Englot. LeGO-LOAM：Lightweight and ground-optimized lidar odometry and mapping on variable terrain [J]. IROS，2018.

[13] Julien Dupeyroux. AntBot：A six-legged walking robot able to home like desert ants in outdoor environments [J]. Science Robotics，2019.

[14] 平冈和幸，堀玄．程序员的数学——概率统计 [M]. 陈筱烟，译．北京：人民邮电出版社，2015.

[15] Tim Babb. How a Kalman filter works，in pictures [J]. Bzarg，2018.

[16] Paul Viola，Michael Jones. Rapid object detection using a boosted cascade of simple features [J]. CVPR，2001.

[17] Bo Wang. Firing frequency maxima of fast-spiking neurons in human，monkey，and mouse neocortex [J]. Frontiers in Cellular Neuroscience，2016.

[18] McCulloch W S，Pitts W. A logical calculus of the ideas immanent in nervous activity [J]. Bulletin of Mathematical Biophysics，1943.

[19] Frank Rosenblatt. The perceptron：A probabilistic model for information storage and organization in the brain [J]. Psychological Review，1958.

[20] Hubel D H，Wiesel T N，Receptive fields of single neurones in the cat' s striate cortex [J]. The Journal of Physiology，1959.

[21] Kandel E R，Schwartz J H. Principles of neural science [M]. New York：McGraw-Hill Medical，2012.

[22] Kunihiko Fukushima. Neocognitron：A self-organizing neural network model for a mechanism of pattern recognition unaffected by shift in position [J]. Biological Cybernetics，1980.

[23] Yann LeCun. Gradient-based learning applied to document recognition [J]. Proceedings of the IEEE，1998，86 (11)：2278-2324.

[24] Hornik. Multilayer feedforward networks are universal approximators [J]. Neural Networks，1989.

[25] Geoffrey Hinton. Reducing the dimensionality of data with neural networks [J]. Science，2006.

[26] Karen Simonyan，Andrew Zisserman. Very deep convolutional networks for large-scale image recognition [J]. CVPR，2014.

[27] Kaiming He. Deep residual learning for image recognition [J]. CVPR，2015.

[28] Ashish Vaswani. Attention is all you need [J]. NIPS，2017.

[29] Joseph Redmon，Santosh Divvala. You Only Look Once：unified，real-time object detection [J]. CoRR 2015.

[30] Sangdoo Yun. CutMix：regularization strategy to train strong classifiers with localizable features [J]. ICCV，2019.

[31] Alexey Bochkovskiy. YOLOv4：optimal speed and accuracy of object detection [J]. arXiv：2004. 10934，2020.

[32] Dong Wu. YoloP：you only look once for panoptic driving perception [J]. Machine Intelligence Research，2022.

[33] Lang A H. PointPillars：fast encoders for object detection from point clouds [J]. CVPR，2019.

[34] Qi C R. PointNet：deep learning on point sets for 3d classification and segmentation [J]. CVPR，2017.

[35] Moritz Werling, Julius Ziegler. Optimal trajectory generation for dynamic street scenarios in a Frenét frame [J]. ICRA, 2010.

[36] Dubins L E. On curves of minimal length with a constraint on average curvature, and with prescribed initial and terminal positions and tangents [J]. American Journal of Mathematics, 1957.

[37] Kaya C Y. Markov-dubins path via optimal control theory [J]. Computational Optimization and Applications, 2017.

[38] Reeds J A, Shepp L A. Optimal paths for a car that goes both forwards and backwards [J]. Pacific Journal of Mathematics, 1990.

[39] Luigi Biagiotti, Claudio Melchiorri. Trajectory planning for automatic machines and robots [M]. Berlin, Heidelberg: Springer, 2008.

[40] Bartolomeo Stellato. OSQP: an operator splitting solver for quadratic programs [J]. Mathematical Programming Computation, 2020.

[41] 林宙辰. 机器学习中的交替方向乘子法 [M]. 北京：科学出版社，2023.

[42] Andreas Wachter. On the implementation of an interior-point filter line-search algorithm for large-scale nonlinear programming [J]. Mathematical Programming, 2006.

[43] Brockett R W. Asymptotic stability and feedback stabilization [J]. Differential Geometric Control Theory. 1983.

[44] Bruno Siciliano, Oussama Khatib. Springer Handbook of Robotics [J]. Berlin, Heidelberg: Springer, 2008.

[45] Bronislaw Jakubczyk. Introduction to geometric nonlinear control controllability and lie bracket [J]. Lecture Notes, 2001.